2023
中国价格统计年鉴
CHINA PRICE STATISTICAL YEARBOOK

国家统计局城市社会经济调查司 编
Compiled by
Department of Urban Society and Economic Statistics,
National Bureau of Statistics of China

中国统计出版社
China Statistics Press

图书在版编目（CIP）数据

中国价格统计年鉴 . 2023 = CHINA PRICE STATISTICAL YEARBOOK 2023 : 汉英对照 / 国家统计局城市社会经济调查司编 . -- 北京 : 中国统计出版社，2023.10
ISBN 978-7-5230-0285-8

Ⅰ . ①中 … Ⅱ . ①国 … Ⅲ . ①物价管理－统计资料－中国－ 2023 －年鉴－汉、英 Ⅳ . ① F726.7-66

中国国家版本馆 CIP 数据核字 (2023) 第 199119 号

中国价格统计年鉴 2023
China Price Statistical Yearbook 2023

作　　者 / 国家统计局城市社会经济调查司
责任编辑 / 许立舫
封面设计 / 李雪燕
出版发行 / 中国统计出版社有限公司
通信地址 / 北京市丰台区西三环南路甲 6 号　　邮政编码 /100073
电　　话 / 邮购（010-63376909）　书店（010-68783171）
网　　址 / http://www.zgtjcbs.com
印　　刷 / 河北鑫兆源印刷有限公司
经　　销 / 新华书店
开　　本 / 880×1230 毫米　1/16
字　　数 / 448 千字
印　　张 / 14.25
版　　别 / 2023 年 11 月第 1 版
版　　次 / 2023 年 11 月第 1 次印刷
定　　价 / 208.00 元　　Price:208.00 yuan(RMB)

《中国价格统计年鉴 2023》

编委会和编辑人员

CHINA PRICE STATISTICAL YEARBOOK 2023

Editorial Board And Staff

编者说明

一、《中国价格统计年鉴2023》系统收录了2022年度各种价格统计调查资料，是一部反映中国价格变动情况的专业性综合年鉴。

二、本年鉴所列价格指数主要包括工业生产者出厂价格指数、工业生产者购进价格指数、居民消费价格指数、商品零售价格指数、住宅销售价格指数等，反映了生产、流通、消费等环节的价格变动趋势和变动幅度。

三、本年鉴所列价格指数的编制工作由国家统计局城市社会经济调查司组织实施，国家统计局各级调查队及相关地方统计机构依据统一调查制度采集原始数据汇总上报。

四、本年鉴所涉及的全国性统计数据均未包括香港、澳门特别行政区和台湾省数据。

五、本年鉴所使用的度量单位均采用国际统一标准计量单位。

六、本年鉴中，“空格”表示无该项数据或数据不详；“#”号表示其中数。

PREFACE

I. China Price Statistical Yearbook 2023 is a professional annual statistics publication, which covers very comprehensive data in 2022 of price indices.

II. Data on price indices in this book include mainly producer price indices for industrial products, purchasing price indices for industrial producers, consumer price indices, retail price indices, housing price index, showing the changing trends and the change rates in the prices of production, trade, consumption.

III. Compilation of statistics on price indices is organized by the Department of Urban Social and Economic Survey, NBS. At levels of National Bureau of investigation team and relevant statistics institutions collect data in accordance with the scheme of price survey system, tabulate them and report them.

IV. The national data in this yearbook do not include that of Hong Kong SAR (Special Administrative Region), Macao SAR and Taiwan province.

V. The units of measurement used in this yearbook are in accordance with internationally standard measurement units.

VI. In this yearbook, "blank space" indicates that the data are unknown or are not available; "#" indicates a major breakdown of the total.

目　录

CONTENTS

1. 综　合
Integration

2. 工业生产者价格指数
Producer Price Index

3. 流通消费价格指数
Consumer Price Index

4. 70 个大中城市商品住宅销售价格指数
70 Large and Medium-Sized Cities Commercial Housing Price Index

以 2020 年价格为 100（2020=100）

以上年同月价格为 100（Same Month of Preceding Year=100）

以上月价格为 100（Last Month=100）

附录
Appendix

综　　合

Integration

1

1−1−1　各种价格总指数（1951～2022年）
Price Indices (1951～2022)

(上年价格=100)　　(Preceding Year=100)

年　份 Year	居民消费价格指数 Consumer Price Index	城市居民消费价格指　数 Urban Index	农村居民消费价格指　数 Rural Index	商品零售价格指数 Retail Price Index	城市商品零售价格指　数 Urban Index	农村商品零售价格指　数 Rural Index	工业生产者出厂价格指　数 Producer Price Index for Industrial Products	工业生产者购进价格指　数 Purchasing Price Index for Industrial Producers
1951		112.5		112.2				
1952		102.7		99.6				
1953		105.1		103.4				
1954		101.4		102.3				
1955		100.3		101.0				
1956		99.9		100.0				
1957		102.6		101.5				
1958		98.9		100.2				
1959		100.3		100.9				
1960		102.5		103.1				
1961		116.1		116.2				
1962		103.8		103.8				
1963		94.1		94.1				
1964		96.3		96.3				
1965		98.8		97.3				
1966		98.8		99.7				
1967		99.4		99.3				
1968		100.1		100.1				
1969		101.0		98.9				
1970		100.0		99.8				
1971		99.9		99.3				
1972		100.2		99.8				
1973		100.1		100.6				
1974		100.7		100.5				
1975		100.4		100.2				
1976		100.3		100.3				
1977		102.7		102.0				
1978		100.7		100.7	102.5	100.1		
1979		101.9		102.0	101.9	102.0		
1980		107.5		106.0	108.1	104.4		
1981		102.5		102.4	102.7	102.1		
1982		102.0		101.9	102.1	101.7		
1983		102.0		101.5	101.9	101.2		
1984		102.7		102.8	102.5	103.0		
1985	109.3	111.9	107.6	108.8	112.2	107.0	108.7	

1-1-1 续表 Continued

(上年价格=100) (Preceding Year=100)

年 份 Year	居民消费价格指数 Consumer Price Index	城市居民消费价格指数 Urban Index	农村居民消费价格指数 Rural Index	商品零售价格指数 Retail Price Index	城市商品零售价格指数 Urban Index	农村商品零售价格指数 Rural Index	工业生产者出厂价格指数 Producer Price Index for Industrial Products	工业生产者购进价格指数 Purchasing Price Index for Industrial Producers
1986	106.5	107.0	106.1	106.0	107.0	105.0	103.8	109.5
1987	107.3	108.8	106.2	107.3	109.1	106.3	107.9	111.0
1988	118.8	120.7	117.5	118.5	121.3	117.1	115.0	120.2
1989	118.0	116.3	119.3	117.8	116.0	118.8	118.6	126.4
1990	103.1	101.3	104.5	102.1	100.2	103.2	104.1	105.6
1991	103.4	105.1	102.3	102.9	104.5	102.0	106.2	109.1
1992	106.4	108.6	104.7	105.4	107.7	103.9	106.8	111.0
1993	114.7	116.1	113.7	113.2	114.2	112.6	124.0	135.1
1994	124.1	125.0	123.4	121.7	120.9	122.9	119.5	118.2
1995	117.1	116.8	117.5	114.8	113.5	116.4	114.9	115.3
1996	108.3	108.8	107.9	106.1	105.8	106.4	102.9	103.9
1997	102.8	103.1	102.5	100.8	100.8	100.7	99.7	101.3
1998	99.2	99.4	99.0	97.4	97.4	97.6	95.9	95.8
1999	98.6	98.7	98.5	97.0	97.0	97.1	97.6	96.7
2000	100.4	100.8	99.9	98.5	98.5	98.5	102.8	105.1
2001	100.7	100.7	100.8	99.2	98.9	99.6	98.7	99.8
2002	99.2	99.0	99.6	98.7	98.5	99.1	97.8	97.7
2003	101.2	100.9	101.6	99.9	99.6	100.5	102.3	104.8
2004	103.9	103.3	104.8	102.8	102.1	104.2	106.1	111.4
2005	101.8	101.6	102.2	100.8	100.5	101.4	104.9	108.3
2006	101.5	101.5	101.5	101.0	100.9	101.4	103.0	106.0
2007	104.8	104.5	105.4	103.8	103.3	104.9	103.1	104.4
2008	105.9	105.6	106.5	105.9	105.5	106.7	106.9	110.5
2009	99.3	99.1	99.7	98.8	98.7	99.0	94.6	92.1
2010	103.3	103.2	103.6	103.1	102.8	103.6	105.5	109.6
2011	105.4	105.3	105.8	104.9	104.7	105.5	106.0	109.1
2012	102.6	102.7	102.5	102.0	101.9	102.2	98.3	98.2
2013	102.6	102.6	102.8	101.4	101.3	101.8	98.1	98.0
2014	102.0	102.1	101.8	101.0	101.0	101.0	98.1	97.8
2015	101.4	101.5	101.3	100.1	100.0	100.3	94.8	93.9
2016	102.0	102.1	101.9	100.7	100.7	100.9	98.6	98.0
2017	101.6	101.7	101.3	101.1	101.1	101.3	106.3	108.1
2018	102.1	102.1	102.1	101.9	101.9	102.1	103.5	104.1
2019	102.9	102.8	103.2	102.0	101.9	102.5	99.7	99.3
2020	102.5	102.3	103.0	101.4	101.3	102.1	98.2	97.7
2021	100.9	101.0	100.7	101.6	101.7	101.5	108.1	111.0
2022	102.0	102.0	102.0	102.7	102.7	103.0	104.1	106.1

注：①本表1985年前城市居民消费价格指数为职工生活费用价格总指数。

②从2011年起，原工业品出厂价格指数改称为工业生产者出厂价格指数，原材料、燃料、动力购进价格指数改称为工业生产者购进价格指数。

a. Urban areas consumer price indices remain with price indices of cost of living of workers and employees before 1985.

b.The original Ex-Factory price Indices of Industrial Products since 2011 Changed its name to the Indices of Industrial Producer,Purchasing Price Indices of Raw Material,Fuel and power changed its name to the Purchasing Price Indices of Industrial Producer.

1−2−1　各种价格定基指数（1978～2022年）
Fixed-base Price Indices (1978～2022)

年　份 Year	居民消费价格指数 Consumer Price Index (1978=100)	城市居民消费价格指数 Urban Index (1978=100)	农村居民消费价格指数 Rural Index (1985=100)	商品零售价格指数 Retail Price Index (1978=100)	工业生产者出厂价格指数 Producer Price Index for Industrial Products (1985=100)	工业生产者购进价格指数 Purchasing Price Index for Industrial Producers (1990=100)
1978	100.0	100.0		100.0		
1979	101.9	101.9		102.0		
1980	109.5	109.5		108.1		
1981	112.2	112.2		110.7		
1982	114.4	114.4		112.8		
1983	116.7	116.7		114.5		
1984	119.9	119.9		117.7		
1985	131.1	134.2	100.0	128.1	100.0	
1986	139.6	143.6	106.1	135.8	103.8	
1987	149.8	156.2	112.7	145.7	112.0	
1988	177.9	188.5	132.4	172.7	128.8	
1989	209.9	219.2	157.9	203.4	152.8	
1990	216.4	222.0	165.1	207.7	159.0	100.0
1991	223.8	233.3	168.9	213.7	168.9	109.1
1992	238.1	253.4	176.8	225.2	180.4	121.1
1993	273.1	294.2	201.0	254.9	223.7	163.6
1994	339.0	367.8	248.0	310.2	267.3	193.4
1995	396.9	429.6	291.4	356.1	307.1	222.9
1996	429.9	467.4	314.4	377.8	316.0	231.6
1997	441.9	481.9	322.3	380.8	315.0	234.6
1998	438.4	479.0	319.1	370.9	302.1	224.7
1999	432.2	472.8	314.3	359.8	294.8	217.3
2000	434.0	476.6	314.0	354.4	303.1	228.4
2001	437.0	479.9	316.5	351.6	299.2	227.9
2002	433.5	475.1	315.2	347.0	292.6	222.7
2003	438.7	479.4	320.2	346.7	299.3	233.4
2004	455.8	495.2	335.6	356.4	317.6	260.0
2005	464.0	503.1	343.0	359.3	333.2	281.6
2006	471.0	510.6	348.1	362.9	343.2	298.5
2007	493.6	533.6	366.9	376.7	353.8	311.6
2008	522.7	563.5	390.7	398.9	378.2	344.3
2009	519.0	558.4	389.5	394.1	357.8	317.2
2010	536.1	576.3	403.5	406.3	377.5	347.7
2011	565.0	606.8	426.9	426.2	400.2	379.3
2012	579.7	623.2	437.6	434.7	393.4	372.5
2013	594.8	639.4	449.9	440.8	385.9	365.1
2014	606.7	652.8	458.0	445.2	378.6	357.1
2015	615.2	662.6	464.0	445.6	358.9	335.3
2016	627.5	676.5	472.8	448.7	353.9	328.6
2017	637.5	688.0	478.9	453.6	376.2	355.2
2018	650.9	702.4	489.0	462.2	389.4	369.8
2019	669.8	722.1	504.6	471.4	388.2	367.2
2020	686.5	738.7	519.7	478.0	381.2	358.8
2021	692.7	746.1	523.3	485.6	412.1	398.3
2022	706.6	761.0	533.8	498.7	429.0	422.6

工业生产者价格指数
Producer Price Index

2

2-1-1 全国工业生产者出厂价格分类指数（1985～2022年）
Producer Price Indices for Industrial Products by Category (1985～2022)

（上年价格=100） (Preceding Year=100)

年 份 Year	总指数 General Index	一、生产资料 Means of Production	1.采 掘 Mining & Quarrying Industry	2.原材料 Raw Materials Industry	3.加工 Processing Industry
1985	108.7				
1986	103.8	104.8	100.6	107.5	103.6
1987	107.9	107.8	114.1	106.9	107.2
1988	115.0	113.7	109.3	113.5	114.7
1989	118.6	118.9	114.2	116.4	121.8
1990	104.1	104.4	107.9	105.9	102.5
1991	106.2	108.0	112.8	111.8	103.8
1992	106.8	109.3	112.6	110.2	107.4
1993	124.0	133.7	146.5	140.4	122.7
1994	119.5	116.7	133.1	117.9	111.1
1995	114.9	113.6	119.7	113.6	112.0
1996	102.9	103.5	108.9	101.7	104.1
1997	99.7	99.7	105.5	100.0	98.1
1998	95.9	95.4	98.4	93.4	96.8
1999	97.6	98.3	104.5	98.2	97.1
2000	102.8	105.1	124.9	108.4	98.6
2001	98.7	98.8	100.1	99.7	98.1
2002	97.8	97.7	101.9	98.0	96.9
2003	102.3	103.6	113.3	106.7	100.2
2004	106.1	107.8	118.8	110.2	104.8
2005	104.9	106.8	125.8	109.8	102.2
2006	103.0	103.9	114.1	106.6	101.1
2007	103.1	103.2	103.8	105.6	102.0
2008	106.9	107.7	123.2	108.9	105.2
2009	94.6	93.3	84.2	91.9	95.1
2010	105.5	106.6	122.2	110.1	103.1
2011	106.0	106.6	115.4	109.2	104.6
2012	98.3	97.5	97.6	98.0	97.3
2013	98.1	97.4	94.3	96.9	98.0
2014	98.1	97.5	93.5	97.0	98.2
2015	94.8	93.3	80.3	90.5	95.7
2016	98.6	98.2	95.4	96.7	99.0
2017	106.3	108.3	120.7	111.5	106.1
2018	103.5	104.6	108.8	106.3	103.5
2019	99.7	99.2	102.4	97.4	99.7
2020	98.2	97.3	94.8	94.4	98.7
2021	108.1	110.7	134.4	115.8	106.6
2022	104.1	104.9	116.5	110.3	101.5

2-1-1 续表 continued

(上年价格=100) (Preceding Year=100)

年 份 Year	二、生活资料 Consumer Goods	1.食 品 Food	2.衣 着 Clothing	3.一般日用品 Articles for Daily Use	4.耐用消费品 Durable Consumer Goods
1985					
1986	102.2	102.5	102.0	103.5	100.1
1987	108.1	109.3	107.9	111.9	100.5
1988	117.2	116.2	120.5	120.4	106.0
1989	118.2	114.1	121.4	121.5	131.8
1990	103.6	101.3	107.3	103.0	99.3
1991	103.2	103.6	105.4	103.3	96.5
1992	103.2	106.4	100.8	102.8	101.7
1993	109.6	113.9	106.2	108.9	108.8
1994	123.8	123.4	136.4	112.3	108.4
1995	116.9	123.2	115.6	115.1	105.2
1996	102.1	104.7	100.5	102.9	97.7
1997	99.6	100.8	101.1	98.3	94.9
1998	96.9	98.9	96.2	96.7	94.0
1999	96.4	97.4	96.1	96.0	95.6
2000	97.8	96.0	100.6	98.0	96.4
2001	98.5	100.5	99.0	98.3	95.3
2002	97.9	99.7	98.8	97.9	94.7
2003	98.9	100.9	99.8	99.5	95.6
2004	101.2	105.2	100.9	101.9	96.2
2005	99.8	100.9	100.8	101.9	96.8
2006	100.2	100.5	101.3	100.8	98.0
2007	102.8	107.0	101.2	101.5	99.0
2008	104.1	108.3	102.2	103.6	99.5
2009	98.8	98.6	100.1	99.2	97.7
2010	102.0	103.8	102.0	101.9	99.4
2011	104.2	107.4	104.2	104.0	99.4
2012	100.8	101.4	102.1	100.9	99.1
2013	100.2	100.7	101.2	99.8	99.1
2014	100.0	100.2	100.7	100.1	99.2
2015	99.7	100.0	100.7	99.3	99.2
2016	100.0	100.6	100.9	100.0	98.5
2017	100.7	100.6	101.2	101.3	99.9
2018	100.5	100.5	100.8	101.0	99.8
2019	100.9	102.7	101.1	100.4	98.8
2020	100.5	102.9	99.0	99.7	98.2
2021	100.4	101.4	99.8	100.5	99.4
2022	101.5	102.7	101.8	101.6	100.1

2-1-2 全国按行业分工业生产者出厂价格指数（2022年）
Producer Price Indices for Industrial Products by Sector(2022)

(上年价格=100) (Preceding Year=100)

行 业	Industry	2022
煤炭开采和洗选业	Mining and Washing of Coal	117.0
石油和天然气开采业	Extraction of Petroleum and Natural Gas	135.9
黑色金属矿采选业	Mining and Processing of Ferrous Metal Ores	84.6
有色金属矿采选业	Mining and Processing of Non-Ferrous Metal Ores	108.3
非金属矿采选业	Mining and Processing of Non-Metal Ores	105.9
开采专业及辅助性活动	Mining and Support Activities for Mining	99.0
其他采矿业	Mining of Other Ores	
农副食品加工业	Processing of Food from Agricultural Products	104.7
食品制造业	Manufacture of Foods	103.7
酒、饮料和精制茶制造业	Manufacture of Alcohol,Beverages and Refined Tea	101.0
烟草制品业	Manufacture of Tobacco	100.6
纺织业	Manufacture of Textile	103.6
纺织服装、服饰业	Manufacture of Textile,Wearing Apparel and Accessories	101.3
皮革、毛皮、羽毛及其制品和制鞋业	Manufacture of Leather,Fur,Feather and Related Products and Footware	101.8
木材加工和木、竹、藤、棕、草制品业	Processing of Timber,Manufacture of Wood,Bamboo,Rattan,Palm and Straw Products	101.8
家具制造业	Manufacture of Furniture	101.7
造纸和纸制品业	Manufacture of Paper and Paper Products	100.6
印刷和记录媒介复制业	Printing and Reproduction of Recording Media	101.0
文教、工美、体育和娱乐用品制造业	Manufacture of Articles for Culture,Education,Arts and Crafts,Sport and Entertainment Activities	103.2
石油、煤炭及其他燃料加工业	Processing of Petroleum,Coal and Other Fuel	123.6
化学原料和化学制品制造业	Manufacture of Raw Chemical Materials and Chemical Products	107.7
医药制造业	Manufacture of Medicines	100.3
化学纤维制造业	Manufacture of Chemical Fibres	104.1
橡胶和塑料制品业	Manufacture of Rubber and Plastics Products	101.3
非金属矿物制品业	Manufacture of Non-Metallic Mineral Products	101.2
黑色金属冶炼和压延加工业	Smelting and Pressing of Ferrous Metals	94.2
有色金属冶炼和压延加工业	Smelting and Pressing of Non-Ferrous Metals	105.4
金属制品业	Manufacture of Metal Products	102.2
通用设备制造业	Manufacture of General purpose Machinery	101.1
专用设备制造业	Manufacture of Special purpose Machinery	100.7
汽车制造业	Manufacture of Automobiles	100.2
铁路、船舶、航空航天和其他运输设备制造业	Manufacture of Railway,Ship,Aerospace and Other Transport Equipments	101.5
电气机械和器材制造业	Manufacture of Electrical Machinery and Apparatus	104.6
计算机、通信和其他电子设备制造业	Manufacture of Computers,Communication and Other Electronic Equipment	100.7
仪器仪表制造业	Manufacture of Measuring Instruments and Machinery	101.5
其他制造业	Other Manufacture	102.2
废弃资源综合利用业	Utilization of Waste Resources	103.2
金属制品、机械和设备修理业	Repair Service of Metal Products,Machinery and Equipment	102.1
电力、热力生产和供应业	Production and Supply of Electric Power and Heat Power	108.6
燃气生产和供应业	Production and Supply of Gas	115.9
水的生产和供应业	Production and Supply of Water	101.3

2-1-3 全国主要产品工业生产者出厂价格指数（1993～2022年）
Producer Price Indices for Main Industrial Products (1993～2022)

(上年价格=100) (Preceding Year=100)

年 份 Year	原 煤 (无烟煤) Raw Coal	原 油 Crude Oil	木 材 (锯材加工) Wood	水泥 通用硅酸盐水泥 Cement	钢材 (普通大型钢材) Rolled Steel	生 铁 Pig Iron	汽 油 Gasoline	重 油 (燃料油) Heavy Oil
1993	136.8	184.9	136.9	151.3	252.2	210.3	165.4	157.2
1994	123.1	168.6	99.2	106.9	114.8	108.4	125.9	128.1
1995	113.7	129.9	106.6	100.2	83.9	93.6	113.1	112.8
1996	112.9	110.3	97.2	104.3	91.8	97.1	100.1	106.2
1997	108.6	104.9	99.2	94.4	95.2	96.3	104.8	112.3
1998	100.8	96.5	118.2	99.5	96.5	99.6	99.5	97.7
1999	91.3	120.3	98.5	99.2	94.2	93.3	103.0	108.9
2000	97.3	174.8	99.3	98.2	92.4	98.8	130.5	136.3
2001	102.7	89.9	99.3	99.8	97.4	99.5	89.6	92.9
2002	119.2	94.1	100.1	99.5	95.1	101.2	96.3	96.2
2003	103.9	119.8	101.0	100.1	113.0	122.9	117.1	120.7
2004	118.5	120.3	101.6	104.6	119.3	131.7	111.0	102.5
2005	129.9	131.1	104.5	99.9	101.5	103.7	121.2	120.0
2006	104.6	122.3	103.2	103.6	94.8	94.5	120.8	128.7
2007	103.6	101.9	105.2	102.7	106.2	112.9	101.4	99.6
2008	128.6	122.6	111.5	110.4	124.1	131.4	118.8	113.6
2009	102.4	65.1	101.7	98.7	80.0	79.4	102.6	87.7
2010	110.6	138.7	104.0	102.4	107.4	111.9	112.4	124.7
2011	113.7	129.3	104.2	112.7	111.6	112.8	116.4	114.0
2012	97.4	99.2	103.4	92.2	87.1	90.9	103.6	101.5
2013	89.7	94.6	101.6	95.3	93.2	93.1	97.6	96.8
2014	88.6	95.3	100.6	99.7	91.0	92.5	97.4	93.2
2015	83.4	56.4	99.9	88.4	78.7	83.3	80.0	78.3
2016	94.3	82.9	99.5	98.2	111.9	99.0	94.0	88.7
2017	126.2	132.8	99.7	120.8	133.0	131.9	111.8	114.7
2018	108.1	127.0	100.1	120.5	110.0	110.6	115.6	116.3
2019	98.8	95.8	99.5	104.1	97.4	102.7	94.2	101.8
2020	90.6	69.1	98.8	96.0	95.7	100.5	84.5	86.4
2021	148.5	150.7	101.1	106.4	129.1	127.4	124.0	125.1
2022	128.0	145.5	104.7	98.1	90.2	95.9	122.9	130.5

2-1-4 各地区工业生产者出厂价格总指数（1987～2022年）
Producer Price Indices for Industrial Products by Region (1987～2022)

(上年价格=100) (Preceding Year=100)

地 区	Region	1987	1988	1989	1990	1991	1992	1993	1994	1995	1996	1997	1998
全 国	**National**	**107.9**	**115.0**	**118.6**	**104.1**	**106.2**	**106.8**	**124.0**	**119.5**	**114.9**	**102.9**	**99.7**	**95.9**
北 京	Beijing				107.9	105.8	107.8	128.3	111.8	116.7	103.2	100.6	95.1
天 津	Tianjin						105.2	126.3	120.4	110.2	102.8	98.3	94.7
河 北	Hebei						108.6	129.1	119.1	111.4	101.1	98.8	94.4
山 西	Shanxi				106.4	106.8	114.2	132.5	120.1	113.5	106.4	102.2	97.5
内蒙古	Inner Mongolia	107.9	110.7	121.5	105.2	108.7	109.8	133.2	112.1	109.1	101.7	101.5	98.0
辽 宁	Liaoning		122.4	121.2	103.8	119.2	111.8	138.4	119.9	109.9	102.1	100.1	95.8
吉 林	Jilin		112.9	121.5	104.5	106.4	111.4	127.9	115.7	115.0	103.8	101.4	96.9
黑龙江	Heilongjiang						111.6	141.3	127.7	116.0	104.6	102.3	97.7
上 海	Shanghai						111.4	128.1	118.1	111.5	98.6	98.9	93.9
江 苏	Jiangsu					103.2	103.6	118.5	121.4	114.1	100.7	97.9	94.5
浙 江	Zhejiang				100.4	101.8	104.8	117.3	117.5	112.3	99.5	99.2	96.0
安 徽	Anhui						108.7	125.3	120.9	117.1	101.6	99.4	96.4
福 建	Fujian						102.7	117.1	116.9	115.7	101.8	100.3	95.7
江 西	Jiangxi							115.3	124.7	114.8	104.1	101.7	98.4
山 东	Shandong			123.8	104.7	103.0	109.5	123.0	124.2	117.0	104.2	101.1	96.0
河 南	Henan			119.7	105.5	104.3	106.2	118.1	124.1	115.0	104.1	100.6	95.3
湖 北	Hubei			116.7	109.0	108.1	111.0	126.3	126.2	113.1	102.7	98.6	96.2
湖 南	Hunan			118.1	100.6	104.7	111.1	128.9	117.6	121.4	105.7	99.2	95.9
广 东	Guangdong							124.1	126.0	112.3	101.8	100.1	94.8
广 西	Guangxi	106.4			101.5	103.3	112.5	121.1	118.8	117.2	102.6	97.7	95.4
海 南	Hainan												
重 庆	Chongqing				103.4	105.1	117.2	118.4	113.4	112.4	104.1	98.0	94.6
四 川	Sichuan			117.9	103.5	105.9	106.1	127.4	114.7	112.2	102.2	101.2	97.3
贵 州	Guizhou						101.6	118.1	113.3	113.1	104.9	101.2	98.2
云 南	Yunnan					106.3	105.3	125.0	116.7	110.2	101.4	100.7	97.2
西 藏	Tibet												
陕 西	Shaanxi						107.9	119.8	119.9	112.6	104.2	103.7	96.6
甘 肃	Gansu			122.0	110.7	104.2	112.1	125.3	121.2	114.9	104.4	104.9	95.2
青 海	Qinghai			112.7	109.5	108.7	102.6	124.4	124.9	114.6	106.7	104.3	100.7
宁 夏	Ningxia											100.3	97.7
新 疆	Xinjiang						107.5	126.2	118.4	117.2	104.9	104.9	95.8

2-1-4 续表 1 continued

(上年价格=100) (Preceding Year=100)

地 区	Region	1999	2000	2001	2002	2003	2004	2005	2006	2007	2008	2009	2010
全 国	**National**	**97.6**	**102.8**	**98.7**	**97.8**	**102.3**	**106.1**	**104.9**	**103.0**	**103.1**	**106.9**	**94.6**	**105.5**
北 京	Beijing	97.8	102.5	99.4	96.6	101.5	103.0	101.3	99.1	99.7	103.3	94.4	102.2
天 津	Tianjin	96.4	102.8	95.9	95.9	102.5	104.1	100.1	100.6	101.5	104.1	92.5	105.1
河 北	Hebei	95.9	105.3	99.9	99.4	107.1	111.6	104.4	100.8	106.9	116.7	89.1	109.0
山 西	Shanxi	95.3	100.9	100.3	103.6	112.2	116.1	110.2	101.0	107.4	122.4	92.0	109.5
内蒙古	Inner Mongolia	100.4	102.8	100.1	99.3	103.2	105.1	105.1	103.0	105.7	112.5	96.2	106.7
辽 宁	Liaoning	102.0	108.8	98.6	97.8	103.6	107.1	105.1	104.1	104.4	110.9	94.0	107.4
吉 林	Jilin	100.1	105.1	100.3	98.6	102.5	105.0	104.3	101.7	102.7	104.9	96.1	105.2
黑龙江	Heilongjiang	107.4	122.9	95.9	97.8	111.9	113.1	116.7	109.9	105.3	114.0	87.4	115.0
上 海	Shanghai	97.6	102.5	96.7	96.4	101.4	103.6	101.7	100.6	101.2	102.2	93.8	102.3
江 苏	Jiangsu	96.1	101.1	99.1	97.6	102.3	106.5	102.6	101.5	102.6	104.6	95.2	107.3
浙 江	Zhejiang	96.8	101.1	98.3	96.9	100.6	105.0	102.3	103.8	102.4	104.3	94.9	106.2
安 徽	Anhui	92.9	98.9	98.6	99.8	103.5	108.2	103.3	103.1	103.6	108.4	92.8	109.0
福 建	Fujian	96.6	100.5	98.1	97.2	100.7	102.6	100.2	99.2	100.8	102.7	95.5	103.2
江 西	Jiangxi	96.1	101.0	98.1	98.5	104.0	109.7	108.8	109.7	106.2	106.4	93.0	115.3
山 东	Shandong	97.2	105.9	99.1	98.8	103.5	106.4	103.7	102.3	103.3	108.6	94.1	107.2
河 南	Henan	95.4	104.0	100.5	98.6	105.0	110.2	106.1	104.3	105.2	112.1	94.9	107.8
湖 北	Hubei	97.8	101.7	99.0	98.2	103.5	105.7	104.5	102.9	103.9	106.1	95.6	104.9
湖 南	Hunan	98.5	102.9	99.8	99.2	102.6	108.0	106.0	104.3	106.1	109.3	94.3	106.9
广 东	Guangdong	97.7	103.4	98.5	96.5	99.3	101.7	101.5	101.4	101.3	103.1	95.8	103.2
广 西	Guangxi	95.6	105.5	106.3	95.6	102.8	109.7	104.9	109.6	104.5	109.0	93.5	112.0
海 南	Hainan				98.7	99.5	100.0	99.5	100.8	102.7	104.5	90.6	107.7
重 庆	Chongqing	97.7	98.6	98.1	97.6	100.6	103.3	103.0	102.2	103.5	105.8	95.5	103.1
四 川	Sichuan	97.0	98.1	100.4	97.7	100.5	105.4	104.0	101.9	103.9	109.3	96.5	105.0
贵 州	Guizhou	99.7	100.4	102.2	98.9	103.4	108.0	107.2	104.3	105.0	112.4	95.1	104.7
云 南	Yunnan	98.2	101.2	99.9	98.2	101.4	108.8	104.5	104.6	105.7	105.8	91.5	108.8
西 藏	Tibet								106.0	101.1	105.6	98.2	105.8
陕 西	Shaanxi	97.9	101.5	100.4	100.7	105.7	107.3	110.4	109.6	102.9	108.4	96.1	108.7
甘 肃	Gansu	98.1	107.2	98.5	97.9	110.0	114.3	109.6	109.8	105.5	104.9	91.0	115.0
青 海	Qinghai	102.8	108.1	93.7	97.6	105.5	111.2	110.2	109.5	104.2	107.6	91.3	109.3
宁 夏	Ningxia	98.4	103.6	100.3	99.7	103.9	110.0	106.2	106.2	103.7	112.9	93.9	109.1
新 疆	Xinjiang	100.2	129.4	96.3	97.3	115.1	116.4	116.6	114.4	106.3	116.4	85.5	125.3

2-1-4 续表 2 continued

(上年价格=100) (Preceding Year=100)

地 区	Region	2011	2012	2013	2014	2015	2016	2017	2018	2019	2020	2021	2022
全 国	**National**	**106.0**	**98.3**	**98.1**	**98.1**	**94.8**	**98.6**	**106.3**	**103.5**	**99.7**	**98.2**	**108.1**	**104.1**
北 京	Beijing	102.3	98.4	97.4	99.1	96.9	98.1	100.7	100.0	99.6	99.1	101.1	102.3
天 津	Tianjin	103.8	97.0	97.0	96.3	90.3	97.9	108.4	105.4	99.3	97.1	110.9	105.8
河 北	Hebei	107.7	94.7	96.6	95.2	89.1	99.9	115.0	106.2	100.2	98.5	116.4	100.5
山 西	Shanxi	107.5	94.5	90.7	91.4	87.7	96.8	119.4	106.7	99.7	96.7	130.2	111.4
内蒙古	Inner Mongolia	107.8	100.2	97.0	97.3	94.0	98.9	110.6	103.2	102.1	99.7	128.5	108.6
辽 宁	Liaoning	106.5	99.9	99.0	98.2	93.9	98.8	108.1	104.8	99.5	97.0	113.6	107.9
吉 林	Jilin	105.4	99.1	98.7	99.1	95.3	98.4	103.1	102.8	98.9	98.6	105.1	101.9
黑龙江	Heilongjiang	112.0	100.0	98.0	97.1	86.0	95.1	109.3	109.0	98.2	93.4	112.3	110.9
上 海	Shanghai	102.9	98.4	98.2	98.9	96.1	98.8	103.5	101.7	98.8	98.3	102.1	102.6
江 苏	Jiangsu	106.2	97.1	98.0	98.3	95.3	98.1	104.8	102.8	98.9	97.8	106.3	103.2
浙 江	Zhejiang	105.0	97.3	98.2	98.8	96.4	98.3	104.8	103.4	98.9	96.9	106.3	104.0
安 徽	Anhui	108.3	98.3	98.2	97.4	93.9	98.5	108.0	103.0	100.3	99.1	107.7	103.2
福 建	Fujian	103.9	98.7	98.4	98.6	97.0	99.1	104.1	102.8	100.6	98.4	104.9	102.9
江 西	Jiangxi	111.3	96.5	98.5	97.8	93.7	98.6	107.9	104.2	98.9	98.3	110.5	103.5
山 东	Shandong	106.0	98.4	98.4	98.4	95.2	98.5	105.5	103.7	99.7	98.1	110.3	105.1
河 南	Henan	107.2	99.4	98.5	98.1	95.4	99.0	106.8	103.6	100.2	99.2	107.8	105.0
湖 北	Hubei	106.6	100.3	99.2	98.4	96.7	99.0	105.6	104.2	100.2	99.1	104.1	103.4
湖 南	Hunan	108.5	99.1	98.5	98.4	96.3	98.9	105.8	103.2	99.6	99.0	105.9	102.0
广 东	Guangdong	103.7	99.5	98.8	98.9	96.8	99.4	103.3	101.8	100.2	99.0	103.4	103.0
广 西	Guangxi	108.5	97.8	98.2	98.4	97.0	99.1	107.6	103.2	99.3	99.4	108.9	102.5
海 南	Hainan	108.8	100.8	99.5	97.6	89.8	96.0	108.8	108.2	97.4	93.8	113.5	115.0
重 庆	Chongqing	103.8	99.9	98.0	98.3	97.2	98.6	104.1	102.1	99.8	99.1	103.2	102.3
四 川	Sichuan	107.3	98.6	98.7	98.7	96.4	98.9	106.5	103.6	100.4	98.8	105.9	102.8
贵 州	Guizhou	105.4	101.0	97.4	98.3	96.1	97.9	107.2	101.8	99.8	98.3	106.5	105.7
云 南	Yunnan	104.7	97.9	97.5	97.8	94.9	97.6	105.2	102.4	100.0	98.6	110.0	105.4
西 藏	Tibet	104.3	99.7	99.8	99.0	93.2	102.9	110.0	100.1	98.9	99.4	101.5	104.1
陕 西	Shaanxi	107.2	100.7	97.3	97.1	90.8	97.6	110.8	105.4	100.8	95.1	116.9	107.3
甘 肃	Gansu	111.0	96.8	96.9	96.7	87.0	94.9	114.5	109.5	98.3	93.9	116.4	110.9
青 海	Qinghai	107.4	96.9	97.0	96.1	93.1	98.5	116.7	104.8	98.5	96.6	114.5	112.2
宁 夏	Ningxia	109.5	97.4	96.0	96.3	93.7	99.1	112.1	107.3	99.4	96.9	119.9	111.1
新 疆	Xinjiang	114.8	96.9	96.5	96.2	82.4	94.5	113.7	111.2	98.5	91.6	119.4	112.3

2-1-5 各地区工业生产者出厂价格分类指数（2022年）
Producer Price Indices for Industrial Products by Category and and Region (2022)

(上年价格=100) (Preceding Year=100)

地 区 Region	总指数 General Index	轻工业 Light Industry	1.以农产品为原料 Processing of Agricultural Products	2.以非农产品为原料 Processing of Nonagricultural Products	重工业 Heavy Industry	1.采 掘 Mining & Quarrying Industry	2.原 料 Raw Materials Industry	3.加 工 Processing Industry
全 国 National	**104.1**	**102.7**	**102.8**	**102.6**	**104.6**	**116.5**	**110.6**	**100.8**
北 京 Beijing	102.3	99.2	101.6	97.8	102.9	94.9	108.4	99.1
天 津 Tianjin	105.8	104.4	107.0	102.6	106.1	135.7	110.8	100.1
河 北 Hebei	100.5	103.4	103.5	103.2	99.8	100.0	106.9	95.9
山 西 Shanxi	111.4	103.0	102.8	103.2	111.7	121.2	110.0	98.3
内蒙古 Inner Mongolia	108.6	104.5	104.0	106.9	109.0	111.0	110.3	101.8
辽 宁 Liaoning	107.9	104.5	106.0	101.1	108.3	110.8	117.1	100.5
吉 林 Jilin	101.9	102.9	103.0	102.7	101.7	123.5	108.0	99.4
黑龙江 Heilongjiang	110.9	99.1	98.6	101.6	115.7	133.9	112.6	101.9
上 海 Shanghai	102.6	101.1	101.7	100.6	103.0	100.7	112.3	100.7
江 苏 Jiangsu	103.2	102.9	102.7	103.1	103.3	124.0	109.9	101.3
浙 江 Zhejiang	104.0	103.3	102.5	104.0	104.4	100.3	112.5	100.8
安 徽 Anhui	103.2	103.5	102.2	105.2	103.0	112.6	106.9	100.8
福 建 Fujian	102.9	101.7	101.4	102.2	104.0	103.3	111.8	100.3
江 西 Jiangxi	103.5	104.1	103.4	105.0	103.2	110.1	109.9	100.0
山 东 Shandong	105.1	102.8	104.0	100.3	105.9	114.5	110.5	101.4
河 南 Henan	105.0	104.2	103.8	105.0	105.2	119.7	108.5	102.4
湖 北 Hubei	103.4	102.7	102.9	102.4	103.8	108.4	111.6	101.4
湖 南 Hunan	102.0	102.1	102.3	101.8	101.9	105.3	107.3	100.0
广 东 Guangdong	103.0	102.3	103.2	101.8	103.3	121.5	112.0	101.1
广 西 Guangxi	102.5	105.2	105.4	104.6	101.8	111.1	108.7	96.9
海 南 Hainan	115.0	105.2	108.6	99.7	119.0	115.5	123.5	103.8
重 庆 Chongqing	102.3	101.5	101.5	101.5	102.6	101.9	105.5	102.2
四 川 Sichuan	102.8	101.4	101.4	101.3	103.4	109.0	110.1	100.7
贵 州 Guizhou	105.7	102.0	102.2	101.5	107.1	111.5	104.4	106.8
云 南 Yunnan	105.4	102.0	101.6	103.6	106.7	103.1	108.6	105.0
西 藏 Tibet	104.1	101.0	99.5	103.1	104.9	104.4	103.2	103.8
陕 西 Shaanxi	107.3	102.9	103.0	102.8	108.2	115.1	110.5	100.4
甘 肃 Gansu	110.9	102.2	102.1	102.7	111.9	126.0	114.6	101.5
青 海 Qinghai	112.2	109.0	104.6	112.4	112.4	120.4	109.3	114.9
宁 夏 Ningxia	111.1	102.9	102.4	103.9	112.2	113.7	113.2	109.0
新 疆 Xinjiang	112.3	106.6	106.4	107.4	113.1	122.9	112.0	106.6

2-1-5 续表 Continued

(上年价格=100) (Preceding Year=100)

地区 Region	生产资料 Means of Production	1.采掘 Mining & Quarrying Industry	2.原料 Raw Materials Industry	3.加工 Processing Industry	生活资料 Consumer Goods	1.食品 Food	2.衣着 Clothing	3.一般日用品 Articles for Daily Use	4.耐用消费品 Durable Consumer Goods
全 国 National	**104.9**	**116.5**	**110.3**	**101.5**	**101.5**	**102.7**	**101.8**	**101.6**	**100.1**
北 京 Beijing	104.3	94.9	108.5	100.1	98.1	102.0	94.7	96.7	97.5
天 津 Tianjin	106.6	135.7	110.8	100.8	102.4	108.2	102.4	99.5	100.1
河 北 Hebei	99.9	100.0	106.4	96.4	103.5	104.7	101.8	102.9	102.4
山 西 Shanxi	111.8	121.2	110.0	98.0	102.4	101.8	99.8	104.2	102.4
内蒙古 Inner Mongolia	109.0	111.0	110.4	102.0	104.4	104.2	101.6	110.0	90.2
辽 宁 Liaoning	108.9	110.8	117.1	100.9	102.4	105.4	100.3	98.6	101.2
吉 林 Jilin	102.5	123.5	107.2	99.2	101.0	102.6	101.4	102.4	100.3
黑龙江 Heilongjiang	115.4	133.9	112.1	102.4	98.3	97.6	104.3	100.2	100.2
上 海 Shanghai	103.6	100.7	112.1	101.2	100.2	102.8	100.1	100.2	99.3
江 苏 Jiangsu	103.6	124.0	109.5	101.7	101.8	104.4	101.5	100.8	101.4
浙 江 Zhejiang	104.5	100.3	111.2	101.7	102.1	102.7	102.7	101.9	101.7
安 徽 Anhui	103.7	112.6	106.5	102.2	101.6	102.1	102.9	101.7	100.3
福 建 Fujian	103.9	103.3	110.7	101.0	101.0	100.9	100.6	101.4	101.9
江 西 Jiangxi	104.1	110.1	109.9	101.7	101.4	101.6	102.9	102.5	98.5
山 东 Shandong	105.7	114.5	110.4	101.9	102.4	104.8	102.2	100.4	98.1
河 南 Henan	105.4	119.7	108.2	102.7	103.4	103.9	102.9	104.9	102.2
湖 北 Hubei	103.8	108.4	112.2	101.6	102.4	102.7	101.0	101.6	103.0
湖 南 Hunan	102.2	105.3	107.3	100.5	101.4	101.4	103.3	102.4	99.9
广 东 Guangdong	104.2	121.5	112.0	102.2	100.6	102.4	102.6	102.0	99.1
广 西 Guangxi	102.3	111.1	109.0	97.9	102.9	104.4	103.0	102.3	100.6
海 南 Hainan	118.3	115.5	123.8	104.7	102.0	104.5		99.7	99.2
重 庆 Chongqing	102.7	101.9	104.7	102.4	101.4	101.5	100.5	102.3	101.1
四 川 Sichuan	103.6	109.0	110.0	101.2	100.6	100.9	100.3	102.4	97.6
贵 州 Guizhou	107.6	111.5	104.5	107.7	101.1	101.9	102.5	100.8	96.8
云 南 Yunnan	106.8	103.1	108.9	105.0	101.2	101.2	100.8	100.2	105.7
西 藏 Tibet	104.8	104.4	103.2	103.7	101.1	100.9		101.5	
陕 西 Shaanxi	108.3	115.1	110.5	101.2	101.7	102.4	101.5	101.4	98.5
甘 肃 Gansu	111.7	126.0	114.7	101.5	102.0	102.1	96.3	100.1	100.0
青 海 Qinghai	112.6	120.4	109.3	115.1	103.3	104.1	100.0	98.4	
宁 夏 Ningxia	112.0	113.7	113.0	109.4	99.4	100.7	99.2	91.7	100.6
新 疆 Xinjiang	112.7	122.9	111.9	106.8	106.0	105.8	98.3	114.5	98.4

2-1-6 各地区按部门分工业生产者出厂价格指数（2022年）
Producer Price Indices for Industrial Products by Branch and Region (2022)

（上年价格=100） (Preceding Year=100)

地 区 Region	1.冶金工业 Metallurgical Industry	2.电力工业 Power Industry	3.煤炭及炼焦工业 Coal and Coking Industry	4.石油工业 Petroleum Industry	5.化学工业 Chemical Industry	6.机械工业 Machinery Industry	7.建筑材料工业 Building Materials Industry	8.森林工业 Forest Industry
全 国 National	**99.4**	**108.6**	**114.5**	**126.0**	**105.2**	**101.4**	**99.8**	**101.8**
北 京 Beijing	94.2	107.0		115.3	96.2	98.9	102.5	101.3
天 津 Tianjin	96.3	111.8	105.5	131.0	105.2	101.6	100.4	100.8
河 北 Hebei	92.7	108.2	104.0	123.1	106.0	101.8	105.1	107.4
山 西 Shanxi	94.0	109.6	120.5	114.8	106.1	102.1	108.5	101.9
内蒙古 Inner Mongolia	101.6	116.9	110.4	126.0	105.3	102.4	114.3	
辽 宁 Liaoning	97.4	106.5	116.6	127.3	104.5	102.0	104.4	105.7
吉 林 Jilin	93.2	108.3	112.0	128.9	105.3	99.6	109.6	104.1
黑龙江 Heilongjiang	96.3	104.5	118.2	133.0	106.3	101.5	113.3	102.1
上 海 Shanghai	96.5	111.2		124.7	101.3	101.3	97.1	102.6
江 苏 Jiangsu	99.0	118.6	124.8	123.5	103.1	102.6	95.5	102.0
浙 江 Zhejiang	100.6	112.5		129.4	103.7	102.4	95.7	101.4
安 徽 Anhui	99.5	105.2	123.8	122.0	106.4	102.2	97.2	102.0
福 建 Fujian	101.4	104.4	117.4	134.0	105.2	100.4	99.9	100.7
江 西 Jiangxi	101.0	107.0	106.7	121.7	109.2	102.4	100.5	102.1
山 东 Shandong	100.8	108.5	102.9	123.1	103.8	99.9	102.7	101.9
河 南 Henan	100.5	108.9	113.9	129.4	110.7	103.1	99.6	99.3
湖 北 Hubei	98.7	115.6		120.4	111.5	101.2	97.3	100.7
湖 南 Hunan	99.4	107.6	114.1	113.6	104.1	100.8	98.9	103.0
广 东 Guangdong	104.9	105.2		131.0	102.3	101.0	96.8	102.5
广 西 Guangxi	98.2	105.2	120.0	126.6	109.8	99.5	95.3	101.9
海 南 Hainan	104.0	106.4	100.0	132.1	110.1	100.2	103.3	104.1
重 庆 Chongqing	104.8	103.9	101.4	108.6	104.8	101.5	98.9	103.5
四 川 Sichuan	98.9	102.0	124.7	113.4	108.9	99.9	102.8	100.7
贵 州 Guizhou	101.9	102.5	111.4	111.0	114.3	101.3	110.2	100.6
云 南 Yunnan	101.4	104.4	114.4	125.7	113.4	106.0	100.7	100.8
西 藏 Tibet	104.2	99.7		100.0	124.4	108.7	103.6	
陕 西 Shaanxi	102.3	105.7	108.8	128.0	99.2	100.9	102.6	101.0
甘 肃 Gansu	104.9	104.7	114.6	133.6	107.7	101.7	109.0	
青 海 Qinghai	104.5	104.5	131.4	124.4	133.7	116.5	99.1	
宁 夏 Ningxia	102.6	107.8	110.9	124.7	118.0	113.7	114.3	
新 疆 Xinjiang	98.5	104.5	127.5	127.2	106.1	109.8	97.4	95.2

2-1-6 续表 Continued

(上年价格=100) (Preceding Year=100)

地 区 Region	9.食品工业 Food Industry	10.纺织工业 Textile Industry	11.缝纫工业 Tailoring Industry	12.皮革工业 Leather Industry	13.造纸工业 Paper Industry	14.文教艺术用品工业 Cultural, Educational & Handicrafts Articles	15.其他工业 Other Industry
全 国 National	**103.2**	**103.5**	**101.8**	**101.7**	**100.6**	**101.9**	**105.1**
北 京 Beijing	102.3	101.0	94.7		100.4	99.4	103.3
天 津 Tianjin	108.8	105.5	102.6	104.3	99.9	102.1	100.7
河 北 Hebei	104.7	102.9	102.4	100.2	102.1	100.9	103.3
山 西 Shanxi	102.3	111.9	99.8		106.1	98.2	115.0
内蒙古 Inner Mongolia	104.5	105.9	101.6		98.2		116.2
辽 宁 Liaoning	106.8	102.7	101.7	95.8	100.5	102.4	109.4
吉 林 Jilin	103.2	101.7	101.4		101.5	99.9	105.7
黑龙江 Heilongjiang	98.2	108.4	106.1	100.2	97.5	103.2	109.2
上 海 Shanghai	102.4	101.3	101.3	98.0	99.6	104.3	103.8
江 苏 Jiangsu	105.0	102.2	101.7	98.6	97.9	101.6	102.6
浙 江 Zhejiang	103.2	102.6	103.0	101.4	100.6	103.2	103.9
安 徽 Anhui	101.4	105.1	103.7	99.7	100.0	102.1	103.9
福 建 Fujian	101.4	104.2	99.6	102.3	99.3	101.8	102.3
江 西 Jiangxi	103.3	105.7	103.6	101.5	102.0	102.1	104.3
山 东 Shandong	105.2	104.1	102.1	99.3	101.0	102.6	113.9
河 南 Henan	103.8	103.8	100.4	104.5	100.7	100.1	110.5
湖 北 Hubei	103.5	101.9	102.0	96.3	101.3	100.4	101.6
湖 南 Hunan	101.8	104.4	101.9	104.0	99.5	101.2	105.2
广 东 Guangdong	103.8	104.7	103.2	101.3	101.2	101.9	101.6
广 西 Guangxi	105.6	104.3	101.9	105.3	105.2	100.1	105.0
海 南 Hainan	106.9	95.3			112.4	100.5	103.5
重 庆 Chongqing	102.1	102.7	101.7	99.7	99.6	101.7	105.5
四 川 Sichuan	101.3	104.4	100.0	100.4	101.5	103.2	101.6
贵 州 Guizhou	102.1	103.7	99.9		105.6	103.2	105.6
云 南 Yunnan	101.5	108.9	100.8		101.8	99.7	116.1
西 藏 Tibet	101.0	98.4			99.1	118.2	100.0
陕 西 Shaanxi	102.9	102.1	101.5		99.4	100.7	103.8
甘 肃 Gansu	102.0	103.9	96.3		101.5	100.2	119.2
青 海 Qinghai	104.4	105.5	100.0				113.1
宁 夏 Ningxia	101.2	107.0	97.2	100.4	103.5	99.9	133.5
新 疆 Xinjiang	106.3	106.5	98.3		105.9		125.9

2-1-7 各地区按行业分工业生产者出厂价格指数（2022年）
Producer Price Indices for Industrial Products by Sector and Region (2022)

(上年价格=100) (Preceding Year=100)

地 区 Region	1.煤炭开采和洗选业 Mining and Washing of Coal	2.石油和天然气开采业 Extraction of Petroleum and Natural Gas	3.黑色金属矿采选业 Mining and Processing of Ferrous Metal Ores	4.有色金属矿采选业 Mining and Processing of Non-Ferrous Metal Ores	5.非金属矿采选业 Mining and Processing of Non-Metal Ores
全 国 National	**117.0**	**135.9**	**84.6**	**108.3**	**105.9**
北 京 Beijing		120.7	82.0		
天 津 Tianjin	99.7	148.4	86.3		158.9
河 北 Hebei	109.1	144.7	81.4	101.2	115.5
山 西 Shanxi	122.1	124.1	86.5	103.9	106.1
内蒙古 Inner Mongolia	110.9	151.2	96.0	110.2	106.1
辽 宁 Liaoning	117.8	139.8	89.0	106.7	106.6
吉 林 Jilin	114.3	134.8	91.0	116.4	105.5
黑龙江 Heilongjiang	130.2	147.2	96.4	106.5	123.2
上 海 Shanghai		100.7			
江 苏 Jiangsu	124.8	144.9	95.6	113.9	106.7
浙 江 Zhejiang					100.3
安 徽 Anhui	128.0		77.1	103.2	101.3
福 建 Fujian	122.4		88.7	112.1	106.2
江 西 Jiangxi	112.1		93.8	114.9	106.7
山 东 Shandong	106.8	147.3	83.6	102.7	108.7
河 南 Henan	123.3	142.0	88.5	115.5	98.6
湖 北 Hubei		141.9	80.0	99.3	117.9
湖 南 Hunan	116.0		118.6	103.9	98.8
广 东 Guangdong		131.1	82.9	104.0	98.8
广 西 Guangxi	120.0	147.5	112.1	116.8	98.2
海 南 Hainan		139.2	91.8	123.6	100.5
重 庆 Chongqing	101.4	109.8	100.2	104.7	95.2
四 川 Sichuan	125.9	102.4	88.5	109.7	108.7
贵 州 Guizhou	112.4		86.9	106.1	111.9
云 南 Yunnan	113.2		68.4	105.4	104.3
西 藏 Tibet			124.7	104.1	98.7
陕 西 Shaanxi	109.1	135.0	83.2	107.4	98.9
甘 肃 Gansu	110.1	146.5	87.0	107.7	99.4
青 海 Qinghai	130.3	123.4	87.9	110.2	100.4
宁 夏 Ningxia	115.5		76.9		130.2
新 疆 Xinjiang	132.4	133.4	76.5	107.3	97.4

2-1-7 续表 1 Continued 1

(上年价格=100) (Preceding Year=100)

地 区 Region	6.开采专业及辅助性活动 Mining and Support Activities for Mining	7.其他采矿业 Mining of Other Ores	8.农副食品加工业 Processing of Food from Agricultural Products	9.食品制造业 Manufacture of Foods	10.酒、饮料和精制茶制造业 Manufacture of Alcohol,Beverages and Refined Tea	11.烟草制品业 Manufacture of Tobacco
全 国 National	**99.0**		**104.7**	**103.7**	**101.0**	**100.6**
北 京 Beijing	101.2		103.5	101.3	102.3	102.5
天 津 Tianjin	103.8		115.5	104.2	95.7	101.3
河 北 Hebei			106.2	103.7	101.8	102.9
山 西 Shanxi			104.2	102.5	100.8	100.0
内蒙古 Inner Mongolia			102.2	107.5	104.2	100.0
辽 宁 Liaoning	99.8		107.2	105.5	105.2	
吉 林 Jilin			103.8	107.3	101.1	100.0
黑龙江 Heilongjiang	92.9		96.4	102.2	103.4	100.0
上 海 Shanghai			109.0	102.1	101.4	100.0
江 苏 Jiangsu			107.9	107.1	100.8	100.0
浙 江 Zhejiang			106.4	103.3	100.9	100.0
安 徽 Anhui			102.3	101.8	99.3	100.0
福 建 Fujian			101.6	102.7	101.4	103.2
江 西 Jiangxi			104.9	103.0	100.1	100.0
山 东 Shandong			105.9	103.5	102.9	100.0
河 南 Henan			105.3	105.3	102.7	100.0
湖 北 Hubei			104.3	104.4	101.4	102.9
湖 南 Hunan			103.2	101.1	100.9	100.0
广 东 Guangdong			106.5	102.8	100.5	100.3
广 西 Guangxi			106.8	110.6	103.0	100.0
海 南 Hainan			110.4	101.3	100.4	102.3
重 庆 Chongqing			102.8	102.0	100.6	100.0
四 川 Sichuan			103.6	104.0	98.9	100.0
贵 州 Guizhou			102.4	105.4	101.7	101.9
云 南 Yunnan			103.0	110.5	104.2	100.0
西 藏 Tibet			100.6	100.9	99.0	
陕 西 Shaanxi	95.0		103.3	102.7	102.2	106.4
甘 肃 Gansu	103.2		104.8	103.2	99.4	99.8
青 海 Qinghai			106.5	104.8	99.9	
宁 夏 Ningxia			103.3	101.5	97.4	100.0
新 疆 Xinjiang	98.8		108.1	105.3	102.5	100.0

2-1-7 续表 2 Continued 2

(上年价格=100) (Preceding Year=100)

地 区 Region	12.纺织业 Manufacture of Textile	13.纺织服装、服饰业 Manufacture of Textile,Wearing Apparel and Accessories	14.皮革、毛皮、羽毛及其制品和制鞋业 Manufacture of Leather,Fur,Feather and Related Products and Footware	15.木材加工及木、竹、藤、棕、草制品业 Processing of Timber, Manufacture of Wood, Bamboo,Rattan,Palm and Straw Products	16.家具制造业 Manufacture of Furniture
全 国 National	**103.6**	**101.3**	**101.8**	**101.8**	**101.7**
北 京 Beijing	101.0	94.7			101.3
天 津 Tianjin	105.5	101.8	106.4	103.1	102.1
河 北 Hebei	102.9	102.4	100.2	110.1	103.3
山 西 Shanxi	111.9	99.8		104.0	100.1
内蒙古 Inner Mongolia	102.0	104.7			
辽 宁 Liaoning	102.7	101.7	95.8	103.4	108.2
吉 林 Jilin	101.7	101.4	100.7	104.0	104.3
黑龙江 Heilongjiang	108.4	106.1	100.2	102.5	101.6
上 海 Shanghai	101.3	101.3	98.0	106.5	101.6
江 苏 Jiangsu	102.4	101.1	100.2	101.4	103.7
浙 江 Zhejiang	102.7	103.0	101.8	100.8	104.1
安 徽 Anhui	105.2	103.3	102.6	101.9	101.9
福 建 Fujian	104.0	97.8	102.2	100.2	102.1
江 西 Jiangxi	105.2	104.0	101.5	103.0	101.2
山 东 Shandong	104.1	102.1	99.3	102.2	100.3
河 南 Henan	103.8	100.4	104.1	99.1	99.9
湖 北 Hubei	102.0	101.6	99.2	100.7	101.0
湖 南 Hunan	104.4	102.2	103.1	103.6	101.4
广 东 Guangdong	106.2	101.9	101.6	102.6	100.6
广 西 Guangxi	104.3	101.9	102.2	101.7	105.0
海 南 Hainan	95.3			104.8	96.1
重 庆 Chongqing	102.7	101.7	99.9	104.9	101.4
四 川 Sichuan	104.4	100.4	99.9	100.8	100.7
贵 州 Guizhou	103.7	99.9	103.5	101.1	100.0
云 南 Yunnan	108.9	100.8		100.8	
西 藏 Tibet	98.4				
陕 西 Shaanxi	102.1	101.5			101.0
甘 肃 Gansu	103.9	96.3			
青 海 Qinghai	105.5	100.0			
宁 夏 Ningxia	107.0	97.2	100.4		
新 疆 Xinjiang	106.5	98.3		95.2	

2-1-7 续表 3 Continued 3

(上年价格=100) (Preceding Year=100)

地区	Region	17.造纸及纸制品业 Manufacture of Paper and Paper Products	18.印刷业和记录媒介的复制 Printing, Reproduction of Recording Media	19.文教、工美、体育和娱乐用品制造业 Manufacture of Articles for Culture, Education,Arts and Crafts,Sport and Entertainment Activities	20.石油、煤炭及其他燃料加工业 Processing of Petroleum,Coal and Other Fuel	21.化学原料及化学制品制造业 Manufacture of Raw Chemical Materials and Chemical Products
全 国	**National**	**100.6**	**101.0**	**103.2**	**123.6**	**107.7**
北 京	Beijing	100.4	99.3	101.6	129.0	97.8
天 津	Tianjin	99.9	99.7	105.3	123.9	107.6
河 北	Hebei	102.1	101.3	99.8	113.5	110.3
山 西	Shanxi	106.1	97.6	104.0	115.0	106.8
内蒙古	Inner Mongolia	98.2			110.4	105.5
辽 宁	Liaoning	100.5	102.4		127.5	107.5
吉 林	Jilin	101.5	99.3	98.0	121.7	107.4
黑龙江	Heilongjiang	97.5	103.4	101.9	122.4	112.3
上 海	Shanghai	99.6	103.6	104.7	128.5	103.7
江 苏	Jiangsu	97.9	98.9	102.4	124.0	104.4
浙 江	Zhejiang	100.6	102.1	102.7	130.3	105.1
安 徽	Anhui	100.0	100.7	104.9	120.0	108.7
福 建	Fujian	99.3	101.2	101.9	135.4	109.8
江 西	Jiangxi	102.0	96.7	105.3	118.5	112.5
山 东	Shandong	101.0	103.5	104.2	119.2	105.4
河 南	Henan	100.7	100.6	110.8	109.7	115.3
湖 北	Hubei	101.3	100.1	102.8	122.6	114.6
湖 南	Hunan	99.5	100.7	107.3	115.3	107.5
广 东	Guangdong	101.2	101.3	102.5	135.6	103.3
广 西	Guangxi	105.2	99.3	100.7	126.6	111.2
海 南	Hainan	112.4	100.5		132.8	120.6
重 庆	Chongqing	99.6	101.9	100.0	104.4	109.0
四 川	Sichuan	101.5	103.2	102.1	125.1	114.6
贵 州	Guizhou	105.6	101.0	105.9	101.9	118.7
云 南	Yunnan	101.8	99.7		125.8	116.3
西 藏	Tibet	99.1	118.2	100.6		128.7
陕 西	Shaanxi	99.4	100.7		121.8	98.0
甘 肃	Gansu	101.5	100.2		131.6	111.0
青 海	Qinghai			99.0	129.1	134.9
宁 夏	Ningxia	103.5	99.9		117.0	121.6
新 疆	Xinjiang	105.9			130.3	106.0

2-1-7 续表 4 Continued 4

(上年价格=100) (Preceding Year=100)

地 区 Region	22.医药制造业 Manufacture of Medicines	23.化学纤维制造业 Manufacture of Chemical Fibers	24.橡胶和塑料制品业 Manufacture of Rubber and Plastics Products	25.非金属矿物制品业 Manufacture of Non-metallic Mineral Products
全 国 National	**100.3**	**104.1**	**101.3**	**101.2**
北 京 Beijing	96.4		97.8	104.7
天 津 Tianjin	97.5	96.0	100.5	99.6
河 北 Hebei	102.9	102.2	97.3	105.4
山 西 Shanxi	103.7		98.4	111.6
内蒙古 Inner Mongolia	102.4		95.8	117.6
辽 宁 Liaoning	97.6	98.2	101.2	105.7
吉 林 Jilin	103.1	99.9	99.9	110.9
黑龙江 Heilongjiang	99.2	97.0	101.0	113.6
上 海 Shanghai	95.6	104.9	99.0	97.9
江 苏 Jiangsu	97.8	106.1	100.2	96.4
浙 江 Zhejiang	100.2	104.5	101.3	96.6
安 徽 Anhui	104.7	103.2	102.0	98.3
福 建 Fujian	101.0	101.8	102.1	100.0
江 西 Jiangxi	102.8	101.0	108.1	100.6
山 东 Shandong	100.2	110.1	101.3	106.7
河 南 Henan	104.9	100.9	100.4	102.9
湖 北 Hubei	100.3	106.4	101.8	97.6
湖 南 Hunan	99.1	96.0	98.7	99.6
广 东 Guangdong	99.4	99.7	101.9	97.3
广 西 Guangxi	104.2		103.6	96.1
海 南 Hainan	99.5		98.3	103.5
重 庆 Chongqing	102.8	60.6	102.2	100.8
四 川 Sichuan	101.7	103.3	101.2	102.6
贵 州 Guizhou	100.9		105.7	111.1
云 南 Yunnan	100.4	100.0	102.5	103.7
西 藏 Tibet	102.9		108.0	103.7
陕 西 Shaanxi	101.3		100.9	103.2
甘 肃 Gansu	102.7		98.7	112.5
青 海 Qinghai	102.0		99.6	101.3
宁 夏 Ningxia	90.4	63.2	98.2	124.2
新 疆 Xinjiang	111.9	109.8	97.6	112.6

2-1-7 续表 5 Continued 5

(上年价格=100) (Preceding Year=100)

地 区	Region	26.黑色金属冶炼及压延加工业 Smelting and Pressing of Ferrous Metals	27.有色金属冶炼及压延加工业 Smelting and Pressing of Non-Ferrous Metals	28.金属制品业 Manufacture of Metal Products	29.通用设备制造业 Manufacture of General Purpose Machinery	30.专用设备制造业 Manufacture of Special Purpose Machinery
全 国	**National**	**94.2**	**105.4**	**102.2**	**101.1**	**100.7**
北 京	Beijing	91.3	117.7	105.0	101.1	99.6
天 津	Tianjin	93.3	104.1	102.6	100.2	101.0
河 北	Hebei	91.9	104.5	102.1	100.4	100.0
山 西	Shanxi	91.0	106.5	100.8	103.7	102.2
内蒙古	Inner Mongolia	94.7	108.9	101.4	107.3	103.8
辽 宁	Liaoning	94.6	109.1	103.4	100.2	102.3
吉 林	Jilin	88.0	105.2	103.1	100.5	100.9
黑龙江	Heilongjiang	92.2	98.0	107.5	101.0	100.7
上 海	Shanghai	92.2	103.1	101.9	101.6	99.6
江 苏	Jiangsu	95.1	104.1	102.7	101.6	100.7
浙 江	Zhejiang	94.1	103.9	102.1	102.4	101.3
安 徽	Anhui	94.2	104.9	101.8	100.3	101.3
福 建	Fujian	95.5	106.7	102.6	102.6	98.7
江 西	Jiangxi	86.9	104.0	102.1	101.3	100.0
山 东	Shandong	95.0	105.3	102.4	98.4	102.1
河 南	Henan	93.2	102.9	103.4	101.7	101.0
湖 北	Hubei	94.2	104.2	102.6	100.1	102.0
湖 南	Hunan	89.4	105.3	98.7	101.3	100.4
广 东	Guangdong	109.4	105.6	101.9	101.2	100.6
广 西	Guangxi	92.1	106.1	102.5	100.9	100.2
海 南	Hainan		102.2	99.5	99.2	
重 庆	Chongqing	106.7	105.4	100.3	101.1	100.7
四 川	Sichuan	94.3	108.8	101.8	100.4	99.6
贵 州	Guizhou	97.4	105.4	100.1	100.2	100.1
云 南	Yunnan	96.7	105.8	100.4	100.0	100.2
西 藏	Tibet		98.0			97.1
陕 西	Shaanxi	92.4	111.8	102.3	100.2	100.7
甘 肃	Gansu	92.6	108.9	105.6	101.4	100.0
青 海	Qinghai	102.6	105.0	97.5		
宁 夏	Ningxia	100.8	108.6	101.2	100.3	104.4
新 疆	Xinjiang	90.9	103.6	99.0		99.3

2-1-7 续表 6 Continued 6

(上年价格=100) (Preceding Year=100)

地 区 Region	31.汽车制造业 Manufacture of Automobiles	32.铁路、船舶、航空航天和其他运输设备制造业 Manufacture of Railway,Ship, Aerospace and Other Transport Equipments	33.电气机械及器材制造业 Manufacture of Electrical Machinery and Apparatus	34.计算机、通信和其他电子设备制造业 Manufacture of Computers Communication and Other Electronic Equipment	35.仪器仪表制造业 Manufacture of Measuring Instruments and Machinery
全 国 National	**100.2**	**101.5**	**104.6**	**100.7**	**101.5**
北 京 Beijing	100.0	100.3	100.5	95.5	99.1
天 津 Tianjin	99.8	101.1	105.0	103.1	101.0
河 北 Hebei	98.5	107.3	105.2	102.3	107.0
山 西 Shanxi	101.3	99.2	102.9	103.0	100.0
内蒙古 Inner Mongolia	99.5		103.2	102.6	
辽 宁 Liaoning	101.3	103.4	101.9	106.1	99.1
吉 林 Jilin	99.5	99.6	102.0	100.0	95.6
黑龙江 Heilongjiang	100.3	100.8	105.3	104.3	100.3
上 海 Shanghai	99.2	99.8	102.6	103.6	100.8
江 苏 Jiangsu	100.4	102.0	105.4	102.2	104.4
浙 江 Zhejiang	100.7	104.7	104.9	100.6	100.7
安 徽 Anhui	100.4	103.8	106.0	100.3	99.9
福 建 Fujian	101.3	100.5	101.2	99.1	99.1
江 西 Jiangxi	100.5	100.5	105.9	100.8	98.3
山 东 Shandong	99.5	99.9	102.3	98.1	101.7
河 南 Henan	102.4	102.0	104.4	104.9	95.9
湖 北 Hubei	100.9	100.7	103.0	99.8	100.9
湖 南 Hunan	99.3	99.7	101.8	101.9	100.3
广 东 Guangdong	100.6	101.8	105.3	99.5	101.1
广 西 Guangxi	99.2	98.2	101.6	98.9	103.5
海 南 Hainan	100.8		100.4	98.8	
重 庆 Chongqing	100.3	100.9	101.8	102.7	100.4
四 川 Sichuan	99.7	101.3	105.2	98.2	100.0
贵 州 Guizhou	98.4	100.5	109.8	98.5	100.6
云 南 Yunnan	101.9	102.7	106.2	110.5	108.2
西 藏 Tibet			120.2		
陕 西 Shaanxi	99.8	101.4	103.7	100.1	98.7
甘 肃 Gansu	102.3		102.0	103.2	
青 海 Qinghai			114.2	123.0	
宁 夏 Ningxia			110.9	130.0	100.0
新 疆 Xinjiang	101.7		101.2	147.2	

2-1-7 续表 7 Continued 7

(上年价格=100) (Preceding Year=100)

地 区	Region	36.其他制造业 Other Manufacture	37.废弃资源综合利用业 Utilization of Waste Resources	38.金属制品、机械和设备修理业 Repair Service of Metal Products, Machinery and Equipment	39.电力、热力的生产和供应业 Production and Supply of Electric Power and Heat Power	40.燃气生产和供应业 Production and Supply of Gas	41.水的生产和供应业 Production and Supply of Water
全 国	**National**	**102.2**	**103.2**	**102.1**	**108.6**	**115.9**	**101.3**
北 京	Beijing	109.0	105.2	99.6	107.0	102.0	100.0
天 津	Tianjin	103.4	115.4	101.3	111.8	119.8	99.7
河 北	Hebei	102.4	100.1	99.9	108.2	114.2	100.5
山 西	Shanxi		109.5	99.5	109.6	112.3	100.4
内蒙古	Inner Mongolia		89.5		116.9	122.8	100.0
辽 宁	Liaoning		86.2	100.0	106.5	104.1	100.5
吉 林	Jilin		101.4	100.0	108.3	113.4	101.1
黑龙江	Heilongjiang	100.3	93.7	99.0	104.5	104.9	101.5
上 海	Shanghai	104.9	95.4	102.3	111.2	110.8	115.7
江 苏	Jiangsu	99.6	97.3	100.0	118.6	119.2	100.9
浙 江	Zhejiang	102.6		110.5	112.5	129.3	101.1
安 徽	Anhui	101.4	104.1		105.2	115.7	98.9
福 建	Fujian	102.4	95.8	102.0	104.4	122.8	101.6
江 西	Jiangxi	101.2	103.3		107.0	115.4	104.5
山 东	Shandong				108.5	119.3	100.2
河 南	Henan	96.2	106.7		108.9	126.2	100.8
湖 北	Hubei	105.0	113.3	95.0	115.6	105.6	100.6
湖 南	Hunan	102.0	105.7		107.6	102.0	104.5
广 东	Guangdong	102.8	103.5	103.2	105.2	118.5	100.7
广 西	Guangxi		100.2		105.2	122.3	99.9
海 南	Hainan				106.4	105.3	99.2
重 庆	Chongqing	100.8	98.4	101.2	103.9	109.0	101.3
四 川	Sichuan	102.3	97.9	106.6	102.0	117.2	99.9
贵 州	Guizhou			100.0	102.5	117.2	100.9
云 南	Yunnan				104.4	102.9	99.1
西 藏	Tibet				99.7	100.0	99.9
陕 西	Shaanxi				105.7	105.0	100.0
甘 肃	Gansu		110.8	100.3	104.7	104.9	100.0
青 海	Qinghai				104.5	114.0	99.1
宁 夏	Ningxia				107.8	118.2	100.0
新 疆	Xinjiang		100.4		104.5	104.0	100.0

2-1-8 各地区按行业中类分工业生产者出厂价格指数（2022年）
Producer Price Indices for Industrial Products by Medium Sector and Region (2022)

(上年价格＝100) (Preceding Year=100)

地 区 Region	烟煤和无烟煤开采洗选 Mining and Cleaning of Bituminous and Anthracite	褐煤开采洗选 Mining and Cleaning of Lignite	其他煤炭采选 Mining other Coal	石油开采 Extraction of Crude Petroleum	天然气开采 Extraction of Natural Gas	铁矿采选 Mining of Iron Ores	锰矿、铬矿采选 Mining of Manganesian and Chromic Ores	其他黑色金属矿采选 Mining of Other Ferrous Metal Ores
全 国 National	**116.9**	**120.2**		**145.5**	**104.3**	**83.8**	**107.8**	**106.2**
北 京 Beijing					120.7	82.0		
天 津 Tianjin	99.7			149.8	117.0	84.5	100.0	
河 北 Hebei	109.1			144.7		81.4		
山 西 Shanxi	122.1				124.1	86.5		
内蒙古 Inner Mongolia	108.3	120.1		151.2		95.8		106.2
辽 宁 Liaoning	117.8			139.8		89.0		
吉 林 Jilin	109.3	130.7		149.9	111.2	91.0		
黑龙江 Heilongjiang	130.2	130.2		147.2		96.4		
上 海 Shanghai					100.7			
江 苏 Jiangsu	124.8			144.9		95.6		
浙 江 Zhejiang								
安 徽 Anhui	128.0					77.1		
福 建 Fujian	122.4					88.1	103.4	
江 西 Jiangxi	112.1					93.8		
山 东 Shandong	106.8			147.3		83.6		
河 南 Henan	123.3			144.1	113.2	88.5		
湖 北 Hubei				141.9		80.0		
湖 南 Hunan	116.0					109.0	126.2	
广 东 Guangdong				150.2	103.0	82.9		
广 西 Guangxi	120.0			147.5			112.1	
海 南 Hainan				144.6	101.5	91.8		
重 庆 Chongqing	101.4				109.8		100.2	
四 川 Sichuan	125.9				102.4	88.5		
贵 州 Guizhou	112.4					105.0	82.7	
云 南 Yunnan	112.5	118.1				68.4		
西 藏 Tibet						94.3	125.7	
陕 西 Shaanxi	109.1			135.5	102.9	83.2		
甘 肃 Gansu	110.1			146.5		82.3	100.2	
青 海 Qinghai	130.3			151.3	100.0	87.9		
宁 夏 Ningxia	115.5					76.9		
新 疆 Xinjiang	132.4			155.8	100.0	76.5		

2−1−8 续表 1 Continued 1

(上年价格＝100) (Preceding Year=100)

地 区	Region	常用有色金属矿采选 Mining of Common Non-Ferrous Metal Ores	贵金属矿采选 Mining of Precious Metal Ores	稀有稀土金属矿采选 Rare Metal Ores and Rare-Earth Metal Ores	土砂石开采 Mining of Stone, Sand and Clay	化学矿开采 Mining of Chemical Ores	采盐 Extraction of Salt	石棉及其他非金属矿采选 Mining of Asbestos and Other Non-Metal Ores
全 国	**National**	**106.8**	**102.8**	**124.0**	**100.8**	**133.5**	**123.2**	**102.9**
北 京	Beijing							
天 津	Tianjin						158.9	
河 北	Hebei	101.2			104.7		146.9	
山 西	Shanxi	104.6	102.4		106.1			
内蒙古	Inner Mongolia	109.5	97.0	131.0	103.5		111.1	124.1
辽 宁	Liaoning	106.9	102.6	132.0	105.0	135.9	136.5	100.2
吉 林	Jilin	142.2	103.2	137.9	105.5			
黑龙江	Heilongjiang	100.7	102.6	119.0	99.7			125.8
上 海	Shanghai							
江 苏	Jiangsu	113.9					106.7	
浙 江	Zhejiang				100.3			
安 徽	Anhui	103.0	102.8		99.0	120.5	126.7	100.1
福 建	Fujian	107.0	96.6	129.6	108.1	104.1		101.7
江 西	Jiangxi	100.7	103.8	126.1	105.4		139.8	102.5
山 东	Shandong		102.7		103.5		121.7	
河 南	Henan	117.7	104.4	128.7	98.4		170.4	
湖 北	Hubei	99.3			98.7	162.1	109.8	
湖 南	Hunan	103.4	99.7	109.3	98.6	98.1		100.5
广 东	Guangdong	104.0			98.8			
广 西	Guangxi	116.8			98.2			
海 南	Hainan	121.2		168.7	100.5			
重 庆	Chongqing	104.7			95.2			
四 川	Sichuan	103.4	104.5	168.2	103.8	134.2	125.0	
贵 州	Guizhou	106.1			99.2	138.5		
云 南	Yunnan	104.8	105.5	112.7	93.6	110.6	100.0	
西 藏	Tibet	104.6	98.0	151.5	98.7			
陕 西	Shaanxi	103.4	102.6	114.8	99.9	98.2		97.7
甘 肃	Gansu	109.2	103.6	106.6	99.2	94.8		105.1
青 海	Qinghai	110.2					100.4	
宁 夏	Ningxia				108.0		140.3	
新 疆	Xinjiang	107.5	104.0		97.4			

2-1-8 续表 2 Continued 2

(上年价格=100) (Preceding Year=100)

地 区	Region	煤炭开采和洗选辅助活动 Support Activities for Coal Mining and Cleaning	石油和天然气开采辅助活动 Support Activities for Petroleum and Natural Gas Extraction	其他开采辅助活动 Support Activities for Other Mining and Quarrying	谷物磨制 Milling of Grains	饲料加工 Processing of Animal Feeds	植物油加工 Processing of Vegetable Oils	制糖业 Manufacture of Sugar
全 国	**National**		**99.0**		**103.6**	**108.4**	**111.0**	**102.6**
北 京	Beijing		101.2		109.1	111.3	114.5	
天 津	Tianjin		103.8		106.6	109.6	120.2	
河 北	Hebei				113.8	107.2	108.6	105.4
山 西	Shanxi				103.6	104.7	104.7	
内蒙古	Inner Mongolia				104.9	105.9	108.5	107.2
辽 宁	Liaoning		99.8		101.1	111.8	111.8	108.6
吉 林	Jilin				96.5	109.9	108.4	
黑龙江	Heilongjiang		92.9		96.3	107.6	112.2	121.4
上 海	Shanghai				106.2	107.2	119.8	
江 苏	Jiangsu				103.6	108.0	113.0	103.5
浙 江	Zhejiang				105.5	109.5	113.2	
安 徽	Anhui				102.6	106.8	100.5	
福 建	Fujian				100.7	106.0	105.7	104.7
江 西	Jiangxi				99.9	107.6	105.8	
山 东	Shandong				113.2	107.2	110.7	107.2
河 南	Henan				112.5	108.8	103.3	
湖 北	Hubei				100.7	110.8	111.7	
湖 南	Hunan				99.6	106.6	111.2	
广 东	Guangdong				103.5	110.3	109.3	98.9
广 西	Guangxi				98.0	109.8	114.8	99.9
海 南	Hainan					112.8	111.6	97.1
重 庆	Chongqing				99.3	107.4	107.4	
四 川	Sichuan				100.7	107.7	109.3	
贵 州	Guizhou				103.9	107.4	108.9	
云 南	Yunnan				105.6	106.9	107.7	105.3
西 藏	Tibet				100.3	99.8	104.2	
陕 西	Shaanxi		95.0		105.7	109.8	111.6	
甘 肃	Gansu		103.2		106.6	105.8	99.8	99.6
青 海	Qinghai					107.3	114.4	
宁 夏	Ningxia				103.2	109.2	110.9	
新 疆	Xinjiang		98.8		105.9	108.6	123.1	104.0

2-1-8 续表 3 Continued 3

(上年价格＝100) (Preceding Year=100)

地 区 Region	屠宰及肉类加工 Slaughtering and Processing of Meat	水产品加工 Processing of Seafood	蔬菜、菌类、水果和坚果加工 Processing of Vegetables, Fungus,Fruits and Nuts	其他农副食品加工 Processing of Other Food From Agricultural Products	焙烤食品制造 Manufacture of Bakery Products	糖果、巧克力及蜜饯制造 Manufacture of Sugar Confectionery, Chocolates and Preserved Fruit in Sugar	方便食品制造 Manufacture of Instant Foods
全 国 National	**100.9**	**103.8**	**100.4**	**99.7**	**102.5**	**101.1**	**103.6**
北 京 Beijing	98.4		100.6	105.2	101.9	105.7	98.8
天 津 Tianjin	99.9	104.8	104.8	102.4	100.8	103.0	107.0
河 北 Hebei	99.0	100.1	106.4	101.1	102.4	104.3	109.5
山 西 Shanxi	104.8		95.4	100.7	104.8	99.2	103.2
内蒙古 Inner Mongolia	99.7		100.2	98.8	102.9		
辽 宁 Liaoning	102.6	109.2	104.8	100.8	101.8		103.0
吉 林 Jilin	104.7	106.5	105.8	102.7	98.4		102.3
黑龙江 Heilongjiang	92.2		103.3	85.2	103.7	101.6	105.3
上 海 Shanghai	102.1	109.1	98.9	104.7	104.7	101.3	104.0
江 苏 Jiangsu	99.5	103.5	103.1	108.7	101.0	95.6	106.8
浙 江 Zhejiang	98.8	108.1	103.3	101.4	102.4	101.6	104.8
安 徽 Anhui	100.2	115.9	97.5	100.1	104.3	102.0	102.1
福 建 Fujian	102.1	100.8	95.4	101.1	99.3	100.0	101.5
江 西 Jiangxi	99.8	107.1	105.6	102.2	102.5	103.5	101.4
山 东 Shandong	105.8	104.5	101.5	97.9	101.4		105.2
河 南 Henan	98.6		104.8	96.9	104.8	101.7	102.1
湖 北 Hubei	97.7	112.7	97.3	101.3	105.8	100.5	102.2
湖 南 Hunan	97.5	103.6	106.2	100.0	100.0	99.9	100.9
广 东 Guangdong	100.7	98.7	101.6	99.2	104.0	102.5	103.7
广 西 Guangxi	92.1	101.0	95.4	112.2	102.4	100.1	102.2
海 南 Hainan	96.8	114.8	103.1	99.8	105.5	104.5	99.9
重 庆 Chongqing	99.7		101.1	100.0	101.1		108.6
四 川 Sichuan	101.8		97.4	101.6	101.7	99.7	104.1
贵 州 Guizhou	99.6		98.5	97.1	105.0	98.2	109.7
云 南 Yunnan	95.0	96.8	99.2	105.9	102.6	100.4	109.5
西 藏 Tibet	100.6						100.0
陕 西 Shaanxi	96.2		97.5	97.5	104.4	101.0	102.9
甘 肃 Gansu	102.2		106.3	105.5	101.8	100.0	115.1
青 海 Qinghai	96.4	161.6		100.0	100.0		
宁 夏 Ningxia	96.7		101.7	95.4	100.3		
新 疆 Xinjiang	86.6		100.5	98.4	100.9		104.2

2-1-8 续表 4 Continued 4

(上年价格=100) (Preceding Year=100)

地 区	Region	乳制品制造 Manufacture of Dairy Products	罐头食品制造 Manufacture of Can Foods	调味品、发酵制品制造 Manufacture of Condiment and Yeast	其他食品制造 Manufacture of Other Foods	酒的制造 Manufacture of Alcoholic Beverages
全 国	**National**	**101.3**	**104.0**	**107.0**	**104.9**	**100.9**
北 京	Beijing	100.1		104.3	100.2	100.7
天 津	Tianjin	104.7	100.5	104.9	103.0	97.2
河 北	Hebei	102.3	99.8	98.9	101.6	102.2
山 西	Shanxi	99.0	107.1	102.8	104.5	98.7
内蒙古	Inner Mongolia	102.5	115.6	114.3	110.9	104.4
辽 宁	Liaoning	104.3	106.4	114.3	111.1	107.6
吉 林	Jilin	101.1		140.9	99.7	101.6
黑龙江	Heilongjiang	100.8	104.7	115.4	103.1	103.5
上 海	Shanghai	100.5	100.7	103.4	99.3	99.7
江 苏	Jiangsu	102.9	111.8	115.3	108.4	101.1
浙 江	Zhejiang	102.7	108.5	109.0	101.4	101.1
安 徽	Anhui	99.6	106.0	101.0	100.0	98.4
福 建	Fujian	107.6	103.8	103.0	113.7	106.0
江 西	Jiangxi	102.5	99.5	101.0	105.1	100.8
山 东	Shandong	100.5	102.5	109.8	100.4	103.0
河 南	Henan	101.6	106.8	106.8	109.2	102.8
湖 北	Hubei	101.3	105.5	108.8	105.4	102.8
湖 南	Hunan	96.6	107.9	99.9	100.6	106.1
广 东	Guangdong	101.0	98.3	104.4	101.8	102.8
广 西	Guangxi	103.7	112.8	116.3	117.9	103.3
海 南	Hainan	102.5		97.2	96.7	100.4
重 庆	Chongqing	101.2	96.7	100.5		100.3
四 川	Sichuan	100.7	99.4	104.6	112.0	98.1
贵 州	Guizhou	101.6		105.6	105.0	101.8
云 南	Yunnan	102.5	99.9	102.2	125.7	103.9
西 藏	Tibet	100.6			101.4	102.6
陕 西	Shaanxi	101.0		110.2	95.2	100.3
甘 肃	Gansu	102.6	107.3	95.8	108.7	98.9
青 海	Qinghai	114.2			100.1	100.0
宁 夏	Ningxia	99.9		103.9	103.9	94.8
新 疆	Xinjiang	101.1	103.8	111.1	100.5	102.5

2-1-8 续表 5 Continued 5

(上年价格＝100) (Preceding Year=100)

地区	Region	饮料制造 Manufacture of Soft Drinks	精制茶加工 Manufacture of Refined Tea	烟叶复烤 Redrying of Tobacco	卷烟制造 Manufacture of Cigarettes	其他烟草制品制造 Manufacture of Other Tobacco Products	棉纺织及印染精加工 Spinning, Weaving, Dyeing and Finishing of Cotton Materials
全国	**National**	**101.4**	**100.2**	**100.4**	**100.6**	**100.1**	**104.5**
北京	Beijing	104.9			102.5		
天津	Tianjin	95.5			101.3		101.7
河北	Hebei	101.4			102.9		103.7
山西	Shanxi	106.9			100.0		111.9
内蒙古	Inner Mongolia	103.6			100.0		
辽宁	Liaoning	100.7					107.8
吉林	Jilin	99.7			100.0		102.3
黑龙江	Heilongjiang	103.0			100.0		109.0
上海	Shanghai	101.8			100.0		108.9
江苏	Jiangsu	100.5			100.0		105.1
浙江	Zhejiang	101.4	98.4		100.0		102.6
安徽	Anhui	101.8	97.9		100.0		104.4
福建	Fujian	103.7	99.3		103.2		104.7
江西	Jiangxi	99.3	100.5		100.0		105.3
山东	Shandong	102.4			100.0		104.3
河南	Henan	103.0	99.4		100.0	100.0	104.3
湖北	Hubei	100.5	100.1		103.0	100.0	103.7
湖南	Hunan	101.0	97.8	100.0	100.0		107.0
广东	Guangdong	99.9	101.5		100.3		106.3
广西	Guangxi	103.7	101.3		100.0		105.9
海南	Hainan	100.3	100.6		102.3		94.5
重庆	Chongqing	101.1	99.8		100.0		102.7
四川	Sichuan	102.3	100.7		100.0	100.3	104.6
贵州	Guizhou	99.5	101.8		101.9		102.2
云南	Yunnan	102.6	106.1	100.4	100.0	99.6	
西藏	Tibet	95.8					
陕西	Shaanxi	103.5	102.6		106.4		102.3
甘肃	Gansu	100.1			99.8		106.0
青海	Qinghai	99.8					
宁夏	Ningxia	100.9			100.0		105.9
新疆	Xinjiang	102.6			100.0		106.5

2-1-8 续表 6 Continued 6

(上年价格=100) (Preceding Year=100)

地 区 Region	毛纺织及染整精加工 Spinning, Weaving, Dyeing and Finishing of Wool Materials	麻纺织及染整精加工 Spinning, Weaving, Dyeing and Finishing of Bast Fibres	丝绢纺织及印染精加工 Spinning, Weaving, Dyeing and Finishing of Silk	化纤织造及印染精加工 Weaving, Dyeing and Finishing of Chemical Fibres	针织或钩针编织物及其制品制造 Manufacture of Knitted and Crocheted Fabric Products	家用纺织制成品制造 Manufacture of Made-up Textile Articles for Household Use
全 国 National	**100.2**	**105.8**	**106.0**	**102.5**	**105.1**	**102.4**
北 京 Beijing						
天 津 Tianjin					106.0	99.7
河 北 Hebei	101.9					100.5
山 西 Shanxi						
内蒙古 Inner Mongolia	105.9				92.4	
辽 宁 Liaoning						
吉 林 Jilin	101.3			103.5		
黑龙江 Heilongjiang		108.5				103.6
上 海 Shanghai	103.8			100.2		98.9
江 苏 Jiangsu	97.2	108.1	102.7	96.7	105.8	103.6
浙 江 Zhejiang	103.1		107.1	104.7	103.3	102.2
安 徽 Anhui	102.5	108.3	109.1	114.5	108.7	103.4
福 建 Fujian	108.2			102.7	103.1	102.2
江 西 Jiangxi		98.7	114.8	109.2	99.2	101.0
山 东 Shandong	100.7					104.3
河 南 Henan	97.2					100.1
湖 北 Hubei		108.2		109.7	112.9	104.0
湖 南 Hunan		103.9				97.2
广 东 Guangdong				116.4	111.2	101.8
广 西 Guangxi		101.6	103.9			
海 南 Hainan						110.9
重 庆 Chongqing						
四 川 Sichuan		100.0	104.8			108.2
贵 州 Guizhou			105.1	102.1		
云 南 Yunnan			108.9			
西 藏 Tibet	98.4					
陕 西 Shaanxi			99.0			102.0
甘 肃 Gansu	102.3					
青 海 Qinghai	105.5					
宁 夏 Ningxia	108.6					
新 疆 Xinjiang						

2-1-8 续表 7 Continued 7

(上年价格＝100) (Preceding Year=100)

地 区 Region	产业用纺织制成品制造 Manufacture of Madeup Textile Products for Non-Household Use	机织服装制造 Manufacture of Woven Textile Wearing Apparel	针织或钩针编织服装制造 Manufacture of Knitted and Crocheted Textile Wearing Apparel	服饰制造 Manufacture of Wearing Accessories and Ornamental Products	皮革鞣制加工 Tanning and Dressing of Leather Wearing Apparel	皮革制品制造 Manufacture of Leather Products	毛皮鞣制及制品加工 Dressing of Fur Skins and Processing of Fur Articles	羽毛(绒)加工及制品制造 Manufacture and Processing of Feather, Down and Related Products
全 国 National	**99.3**	**100.7**	**102.2**	**103.5**	**99.0**	**101.4**	**108.5**	**102.2**
北 京 Beijing	101.0	91.6	105.5					
天 津 Tianjin	107.5	101.8	101.2		100.2		100.0	120.7
河 北 Hebei	100.7	102.4			97.5	101.6	102.5	
山 西 Shanxi		99.8						
内蒙古 Inner Mongolia		101.9	105.1	103.6				
辽 宁 Liaoning	97.3	101.7				95.0		
吉 林 Jilin	97.6	99.6	105.2	102.1				100.7
黑龙江 Heilongjiang		106.1			100.0		102.2	
上 海 Shanghai	100.4	100.6	100.4	109.6		97.9		
江 苏 Jiangsu	99.7	99.9	106.1	101.5	98.3	100.5		102.1
浙 江 Zhejiang	98.7	101.6	103.9	105.3	101.2	102.7		102.8
安 徽 Anhui	101.7	103.9	99.8	106.5	100.7	101.3		105.1
福 建 Fujian	101.0	96.9	99.5	103.5	99.2	102.9		96.6
江 西 Jiangxi	99.1	106.4	99.6	97.8	104.6	101.5	101.3	101.6
山 东 Shandong	104.1	101.7	104.3	101.8	95.0			
河 南 Henan	102.8	100.7	98.1	101.6	98.6	99.0	124.4	99.5
湖 北 Hubei	94.7	101.2	105.8	101.8		86.8	98.7	
湖 南 Hunan	103.2	101.5	102.7	104.1	101.7	105.7	100.3	90.8
广 东 Guangdong	98.6	101.2	102.6	105.7	102.5	99.3		
广 西 Guangxi		101.9						99.9
海 南 Hainan								
重 庆 Chongqing		101.7						
四 川 Sichuan	99.4	100.4	100.4		100.4	104.0		101.5
贵 州 Guizhou		100.0	99.0					
云 南 Yunnan		100.8						
西 藏 Tibet								
陕 西 Shaanxi		101.5						
甘 肃 Gansu		96.3						
青 海 Qinghai		100.0						
宁 夏 Ningxia		97.2					100.4	
新 疆 Xinjiang		98.3						

2-1-8 续表 8 Continued 8

(上年价格＝100) (Preceding Year=100)

地 区 Region	制鞋业 Manufacture of Footware	木材加工 Processing of Wood	人造板制造 Manufacture of Wood-Based Panels	木制品制造 Manufacture of Wood Products	竹、藤、棕、草制品制造 Manufacture of Bamboo, Vine, Palm,and Straw Products	木质家具制造 Manufacture of Wooden Furniture	竹、藤家具制造 Manufacture of Bamboo and Vine Furniture
全 国 National	**101.9**	**104.3**	**101.3**	**101.5**	**101.9**	**101.9**	**104.2**
北 京 Beijing						101.3	
天 津 Tianjin	105.7	108.0	103.8	100.7		100.2	
河 北 Hebei	101.0	130.9	103.9	105.2		102.7	
山 西 Shanxi			104.0			100.1	
内蒙古 Inner Mongolia							
辽 宁 Liaoning	98.5		103.0	103.6		108.2	
吉 林 Jilin		112.7	102.4	102.3		104.4	
黑龙江 Heilongjiang		102.7	102.3	102.3		101.2	
上 海 Shanghai	99.3		105.1	106.9		99.8	
江 苏 Jiangsu	99.0	99.8	101.6	101.4		104.7	
浙 江 Zhejiang	101.2		100.0	101.3	100.8	102.1	105.8
安 徽 Anhui	99.2	107.5	101.3	101.4	100.2	102.3	
福 建 Fujian	102.3	101.6	99.7	101.2	99.6	102.3	101.9
江 西 Jiangxi	101.0	105.7	105.4	100.1	96.5	101.3	
山 东 Shandong	102.5		102.9	97.9		100.0	
河 南 Henan	98.1		98.5	100.8		99.9	
湖 北 Hubei	103.7		100.8	100.7	100.8	100.4	
湖 南 Hunan	103.0	99.6	102.1	104.0	108.0	101.0	
广 东 Guangdong	102.4	114.2	99.8	99.4	103.5	102.5	
广 西 Guangxi	105.3	102.6	101.4	106.6	103.0	105.0	
海 南 Hainan		102.4	108.9	104.3		96.1	
重 庆 Chongqing	99.9			104.9		101.3	
四 川 Sichuan	98.2	100.1	100.3	100.1	106.6	100.6	
贵 州 Guizhou	103.5	102.7	100.3		99.1	100.0	
云 南 Yunnan		95.1	101.6				
西 藏 Tibet							
陕 西 Shaanxi						101.0	
甘 肃 Gansu							
青 海 Qinghai							
宁 夏 Ningxia							
新 疆 Xinjiang			95.2				

2-1-8 续表 9 Continued 9

(上年价格＝100) (Preceding Year=100)

地 区 Region	金属家具制造 Manufacture of Metal Furniture	塑料家具制造 Manufacture of Plastic Furniture	其他家具制造 Manufacture of Other Furniture	纸浆制造 Manufacture of Paper Pulp	造纸 Manufacture of Paper	纸制品制造 Manufacture of Paper Products
全 国 National	**102.8**	**100.8**	**99.8**	**118.1**	**99.8**	**101.3**
北 京 Beijing						100.4
天 津 Tianjin	109.7		102.6		100.1	99.7
河 北 Hebei	104.4		103.9		100.2	104.7
山 西 Shanxi					108.1	102.3
内蒙古 Inner Mongolia						98.2
辽 宁 Liaoning					99.5	101.6
吉 林 Jilin	102.4		104.7		102.0	100.9
黑龙江 Heilongjiang	103.1		100.0		96.3	100.0
上 海 Shanghai	100.2		111.5		100.8	99.4
江 苏 Jiangsu	103.9		102.0		97.2	99.6
浙 江 Zhejiang	106.3	100.8	103.5		97.4	105.3
安 徽 Anhui	98.9		101.7		100.8	99.2
福 建 Fujian	102.6		99.5		101.6	97.7
江 西 Jiangxi	95.5		103.5	119.9	100.2	104.3
山 东 Shandong			102.7	106.5	101.2	100.0
河 南 Henan	99.4		101.0	108.7	102.5	98.8
湖 北 Hubei	100.9		106.6	104.6	98.4	105.4
湖 南 Hunan			104.8		99.9	98.6
广 东 Guangdong	102.3		94.2		99.5	102.8
广 西 Guangxi				120.4	103.6	104.3
海 南 Hainan				127.5	101.3	101.1
重 庆 Chongqing			101.7		97.7	101.0
四 川 Sichuan			101.5		100.7	102.2
贵 州 Guizhou			100.2	119.8		103.0
云 南 Yunnan				109.2	102.6	99.5
西 藏 Tibet						99.1
陕 西 Shaanxi					101.2	98.5
甘 肃 Gansu					100.1	101.9
青 海 Qinghai						
宁 夏 Ningxia					104.3	101.9
新 疆 Xinjiang					101.2	107.9

2-1-8 续表 10 Continued 10

(上年价格=100) (Preceding Year=100)

地 区 Region	印刷 Printing	装订及印刷相关服务 Binding of Printed Sheets and Other Service Activities Related to Printing	记录媒介的复制 Reproduction of Recorded Media	文教办公用品制造 Manufacture of Study, Education and Office Goods	乐器制造 Manufacture of Musical Instrument	工艺美术及礼仪用品制造 Manufacture of Arts,Crafts and Etiquette products	体育用品制造 Manufacture of Sports Goods
全 国 National	**101.0**	**98.5**		**101.5**	**102.4**	**103.1**	**105.1**
北 京 Beijing	99.3				101.7	101.5	
天 津 Tianjin	99.7			99.0	106.9	104.5	109.6
河 北 Hebei	101.3				98.0	98.5	103.5
山 西 Shanxi	97.6					108.7	100.3
内蒙古 Inner Mongolia							
辽 宁 Liaoning	102.4						
吉 林 Jilin	99.3					94.9	108.7
黑龙江 Heilongjiang	103.4			99.5	104.0	103.7	
上 海 Shanghai	103.7			97.9	114.2	104.4	110.0
江 苏 Jiangsu	98.9			101.6	104.8	101.0	105.4
浙 江 Zhejiang	102.1			101.3	101.1	100.6	110.4
安 徽 Anhui	100.7			103.5		104.9	108.6
福 建 Fujian	101.2			103.3		101.5	103.3
江 西 Jiangxi	96.7			100.0		101.4	102.5
山 东 Shandong	103.5			98.7		105.4	101.6
河 南 Henan	100.6				104.1	111.7	
湖 北 Hubei	100.1	100.0			98.5	103.2	107.1
湖 南 Hunan	100.7					109.0	99.5
广 东 Guangdong	101.6	95.7		102.1	100.7	102.4	105.5
广 西 Guangxi	99.3					100.5	
海 南 Hainan	100.5						
重 庆 Chongqing	101.9					100.0	
四 川 Sichuan	103.0	109.2			102.7	102.2	
贵 州 Guizhou	101.0				105.9		
云 南 Yunnan	99.7						
西 藏 Tibet	118.2					100.6	
陕 西 Shaanxi	100.7						
甘 肃 Gansu	100.2						
青 海 Qinghai						99.0	
宁 夏 Ningxia	99.9						
新 疆 Xinjiang							

2-1-8 续表 11 Continued 11

(上年价格＝100) (Preceding Year=100)

地 区	Region	玩具制造 Manufacture of Toys	游艺器材及娱乐用品 Manufacture of Funfair Equipment and Recreational Goods	精炼石油产品制造 Manufacture of Refined Petroleum Products	煤炭加工 Processing of Coal	核燃料加工 Processing of Nuclear Fuel	生物质燃料加工 Processing of Biofuel	基础化学原料制造 Manufacture of Basic Chemicals	肥料制造 Manufacture of Fertilizers
全 国	**National**	**102.4**	**110.0**	**126.9**	**107.7**		**108.3**	**111.2**	**123.0**
北 京	Beijing			129.0				93.4	103.2
天 津	Tianjin			124.4	105.9			119.5	109.2
河 北	Hebei	100.7		123.3	102.3			115.3	109.6
山 西	Shanxi			105.0	115.0			105.6	108.8
内蒙古	Inner Mongolia			129.9	102.1			108.1	120.1
辽 宁	Liaoning			127.6	120.9		110.5	115.4	135.6
吉 林	Jilin			123.9	102.3		75.0	106.0	122.3
黑龙江	Heilongjiang			127.3	98.9		101.7	116.3	121.7
上 海	Shanghai	117.1		128.6			123.3	104.4	
江 苏	Jiangsu	100.8	111.5	124.2			108.1	106.6	113.9
浙 江	Zhejiang	103.2	102.3	130.3				108.5	124.7
安 徽	Anhui	102.6		125.3	108.0		106.6	110.3	125.8
福 建	Fujian	103.7	109.6	136.6	110.0		122.1	120.7	110.7
江 西	Jiangxi	99.5	136.7	123.6	105.2		103.0	120.0	129.7
山 东	Shandong			121.4	97.3			107.3	119.8
河 南	Henan		94.9	130.3	93.1			116.1	125.3
湖 北	Hubei	100.6		122.6				120.8	129.3
湖 南	Hunan	105.4	100.4	116.3	112.0		100.7	112.1	108.8
广 东	Guangdong	102.3	99.6	135.6				104.6	134.4
广 西	Guangxi	102.3		126.8			113.4	125.2	114.7
海 南	Hainan			132.7			140.2	119.6	115.5
重 庆	Chongqing	100.0		104.4				107.6	122.6
四 川	Sichuan		100.2	124.6	122.0			127.1	118.7
贵 州	Guizhou			104.4	101.8			123.2	121.4
云 南	Yunnan			129.3	116.5			124.3	128.8
西 藏	Tibet							145.6	102.0
陕 西	Shaanxi			129.5	108.7			99.5	106.2
甘 肃	Gansu			131.5	136.6			112.0	125.0
青 海	Qinghai			128.2	126.1			141.4	139.0
宁 夏	Ningxia			126.2	105.8			125.6	115.9
新 疆	Xinjiang			131.1	120.4			108.4	134.5

2-1-8 续表 12 Continued 12

(上年价格＝100) (Preceding Year=100)

地 区	Region	农药制造 Manufacture of Pesticides	涂料、油墨、颜料及类似产品 Manufacture of Paints, Ink, Pigments and Similar Products	合成材料制造 Manufacture of Synthetic Materials	专用化学产品制造 Manufacture of Specific Purpose Chemical Products	炸药、火工及焰火产品制造 Manufacture of Explosives, Pyrotechnics and Fireworks	日用化学产品制造 Manufacture of Daily Chemical Products	化学药品原料药制造 Manufacture of Chemical Pharmaceutical Ingredient
全 国	**National**	**114.5**	**103.5**	**99.0**	**105.9**	**111.1**	**102.8**	**103.2**
北 京	Beijing		100.0	96.8	100.5		99.4	100.0
天 津	Tianjin	100.6	107.3	96.1	108.7		103.1	106.8
河 北	Hebei	105.1	101.4	102.7	107.2		108.0	104.4
山 西	Shanxi	91.8	108.5	91.2	116.1	118.3	102.0	108.2
内蒙古	Inner Mongolia	99.9	152.2	91.5	119.5	120.2		111.0
辽 宁	Liaoning	104.7	102.6	99.6	111.2	112.5	117.0	93.6
吉 林	Jilin	138.6	101.6	102.2	107.0	116.3	93.2	114.2
黑龙江	Heilongjiang	102.2	103.0	86.6	118.5	107.3		96.0
上 海	Shanghai	117.5	101.4	101.8	105.1		104.1	111.6
江 苏	Jiangsu	112.6	103.6	98.8	103.7		101.5	100.6
浙 江	Zhejiang	114.0	105.8	102.8	103.8		101.5	100.4
安 徽	Anhui	126.8	106.9	95.6	101.4	118.4	111.3	96.9
福 建	Fujian	101.4	102.8	109.7	100.5		101.7	103.8
江 西	Jiangxi	102.3	103.3	102.0	110.2	104.7	103.6	117.5
山 东	Shandong	127.5	101.4	90.7	108.4		102.9	99.9
河 南	Henan	123.7	101.5	98.9	116.2	117.9	115.9	100.0
湖 北	Hubei	111.4	102.9	100.0	98.6	112.3	103.3	101.6
湖 南	Hunan	98.0	98.7	98.4	105.6	111.8	104.9	99.1
广 东	Guangdong	98.4	104.6	101.2	104.3		100.6	107.3
广 西	Guangxi	106.6	101.4	99.1	99.2		104.9	108.4
海 南	Hainan	102.3		123.9	109.0	108.9	110.0	92.7
重 庆	Chongqing	119.3	103.4	112.3	99.6	108.4	99.4	102.2
四 川	Sichuan	111.9	101.1	98.4	109.9	109.1	104.2	105.4
贵 州	Guizhou		103.9	100.2	107.0	101.8	104.7	
云 南	Yunnan	101.0	105.1	96.2	94.5		101.7	97.3
西 藏	Tibet					102.2	100.0	
陕 西	Shaanxi	104.2	102.3	92.6	98.0	119.6	97.0	101.0
甘 肃	Gansu	91.3	101.1	101.3	108.4			101.0
青 海	Qinghai		108.4	80.7	100.0	105.5		97.1
宁 夏	Ningxia	116.2	107.6	108.0	120.1	110.4		87.6
新 疆	Xinjiang			91.1	117.6	116.5		116.4

2-1-8 续表 13 Continued 13

(上年价格＝100) (Preceding Year=100)

地 区	Region	化学药品制剂制造 Manufacture of Chemical Compound Preparation	中药饮片加工 Processing of Chinese Traditional Herbal Pieces	中成药生产 Manufacture of Finished Traditional Chinese Herbal Medicine	兽用药品制造 Manufacture of Veterinary Medicine	生物药品制品制造 Manufacture of Biopharmaceuticals	卫生材料及医药用品制造 Manufacture of Hygienic Material and Pharmaceutical Substances
全 国	**National**	**98.6**	**108.5**	**101.9**	**99.2**	**97.1**	**93.8**
北 京	Beijing	97.0	106.6	102.5	99.5	85.2	99.5
天 津	Tianjin	93.9	99.9	102.1	99.6	90.8	105.7
河 北	Hebei	101.2	115.5	100.7	102.8	97.8	100.0
山 西	Shanxi	103.5	99.5	102.3		97.5	101.8
内蒙古	Inner Mongolia	100.0	103.8	104.5	65.7	86.8	
辽 宁	Liaoning	96.3	104.2	101.2		102.0	
吉 林	Jilin	99.2	103.4	102.1	98.8	105.0	
黑龙江	Heilongjiang	98.5	100.0	98.8	102.0	102.6	
上 海	Shanghai	88.7	108.5	99.1	100.0	98.4	103.1
江 苏	Jiangsu	98.3	101.1	100.7		88.7	94.4
浙 江	Zhejiang	100.6	110.9	99.0		98.5	95.3
安 徽	Anhui	93.9	117.5	100.8		97.5	105.2
福 建	Fujian	99.6	96.5	100.0	110.1	103.0	88.6
江 西	Jiangxi	97.8	108.1	101.7	103.5	100.2	64.6
山 东	Shandong	100.3		109.4	97.0	99.0	96.7
河 南	Henan	107.5	146.7	105.3	96.3	98.4	95.3
湖 北	Hubei	104.7	104.1	99.8	91.7	102.5	84.2
湖 南	Hunan	100.2	101.1	100.0	101.4	101.5	87.4
广 东	Guangdong	96.0	101.7	101.8	98.6	96.7	100.3
广 西	Guangxi	99.2	110.4	104.1		101.8	98.3
海 南	Hainan	99.6	107.9	100.8		90.4	
重 庆	Chongqing	103.9	104.6	102.7	99.2	103.1	
四 川	Sichuan	100.9	107.0	101.8	101.3	94.7	91.1
贵 州	Guizhou	98.7	99.2	101.6		102.8	88.8
云 南	Yunnan	102.9	101.2	100.3		98.1	100.0
西 藏	Tibet		95.1	103.0			
陕 西	Shaanxi	102.9	103.2	99.9		103.7	
甘 肃	Gansu	104.0	109.4	100.3	71.5	100.0	
青 海	Qinghai			103.0			
宁 夏	Ningxia	99.5	109.5	99.6			
新 疆	Xinjiang	102.5	123.9	102.5			

2-1-8 续表 14 Continued 14

(上年价格＝100) (Preceding Year=100)

地 区 Region	药用辅料及包装材料 Pharmaceutical Excipient and Packaging Material	纤维素纤维原料及纤维制品 Manufacture of Fiber Materials and Fiber Cellulose	合成纤维制造 Manufacture of Synthetic Fibre	生物基材料制造 Manufacture of Biobased Material	橡胶制品业 Manufacture of Rubber Products	塑料制品业 Manufacture of Plastics Products	水泥、石灰和石膏制造 Manufacture of Cement, Lime and Gypsum
全 国 National	**99.5**	**105.7**	**103.7**	**100.0**	**102.3**	**101.0**	**99.4**
北 京 Beijing						97.8	113.0
天 津 Tianjin	110.0		96.0		98.5	101.5	113.3
河 北 Hebei		101.9	108.2		94.8	99.0	114.1
山 西 Shanxi					98.4	98.5	117.0
内蒙古 Inner Mongolia					91.1	99.5	119.4
辽 宁 Liaoning			98.2		100.8	101.8	97.5
吉 林 Jilin			99.9		96.5	100.1	117.0
黑龙江 Heilongjiang	99.0	100.0	96.6		109.4	99.5	113.1
上 海 Shanghai			104.9		100.0	98.7	87.7
江 苏 Jiangsu		105.6	106.5		102.8	99.3	88.8
浙 江 Zhejiang	100.1		104.5		103.4	100.7	83.4
安 徽 Anhui	104.5	105.9	103.6	100.0	102.3	101.9	94.3
福 建 Fujian		108.1	101.5		105.4	101.4	93.2
江 西 Jiangxi	98.1		101.0		105.7	108.6	95.7
山 东 Shandong		107.3	111.7		102.5	98.1	102.9
河 南 Henan		123.1	91.3		100.5	100.4	100.4
湖 北 Hubei		115.2	100.6		102.8	101.6	95.7
湖 南 Hunan	93.7		96.0		94.7	99.8	98.4
广 东 Guangdong			99.7		103.7	101.7	85.2
广 西 Guangxi					111.8	100.8	88.2
海 南 Hainan					103.0	95.6	104.8
重 庆 Chongqing			60.6		101.8	102.3	94.4
四 川 Sichuan		102.4	106.4		100.9	101.3	109.5
贵 州 Guizhou					118.0	98.4	121.4
云 南 Yunnan		100.0			105.8	101.9	102.0
西 藏 Tibet						108.0	104.1
陕 西 Shaanxi					99.5	101.3	107.8
甘 肃 Gansu						98.7	115.2
青 海 Qinghai						99.6	97.9
宁 夏 Ningxia			63.2		93.2	102.3	121.9
新 疆 Xinjiang		109.8				97.6	99.3

2-1-8 续表 15 Continued 15

(上年价格=100) (Preceding Year=100)

地 区 Region	石膏、水泥制品及类似制品制造 Manufacture of Gypsum, Cement and Similar Products	砖瓦、石材及其他建筑材料制造 Manufacture of Bricks, Stone and Other Construction Materials	玻璃制造 Manufacture of Glass	玻璃制品制造 Manufacture of Glass Products	玻璃纤维和玻璃纤维增强塑料制品制造 Manufacture of Glass Fibres and Glass Fibre Reinforced Plastics Products	陶瓷制品制造 Manufacture of Ceramic Products	耐火材料制品制造 Manufacture of Refractory Materials
全 国 National	**99.6**	**99.5**	**90.8**	**101.2**	**94.1**	**102.3**	**104.1**
北 京 Beijing	101.8	107.9		101.1	92.0		103.7
天 津 Tianjin	100.8	91.0	97.3	91.9	119.0	110.0	114.6
河 北 Hebei	106.9	101.7	84.5	94.2	100.1	101.0	100.5
山 西 Shanxi	102.1	101.0	99.6	102.2		106.3	102.1
内蒙古 Inner Mongolia	107.5	100.0	96.3	114.5	114.7		119.2
辽 宁 Liaoning	106.0	103.0	81.2	92.5	101.6		109.8
吉 林 Jilin	102.1	107.4	74.9	106.4	98.2		108.1
黑龙江 Heilongjiang	113.3	106.9	77.3	100.5	98.8	100.0	
上 海 Shanghai	96.4	103.8	104.6	99.5	64.3	99.2	107.4
江 苏 Jiangsu	96.7	94.3	92.6	102.2	98.0	103.5	100.9
浙 江 Zhejiang	98.8	97.8	87.8	101.1	94.5	105.6	101.6
安 徽 Anhui	97.3	98.8	95.1	102.7	84.7	103.6	108.1
福 建 Fujian	98.7	99.4	95.3	109.8	97.6	101.9	109.8
江 西 Jiangxi	101.4	103.1	94.9	99.9	96.8	99.3	122.4
山 东 Shandong	106.1	99.6	98.2	103.4	95.5	103.2	101.5
河 南 Henan	97.8	102.6	88.6	87.0	92.1	102.7	100.6
湖 北 Hubei	97.9	97.0	85.2	99.9	103.4	104.3	100.8
湖 南 Hunan	98.1	99.6	89.3	96.9	101.2	99.5	104.4
广 东 Guangdong	95.3	100.2	92.0	103.6	83.6	102.5	
广 西 Guangxi	97.4	97.2	96.2	106.7		106.1	
海 南 Hainan	100.8	99.0	82.7	105.8			
重 庆 Chongqing	99.3	100.5	96.1	105.5	94.1	114.8	
四 川 Sichuan	103.2	99.2	84.4	100.3	87.1	107.9	100.4
贵 州 Guizhou	105.0	102.8	85.3	93.8		103.7	109.9
云 南 Yunnan	100.7	105.9	74.1			99.4	
西 藏 Tibet	98.3	111.5	117.5				
陕 西 Shaanxi	100.7	101.5	90.3	101.7		110.8	94.3
甘 肃 Gansu	104.7	101.5	81.2	101.6		103.1	107.4
青 海 Qinghai	101.0	98.3					
宁 夏 Ningxia	109.5	98.6	72.4	143.7			
新 疆 Xinjiang	96.6	86.7	95.1				

2-1-8 续表 16 Continued 16

(上年价格＝100) (Preceding Year=100)

地 区	Region	石墨及其他非金属矿物制品制造 Manufacture of Graphite and OtherNon-Metallic Mineral Products	炼铁 Iron Metallurgy	炼钢 Steel Metallurgy	钢压延加工 Smelting and Rolling Processing of Iron	铁合金冶炼 Production of Ferroalloy	常用有色金属冶炼 Production of Common Non-Ferrous Metals
全 国	**National**	**116.6**	**97.1**	**97.0**	**92.7**	**107.3**	**105.9**
北 京	Beijing	124.0			91.3		
天 津	Tianjin	105.4		86.0	95.3		117.8
河 北	Hebei	115.8	96.2	98.3	89.4	96.7	
山 西	Shanxi	125.8	91.8	89.7	90.4	105.9	105.6
内蒙古	Inner Mongolia	119.4	94.9	98.6	90.7	100.0	105.7
辽 宁	Liaoning	117.6	99.2	98.7	92.8	116.4	106.8
吉 林	Jilin	117.1			87.9	118.9	104.1
黑龙江	Heilongjiang	125.1			92.2		98.6
上 海	Shanghai	105.1			92.2		
江 苏	Jiangsu	102.5		92.0	95.1	120.7	104.8
浙 江	Zhejiang	121.4		96.1	93.9	96.0	104.2
安 徽	Anhui	112.5	100.7	93.5	94.0		101.0
福 建	Fujian	106.5	95.1	91.2	95.7	103.9	105.3
江 西	Jiangxi	115.4		103.5	86.7		104.4
山 东	Shandong	136.9	98.2	100.2	92.8	115.6	104.7
河 南	Henan	114.8	98.1	101.8	91.4	109.4	103.3
湖 北	Hubei	100.5		108.5	90.4	103.6	100.7
湖 南	Hunan	106.4			88.1	102.9	111.2
广 东	Guangdong	104.2		103.3	109.7	112.6	109.7
广 西	Guangxi	112.3		102.5	90.2	98.6	105.5
海 南	Hainan	122.9					
重 庆	Chongqing	129.6		100.8	102.1	131.2	106.5
四 川	Sichuan	104.5	101.7	98.8	91.0	107.5	106.1
贵 州	Guizhou	117.3	104.9		92.1	102.1	105.0
云 南	Yunnan	165.8		84.4	91.4	105.0	106.3
西 藏	Tibet						98.0
陕 西	Shaanxi	110.8			91.4	102.2	118.7
甘 肃	Gansu	122.0	92.3		88.5	116.6	110.1
青 海	Qinghai	124.2			98.9	105.6	103.9
宁 夏	Ningxia	143.1	98.4	88.4	92.9	106.2	108.1
新 疆	Xinjiang	128.0			89.9	100.5	102.8

2-1-8 续表 17 Continued 17

(上年价格=100) (Preceding Year=100)

地 区	Region	贵金属冶炼 Production of Precious Metals	稀有稀土金属冶炼 Production of Rare Metal and Rare Earth Metals	有色金属合金制造 Manufacture of Non-Ferrous Metal Alloy	有色金属压延加工 Smelting and Rolling Processing of Non-Ferrous Metals	结构性金属制品制造 Manufacture of Structural Metal Products	金属工具制造 Manufacture of Metal Tools
全 国	**National**	**101.1**	**127.8**	**109.7**	**103.8**	**100.4**	**102.0**
北 京	Beijing		159.1	106.3	94.7	99.6	
天 津	Tianjin			108.7	103.1	101.1	105.7
河 北	Hebei	102.1		103.8	104.9	100.5	103.0
山 西	Shanxi			115.3	106.1	106.2	99.5
内蒙古	Inner Mongolia	103.7	145.7	109.2	108.7	102.3	
辽 宁	Liaoning	103.9	131.8	103.3	107.5	102.0	102.3
吉 林	Jilin	104.9		105.8	110.5	102.8	
黑龙江	Heilongjiang			110.2	97.5	108.7	98.7
上 海	Shanghai			100.1	103.3	99.5	98.1
江 苏	Jiangsu			111.1	102.0	102.2	102.3
浙 江	Zhejiang	102.6		115.6	102.6	97.2	101.8
安 徽	Anhui	99.3		117.2	102.9	101.8	103.5
福 建	Fujian	104.5	120.4	110.6	104.4	101.5	102.0
江 西	Jiangxi	89.5	120.1	115.4	101.1	102.0	93.4
山 东	Shandong	103.3		104.7	105.9	98.8	103.6
河 南	Henan	100.4		102.9	103.3	103.2	98.4
湖 北	Hubei			118.6	105.4	100.2	103.0
湖 南	Hunan	95.5	106.7	104.1	103.8	95.7	99.5
广 东	Guangdong			115.3	104.0	99.1	104.2
广 西	Guangxi		174.0	102.3	103.5	98.9	
海 南	Hainan	102.2				99.7	
重 庆	Chongqing			94.4	107.1	100.8	101.5
四 川	Sichuan	100.9	130.2	109.5	107.4	100.5	103.3
贵 州	Guizhou			109.3	105.5	102.9	103.7
云 南	Yunnan	100.9	112.1	106.7	104.1	98.1	
西 藏	Tibet						
陕 西	Shaanxi	105.2	137.2	106.2	103.8	101.5	99.8
甘 肃	Gansu	103.4	176.0	99.7	100.4	104.8	
青 海	Qinghai	103.4		100.2	107.7	97.1	
宁 夏	Ningxia				109.6	103.1	
新 疆	Xinjiang	102.3		98.9	107.3	97.1	

2-1-8 续表 18 Continued 18

(上年价格＝100) (Preceding Year=100)

地 区	Region	集装箱及金属包装容器制造 Manufacture of Metal Container and Metal Packing Vessels	金属丝绳及其制品制造 Manufacture of Wire, Cable and Products of the Alike	建筑、安全用金属制品制造 Manufacture of Metal Products for Construction and Safety	金属表面处理及热处理加工 Treatment on Surface of Metal and Heat Treatment of Metals	搪瓷制品制造 Manufacture of Porcelain Enameling Metal Products	金属制日用品制造 Manufacture of Metal Products for Domestic Use
全 国	**National**	**103.1**	**102.3**	**103.8**	**102.3**	**107.8**	**103.5**
北 京	Beijing	104.3					
天 津	Tianjin	104.2	102.7	106.1	100.3	102.3	101.7
河 北	Hebei	101.2	102.6	102.3	98.8		107.8
山 西	Shanxi		107.9	100.4			
内蒙古	Inner Mongolia	86.3					
辽 宁	Liaoning	104.8	98.7	100.0	105.9		
吉 林	Jilin	101.3	89.1	100.8			
黑龙江	Heilongjiang	115.4			101.8		112.2
上 海	Shanghai	98.0	103.6	100.7	104.0		104.8
江 苏	Jiangsu	97.8	106.6	101.7	97.4		107.4
浙 江	Zhejiang	107.7	99.4	103.3	102.8	105.5	105.1
安 徽	Anhui	102.5	99.3	105.8	104.7		
福 建	Fujian	109.2	96.4	101.3	101.3		101.7
江 西	Jiangxi	102.6	99.5	103.0			98.0
山 东	Shandong	101.6	102.1	102.7	110.7		100.3
河 南	Henan	111.4	95.3	100.7			103.8
湖 北	Hubei	105.0	97.9	102.9	94.6	114.0	106.7
湖 南	Hunan	97.7	94.0	103.8	102.9		104.4
广 东	Guangdong	104.1	97.1	106.3	98.6		102.8
广 西	Guangxi	118.3					100.0
海 南	Hainan	99.3					
重 庆	Chongqing		95.1		99.4		99.6
四 川	Sichuan	104.7			105.9		99.1
贵 州	Guizhou	98.3	93.3				
云 南	Yunnan						
西 藏	Tibet						
陕 西	Shaanxi	98.4		111.2			
甘 肃	Gansu	101.8	109.5				
青 海	Qinghai						
宁 夏	Ningxia		95.8				
新 疆	Xinjiang		102.6				

2-1-8 续表 19 Continued 19

(上年价格=100) (Preceding Year=100)

地 区	Region	锻造及其他金属制品制造 Forging and Manufacture of Other Metal	锅炉及原动设备制造 Manufacture of Boilers and Other Original Motive Power Machinery	金属加工机械制造 Manufacture of Machinery for Metal Processing	物料搬运设备制造 Manufacture of Lifting and Handling Equipment	泵、阀门、压缩机及类似机械制造 Manufacture of Pumps, Valves, Compressor and Similar Machinery	轴承、齿轮、传动部件制造 Manufacture of Bearings, Gears, and Transmission Parts
全 国	**National**	**103.1**	**100.3**	**100.4**	**100.7**	**101.6**	**100.7**
北 京	Beijing	113.1		100.8		101.5	105.6
天 津	Tianjin	102.4	100.7	102.1	95.6	102.9	99.7
河 北	Hebei	104.0	94.6	102.4	99.7	103.9	99.2
山 西	Shanxi	100.0	112.5	100.0	100.2	101.3	100.0
内蒙古	Inner Mongolia	100.3	109.3				
辽 宁	Liaoning	105.1	89.9	102.8	103.7	101.9	98.4
吉 林	Jilin	105.1	100.0	101.2	102.3	98.2	100.5
黑龙江	Heilongjiang	102.7	100.2	102.3	103.8	99.9	100.0
上 海	Shanghai	104.5	99.9	99.8	101.5	103.3	103.2
江 苏	Jiangsu	103.4	102.0	101.0	100.4	100.7	100.6
浙 江	Zhejiang	102.8	101.6	98.4	103.1	103.2	101.6
安 徽	Anhui	101.2	101.4	97.9	98.3	99.5	99.3
福 建	Fujian	102.0	104.4	106.4	101.6	103.2	100.5
江 西	Jiangxi	103.8	102.1	101.0	99.1	102.0	100.0
山 东	Shandong	100.0	98.9	98.0	100.3	98.4	100.6
河 南	Henan	105.3	99.9	101.8	99.3	101.1	99.7
湖 北	Hubei	106.6	100.1	97.7	100.4	102.1	99.9
湖 南	Hunan	99.9	102.5	102.8	100.2	100.9	97.0
广 东	Guangdong	101.3	99.9	100.2	99.5	101.6	105.8
广 西	Guangxi	103.8	100.5		101.3	103.0	99.9
海 南	Hainan						
重 庆	Chongqing	99.9	101.6	101.6	99.2	102.0	100.4
四 川	Sichuan	103.6	99.9	102.0	102.2	98.4	102.6
贵 州	Guizhou	97.7			99.4		99.2
云 南	Yunnan	105.1		100.0			
西 藏	Tibet						
陕 西	Shaanxi	103.8	100.1	99.6	100.0	99.4	
甘 肃	Gansu	106.7	94.8	102.5	97.8	108.3	99.4
青 海	Qinghai	100.0					
宁 夏	Ningxia	103.4	104.6	100.1	100.0	100.0	100.4
新 疆	Xinjiang	102.3					

2-1-8 续表 20 Continued 20

(上年价格=100) (Preceding Year=100)

地区 Region	烘炉、风机、包装等设备制造 Manufacture of Ovens, Draught Fans, Packing Machinery and Others	文化、办公用机械制造 Manufacture of Machinery for Culture and Office Use	通用零部件制造 Manufacture of General-Purpose Parts	其他通用设备制造 Manufacture of Other General Purpose Machinery	采矿、冶金、建筑专用设备制造 Manufacture of Specialized Facilities for Mining, Metallurgy, and Construction	化工、木材、非金属加工专用设备制造 Manufacture of Specialized Equipment for Chemical, Timber, and Non-Metal Processing
全 国 National	**101.6**	**104.4**	**101.7**	**99.4**	**100.4**	**101.3**
北 京 Beijing	99.7			101.2	99.2	100.7
天 津 Tianjin	98.2	102.6	100.4	104.7	102.0	100.7
河 北 Hebei	100.3		101.4	97.7	101.1	97.9
山 西 Shanxi	101.3		100.8		100.9	103.2
内蒙古 Inner Mongolia			100.9		104.6	
辽 宁 Liaoning	95.6	92.4	105.2	101.5	104.4	99.1
吉 林 Jilin	101.3		100.0	100.3	99.7	101.6
黑龙江 Heilongjiang	100.0	101.0	105.3	105.6	99.9	100.9
上 海 Shanghai	103.0	100.3	102.1	97.8	95.5	102.3
江 苏 Jiangsu	102.8	108.1	102.5	98.2	100.2	101.8
浙 江 Zhejiang	104.6	101.5	100.7	102.8	98.5	102.3
安 徽 Anhui	101.4		103.8	100.2	101.5	103.7
福 建 Fujian	100.1	101.6	104.9	97.6	99.3	98.0
江 西 Jiangxi	99.9	121.2	98.6	100.7	100.3	99.0
山 东 Shandong	98.7		95.0	97.6	104.1	98.8
河 南 Henan	100.7		108.9		100.2	104.4
湖 北 Hubei	99.7	97.3	101.5		100.2	105.8
湖 南 Hunan	102.3	102.8	102.6	100.0	99.4	100.7
广 东 Guangdong	101.9	103.9	99.9	98.5	103.2	101.2
广 西 Guangxi			102.1		99.0	98.7
海 南 Hainan	99.2					
重 庆 Chongqing	98.7		102.1	103.3	99.5	100.2
四 川 Sichuan	99.3		101.1		98.0	98.1
贵 州 Guizhou	102.3		100.7		101.8	
云 南 Yunnan						
西 藏 Tibet						
陕 西 Shaanxi	100.0		101.8		100.9	100.2
甘 肃 Gansu			102.6		99.5	100.2
青 海 Qinghai						
宁 夏 Ningxia			100.0	100.0	104.6	100.0
新 疆 Xinjiang					96.6	

2-1-8 续表 21 Continued 21

(上年价格＝100) (Preceding Year=100)

地 区 Region	食品、饮料、烟草及饲料生产专用设备制造 Manufacture of Specialized E quipment for Production of Food, Beverage, Tobacco and Feedstuff	印刷、制药、日化及日用品生产专用设备制造 Manufacture of Special Purpose Equipment for Printing, Pharmacy, and Domestic, Daily Used Chemical Product Processing	纺织、服装、皮革加工专用设备制造 Manufacture of Specialized Machinery for Textile, Clothings and Leather Processing	电子和电工机械专用设备制造 Manufacture of Specialized Machinery for Electronic Machinery and Electrical Machines	农、林、牧、渔专用机械制造 Manufacture of Specialized Machinery for Agriculture, Forestry, Animal Production, Fishing and Aquaculture	医疗仪器设备及器械制造 Manufacture of Medical Instruments and Appliances
全 国 National	**102.4**	**101.0**	**101.7**	**101.5**	**101.9**	**99.7**
北 京 Beijing		107.1	97.7	95.8		99.8
天 津 Tianjin	105.5	95.5	98.8		101.4	100.5
河 北 Hebei	101.8	101.9		93.4	103.6	100.7
山 西 Shanxi			110.9	100.0		
内蒙古 Inner Mongolia					100.5	
辽 宁 Liaoning						98.6
吉 林 Jilin	111.5	101.2		101.7	99.4	100.0
黑龙江 Heilongjiang	102.6	103.5			106.8	100.0
上 海 Shanghai	100.7	100.9	100.2	101.0		98.0
江 苏 Jiangsu	103.2	100.0	103.6	110.1	99.4	96.9
浙 江 Zhejiang	102.9	102.8	102.7	100.2	101.0	101.1
安 徽 Anhui	102.4	99.5		101.3	101.4	102.7
福 建 Fujian	99.9	101.0	95.5	100.2	99.3	100.1
江 西 Jiangxi	101.5		101.8	101.1		99.4
山 东 Shandong		100.3	101.5	100.0	103.3	97.2
河 南 Henan	100.5	100.0	103.3		100.9	103.7
湖 北 Hubei	107.2	99.5	99.3	98.9		100.0
湖 南 Hunan	101.3	104.7	100.8	98.1	104.9	101.7
广 东 Guangdong	102.4	100.4	99.1	99.3		101.0
广 西 Guangxi					102.0	107.6
海 南 Hainan						
重 庆 Chongqing			100.6		102.4	102.0
四 川 Sichuan	104.3	108.1		101.0	104.5	100.0
贵 州 Guizhou					99.8	92.3
云 南 Yunnan	100.5					
西 藏 Tibet						97.1
陕 西 Shaanxi	100.0	100.9	101.0	101.1	104.9	94.9
甘 肃 Gansu					108.5	
青 海 Qinghai						
宁 夏 Ningxia						
新 疆 Xinjiang					101.2	

2-1-8 续表 22 Continued 22

(上年价格＝100) (Preceding Year=100)

地 区 Region	环保、邮政、社会公共服务及其他专用设备制造 Manufacture of Special Purpose Machinery for Environment, Protection and Social Public Services	汽车整车制造 Manufacture of Finished Automobiles	汽车用发动机制造 Manufacture of Automotive Engine	改装汽车制造 Manufacture of Refitted Automobiles	低速汽车制造 Manufacture of Low-Speed Vehicles	电车制造 Manufacture of Electric Vehicles	汽车车身、挂车制造 Manufacture of Bodies and Trailers of Automobiles
全 国 National	**100.4**	**100.0**	**99.1**	**100.8**	**103.2**	**100.2**	**100.5**
北 京 Beijing	99.8	100.5	99.3	97.2			
天 津 Tianjin	100.4	99.0	101.6	101.4			90.8
河 北 Hebei	99.7	100.5	97.3	100.0			98.5
山 西 Shanxi	103.1	100.0		101.7			99.5
内蒙古 Inner Mongolia		97.6					
辽 宁 Liaoning	99.4	100.4	99.3	100.6			100.7
吉 林 Jilin	100.0	99.4	98.6	98.5			96.8
黑龙江 Heilongjiang	100.1	99.8	102.1	100.0			102.7
上 海 Shanghai	102.4	97.1	98.1	100.0			
江 苏 Jiangsu	100.0	100.1	100.3	101.1			100.4
浙 江 Zhejiang	99.9	96.6	100.8				99.2
安 徽 Anhui	99.7	101.0	102.2	98.1			101.4
福 建 Fujian	98.1	100.4		100.3			100.9
江 西 Jiangxi	100.3	100.0	98.8	101.1			102.0
山 东 Shandong	100.0	99.8	100.4	102.2	104.8		101.4
河 南 Henan	101.4	100.1	100.4	102.7		100.2	100.6
湖 北 Hubei	101.5	102.7	98.5	100.0			101.0
湖 南 Hunan	104.8	99.2		103.3			98.4
广 东 Guangdong	99.6	101.4	93.7	99.6	98.1		101.7
广 西 Guangxi	104.8	99.7	100.7	102.9			
海 南 Hainan		99.5					
重 庆 Chongqing	100.4	99.9	102.9	100.0			98.6
四 川 Sichuan	99.3	100.0	97.9	100.1			
贵 州 Guizhou	100.0	93.1		117.8			
云 南 Yunnan	99.8	99.8	104.1				
西 藏 Tibet							
陕 西 Shaanxi	100.9	99.3	103.4	100.1			
甘 肃 Gansu	100.6	100.0					103.9
青 海 Qinghai							
宁 夏 Ningxia							
新 疆 Xinjiang		101.7					

2-1-8 续表 23 Continued 23

(上年价格=100) (Preceding Year=100)

地 区 Region	汽车零部件及配件制造 Manufacture of Parts and Fittings for Automobiles	铁路运输设备制造 Manufacture of Railway Transport Equipment	城市轨道交通设备制造 Manufacture of Urban Rail Transit Equipment	船舶及相关装置制造 Manufacture of Vessels and Similar Equipment	航空、航天器及设备制造 Manufacture of Aircrafts and Spacecrafts	摩托车制造 Manufacture of Motorcycles
全 国 National	**100.4**	**100.2**	**102.0**	**101.6**	**101.9**	**101.9**
北 京 Beijing	98.6	100.1	97.8		102.5	
天 津 Tianjin	100.3	99.4	100.0	102.5	101.2	100.6
河 北 Hebei	96.9	108.6	98.4			99.8
山 西 Shanxi	102.3	99.2				
内蒙古 Inner Mongolia	104.3					
辽 宁 Liaoning	103.4	100.4	100.4	108.7		
吉 林 Jilin	99.8	99.6	100.0		100.0	
黑龙江 Heilongjiang	100.9	101.1		100.0	99.7	
上 海 Shanghai	101.6	100.0	98.2	100.0	99.4	98.0
江 苏 Jiangsu	100.6	95.8	108.1	102.2	102.3	104.9
浙 江 Zhejiang	101.7	100.7		103.7		107.0
安 徽 Anhui	100.2	105.4		101.2		
福 建 Fujian	101.8	99.5		99.7		101.5
江 西 Jiangxi	100.9	100.7	100.0			
山 东 Shandong	98.0	100.2		99.3		103.7
河 南 Henan	104.8	104.8				100.9
湖 北 Hubei	99.4	99.7	100.7	101.5		99.4
湖 南 Hunan	99.0	98.9	103.6	103.1	101.4	
广 东 Guangdong	100.5	107.8	103.8	99.0		100.7
广 西 Guangxi	98.2		93.3			
海 南 Hainan	103.7					
重 庆 Chongqing	100.6		102.0	99.9		100.9
四 川 Sichuan	99.3	101.4	100.6			101.5
贵 州 Guizhou	100.7	100.5				
云 南 Yunnan	103.5	104.1				101.2
西 藏 Tibet						
陕 西 Shaanxi	100.5	99.8			103.9	
甘 肃 Gansu	100.0					
青 海 Qinghai						
宁 夏 Ningxia						
新 疆 Xinjiang						

2-1-8 续表 24 Continued 24

(上年价格=100) (Preceding Year=100)

地 区 Region	自行车和残疾人座车制造 Manufacture of Bicycles and Cars for Disabled	助动车制造 Manufacture of Booster Bike	非公路休闲车及零配件制造 Manufacture of Off-Road Recreational Vehicle and Parts	潜水救捞及其他未列明运输设备 Manufacture of Equipment for Diving, Underwater Salvage and Other Transport Equipment	电机制造 Manufacture of Electric Machinery	输配电及控制设备制造 Manufacture of Electricity Power Transmission, Distribution Control Equipment	电线、电缆、光缆及电工器材制造 Manufacture of Electrical Wires, Cables, Optical Fiber Cables and Electrical Materials	电池制造 Manufacture of Battery
全 国 National	**104.0**	**103.6**	**107.9**	**102.6**	**100.4**	**105.2**	**105.0**	**110.6**
北 京 Beijing					100.4	100.4	102.1	
天 津 Tianjin	106.3	97.1	98.8		101.2	105.8	99.7	115.1
河 北 Hebei	98.7	120.2			100.3	105.0	105.3	109.9
山 西 Shanxi					102.9	101.4	109.1	
内蒙古 Inner Mongolia					101.6		112.6	
辽 宁 Liaoning					100.0	102.3	102.7	100.0
吉 林 Jilin					99.4	101.2	103.0	100.0
黑龙江 Heilongjiang					101.0	104.3	100.4	126.7
上 海 Shanghai	104.0				100.1	101.2	105.2	111.2
江 苏 Jiangsu	107.6	106.0			98.9	108.3	107.3	105.4
浙 江 Zhejiang	99.8	103.3	110.0		103.1	107.5	105.3	109.2
安 徽 Anhui		106.0			102.3	108.9	101.4	124.5
福 建 Fujian					102.4	102.3	103.7	100.0
江 西 Jiangxi		99.9			99.5	102.7	98.2	128.6
山 东 Shandong		88.7		102.6	100.2	100.6	102.5	116.6
河 南 Henan					101.4	107.1	99.3	111.2
湖 北 Hubei		105.8			95.1	104.4	100.9	104.2
湖 南 Hunan					99.6	101.6	101.3	105.6
广 东 Guangdong	102.9	109.6	108.2		101.5	103.8	110.1	109.8
广 西 Guangxi		103.6			101.4	100.2	100.1	107.4
海 南 Hainan						100.2	100.6	
重 庆 Chongqing					98.2	101.9	101.4	106.1
四 川 Sichuan					97.4	102.0	104.7	128.5
贵 州 Guizhou					98.0	100.8	106.5	116.9
云 南 Yunnan					108.0	102.4	108.7	95.7
西 藏 Tibet							120.2	
陕 西 Shaanxi					100.0	101.9	99.9	116.2
甘 肃 Gansu					104.7	100.9	101.8	99.5
青 海 Qinghai					100.0	108.7	111.8	122.0
宁 夏 Ningxia					98.5	110.6	106.3	137.3
新 疆 Xinjiang					99.9	103.1	102.8	

2-1-8 续表 25 Continued 25

(上年价格=100) (Preceding Year=100)

地 区 Region	家用电力器具制造 Manufacture of Domestic Electrical Appliances	非电力家用器具制造 Manufacture of Domestic Non-Electrical Appliances	照明器具制造 Manufacture of Illuminating Appliances	其他电气机械及器材制造 Manufacture of Other Electrical Machinery and Equipments	计算机制造 Manufacture of Computers	通信设备制造 Manufacture of Communication Equipment	广播电视设备制造 Manufacture of Broadcasting and Television Equipment	雷达及配套设备制造 Manufacture of Radar and Corollary Equipment
全 国 National	**102.9**	**103.7**	**101.8**	**100.9**	**101.4**	**100.1**	**102.2**	**98.9**
北 京 Beijing	98.9				100.1	92.3	98.7	
天 津 Tianjin	103.2	87.1	97.2		98.0	98.4		
河 北 Hebei	106.7	99.9				98.6	102.3	
山 西 Shanxi						102.4		
内蒙古 Inner Mongolia								
辽 宁 Liaoning	103.7		101.4		94.7	99.6		
吉 林 Jilin			100.0		100.0	100.0		
黑龙江 Heilongjiang				98.1	99.3			100.1
上 海 Shanghai	104.9	101.4	97.2	101.8	104.2	103.3		
江 苏 Jiangsu	101.6	102.3	102.3	99.9	101.1	103.0	106.4	
浙 江 Zhejiang	101.7	102.4	101.0	101.6	102.2	99.6	105.9	
安 徽 Anhui	100.7	104.3	103.1	119.5	103.0	100.3		98.5
福 建 Fujian	102.7	100.9	98.9	100.5	103.8	104.0	88.3	
江 西 Jiangxi	100.6		104.2		106.3	101.4	100.0	
山 东 Shandong	102.1	103.6	98.8		99.2	101.0		
河 南 Henan	97.4	118.7	100.2		95.7	103.0		
湖 北 Hubei	105.1	105.6	99.5		99.6	101.2		
湖 南 Hunan	97.8	99.8	103.9	98.7	100.1			101.6
广 东 Guangdong	104.1	104.9	102.7	98.4	99.8	99.4	105.9	
广 西 Guangxi					95.5	94.3		
海 南 Hainan						98.8		
重 庆 Chongqing	101.8	96.8	102.2		103.8	101.6		
四 川 Sichuan	105.2	102.3	101.9		100.4	98.2	97.3	100.8
贵 州 Guizhou			100.0		99.2	101.3	99.3	
云 南 Yunnan		106.8			101.7	109.3		
西 藏 Tibet								
陕 西 Shaanxi			105.9			100.0	100.0	
甘 肃 Gansu								
青 海 Qinghai								
宁 夏 Ningxia								
新 疆 Xinjiang								

2-1-8 续表 26 Continued 26

(上年价格＝100) (Preceding Year=100)

地 区 Region	视听设备制造 Manufacture of Audio and Video Equipment	智能消费设备制造 Manufacture of Intelligent Consumption Equipment	电子器件制造 Manufacture of Electronic Appliances	电子元件及电子专用材料制造 Manufacture of Electronic Components	其他电子设备制造 Manufacture of Other Electronic Equipment	通用仪器仪表制造 Manufacture of General Purpose Measuring Instruments and Meters	专用仪器仪表制造 Manufacture of Special Purpose Measuring Instruments and Meters	钟表与计时仪器制造 Manufacture of Watches and Clocks and Other Timer
全 国 National	**93.2**	**100.0**	**99.9**	**104.1**	**102.0**	**101.8**	**100.3**	**102.0**
北 京 Beijing	65.2		96.6	104.7	97.3	99.3	96.7	
天 津 Tianjin	100.8	99.0	107.4	106.7	99.4	100.2	102.3	109.0
河 北 Hebei			98.6	107.0		100.4	119.5	
山 西 Shanxi				136.6		100.0		
内蒙古 Inner Mongolia	75.1		96.0	123.2				
辽 宁 Liaoning	115.3		106.2	110.5	92.3	99.1		
吉 林 Jilin			99.9	102.2	99.1	100.1	82.5	
黑龙江 Heilongjiang		100.0	99.4	109.2		99.8	99.6	
上 海 Shanghai	89.8	103.4	107.3	101.3	101.8	99.1	103.6	
江 苏 Jiangsu	95.3	106.8	103.8	101.9	99.7	104.5		
浙 江 Zhejiang	107.8	99.8	99.9	101.4		101.4	100.0	109.9
安 徽 Anhui	93.9	97.4	98.4	101.1	103.4	101.1	98.3	
福 建 Fujian	101.5	99.4	96.4	99.8	99.5	99.9	93.6	101.4
江 西 Jiangxi	95.9	84.4	96.9	108.2	104.5	99.5		
山 东 Shandong	87.6		99.2	104.5		101.7		
河 南 Henan			93.8	118.2		96.8	88.4	
湖 北 Hubei	98.5	100.5	96.0	111.0	99.7	101.3	101.2	
湖 南 Hunan		101.6	104.7	102.3	100.1	100.5		
广 东 Guangdong	92.6	96.9	99.7	101.9	104.8	101.1	99.0	101.4
广 西 Guangxi	109.9		99.6	100.3	99.2	102.4		105.5
海 南 Hainan								
重 庆 Chongqing	104.7	101.5	98.4	105.3	99.5	100.5	99.5	
四 川 Sichuan	84.9		94.3	109.4	115.6	100.0	100.4	
贵 州 Guizhou	64.7		94.1	111.1		102.2	100.0	
云 南 Yunnan			101.2	117.8				
西 藏 Tibet								
陕 西 Shaanxi			98.3	103.4		98.6	99.0	
甘 肃 Gansu			103.2					
青 海 Qinghai				123.0				
宁 夏 Ningxia		100.6	100.0	132.8		100.0		
新 疆 Xinjiang				147.2				

2-1-8 续表 27 Continued 27

(上年价格＝100) (Preceding Year=100)

地 区 Region	光学仪器制造 Manufacture of Optical Instruments	衡器制造 Manufacture of Weighing Apparatus	其他仪器仪表制造业 Manufacture of Other Measuring Instruments and Meters	日用杂品制造 Manufacture of Daily Groceries	核辐射加工 Radiation Processing
全 国 National	**100.6**	**102.2**	**100.4**	**102.0**	
北 京 Beijing			100.1		
天 津 Tianjin	102.5		101.4	99.3	
河 北 Hebei				102.4	
山 西 Shanxi					
内蒙古 Inner Mongolia					
辽 宁 Liaoning					
吉 林 Jilin					
黑龙江 Heilongjiang			103.6		
上 海 Shanghai	103.8	107.6	97.7	106.6	
江 苏 Jiangsu	103.7		101.0	100.3	
浙 江 Zhejiang	96.8			102.6	
安 徽 Anhui				101.7	
福 建 Fujian	93.6	102.4		102.4	
江 西 Jiangxi	93.8	101.2		97.0	
山 东 Shandong					
河 南 Henan	101.3	101.2	97.2	96.2	
湖 北 Hubei	100.2	95.1		105.0	
湖 南 Hunan			93.7	104.2	
广 东 Guangdong	101.8		101.4	101.8	
广 西 Guangxi					
海 南 Hainan					
重 庆 Chongqing				100.8	
四 川 Sichuan	100.0			103.8	
贵 州 Guizhou	100.0				
云 南 Yunnan	108.2				
西 藏 Tibet					
陕 西 Shaanxi					
甘 肃 Gansu					
青 海 Qinghai					
宁 夏 Ningxia					
新 疆 Xinjiang					

2-1-8 续表 28 Continued 28

(上年价格＝100) (Preceding Year=100)

地 区 Region	其他未列明制造业 Other Manufacturing n.e.c.	金属废料和碎屑加工处理 Recycling and Disposal of Metal Waste and Scrap	非金属废料和碎屑加工处理 Recycling and Disposal of Non-Metal Waste and Scrap	金属制品修理 Repair of Fabricated Metal Products	通用设备修理 Repair of General Purpose Machinery
全 国 National	**102.5**	**102.9**	**104.2**		**101.2**
北 京 Beijing	109.0		105.2		
天 津 Tianjin	105.4	105.2	185.9		
河 北 Hebei		96.4	118.3		
山 西 Shanxi		109.5			
内蒙古 Inner Mongolia		89.5			
辽 宁 Liaoning			86.2		
吉 林 Jilin		101.4			
黑龙江 Heilongjiang	100.3	93.3	103.6		
上 海 Shanghai	101.1		95.4		
江 苏 Jiangsu	97.8	97.3			
浙 江 Zhejiang					
安 徽 Anhui	100.8	98.9	110.2		
福 建 Fujian		96.1	95.4		
江 西 Jiangxi	105.2	103.1	105.8		
山 东 Shandong					
河 南 Henan		106.7			
湖 北 Hubei		112.2	121.9		
湖 南 Hunan	98.3	110.6	95.2		
广 东 Guangdong	103.9	104.3	98.5		
广 西 Guangxi		99.9	104.3		
海 南 Hainan					
重 庆 Chongqing		97.6	100.0		101.2
四 川 Sichuan	101.0	95.4	102.0		
贵 州 Guizhou					
云 南 Yunnan					
西 藏 Tibet					
陕 西 Shaanxi					
甘 肃 Gansu		105.4	122.1		
青 海 Qinghai					
宁 夏 Ningxia					
新 疆 Xinjiang		100.4			

2-1-8 续表 29 Continued 29

(上年价格＝100) (Preceding Year=100)

地 区 Region	专用设备修理 Repair of Special Purpose Machinery	铁路、船舶、航空航天等运输设备修理 Repair of Railway Transports, Ships and Boats, Air and Spacecrafts and Other Transportation Equipments	电气设备修理 Repair of Electrical Machinery	仪器仪表修理 Repair of Measuring Instrument and Meters	其他机械和设备修理业 Repair of Other Machinery and Equipments
全 国 National	**100.4**	**102.2**	**97.9**		**99.3**
北 京 Beijing		99.6			
天 津 Tianjin	100.1	105.9			94.2
河 北 Hebei		99.9			
山 西 Shanxi	100.4	99.4	97.9		
内蒙古 Inner Mongolia					
辽 宁 Liaoning		100.0			
吉 林 Jilin		100.0			
黑龙江 Heilongjiang		99.0			
上 海 Shanghai		102.3			
江 苏 Jiangsu		100.0			
浙 江 Zhejiang		110.5			
安 徽 Anhui					
福 建 Fujian		102.0			
江 西 Jiangxi					
山 东 Shandong					
河 南 Henan					
湖 北 Hubei		95.0			
湖 南 Hunan					
广 东 Guangdong		103.2			
广 西 Guangxi					
海 南 Hainan					
重 庆 Chongqing					
四 川 Sichuan		106.6			
贵 州 Guizhou		100.0			
云 南 Yunnan					
西 藏 Tibet					
陕 西 Shaanxi					
甘 肃 Gansu	101.5	100.0			
青 海 Qinghai					
宁 夏 Ningxia					
新 疆 Xinjiang					

2-1-8 续表 30 Continued 30

(上年价格=100) (Preceding Year=100)

地区 Region	电力生产 Products of Power Supply	电力供应 Supply of Electricity	热力生产和供应 Production and Supply of Heating Power	燃气生产和供应业 Production and Supply of Gas	生物质燃气生产和供应业 Production and Supply of Biomass Gas
全国 National	**110.4**	**107.6**	**105.5**	**115.9**	**100.0**
北京 Beijing	99.2	107.6	100.9	102.0	
天津 Tianjin	120.4	109.8	102.2	119.8	
河北 Hebei	113.0	105.6	104.3	114.2	
山西 Shanxi	111.8	108.6	100.0	112.3	
内蒙古 Inner Mongolia	115.1	121.1	101.2	122.8	
辽宁 Liaoning	108.2		101.9	104.1	
吉林 Jilin	113.8	105.5	102.1	113.4	
黑龙江 Heilongjiang	108.9	101.8	100.4	104.9	
上海 Shanghai	120.3	107.9	115.6	110.8	
江苏 Jiangsu	114.8	120.6	125.7	119.2	
浙江 Zhejiang	120.5	108.5	125.0	129.3	
安徽 Anhui	107.1	103.4	106.6	115.7	
福建 Fujian	105.2	103.4	130.6	122.8	
江西 Jiangxi	112.2	103.0	130.3	115.4	
山东 Shandong	113.9	103.1	104.8	119.3	
河南 Henan	113.6	106.3	100.0	126.2	
湖北 Hubei	104.7	125.5	108.3	105.6	
湖南 Hunan	106.7	108.2	109.0	102.0	
广东 Guangdong	107.1	104.4	112.2	118.5	
广西 Guangxi	111.3	101.5	131.6	122.3	
海南 Hainan	104.7	107.7		105.5	100.0
重庆 Chongqing	103.1	104.2		109.0	
四川 Sichuan	101.4	102.6		117.2	
贵州 Guizhou	102.7	102.3		117.2	
云南 Yunnan	106.6	102.7		102.9	
西藏 Tibet	99.3	100.0		100.0	
陕西 Shaanxi	105.8	105.9	100.8	105.0	
甘肃 Gansu	105.7	103.9	102.0	104.9	
青海 Qinghai	104.3	104.8		114.0	
宁夏 Ningxia	117.7	98.8	100.8	118.2	
新疆 Xinjiang	108.6	100.7	100.0	104.0	

2-1-8 续表 31 Continued 31

(上年价格＝100) (Preceding Year=100)

地 区 Region	自来水生产和供应 Production and Supply of Tap Water	污水处理及其再生利用 Recycling and Treatment of Waste Water	海水淡化处理 Disposal of Sea Water Desalination	其他水的处理、利用与分配 Disposal,Utilization and Distribution of Other Water
全 国 National	**101.0**	**102.0**	**100.0**	**99.9**
北 京 Beijing	100.0	100.0		
天 津 Tianjin	100.3	98.3	100.0	99.9
河 北 Hebei	100.2	101.7		
山 西 Shanxi	100.0	104.6		
内蒙古 Inner Mongolia	100.0	100.0		
辽 宁 Liaoning	100.2	101.4		
吉 林 Jilin	101.2	100.0		
黑龙江 Heilongjiang	102.0	100.4		
上 海 Shanghai	115.7	115.5		
江 苏 Jiangsu	99.9	103.9		
浙 江 Zhejiang	99.9	104.2		
安 徽 Anhui	98.0	100.5		
福 建 Fujian	102.2	99.9		
江 西 Jiangxi	100.5	145.3		
山 东 Shandong	100.0	100.7		
河 南 Henan	100.5	101.3		
湖 北 Hubei	100.5	101.1		
湖 南 Hunan	107.0	100.0		
广 东 Guangdong	100.4	101.6		
广 西 Guangxi	99.9			
海 南 Hainan	99.2	100.0		
重 庆 Chongqing	101.3			
四 川 Sichuan	99.8	100.0		
贵 州 Guizhou	100.0	104.8		
云 南 Yunnan	99.1			
西 藏 Tibet	99.9			
陕 西 Shaanxi	100.0			
甘 肃 Gansu	100.0	100.0		
青 海 Qinghai	99.1			
宁 夏 Ningxia	100.0	100.0		
新 疆 Xinjiang	100.0			

2-2-1 全国工业生产者购进价格分类指数（1986～2022年）
Purchasing Price Indices for Industrial Producers by Category (1986～2022)

(上年价格=100) (Preceding Year=100)

年 份 Year	总指数 General Index	燃料、动力类 Fuel and Power	黑色金属材料类 Ferrous Metals	有色金属材料类 Nonferrous Metals	化工原料类 Raw Chemical Materials	木材及纸浆类 Timber and Paper Pulp	建材类 Building Materials	其他工业原料类 Other Materials	农副产品类 Agricultural Products	纺织原料类 Textile Materials
1986	109.5	109.1	110.6	107.6	105.1	110.9	126.7		107.5	
1987	111.0	109.2	110.4	108.4	115.7	138.2	111.6		107.3	107.8
1988	120.2	112.9	118.3	130.7	133.4	143.1	114.2		122.6	115.7
1989	126.4	124.7	130.3	127.6	124.4	111.4	122.7		128.9	128.5
1990	105.6	110.7	103.9	97.2	95.6	99.4	115.2		107.8	107.4
1991	109.1	112.9	112.5	101.2	99.8	105.6	101.2		106.8	108.9
1992	111.0	116.4	114.5	112.4	102.6	102.0	118.8		103.4	100.5
1993	135.1	136.7	174.1	115.8	114.3	128.6	140.9		112.2	107.1
1994	118.2	118.0	103.8	110.7	111.7	115.1	114.3		148.3	139.6
1995	115.3	108.7	98.2	128.3	127.2	115.8	102.6		143.1	123.6
1996	103.9	110.2	99.3	92.4	98.0	101.9	102.5		114.7	94.5
1997	101.3	109.3	97.4	96.2	97.1	100.9	99.7		102.0	94.7
1998	95.8	99.1	95.1	88.3	93.6	96.7	98.6	93.5	94.5	94.3
1999	96.7	100.9	94.7	98.9	97.6	100.4	98.8	97.5	89.8	96.8
2000	105.1	115.4	100.9	110.3	105.6	99.8	101.5	103.9	99.9	102.4
2001	99.8	100.2	100.5	95.6	98.4	100.4	98.6	98.8	101.2	99.7
2002	97.7	100.1	98.2	96.5	97.5	98.7	98.2	97.5	95.7	97.1
2003	104.8	107.4	107.9	105.3	102.9	100.3	99.7	100.2	106.7	101.4
2004	111.4	109.7	120.4	120.1	108.9	102.8	105.1	105.6	114.2	104.7
2005	108.3	115.0	107.5	114.0	108.3	103.5	103.1	102.5	101.7	102.4
2006	106.0	111.9	98.3	130.8	102.1	102.6	101.9	102.1	104.3	102.9
2007	104.4	104.3	105.4	111.6	103.6	102.7	103.0	102.7	106.1	101.4
2008	110.5	120.6	118.4	98.6	105.2	105.2	109.5	103.4	107.5	103.1
2009	92.1	89.2	86.3	81.1	91.3	95.8	101.1	98.0	97.0	98.8
2010	109.6	116.3	106.6	122.2	107.0	103.0	103.8	102.3	110.4	106.7
2011	109.1	110.8	109.4	112.1	110.4	104.6	108.4	104.4	115.6	112.7
2012	98.2	100.9	92.9	94.5	96.1	100.1	99.7	99.0	100.2	99.1
2013	98.0	96.6	95.7	95.4	97.3	99.6	98.7	99.1	101.6	99.9
2014	97.8	97.1	94.6	96.1	98.3	99.4	99.8	98.8	99.4	98.9
2015	93.9	88.7	88.4	92.7	93.7	99.3	95.9	97.6	97.7	97.8
2016	98.0	95.6	97.7	97.9	97.6	99.7	97.6	99.1	100.1	99.7
2017	108.1	113.0	115.9	115.3	108.4	106.2	108.6	102.6	101.5	104.0
2018	104.1	107.1	106.1	103.9	104.6	105.4	110.5	101.3	99.6	102.2
2019	99.3	98.2	102.3	97.6	94.8	97.5	104.2	99.7	102.8	99.3
2020	97.7	91.6	100.5	99.8	92.7	98.1	100.5	99.9	105.4	96.8
2021	111.0	120.5	120.3	120.9	115.1	105.6	105.5	103.3	104.4	105.0
2022	106.1	120.9	96.4	105.4	106.5	104.5	103.1	102.2	105.1	105.0

2-2-2 各地区工业生产者购进价格总指数（1986～2022年）
Purchasing Price Indices for Industrial Producers by Region (1986～2022)

(上年价格=100) (Preceding Year=100)

地 区 Region	1986	1987	1988	1989	1990	1991	1992	1993	1994	1995	1996	1997
全 国 National	**109.5**	**111.0**	**120.2**	**126.4**	**105.6**	**109.1**	**111.0**	**135.1**	**118.2**	**115.3**	**103.9**	**101.3**
北 京 Beijing					114.8	111.7	114.2	142.7	123.8	119.8	104.2	103.4
天 津 Tianjin							108.4	139.1	121.7	112.8	101.9	99.0
河 北 Hebei							111.4	134.9	119.9	110.9	106.3	102.0
山 西 Shanxi					107.4	108.0	111.9	135.9	115.1	113.1	104.8	102.0
内蒙古 Inner Mongolia		114.9	118.2	124.4	108.3	111.2	112.1	132.6	116.8	112.8	100.8	100.9
辽 宁 Liaoning			133.9	133.3	117.6	108.1	121.2	149.9	118.2	114.2	104.8	103.1
吉 林 Jilin			115.7	131.5	102.8	114.1	127.1	173.9	113.9	113.8	102.4	103.9
黑龙江 Heilongjiang							112.9	139.6	117.6	112.7	104.2	104.4
上 海 Shanghai							113.1	129.2	121.4	114.8	101.6	97.8
江 苏 Jiangsu						107.0	110.3	125.8	120.1	117.6	104.3	98.0
浙 江 Zhejiang					104.7	102.7	106.3	126.4	124.8	119.2	101.5	96.5
安 徽 Anhui							113.9	128.8	122.3	117.9	109.9	101.7
福 建 Fujian							109.3	129.6	115.2	119.6	104.3	98.6
江 西 Jiangxi								129.4	123.4	114.7	105.8	100.4
山 东 Shandong				136.7	105.4	107.0	111.0	134.7	120.1	113.2	105.7	100.6
河 南 Henan				130.0	105.5	104.4	110.0	133.0	122.0	114.1	105.3	100.7
湖 北 Hubei				126.1	108.4	113.1	110.2	135.5	116.6	118.2	108.4	101.5
湖 南 Hunan				122.5	103.3	110.4	116.2	139.7	119.6	117.6	105.9	100.1
广 东 Guangdong								134.3	121.1	118.7	104.6	97.3
广 西 Guangxi	121.0	112.0			102.2	107.8	105.2	141.7	117.8	112.9	103.4	99.3
海 南 Hainan												
重 庆 Chongqing					103.7	109.2	123.8	124.5	124.6	111.6	106.3	100.1
四 川 Sichuan				129.4	106.4	108.6	112.5	137.2	119.1	113.5	106.1	101.6
贵 州 Guizhou							113.5	144.6	115.0	114.9	108.1	101.9
云 南 Yunnan						108.2	115.2	138.1	110.3	113.2	110.3	102.9
西 藏 Tibet												
陕 西 Shaanxi							111.5	138.4	115.6	114.3	109.1	106.8
甘 肃 Gansu				129.8	114.1	112.4	122.2	139.4	118.3	113.7	107.4	102.2
青 海 Qinghai				123.8	113.9	112.8	105.3	138.9	112.3	110.2	108.3	110.7
宁 夏 Ningxia												103.5
新 疆 Xinjiang							121.1	136.4	110.9	116.8	107.0	104.5

2-2-2 续表 1 continued

(上年价格=100) (Preceding Year=100)

地 区 Region	1998	1999	2000	2001	2002	2003	2004	2005	2006	2007	2008	2009
全 国 National	**95.8**	**96.7**	**105.1**	**99.8**	**97.7**	**104.8**	**111.4**	**108.3**	**106.0**	**104.4**	**110.5**	**92.1**
北 京 Beijing	98.1	95.8	100.0	100.5	97.1	104.7	114.2	111.4	105.5	105.0	115.8	88.6
天 津 Tianjin	95.9	96.3	104.5	98.8	95.9	108.7	115.4	104.9	104.7	105.7	112.9	90.2
河 北 Hebei	96.2	95.4	103.3	101.0	97.3	109.4	118.4	107.0	105.0	107.8	115.9	93.5
山 西 Shanxi	97.3	97.0	102.0	101.8	102.6	107.8	114.5	108.2	102.6	105.3	118.3	96.6
内蒙古 Inner Mongolia	98.1	96.8	106.5	101.3	99.9	102.9	109.2	109.9	105.9	104.8	111.7	99.1
辽 宁 Liaoning	99.3	99.1	103.9	99.9	98.3	105.1	112.1	108.1	104.2	104.8	111.5	93.3
吉 林 Jilin	96.6	100.5	106.8	101.8	97.8	104.8	110.5	107.0	103.8	105.2	111.3	95.3
黑龙江 Heilongjiang	98.6	98.2	108.6	99.5	99.3	107.6	115.2	111.8	105.6	105.0	114.1	93.4
上 海 Shanghai	94.1	97.1	107.1	98.7	97.7	106.4	116.4	106.8	104.8	104.1	110.3	89.8
江 苏 Jiangsu	91.5	94.4	107.1	99.5	98.6	106.5	116.3	107.6	106.4	105.0	115.0	91.9
浙 江 Zhejiang	92.6	96.2	107.2	99.6	97.5	105.8	113.4	105.4	105.6	105.3	110.6	92.6
安 徽 Anhui	96.0	94.5	102.6	101.2	98.2	106.7	115.0	107.1	103.9	105.1	112.4	95.3
福 建 Fujian	92.5	97.9	112.4	96.7	97.6	106.3	113.3	108.1	103.9	104.3	110.2	93.2
江 西 Jiangxi	95.4	96.9	101.2	99.3	98.6	106.5	114.5	110.0	108.6	107.9	114.2	90.7
山 东 Shandong	93.4	93.4	104.7	100.0	98.7	105.7	113.4	105.9	104.3	104.8	113.1	95.5
河 南 Henan	94.8	94.3	105.1	101.9	97.6	107.8	115.7	108.3	105.3	106.4	111.9	97.1
湖 北 Hubei	95.2	95.6	105.6	100.2	97.7	108.2	113.1	107.0	104.9	104.5	110.9	93.4
湖 南 Hunan	94.8	96.2	106.7	101.1	99.3	106.7	114.4	109.4	106.5	106.1	112.0	92.6
广 东 Guangdong	91.4	97.8	110.9	99.1	96.3	104.1	110.7	105.0	103.6	103.3	107.9	93.8
广 西 Guangxi	95.3	93.6	100.9	103.7	95.6	101.2	116.3	108.2	111.4	106.1	110.6	95.1
海 南 Hainan					101.5	102.2	105.9	104.2	101.5	105.0	111.6	85.3
重 庆 Chongqing	95.1	96.9	105.6	99.5	99.2	104.9	110.3	108.2	104.8	106.2	112.2	95.0
四 川 Sichuan	95.3	96.8	101.7	98.5	97.6	101.7	112.0	109.3	104.3	105.7	112.4	95.3
贵 州 Guizhou	95.7	97.0	102.9	100.2	97.6	106.0	109.6	107.4	107.3	107.5	112.5	93.5
云 南 Yunnan	100.7	98.8	101.5	99.4	99.1	102.7	113.0	106.5	107.6	108.2	111.6	95.0
西 藏 Tibet												
陕 西 Shaanxi	97.1	95.5	100.0	100.5	98.8	104.8	110.4	107.5	106.7	106.3	111.2	98.4
甘 肃 Gansu	96.4	98.3	111.8	101.4	98.4	105.6	112.5	109.9	108.8	104.3	110.2	90.5
青 海 Qinghai	101.3	99.1	98.9	99.1	102.8	101.8	108.5	105.3	102.8	104.4	110.4	99.8
宁 夏 Ningxia	101.1	97.0	105.8	102.5	97.8	106.8	117.3	109.7	108.5	107.1	121.8	94.7
新 疆 Xinjiang	95.6	98.2	115.2	98.9	94.9	114.8	118.2	110.7	111.1	103.8	117.8	90.6

2-2-2 续表 2 continued

(上年价格=100) (Preceding Year=100)

地 区 Region	2010	2011	2012	2013	2014	2015	2016	2017	2018	2019	2020	2021	2022
全 国 National	**109.6**	**109.1**	**98.2**	**98.0**	**97.8**	**93.9**	**98.0**	**108.1**	**104.1**	**99.3**	**97.7**	**111.0**	**106.1**
北 京 Beijing	110.5	108.4	98.7	97.8	98.8	93.7	98.5	104.4	100.8	99.6	99.5	103.7	106.2
天 津 Tianjin	110.0	109.7	97.1	97.4	97.1	92.4	98.3	111.1	106.2	98.8	96.9	114.7	104.4
河 北 Hebei	110.9	110.9	96.2	97.6	95.6	90.3	98.3	114.5	104.0	102.1	98.4	119.8	104.7
山 西 Shanxi	109.0	108.1	98.1	95.5	96.2	93.1	98.1	115.2	105.5	101.1	97.2	116.3	109.7
内蒙古 Inner Mongolia	105.0	106.1	102.0	99.3	98.4	95.9	97.4	106.3	102.4	101.1	99.5	128.0	111.2
辽 宁 Liaoning	108.6	108.3	99.0	98.5	98.0	93.5	97.9	108.0	104.5	100.8	98.2	115.0	110.1
吉 林 Jilin	108.6	106.1	99.3	99.4	99.2	96.6	97.8	103.4	103.5	99.2	98.7	106.2	104.6
黑龙江 Heilongjiang	114.5	111.1	98.8	98.7	97.6	88.2	96.0	110.2	109.0	100.3	95.1	110.5	110.0
上 海 Shanghai	111.2	107.5	94.7	96.5	95.9	90.6	97.7	108.9	105.2	98.7	96.9	107.3	104.9
江 苏 Jiangsu	112.8	108.9	95.8	97.1	97.0	92.1	98.0	109.7	104.6	97.2	96.5	113.8	105.8
浙 江 Zhejiang	112.0	108.3	96.7	97.7	98.2	94.5	97.8	109.6	105.1	97.1	95.9	114.5	106.1
安 徽 Anhui	111.8	110.8	98.2	96.9	97.2	93.5	98.4	109.2	105.3	99.9	98.5	111.5	104.0
福 建 Fujian	107.7	108.0	97.7	98.4	98.3	96.1	98.0	105.3	102.8	99.0	98.6	109.2	105.2
江 西 Jiangxi	111.8	112.4	98.3	98.4	98.4	93.6	97.7	107.2	103.2	98.2	97.0	112.3	109.4
山 东 Shandong	109.3	109.2	99.2	98.4	98.2	95.0	98.0	107.3	103.6	99.2	97.5	109.5	105.8
河 南 Henan	110.2	110.1	99.2	99.3	98.4	95.4	99.2	107.3	104.0	101.2	99.4	109.5	105.7
湖 北 Hubei	110.4	111.5	98.9	98.2	97.8	92.8	98.3	108.3	104.8	99.3	98.4	108.5	107.8
湖 南 Hunan	110.0	110.8	100.1	98.4	97.9	94.5	98.0	107.2	103.5	100.2	98.9	108.1	104.8
广 东 Guangdong	107.3	107.3	99.5	98.2	98.8	95.3	98.0	105.3	102.5	99.2	97.4	108.0	104.1
广 西 Guangxi	111.2	110.0	99.2	98.9	98.2	95.7	98.3	106.5	103.4	99.5	98.5	110.7	107.3
海 南 Hainan	110.3	115.3	99.6	97.0	99.0	88.5	94.8	112.4	110.8	103.1	92.0	116.5	119.8
重 庆 Chongqing	106.9	105.7	99.5	97.6	98.1	97.1	98.4	104.4	102.5	100.1	99.9	107.2	104.4
四 川 Sichuan	106.1	112.6	100.0	99.2	98.7	96.7	98.8	108.3	105.3	100.6	98.1	107.5	105.8
贵 州 Guizhou	109.8	115.0	102.3	96.4	98.6	97.5	98.5	109.7	103.4	99.4	98.6	112.0	111.2
云 南 Yunnan	109.0	108.0	99.3	98.8	99.0	96.9	95.9	106.2	104.4	99.0	97.3	108.9	107.9
西 藏 Tibet													
陕 西 Shaanxi	109.7	109.6	100.0	99.3	98.5	95.2	95.9	106.4	104.2	100.3	97.6	116.3	106.2
甘 肃 Gansu	114.4	115.1	98.7	97.8	97.6	87.0	94.6	115.5	109.8	99.0	94.1	118.1	113.5
青 海 Qinghai	108.6	107.0	98.6	98.8	97.6	97.7	96.2	108.0	104.5	98.2	96.1	111.5	114.0
宁 夏 Ningxia	114.1	112.8	99.5	97.0	97.0	92.1	96.9	112.9	106.5	97.5	94.7	120.8	117.6
新 疆 Xinjiang	123.9	117.8	97.9	97.8	97.5	84.3	95.5	112.8	109.2	100.0	93.4	115.0	114.6

2−2−3 各地区工业生产者购进价格分类指数（2022年）
Purchasing Price Indices for Industrial Producer by Category and Region (2022)

(上年价格=100) (Preceding Year=100)

地区	Region	总指数 General Index	燃料、动力类 Fuel and Power	黑色金属材料类 Ferrous Metals	有色金属材料类 Nonferrous Metals	化工原料类 Raw Chemical Materials	木材及纸浆类 Timber and Paper Pulp	建材类 Building Materials	其他工业原料类 Other Materials	农副产品类 Agricultural Products	纺织原料类 Textile Materials
全　国	**National**	**106.1**	**120.9**	**96.4**	**105.4**	**106.5**	**104.5**	**103.1**	**102.2**	**105.1**	**105.0**
北　京	Beijing	106.2	115.7	97.7	107.8	103.2	99.4	105.3	99.6	101.3	101.0
天　津	Tianjin	104.4	120.8	91.3	106.8	107.3	105.4	104.8	100.7	113.1	100.8
河　北	Hebei	104.7	119.0	91.9	103.7	103.7	106.7	108.5	105.1	105.8	108.1
山　西	Shanxi	109.7	118.2	100.5	112.7	115.6	102.7	108.3	102.5	103.7	107.3
内蒙古	Inner Mongolia	111.2	117.0	97.0	104.2	116.5	97.5	125.9	101.5	100.5	102.8
辽　宁	Liaoning	110.1	126.8	95.7	107.9	112.3	105.4	106.1	101.3	109.2	104.2
吉　林	Jilin	104.6	113.8	95.3	106.7	103.9	105.8	112.8	100.1	107.6	104.6
黑龙江	Heilongjiang	110.0	121.9	104.3	106.5	108.6	104.5	115.1	102.0	103.5	103.9
上　海	Shanghai	104.9	128.9	96.7	104.3	103.8	105.0	94.5	101.2	105.7	102.4
江　苏	Jiangsu	105.8	125.6	97.4	104.8	103.9	104.5	101.9	102.5	109.8	103.7
浙　江	Zhejiang	106.1	122.0	94.4	105.7	103.9	102.7	96.4	103.7	104.5	105.2
安　徽	Anhui	104.0	121.1	94.1	101.5	102.2	104.2	94.8	102.1	105.1	105.5
福　建	Fujian	105.2	123.6	101.4	103.9	104.4	103.1	100.6	102.7	104.7	102.4
江　西	Jiangxi	109.4	118.6	94.9	113.7	116.8	104.0	100.4	105.5	106.1	109.0
山　东	Shandong	105.8	124.1	96.6	105.2	104.7	105.4	104.8	102.5	101.6	104.5
河　南	Henan	105.7	120.1	96.7	104.3	104.8	100.9	108.7	102.1	101.4	111.8
湖　北	Hubei	107.8	123.6	94.6	102.1	123.1	102.6	107.8	101.3	108.4	108.2
湖　南	Hunan	104.8	111.9	94.4	108.5	115.2	102.0	96.1	99.6	106.2	104.7
广　东	Guangdong	104.1	117.9	98.8	102.5	104.5	108.6	99.6	102.3	104.1	101.9
广　西	Guangxi	107.3	126.0	98.2	109.1	107.6	106.9	105.5	99.5	105.8	103.5
海　南	Hainan	119.8	137.9	107.3	104.3	116.0	106.1	101.5	106.4	100.7	
重　庆	Chongqing	104.4	117.6	100.6	106.1	105.8	105.9	100.5	101.5	103.6	102.9
四　川	Sichuan	105.8	123.1	98.1	106.6	107.5	102.2	99.8	102.9	102.6	105.5
贵　州	Guizhou	111.2	118.7	96.3	105.9	116.8	98.5	113.5	103.0	101.9	98.2
云　南	Yunnan	107.9	113.9	95.1	104.5	119.5	102.8	121.4	104.4	104.6	101.8
西　藏	Tibet										
陕　西	Shaanxi	106.2	113.1	94.9	106.4	94.9	102.2	106.8	104.7	107.2	113.4
甘　肃	Gansu	113.5	123.4	98.6	104.1	113.5	103.0	136.1	103.2	105.8	115.3
青　海	Qinghai	114.0	115.3	94.4	106.7	147.3	100.6	117.6	104.5	102.2	109.3
宁　夏	Ningxia	117.6	126.9	109.9	104.8	107.4	101.1	130.5	108.8	101.6	106.3
新　疆	Xinjiang	114.6	124.4	90.8	107.0	114.6	101.8	108.0	103.8	112.9	114.1

2-3-1 2022年1月流通领域重要生产资料市场价格
Market Prices of Important Production Materials in the Circulation Field in January 2022

产品名称	Item	单位	Unit	上旬 Early January		中旬 Middle January		下旬 Late January	
				本期价格(元) Price (RMB)	比上旬涨跌幅(%) Change Rate	本期价格(元) Price (RMB)	比上旬涨跌幅(%) Change Rate	本期价格(元) Price (RMB)	比上旬涨跌幅(%) Change Rate
一、黑色金属	**Ferrous Metal**								
螺纹钢	Deformed Steel Bar	吨	ton	4641.4	-1.4	4679.8	0.8	4723.8	0.9
线材	Wire	吨	ton	4825.1	-1.6	4855.2	0.6	4896.5	0.9
普通中板	Common Medium Plate	吨	ton	5050.0	-1.2	5015.0	-0.7	5078.8	1.3
热轧普通薄板	Hot Rolled Sheet	吨	ton	4830.7	-0.2	4876.8	1.0	4928.6	1.1
无缝钢管	Seamless Tube	吨	ton	5759.6	-1.0	5753.2	-0.1	5741.6	-0.2
角钢	Angle Iron	吨	ton	5102.3	-1.5	5141.5	0.8	5211.0	1.4
二、有色金属	**Non-ferrous Metals**								
电解铜	Electrolytic Copper	吨	ton	70034.0	0.2	70813.8	1.1	70508.7	-0.4
铝锭	Aluminum Ingot	吨	ton	20693.7	4.2	21412.1	3.5	21386.9	-0.1
铅锭	Lead Ingot	吨	ton	15100.0	-1.2	15315.6	1.4	15279.2	-0.2
锌锭	Zinc Ingot	吨	ton	24414.0	1.8	24850.0	1.8	24920.0	0.3
三、化工产品	**Chemicals**								
硫酸	Sulfuric Acid	吨	ton	503.0	-5.5	474.5	-5.7	486.4	2.5
烧碱(液碱)	Caustic Soda (liquid)	吨	ton	976.4	-1.0	940.6	-3.7	918.6	-2.3
甲醇	Methanol	吨	ton	2367.0	-3.2	2400.8	1.4	2519.2	4.9
纯苯(石油苯)	Benzene (oil-based benzene)	吨	ton	7281.0	6.6	7552.5	3.7	7497.2	-0.7
苯乙烯	Styrene	吨	ton	8439.3	3.1	8555.4	1.4	8686.4	1.5
聚乙烯(LLDPE)	Polyethylene (LLDPE)	吨	ton	8801.0	0.4	8817.7	0.2	8948.6	1.5
聚丙烯	Polypropylene	吨	ton	8300.3	1.4	8333.3	0.4	8442.5	1.3
聚氯乙烯	Polyvinyl Chloride	吨	ton	8506.0	-0.7	8583.4	0.9	8736.1	1.8
顺丁胶	Polybutadiene Rubber	吨	ton	13743.3	-4.2	13300.0	-3.2	13394.4	0.7
涤纶长丝	Polyester Filament Yarn	吨	ton	7405.0	4.1	7709.4	4.1	7866.7	2.0
四、石油天然气	**Petroleum and Natural Gas**								
液化天然气	Liquefied Natural Gas	吨	ton	5072.9	6.2	4906.5	-3.3	4518.3	-7.9
液化石油气	Liquefied Petroleum Gas	吨	ton	5393.2	10.3	5419.6	0.5	5522.6	1.9
汽油(95#国VI)	Gasoline(95 RON GB VI)	吨	ton	8066.3	0.5	8373.6	3.8	8640.1	3.2
汽油(92#国VI)	Gasoline(92 RON GB VI)	吨	ton	7833.7	0.4	8138.6	3.9	8407.0	3.3
柴油(0#国VI)	Diesel Oil(0# GB VI)	吨	ton	7331.1	0.2	7417.0	1.2	7491.8	1.0
石蜡	Paraffin Wax	吨	ton	8268.3	0.0	8268.3	0.0	8268.3	0.0

2-3-1 续表 Continued

产品名称	Item	单位	Unit	上旬 Early January 本期价格(元) Price (RMB)	上旬 Early January 比上旬涨跌幅(%) Change Rate	中旬 Middle January 本期价格(元) Price (RMB)	中旬 Middle January 比上旬涨跌幅(%) Change Rate	下旬 Late January 本期价格(元) Price (RMB)	下旬 Late January 比上旬涨跌幅(%) Change Rate
五、煤炭	**Coal**								
无烟煤	Anthracite	吨	ton	1969.0	-0.5	1965.0	-0.2	1971.7	0.3
普通混煤	Common Steam Coal	吨	ton	575.0	-6.9	701.3	22.0	803.3	14.5
山西大混	Shanxi Dahun Steam Coal	吨	ton	721.0	-8.5	833.8	15.6	945.0	13.3
山西优混	Shanxi Youhun Steam Coal	吨	ton	818.0	-8.6	938.1	14.7	1043.3	11.2
大同混煤	Datong Steam Coal	吨	ton	884.0	-8.3	1009.4	14.2	1120.0	11.0
焦煤	Coking Coal	吨	ton	2445.0	7.5	2658.1	8.7	2700.0	1.6
焦炭	Coke	吨	ton	2740.7	7.5	3060.7	11.7	3060.7	0.0
六、非金属建材	**Nonmetallic Building Materials**								
普通硅酸盐水泥 (P.O 42.5 袋装)	Portland Cement (P.O 42.5 in bags)	吨	ton	531.1	-3.8	522.1	-1.7	522.1	0.0
普通硅酸盐水泥 (P.O 42.5 散装)	Portland Cement (P.O 42.5 in bulk)	吨	ton	487.7	-4.2	474.9	-2.6	470.7	-0.9
浮法平板玻璃	Float Glass	吨	ton	2085.4	-4.2	2062.9	-1.1	2100.3	1.8
七、农产品 (主要用于生产)	**Agricultural Product (Mainly Used in Production)**								
稻米	Rice	吨	ton	3805.0	-0.6	3803.3	0.0	3803.0	0.0
小麦	Wheat	吨	ton	2837.3	0.2	2865.2	1.0	2867.7	0.1
玉米	Corn	吨	ton	2628.2	0.1	2623.0	-0.2	2626.5	0.1
棉花(皮棉)	Cotton (lint)	吨	ton	22409.1	0.8	22483.4	0.3	22586.7	0.5
生猪	Live Pig	千克	kg	15.0	-6.3	14.0	-6.7	13.8	-1.4
大豆	Soybean	吨	ton	5510.0	0.1	5506.7	-0.1	5503.3	-0.1
豆粕	Soya Bean Meal	吨	ton	3573.0	1.0	3623.0	1.4	3697.3	2.1
花生	Peanut	吨	ton	7525.0	-1.8	7341.7	-2.4	7341.7	0.0
八、农资	**Agriculture Resources**								
尿素	Urea	吨	ton	2492.5	0.9	2563.3	2.8	2568.6	0.2
复合肥	Compound Fertilizer	吨	ton	3272.5	0.0	3272.5	0.0	3272.5	0.0
农药(草甘膦)	Crop Protection Chemicals (glyphosate)	吨	ton	78500.0	-1.9	77875.0	-0.8	76583.3	-1.7
九、林业	**Forestry**								
天然橡胶	Natural Rubber	吨	ton	13770.0	2.1	13993.8	1.6	13438.9	-4.0
纸浆	Paper Pulp	吨	ton	6111.6	5.2	6230.2	1.9	6138.5	-1.5
瓦楞纸	Corrugated Paper	吨	ton	3886.3	-1.3	3900.0	0.4	3900.0	0.0

2-3-2 2022年2月流通领域重要生产资料市场价格
Market Prices of Important Production Materials in the Circulation Field in February 2022

产品名称	Item	单位	Unit	上旬 Early February		中旬 Middle February		下旬 Late February	
				本期价格(元) Price (RMB)	比上旬涨跌幅(%) Change Rate	本期价格(元) Price (RMB)	比上旬涨跌幅(%) Change Rate	本期价格(元) Price (RMB)	比上旬涨跌幅(%) Change Rate
一、黑色金属	**Ferrous Metal**								
螺纹钢	Deformed Steel Bar	吨	ton	4871.7	3.1	4827.2	-0.9	4764.9	-1.3
线材	Wire	吨	ton	5044.0	3.0	5037.6	-0.1	4955.1	-1.6
普通中板	Common Medium Plate	吨	ton	5238.7	3.1	5215.2	-0.4	5171.3	-0.8
热轧普通薄板	Hot Rolled Sheet	吨	ton	5065.9	2.8	5037.0	-0.6	5005.2	-0.6
无缝钢管	Seamless Tube	吨	ton	5797.7	1.0	5887.1	1.5	5875.5	-0.2
角钢	Angle Iron	吨	ton	5362.2	2.9	5358.2	-0.1	5338.8	-0.4
二、有色金属	**Non-ferrous Metals**								
电解铜	Electrolytic Copper	吨	ton	71162.3	0.9	71623.0	0.6	71103.8	-0.7
铝锭	Aluminum Ingot	吨	ton	22770.8	6.5	22721.4	-0.2	22749.2	0.1
铅锭	Lead Ingot	吨	ton	14912.5	-2.4	15279.2	2.5	15341.7	0.4
锌锭	Zinc Ingot	吨	ton	25355.0	1.7	25280.0	-0.3	24895.0	-1.5
三、化工产品	**Chemicals**								
硫酸	Sulfuric Acid	吨	ton	495.0	1.8	517.9	4.6	551.4	6.5
烧碱(液碱)	Caustic Soda (liquid)	吨	ton	950.6	3.5	1106.4	16.4	1155.0	4.4
甲醇	Methanol	吨	ton	2635.6	4.6	2524.7	-4.2	2594.3	2.8
纯苯(石油苯)	Benzene (oil-based benzene)	吨	ton	7968.8	6.3	7802.3	-2.1	7916.7	1.5
苯乙烯	Styrene	吨	ton	9106.3	4.8	8866.7	-2.6	9018.9	1.7
聚乙烯(LLDPE)	Polyethylene (LLDPE)	吨	ton	9265.8	3.5	8945.8	-3.5	8854.7	-1.0
聚丙烯	Polypropylene	吨	ton	8728.3	3.4	8456.7	-3.1	8450.8	-0.1
聚氯乙烯	Polyvinyl Chloride	吨	ton	9178.8	5.1	8827.0	-3.8	8589.0	-2.7
顺丁胶	Polybutadiene Rubber	吨	ton	13616.7	1.7	13655.6	0.3	13355.6	-2.2
涤纶长丝	Polyester Filament Yarn	吨	ton	8187.5	4.1	8229.2	0.5	7912.5	-3.8
四、石油天然气	**Petroleum and Natural Gas**								
液化天然气	Liquefied Natural Gas	吨	ton	4934.7	9.2	6352.1	28.7	8437.2	32.8
液化石油气	Liquefied Petroleum Gas	吨	ton	5698.2	3.2	5584.3	-2.0	5772.9	3.4
汽油(95#国VI)	Gasoline(95 RON GB VI)	吨	ton	9608.9	11.2	9693.1	0.9	9772.4	0.8
汽油(92#国VI)	Gasoline(92 RON GB VI)	吨	ton	9358.9	11.3	9442.4	0.9	9513.6	0.8
柴油(0#国VI)	Diesel Oil(0# GB VI)	吨	ton	7747.3	3.4	7788.7	0.5	7914.3	1.6
石蜡	Paraffin Wax	吨	ton	8368.3	1.2	8477.2	1.3	8604.2	1.5

2-3-2 续表 Continued

产品名称	Item	单位	Unit	上旬 Early February 本期价格(元) Price (RMB)	上旬 Early February 比上旬涨跌幅(%) Change Rate	中旬 Middle February 本期价格(元) Price (RMB)	中旬 Middle February 比上旬涨跌幅(%) Change Rate	下旬 Late February 本期价格(元) Price (RMB)	下旬 Late February 比上旬涨跌幅(%) Change Rate
五、煤炭	**Coal**								
无烟煤	Anthracite	吨	ton	1935.0	-1.9	1863.3	-3.7	1718.3	-7.8
普通混煤	Common Steam Coal	吨	ton	846.4	5.4	775.0	-8.4	809.2	4.4
山西大混	Shanxi Dahun Steam Coal	吨	ton	973.8	3.0	901.7	-7.4	936.7	3.9
山西优混	Shanxi Youhun Steam Coal	吨	ton	1087.5	4.2	978.3	-10.0	1012.0	3.4
大同混煤	Datong Steam Coal	吨	ton	1186.8	6.0	1053.3	-11.2	1105.8	5.0
焦煤	Coking Coal	吨	ton	2613.8	-3.2	2329.2	-10.9	2467.5	5.9
焦炭	Coke	吨	ton	2804.9	-8.4	2660.7	-5.1	2727.3	2.5
六、非金属建材	**Nonmetallic Building Materials**								
普通硅酸盐水泥 (P.O 42.5 袋装)	Portland Cement (P.O 42.5 in bags)	吨	ton	521.1	-0.2	517.6	-0.7	515.7	-0.4
普通硅酸盐水泥 (P.O 42.5 散装)	Portland Cement (P.O 42.5 in bulk)	吨	ton	470.6	0.0	470.1	-0.1	472.2	0.4
浮法平板玻璃	Float Glass	吨	ton	2171.2	3.4	2403.1	10.7	2450.5	2.0
七、农产品 (主要用于生产)	**Agricultural Product (Mainly Used in Production)**								
稻米	Rice	吨	ton	3803.0	0.0	3801.7	0.0	3796.5	-0.1
小麦	Wheat	吨	ton	2867.7	0.0	2877.2	0.3	2928.1	1.8
玉米	Corn	吨	ton	2631.4	0.2	2633.6	0.1	2643.1	0.4
棉花(皮棉)	Cotton (lint)	吨	ton	22793.7	0.9	22725.5	-0.3	22651.4	-0.3
生猪	Live Pig	千克	kg	13.2	-4.3	12.3	-6.8	12.5	1.6
大豆	Soybean	吨	ton	5516.7	0.2	5530.6	0.3	5524.4	-0.1
豆粕	Soya Bean Meal	吨	ton	4070.5	10.1	4156.4	2.1	4544.1	9.3
花生	Peanut	吨	ton	7364.6	0.3	7352.8	-0.2	7300.0	-0.7
八、农资	**Agriculture Resources**								
尿素	Urea	吨	ton	2590.3	0.8	2645.0	2.1	2628.9	-0.6
复合肥	Compound Fertilizer	吨	ton	3272.5	0.0	3322.5	1.5	3362.5	1.2
农药(草甘膦)	Crop Protection Chemicals (glyphosate)	吨	ton	76000.0	-0.8	76000.0	0.0	73541.7	-3.2
九、林业	**Forestry**								
天然橡胶	Natural Rubber	吨	ton	13772.9	2.5	13536.1	-1.7	13338.9	-1.5
纸浆	Paper Pulp	吨	ton	6386.2	4.0	6394.7	0.1	6606.6	3.3
瓦楞纸	Corrugated Paper	吨	ton	3907.0	0.2	3928.1	0.5	3888.5	-1.0

2-3-3 2022年3月流通领域重要生产资料市场价格
Market Prices of Important Production Materials in the Circulation Field in March 2022

产品名称	Item	单位	Unit	上旬 Early March		中旬 Middle March		下旬 Late March	
				本期价格(元) Price (RMB)	比上旬涨跌幅(%) Change Rate	本期价格(元) Price (RMB)	比上旬涨跌幅(%) Change Rate	本期价格(元) Price (RMB)	比上旬涨跌幅(%) Change Rate
一、黑色金属	**Ferrous Metal**								
螺纹钢	Deformed Steel Bar	吨	ton	4847.6	1.7	4809.8	-0.8	4898.6	1.8
线材	Wire	吨	ton	5028.5	1.5	5001.9	-0.5	5079.1	1.5
普通中板	Common Medium Plate	吨	ton	5242.1	1.4	5195.1	-0.9	5244.5	1.0
热轧普通薄板	Hot Rolled Sheet	吨	ton	5188.3	3.7	5122.2	-1.3	5230.6	2.1
无缝钢管	Seamless Tube	吨	ton	5923.1	0.8	5983.2	1.0	6015.8	0.5
角钢	Angle Iron	吨	ton	5370.2	0.6	5333.5	-0.7	5436.6	1.9
二、有色金属	**Non-ferrous Metals**								
电解铜	Electrolytic Copper	吨	ton	72584.9	2.1	72283.5	-0.4	73651.2	1.9
铝锭	Aluminum Ingot	吨	ton	22802.1	0.2	21986.9	-3.6	22916.3	4.2
铅锭	Lead Ingot	吨	ton	15346.9	0.0	15058.3	-1.9	15261.1	1.3
锌锭	Zinc Ingot	吨	ton	25890.0	4.0	25331.7	-2.2	26135.6	3.2
三、化工产品	**Chemicals**								
硫酸	Sulfuric Acid	吨	ton	617.6	12.0	698.2	13.1	850.3	21.8
烧碱(液碱)	Caustic Soda (liquid)	吨	ton	1057.8	-8.4	1041.3	-1.6	1122.3	7.8
甲醇	Methanol	吨	ton	2928.2	12.9	2835.8	-3.2	2936.9	3.6
纯苯(石油苯)	Benzene (oil-based benzene)	吨	ton	8476.3	7.1	8208.3	-3.2	8464.9	3.1
苯乙烯	Styrene	吨	ton	9833.7	9.0	9511.4	-3.3	9636.7	1.3
聚乙烯(LLDPE)	Polyethylene (LLDPE)	吨	ton	9315.2	5.2	9133.6	-1.9	9202.4	0.8
聚丙烯	Polypropylene	吨	ton	9102.7	7.7	8870.8	-2.5	8926.1	0.6
聚氯乙烯	Polyvinyl Chloride	吨	ton	9033.9	5.2	9067.1	0.4	9165.7	1.1
顺丁胶	Polybutadiene Rubber	吨	ton	13391.7	0.3	13716.7	2.4	13891.7	1.3
涤纶长丝	Polyester Filament Yarn	吨	ton	8275.0	4.6	8275.0	0.0	8030.6	-3.0
四、石油天然气	**Petroleum and Natural Gas**								
液化天然气	Liquefied Natural Gas	吨	ton	8103.5	-4.0	7894.4	-2.6	7973.9	1.0
液化石油气	Liquefied Petroleum Gas	吨	ton	6779.1	17.4	6503.6	-4.1	6369.8	-2.1
汽油(95＃国Ⅵ)	Gasoline(95 RON GB Ⅵ)	吨	ton	10273.4	5.1	10490.3	2.1	10206.0	-2.7
汽油(92＃国Ⅵ)	Gasoline(92 RON GB Ⅵ)	吨	ton	9976.9	4.9	10155.3	1.8	9925.2	-2.3
柴油(0＃国Ⅵ)	Diesel Oil(0# GB Ⅵ)	吨	ton	8410.9	6.3	8621.2	2.5	8791.9	2.0
石蜡	Paraffin Wax	吨	ton	8922.9	3.7	9150.0	2.5	9205.6	0.6

2-3-3 续表 Continued

产品名称	Item	单位	Unit	上旬 Early March 本期价格(元) Price (RMB)	上旬 Early March 比上旬涨跌幅(%) Change Rate	中旬 Middle March 本期价格(元) Price (RMB)	中旬 Middle March 比上旬涨跌幅(%) Change Rate	下旬 Late March 本期价格(元) Price (RMB)	下旬 Late March 比上旬涨跌幅(%) Change Rate
五、煤炭	**Coal**								
无烟煤	Anthracite	吨	ton	1583.8	-7.8	1636.7	3.3	1642.2	0.3
普通混煤	Common Steam Coal	吨	ton	1068.1	32.0	1150.0	7.7	1143.9	-0.5
山西大混	Shanxi Dahun Steam Coal	吨	ton	1221.3	30.4	1310.8	7.3	1306.7	-0.3
山西优混	Shanxi Youhun Steam Coal	吨	ton	1338.1	32.2	1460.0	9.1	1501.1	2.8
大同混煤	Datong Steam Coal	吨	ton	1430.6	29.4	1557.5	8.9	1611.7	3.5
焦煤	Coking Coal	吨	ton	2820.9	14.3	3133.3	11.1	3105.6	-0.9
焦炭	Coke	吨	ton	3060.7	12.2	3360.7	9.8	3460.7	3.0
六、非金属建材	**Nonmetallic Building Materials**								
普通硅酸盐水泥 (P.O 42.5 袋装)	Portland Cement (P.O 42.5 in bags)	吨	ton	511.9	-0.7	514.3	0.5	519.5	1.0
普通硅酸盐水泥 (P.O 42.5 散装)	Portland Cement (P.O 42.5 in bulk)	吨	ton	474.3	0.4	480.9	1.4	479.0	-0.4
浮法平板玻璃	Float Glass	吨	ton	2396.8	-2.2	2249.6	-6.1	2076.6	-7.7
七、农产品 (主要用于生产)	**Agricultural Product (Mainly Used in Production)**								
稻米	Rice	吨	ton	3768.9	-0.7	3759.0	-0.3	3751.9	-0.2
小麦	Wheat	吨	ton	3188.3	8.9	3219.2	1.0	3224.6	0.2
玉米	Corn	吨	ton	2693.3	1.9	2720.5	1.0	2728.6	0.3
棉花(皮棉)	Cotton (lint)	吨	ton	22616.4	-0.2	22642.8	0.1	22702.1	0.3
生猪	Live Pig	千克	kg	12.3	-1.6	11.9	-3.3	12.2	2.5
大豆	Soybean	吨	ton	5520.0	-0.1	5520.0	0.0	5520.0	0.0
豆粕	Soya Bean Meal	吨	ton	4763.2	4.8	4924.2	3.4	5013.8	1.8
花生	Peanut	吨	ton	7372.9	1.0	7583.3	2.9	7925.0	4.5
八、农资	**Agriculture Resources**								
尿素	Urea	吨	ton	2705.8	2.9	2825.5	4.4	2911.7	3.1
复合肥	Compound Fertilizer	吨	ton	3436.3	2.2	3456.7	0.6	3528.9	2.1
农药(草甘膦)	Crop Protection Chemicals (glyphosate)	吨	ton	69312.5	-5.8	65166.7	-6.0	63055.6	-3.2
九、林业	**Forestry**								
天然橡胶	Natural Rubber	吨	ton	13236.5	-0.8	12897.2	-2.6	12908.3	0.1
纸浆	Paper Pulp	吨	ton	7009.8	6.1	6941.1	-1.0	7025.2	1.2
瓦楞纸	Corrugated Paper	吨	ton	3811.7	-2.0	3767.7	-1.2	3774.0	0.2

2-3-4 2022年4月流通领域重要生产资料市场价格
Market Prices of Important Production Materials in the Circulation Field in April 2022

产品名称	Item	单位	Unit	上旬 Early April		中旬 Middle April		下旬 Late April	
				本期价格(元) Price (RMB)	比上旬涨跌幅(%) Change Rate	本期价格(元) Price (RMB)	比上旬涨跌幅(%) Change Rate	本期价格(元) Price (RMB)	比上旬涨跌幅(%) Change Rate
一、黑色金属	**Ferrous Metal**								
螺纹钢	Deformed Steel Bar	吨	ton	5021.6	2.5	4992.4	-0.6	4972.9	-0.4
线材	Wire	吨	ton	5202.9	2.4	5161.1	-0.8	5140.2	-0.4
普通中板	Common Medium Plate	吨	ton	5321.7	1.5	5310.1	-0.2	5273.1	-0.7
热轧普通薄板	Hot Rolled Sheet	吨	ton	5315.8	1.6	5256.7	-1.1	5170.9	-1.6
无缝钢管	Seamless Tube	吨	ton	6123.0	1.8	6210.2	1.4	6208.2	0.0
角钢	Angle Iron	吨	ton	5503.7	1.2	5488.2	-0.3	5450.2	-0.7
二、有色金属	**Non-ferrous Metals**								
电解铜	Electrolytic Copper	吨	ton	73771.5	0.2	74680.8	1.2	74290.0	-0.5
铝锭	Aluminum Ingot	吨	ton	22253.3	-2.9	21531.0	-3.2	21151.1	-1.8
铅锭	Lead Ingot	吨	ton	15481.3	1.4	15346.9	-0.9	15483.3	0.9
锌锭	Zinc Ingot	吨	ton	27122.5	3.8	28122.5	3.7	27946.7	-0.6
三、化工产品	**Chemicals**								
硫酸	Sulfuric Acid	吨	ton	921.9	8.4	932.6	1.2	928.6	-0.4
烧碱(液碱)	Caustic Soda (liquid)	吨	ton	1239.6	10.5	1312.1	5.8	1286.0	-2.0
甲醇	Methanol	吨	ton	2869.4	-2.3	2766.8	-3.6	2698.7	-2.5
纯苯(石油苯)	Benzene (oil based benzene)	吨	ton	8526.3	0.7	8389.3	-1.6	8567.2	2.1
苯乙烯	Styrene	吨	ton	9694.0	0.6	9640.8	-0.5	9724.3	0.9
聚乙烯(LLDPE)	Polyethylene (LLDPE)	吨	ton	9205.0	0.0	9092.1	-1.2	9001.9	-1.0
聚丙烯	Polypropylene	吨	ton	8830.3	-1.1	8760.2	-0.8	8721.0	-0.4
聚氯乙烯	Polyvinyl Chloride	吨	ton	9321.4	1.7	9159.7	-1.7	8937.4	-2.4
顺丁胶	Polybutadiene Rubber	吨	ton	14508.3	4.4	14284.4	-1.5	13633.3	-4.6
涤纶长丝	Polyester Filament Yarn	吨	ton	7820.0	-2.6	7943.8	1.6	7982.1	0.5
四、石油天然气	**Petroleum and Natural Gas**								
液化天然气	Liquefied Natural Gas	吨	ton	7963.7	-0.1	7671.4	-3.7	7705.4	0.4
液化石油气	Liquefied Petroleum Gas	吨	ton	6107.7	-4.1	5953.7	-2.5	6078.9	2.1
汽油(95#国Ⅵ)	Gasoline(95 RON GB Ⅵ)	吨	ton	9572.7	-6.2	9192.3	-4.0	9279.4	0.9
汽油(92#国Ⅵ)	Gasoline(92 RON GB Ⅵ)	吨	ton	9291.7	-6.4	8923.7	-4.0	9021.9	1.1
柴油(0#国Ⅵ)	Diesel Oil(0# GB Ⅵ)	吨	ton	8513.3	-3.2	8439.1	-0.9	8518.5	0.9
石蜡	Paraffin Wax	吨	ton	9250.0	0.5	9250.0	0.0	9250.0	0.0

2-3-4 续表 Continued

产品名称	Item	单位	Unit	上旬 Early April 本期价格(元) Price (RMB)	上旬 Early April 比上旬涨跌幅(%) Change Rate	中旬 Middle April 本期价格(元) Price (RMB)	中旬 Middle April 比上旬涨跌幅(%) Change Rate	下旬 Late April 本期价格(元) Price (RMB)	下旬 Late April 比上旬涨跌幅(%) Change Rate
五、煤炭	**Coal**								
无烟煤	Anthracite	吨	ton	1665.0	1.4	1675.0	0.6	1657.1	-1.1
普通混煤	Common Steam Coal	吨	ton	914.0	-20.1	847.5	-7.3	840.0	-0.9
山西大混	Shanxi Dahun Steam Coal	吨	ton	1082.0	-17.2	981.3	-9.3	970.0	-1.2
山西优混	Shanxi Youhun Steam Coal	吨	ton	1288.0	-14.2	1181.9	-8.2	1168.6	-1.1
大同混煤	Datong Steam Coal	吨	ton	1388.0	-13.9	1260.0	-9.2	1240.0	-1.6
焦煤	Coking Coal	吨	ton	3100.0	-0.2	3151.3	1.7	3210.0	1.9
焦炭	Coke	吨	ton	3460.7	0.0	3660.7	5.8	3860.7	5.5
六、非金属建材	**Nonmetallic Building Materials**								
普通硅酸盐水泥 (P.O 42.5 袋装)	Portland Cement (P.O 42.5 in bags)	吨	ton	523.2	0.7	516.9	-1.2	516.1	-0.2
普通硅酸盐水泥 (P.O 42.5 散装)	Portland Cement (P.O 42.5 in bulk)	吨	ton	474.1	-1.0	475.3	0.3	470.4	-1.0
浮法平板玻璃	Float Glass	吨	ton	2045.0	-1.5	2050.6	0.3	2048.4	-0.1
七、农产品（主要用于生产）	**Agricultural Product (Mainly Used in Production)**								
稻米	Rice	吨	ton	3751.3	0.0	3758.5	0.2	3766.0	0.2
小麦	Wheat	吨	ton	3145.3	-2.5	3188.2	1.4	3315.8	4.0
玉米	Corn	吨	ton	2734.1	0.2	2732.4	-0.1	2741.3	0.3
棉花(皮棉)	Cotton (lint)	吨	ton	22582.5	-0.5	22342.6	-1.1	22159.4	-0.8
生猪	Live Pig	千克	kg	12.5	2.5	13.0	4.0	14.6	12.3
大豆	Soybean	吨	ton	5520.0	0.0	5608.3	1.6	5714.9	1.9
豆粕	Soya Bean Meal	吨	ton	4441.5	-11.4	4516.8	1.7	4395.8	-2.7
花生	Peanut	吨	ton	8039.2	1.4	8035.4	0.0	7951.9	-1.0
八、农资	**Agriculture Resources**								
尿素	Urea	吨	ton	2891.1	-0.7	2885.2	-0.2	2934.3	1.7
复合肥	Compound Fertilizer	吨	ton	3562.5	1.0	3605.0	1.2	3861.4	7.1
农药(草甘膦)	Crop Protection Chemicals (glyphosate)	吨	ton	63200.0	0.2	64375.0	1.9	64500.0	0.2
九、林业	**Forestry**								
天然橡胶	Natural Rubber	吨	ton	13031.7	1.0	12832.3	-1.5	12413.1	-3.3
纸浆	Paper Pulp	吨	ton	7007.4	-0.3	7100.2	1.3	7174.1	1.0
瓦楞纸	Corrugated Paper	吨	ton	3795.0	0.6	3812.5	0.5	3803.1	-0.2

2-3-5　2022年5月流通领域重要生产资料市场价格
Market Prices of Important Production Materials in the Circulation Field in May 2022

产品名称	Item	单位	Unit	上旬 Early May 本期价格(元) Price (RMB)	上旬 Early May 比上旬涨跌幅(%) Change Rate	中旬 Middle May 本期价格(元) Price (RMB)	中旬 Middle May 比上旬涨跌幅(%) Change Rate	下旬 Late May 本期价格(元) Price (RMB)	下旬 Late May 比上旬涨跌幅(%) Change Rate
一、黑色金属	**Ferrous Metal**								
螺纹钢	Deformed Steel Bar	吨	ton	4944.7	-0.6	4818.8	-2.5	4673.1	-3.0
线材	Wire	吨	ton	5119.2	-0.4	5009.3	-2.1	4890.7	-2.4
普通中板	Common Medium Plate	吨	ton	5258.7	-0.3	5193.2	-1.2	5099.3	-1.8
热轧普通薄板	Hot Rolled Sheet	吨	ton	5098.1	-1.4	4983.5	-2.2	4860.8	-2.5
无缝钢管	Seamless Tube	吨	ton	6163.0	-0.7	6099.1	-1.0	5981.3	-1.9
角钢	Angle Iron	吨	ton	5357.5	-1.7	5271.9	-1.6	5156.0	-2.2
二、有色金属	**Non-ferrous Metals**								
电解铜	Electrolytic Copper	吨	ton	72726.3	-2.1	71856.4	-1.2	72400.0	0.8
铝锭	Aluminum Ingot	吨	ton	20110.0	-4.9	20331.4	1.1	20665.0	1.6
铅锭	Lead Ingot	吨	ton	15462.5	-0.1	14907.1	-3.6	14983.3	0.5
锌锭	Zinc Ingot	吨	ton	26657.5	-4.6	25707.1	-3.6	25768.3	0.2
三、化工产品	**Chemicals**								
硫酸	Sulfuric Acid	吨	ton	919.1	-1.0	934.1	1.6	947.0	1.4
烧碱(液碱)	Caustic Soda (liquid)	吨	ton	1262.6	-1.8	1259.6	-0.2	1217.7	-3.3
甲醇	Methanol	吨	ton	2646.0	-2.0	2618.6	-1.0	2629.0	0.4
纯苯(石油苯)	Benzene (oil-based benzene)	吨	ton	8852.5	3.3	9082.3	2.6	9263.7	2.0
苯乙烯	Styrene	吨	ton	10025.3	3.1	10105.5	0.8	10230.6	1.2
聚乙烯(LLDPE)	Polyethylene (LLDPE)	吨	ton	9006.7	0.1	8924.5	-0.9	8856.9	-0.8
聚丙烯	Polypropylene	吨	ton	8754.0	0.4	8684.8	-0.8	8653.3	-0.4
聚氯乙烯	Polyvinyl Chloride	吨	ton	8885.9	-0.6	8818.5	-0.8	8502.7	-3.6
顺丁胶	Polybutadiene Rubber	吨	ton	13410.0	-1.6	13469.0	0.4	13955.6	3.6
涤纶长丝	Polyester Filament Yarn	吨	ton	8135.0	1.9	8410.7	3.4	8554.2	1.7
四、石油天然气	**Petroleum and Natural Gas**								
液化天然气	Liquefied Natural Gas	吨	ton	7693.9	-0.1	7420.2	-3.6	7148.6	-3.7
液化石油气	Liquefied Petroleum Gas	吨	ton	6275.3	3.2	6262.4	-0.2	6184.6	-1.2
汽油(95＃国Ⅵ)	Gasoline(95 RON GB Ⅵ)	吨	ton	9350.5	0.8	9277.6	-0.8	9349.4	0.8
汽油(92＃国Ⅵ)	Gasoline(92 RON GB Ⅵ)	吨	ton	9094.4	0.8	9011.8	-0.9	9079.0	0.7
柴油(0＃国Ⅵ)	Diesel Oil(0# GB Ⅵ)	吨	ton	8605.2	1.0	8624.1	0.2	8675.6	0.6
石蜡	Paraffin Wax	吨	ton	9256.3	0.1	9292.9	0.4	9316.7	0.3

2-3-5 续表 Continued

产品名称	Item	单位	Unit	上旬 Early May 本期价格(元) Price (RMB)	上旬 Early May 比上旬涨跌幅(%) Change Rate	中旬 Middle May 本期价格(元) Price (RMB)	中旬 Middle May 比上旬涨跌幅(%) Change Rate	下旬 Late May 本期价格(元) Price (RMB)	下旬 Late May 比上旬涨跌幅(%) Change Rate
五、煤炭	**Coal**								
无烟煤	Anthracite	吨	ton	1682.0	1.5	1771.4	5.3	1898.3	7.2
普通混煤	Common Steam Coal	吨	ton	916.0	9.0	963.6	5.2	960.0	-0.4
山西大混	Shanxi Dahun Steam Coal	吨	ton	1046.0	7.8	1089.3	4.1	1070.0	-1.8
山西优混	Shanxi Youhun Steam Coal	吨	ton	1202.0	2.9	1252.9	4.2	1250.0	-0.2
大同混煤	Datong Steam Coal	吨	ton	1282.0	3.4	1338.6	4.4	1335.0	-0.3
焦煤	Coking Coal	吨	ton	3193.0	-0.5	2898.6	-9.2	2830.0	-2.4
焦炭	Coke	吨	ton	3762.5	-2.5	3417.8	-9.2	3160.7	-7.5
六、非金属建材	**Nonmetallic Building Materials**								
普通硅酸盐水泥 (P.O 42.5 袋装)	Portland Cement (P.O 42.5 in bags)	吨	ton	515.7	-0.1	509.4	-1.2	482.5	-5.3
普通硅酸盐水泥 (P.O 42.5 散装)	Portland Cement (P.O 42.5 in bulk)	吨	ton	460.8	-2.0	454.4	-1.4	442.1	-2.7
浮法平板玻璃	Float Glass	吨	ton	2042.1	-0.3	1999.2	-2.1	1923.8	-3.8
七、农产品（主要用于生产）	**Agricultural Product (Mainly Used in Production)**								
稻米	Rice	吨	ton	3766.0	0.0	3763.7	-0.1	3762.0	0.0
小麦	Wheat	吨	ton	3276.3	-1.2	3259.0	-0.5	3251.4	-0.2
玉米	Corn	吨	ton	2780.0	1.4	2786.1	0.2	2787.2	0.0
棉花(皮棉)	Cotton (lint)	吨	ton	22095.5	-0.3	22021.8	-0.3	21457.9	-2.6
生猪	Live Pig	千克	kg	14.9	2.1	15.5	4.0	15.7	1.3
大豆	Soybean	吨	ton	5638.1	-1.3	5780.2	2.5	6224.0	7.7
豆粕	Soya Bean Meal	吨	ton	4199.2	-4.5	4253.2	1.3	4281.2	0.7
花生	Peanut	吨	ton	8155.8	2.6	8321.0	2.0	8456.7	1.6
八、农资	**Agriculture Resources**								
尿素	Urea	吨	ton	3035.4	3.4	3179.5	4.7	3184.5	0.2
复合肥	Compound Fertilizer	吨	ton	3870.0	0.2	3982.1	2.9	3991.7	0.2
农药(草甘膦)	Crop Protection Chemicals (glyphosate)	吨	ton	64625.0	0.2	65214.3	0.9	65250.0	0.1
九、林业	**Forestry**								
天然橡胶	Natural Rubber	吨	ton	12381.7	-0.3	12583.3	1.6	12837.5	2.0
纸浆	Paper Pulp	吨	ton	7380.7	2.9	7404.0	0.3	7329.3	-1.0
瓦楞纸	Corrugated Paper	吨	ton	3774.4	-0.8	3764.7	-0.3	3683.9	-2.1

2–3–6　2022年6月流通领域重要生产资料市场价格
Market Prices of Important Production Materials in the Circulation Field in June 2022

产品名称	Item	单位	Unit	上旬 Early June 本期价格(元) Price (RMB)	上旬 Early June 比上旬涨跌幅(%) Change Rate	中旬 Middle June 本期价格(元) Price (RMB)	中旬 Middle June 比上旬涨跌幅(%) Change Rate	下旬 Late June 本期价格(元) Price (RMB)	下旬 Late June 比上旬涨跌幅(%) Change Rate
一、黑色金属	**Ferrous Metal**								
螺纹钢	Deformed Steel Bar	吨	ton	4721.4	1.0	4502.6	-4.6	4203.2	-6.6
线材	Wire	吨	ton	4950.7	1.2	4763.5	-3.8	4460.7	-6.4
普通中板	Common Medium Plate	吨	ton	5107.9	0.2	4982.6	-2.5	4666.7	-6.3
热轧普通薄板	Hot Rolled Sheet	吨	ton	4896.1	0.7	4715.6	-3.7	4393.1	-6.8
无缝钢管	Seamless Tube	吨	ton	5938.3	-0.7	5889.3	-0.8	5724.1	-2.8
角钢	Angle Iron	吨	ton	5127.1	-0.6	4966.0	-3.1	4611.3	-7.1
二、有色金属	**Non-ferrous Metals**								
电解铜	Electrolytic Copper	吨	ton	72790.8	0.5	70854.2	-2.7	65729.3	-7.2
铝锭	Aluminum Ingot	吨	ton	20660.0	0.0	19973.3	-3.3	19412.9	-2.8
铅锭	Lead Ingot	吨	ton	15004.2	0.1	14875.0	-0.9	15021.4	1.0
锌锭	Zinc Ingot	吨	ton	26318.3	2.1	25913.3	-1.5	24722.9	-4.6
三、化工产品	**Chemicals**								
硫酸	Sulfuric Acid	吨	ton	949.6	0.3	926.6	-2.4	932.5	0.6
烧碱(液碱)	Caustic Soda (liquid)	吨	ton	1208.1	-0.8	1202.1	-0.5	1191.0	-0.9
甲醇	Methanol	吨	ton	2637.7	0.3	2650.7	0.5	2533.9	-4.4
纯苯(石油苯)	Benzene (oil-based benzene)	吨	ton	9803.7	5.8	9762.8	-0.4	9575.4	-1.9
苯乙烯	Styrene	吨	ton	10873.1	6.3	10879.4	0.1	10437.5	-4.1
聚乙烯(LLDPE)	Polyethylene (LLDPE)	吨	ton	9085.8	2.6	8955.3	-1.4	8706.0	-2.8
聚丙烯	Polypropylene	吨	ton	8901.1	2.9	8736.9	-1.8	8566.9	-1.9
聚氯乙烯	Polyvinyl Chloride	吨	ton	8707.3	2.4	8253.2	-5.2	7571.1	-8.3
顺丁胶	Polybutadiene Rubber	吨	ton	14591.7	4.6	14563.9	-0.2	14364.3	-1.4
涤纶长丝	Polyester Filament Yarn	吨	ton	9041.7	5.7	9375.0	3.7	8785.7	-6.3
四、石油天然气	**Petroleum and Natural Gas**								
液化天然气	Liquefied Natural Gas	吨	ton	6732.0	-5.8	6558.8	-2.6	6264.4	-4.5
液化石油气	Liquefied Petroleum Gas	吨	ton	6164.0	-0.3	6049.6	-1.9	5895.8	-2.5
汽油(95#国Ⅵ)	Gasoline(95 RON GB Ⅵ)	吨	ton	9713.4	3.9	10014.1	3.1	9832.6	-1.8
汽油(92#国Ⅵ)	Gasoline(92 RON GB Ⅵ)	吨	ton	9461.1	4.2	9761.9	3.2	9578.2	-1.9
柴油(0#国Ⅵ)	Diesel Oil(0# GB Ⅵ)	吨	ton	8845.6	2.0	8865.7	0.2	8710.5	-1.8
石蜡	Paraffin Wax	吨	ton	9393.1	0.8	9484.7	1.0	9491.7	0.1

2-3-6 续表 Continued

产品名称	Item	单位 Unit		上旬 Early June		中旬 Middle June		下旬 Late June	
				本期价格(元) Price (RMB)	比上旬涨跌幅(%) Change Rate	本期价格(元) Price (RMB)	比上旬涨跌幅(%) Change Rate	本期价格(元) Price (RMB)	比上旬涨跌幅(%) Change Rate
五、煤炭	**Coal**								
无烟煤	Anthracite	吨	ton	1970.0	3.8	1990.0	1.0	1990.0	0.0
普通混煤	Common Steam Coal	吨	ton	992.9	3.4	1013.8	2.1	941.4	-7.1
山西大混	Shanxi Dahun Steam Coal	吨	ton	1102.9	3.1	1137.5	3.1	1061.4	-6.7
山西优混	Shanxi Youhun Steam Coal	吨	ton	1282.9	2.6	1317.5	2.7	1241.4	-5.8
大同混煤	Datong Steam Coal	吨	ton	1371.4	2.7	1407.5	2.6	1331.4	-5.4
焦煤	Coking Coal	吨	ton	2833.3	0.1	2900.0	2.4	2811.4	-3.1
焦炭	Coke	吨	ton	3060.7	-3.2	3248.5	6.1	3060.7	-5.8
六、非金属建材	**Nonmetallic Building Materials**								
普通硅酸盐水泥 (P.O 42.5 袋装)	Portland Cement (P.O 42.5 in bags)	吨	ton	454.1	-5.9	444.9	-2.0	428.8	-3.6
普通硅酸盐水泥 (P.O 42.5 散装)	Portland Cement (P.O 42.5 in bulk)	吨	ton	418.5	-5.3	402.1	-3.9	390.1	-3.0
浮法平板玻璃	Float Glass	吨	ton	1859.1	-3.4	1809.8	-2.7	1782.3	-1.5
七、农产品（主要用于生产）	**Agricultural Product (Mainly Used in Production)**								
稻米	Rice	吨	ton	3759.7	-0.1	3758.0	0.0	3758.0	0.0
小麦	Wheat	吨	ton	3198.6	-1.6	3154.5	-1.4	3127.8	-0.8
玉米	Corn	吨	ton	2789.3	0.1	2803.0	0.5	2813.7	0.4
棉花(皮棉)	Cotton (lint)	吨	ton	21125.5	-1.5	20620.3	-2.4	18951.3	-8.1
生猪	Live Pig	千克	kg	15.8	0.6	16.4	3.8	18.3	11.6
大豆	Soybean	吨	ton	6163.2	-1.0	6114.3	-0.8	5992.7	-2.0
豆粕	Soya Bean Meal	吨	ton	4281.6	0.0	4279.3	-0.1	4109.9	-4.0
花生	Peanut	吨	ton	8423.9	-0.4	8416.7	-0.1	8416.7	0.0
八、农资	**Agriculture Resources**								
尿素	Urea	吨	ton	3187.4	0.1	3177.7	-0.3	3069.3	-3.4
复合肥	Compound Fertilizer	吨	ton	4121.7	3.3	4185.0	1.5	4225.7	1.0
农药(草甘膦)	Crop Protection Chemicals (glyphosate)	吨	ton	65250.0	0.0	65250.0	0.0	65250.0	0.0
九、林业	**Forestry**								
天然橡胶	Natural Rubber	吨	ton	13029.2	1.5	12673.6	-2.7	12619.0	-0.4
纸浆	Paper Pulp	吨	ton	7344.2	0.2	7274.4	-1.0	7226.6	-0.7
瓦楞纸	Corrugated Paper	吨	ton	3624.5	-1.6	3650.0	0.7	3633.9	-0.4

2-3-7 2022年7月流通领域重要生产资料市场价格
Market Prices of Important Production Materials in the Circulation Field in July 2022

产品名称	Item	单位	Unit	上旬 Early July		中旬 Middle July		下旬 Late July	
				本期价格(元) Price (RMB)	比上旬涨跌幅(%) Change Rate	本期价格(元) Price (RMB)	比上旬涨跌幅(%) Change Rate	本期价格(元) Price (RMB)	比上旬涨跌幅(%) Change Rate
一、黑色金属	**Ferrous Metal**								
螺纹钢	Deformed Steel Bar	吨	ton	4178.0	-0.6	3935.9	-5.8	3966.8	0.8
线材	Wire	吨	ton	4443.7	-0.4	4211.9	-5.2	4239.2	0.6
普通中板	Common Medium Plate	吨	ton	4598.6	-1.5	4343.5	-5.5	4217.2	-2.9
热轧普通薄板	Hot Rolled Sheet	吨	ton	4304.2	-2.0	3954.7	-8.1	3896.8	-1.5
无缝钢管	Seamless Tube	吨	ton	5648.5	-1.3	5402.0	-4.4	5220.6	-3.4
角钢	Angle Iron	吨	ton	4573.3	-0.8	4311.6	-5.7	4194.2	-2.7
二、有色金属	**Non-ferrous Metals**								
电解铜	Electrolytic Copper	吨	ton	60382.5	-8.1	56756.4	-6.0	58432.9	3.0
铝锭	Aluminum Ingot	吨	ton	18695.0	-3.7	17745.7	-5.1	18071.4	1.8
铅锭	Lead Ingot	吨	ton	14866.7	-1.0	14821.4	-0.3	15132.1	2.1
锌锭	Zinc Ingot	吨	ton	23323.3	-5.7	23204.3	-0.5	23302.9	0.4
三、化工产品	**Chemicals**								
硫酸	Sulfuric Acid	吨	ton	904.8	-3.0	801.0	-11.5	625.4	-21.9
烧碱(液碱)	Caustic Soda (liquid)	吨	ton	1181.8	-0.8	1147.6	-2.9	1117.4	-2.6
甲醇	Methanol	吨	ton	2479.9	-2.1	2366.8	-4.6	2411.4	1.9
纯苯(石油苯)	Benzene (oil-based benzene)	吨	ton	9341.5	-2.4	9181.0	-1.7	9267.7	0.9
苯乙烯	Styrene	吨	ton	10407.2	-0.3	10089.3	-3.1	9685.7	-4.0
聚乙烯(LLDPE)	Polyethylene (LLDPE)	吨	ton	8573.9	-1.5	8287.6	-3.3	8092.9	-2.3
聚丙烯	Polypropylene	吨	ton	8459.7	-1.3	8229.8	-2.7	8087.6	-1.7
聚氯乙烯	Polyvinyl Chloride	吨	ton	6971.5	-7.9	6414.1	-8.0	6654.6	3.7
顺丁胶	Polybutadiene Rubber	吨	ton	14025.0	-2.4	13561.9	-3.3	13645.2	0.6
涤纶长丝	Polyester Filament Yarn	吨	ton	8366.7	-4.8	7907.1	-5.5	7914.3	0.1
四、石油天然气	**Petroleum and Natural Gas**								
液化天然气	Liquefied Natural Gas	吨	ton	6293.9	0.5	6212.1	-1.3	6501.9	4.7
液化石油气	Liquefied Petroleum Gas	吨	ton	5771.5	-2.1	5699.2	-1.3	5550.9	-2.6
汽油(95#国VI)	Gasoline(95 RON GB VI)	吨	ton	9629.6	-2.1	9449.4	-1.9	9251.6	-2.1
汽油(92#国VI)	Gasoline(92 RON GB VI)	吨	ton	9378.6	-2.1	9196.2	-1.9	8997.3	-2.2
柴油(0#国VI)	Diesel Oil(0# GB VI)	吨	ton	8568.1	-1.6	8359.2	-2.4	8101.6	-3.1
石蜡	Paraffin Wax	吨	ton	9491.7	0.0	9491.7	0.0	9491.7	0.0

2-3-7 续表 Continued

产品名称	Item	单位	Unit	上旬 Early July 本期价格(元) Price (RMB)	上旬 Early July 比上旬涨跌幅(%) Change Rate	中旬 Middle July 本期价格(元) Price (RMB)	中旬 Middle July 比上旬涨跌幅(%) Change Rate	下旬 Late July 本期价格(元) Price (RMB)	下旬 Late July 比上旬涨跌幅(%) Change Rate
五、煤炭	**Coal**								
无烟煤	Anthracite	吨	ton	1857.5	-6.7	1714.3	-7.7	1588.6	-7.3
普通混煤	Common Steam Coal	吨	ton	954.3	1.4	960.0	0.6	927.5	-3.4
山西大混	Shanxi Dahun Steam Coal	吨	ton	1067.1	0.5	1070.0	0.3	1035.0	-3.3
山西优混	Shanxi Youhun Steam Coal	吨	ton	1247.1	0.5	1245.7	-0.1	1195.0	-4.1
大同混煤	Datong Steam Coal	吨	ton	1337.1	0.4	1335.7	-0.1	1281.9	-4.0
焦煤	Coking Coal	吨	ton	2775.0	-1.3	2540.7	-8.4	2192.9	-13.7
焦炭	Coke	吨	ton	2944.0	-3.8	2787.2	-5.3	2428.1	-12.9
六、非金属建材	**Nonmetallic Building Materials**								
普通硅酸盐水泥 (P.O 42.5 袋装)	Portland Cement (P.O 42.5 in bags)	吨	ton	416.9	-2.8	408.6	-2.0	403.1	-1.3
普通硅酸盐水泥 (P.O 42.5 散装)	Portland Cement (P.O 42.5 in bulk)	吨	ton	377.8	-3.2	369.1	-2.3	364.2	-1.3
浮法平板玻璃	Float Glass	吨	ton	1762.8	-1.1	1732.6	-1.7	1673.5	-3.4
七、农产品（主要用于生产）	**Agricultural Product (Mainly Used in Production)**								
稻米	Rice	吨	ton	3758.0	0.0	3756.9	0.0	3756.0	0.0
小麦	Wheat	吨	ton	3114.6	-0.4	3065.5	-1.6	3074.0	0.3
玉米	Corn	吨	ton	2791.7	-0.8	2772.3	-0.7	2738.1	-1.2
棉花(皮棉)	Cotton (lint)	吨	ton	18085.4	-4.6	16596.0	-8.2	15933.5	-4.0
生猪	Live Pig	千克	kg	22.3	21.9	22.6	1.3	21.2	-6.2
大豆	Soybean	吨	ton	5883.2	-1.8	5868.4	-0.3	5828.6	-0.7
豆粕	Soya Bean Meal	吨	ton	4063.0	-1.1	4144.5	2.0	4119.3	-0.6
花生	Peanut	吨	ton	8416.7	0.0	8423.8	0.1	8466.7	0.5
八、农资	**Agriculture Resources**								
尿素	Urea	吨	ton	2897.8	-5.6	2564.7	-11.5	2483.9	-3.2
复合肥	Compound Fertilizer	吨	ton	4280.0	1.3	4280.0	0.0	4280.0	0.0
农药(草甘膦)	Crop Protection Chemicals (glyphosate)	吨	ton	64416.7	-1.3	63928.6	-0.8	63357.1	-0.9
九、林业	**Forestry**								
天然橡胶	Natural Rubber	吨	ton	12745.8	1.0	12152.4	-4.7	12031.0	-1.0
纸浆	Paper Pulp	吨	ton	7193.2	-0.5	7158.5	-0.5	7203.0	0.6
瓦楞纸	Corrugated Paper	吨	ton	3586.5	-1.3	3558.9	-0.8	3471.0	-2.5

2-3-8 2022年8月流通领域重要生产资料市场价格
Market Prices of Important Production Materials in the Circulation Field in August 2022

产品名称	Item	单位	Unit	上旬 Early August 本期价格(元) Price (RMB)	上旬 Early August 比上旬涨跌幅(%) Change Rate	中旬 Middle August 本期价格(元) Price (RMB)	中旬 Middle August 比上旬涨跌幅(%) Change Rate	下旬 Late August 本期价格(元) Price (RMB)	下旬 Late August 比上旬涨跌幅(%) Change Rate
一、黑色金属	**Ferrous Metal**								
螺纹钢	Deformed Steel Bar	吨	ton	4153.0	4.7	4137.8	-0.4	4089.4	-1.2
线材	Wire	吨	ton	4422.5	4.3	4380.5	-0.9	4330.7	-1.1
普通中板	Common Medium Plate	吨	ton	4325.4	2.6	4314.2	-0.3	4287.5	-0.6
热轧普通薄板	Hot Rolled Sheet	吨	ton	4100.7	5.2	4082.5	-0.4	4055.5	-0.7
无缝钢管	Seamless Tube	吨	ton	5261.2	0.8	5230.9	-0.6	5194.4	-0.7
角钢	Angle Iron	吨	ton	4345.1	3.6	4361.8	0.4	4356.2	-0.1
二、有色金属	**Non-ferrous Metals**								
电解铜	Electrolytic Copper	吨	ton	60970.3	4.3	62517.9	2.5	63605.0	1.7
铝锭	Aluminum Ingot	吨	ton	18407.5	1.9	18484.3	0.4	18740.0	1.4
铅锭	Lead Ingot	吨	ton	15078.1	-0.4	15010.7	-0.4	14971.4	-0.3
锌锭	Zinc Ingot	吨	ton	24561.3	5.4	25311.4	3.1	25627.1	1.2
三、化工产品	**Chemicals**								
硫酸	Sulfuric Acid	吨	ton	448.9	-28.2	351.7	-21.7	295.0	-16.1
烧碱(液碱)	Caustic Soda (liquid)	吨	ton	1069.6	-4.3	1046.6	-2.2	1035.1	-1.1
甲醇	Methanol	吨	ton	2450.8	1.6	2404.4	-1.9	2454.9	2.1
纯苯(石油苯)	Benzene (oil-based benzene)	吨	ton	8279.3	-10.7	7758.6	6.3	7673.6	1.1
苯乙烯	Styrene	吨	ton	8944.6	-7.7	8628.3	-3.5	8976.7	4.0
聚乙烯(LLDPE)	Polyethylene (LLDPE)	吨	ton	8103.3	0.1	7941.0	-2.0	7920.7	-0.3
聚丙烯	Polypropylene	吨	ton	8129.4	0.5	7999.5	-1.6	7960.5	-0.5
聚氯乙烯	Polyvinyl Chloride	吨	ton	6787.8	2.0	6560.0	-3.4	6617.5	0.9
顺丁胶	Polybutadiene Rubber	吨	ton	13112.5	-3.9	12329.8	-6.0	12436.9	0.9
涤纶长丝	Polyester Filament Yarn	吨	ton	7962.5	0.6	7932.1	-0.4	7907.1	-0.3
四、石油天然气	**Petroleum and Natural Gas**								
液化天然气	Liquefied Natural Gas	吨	ton	6938.0	6.7	7080.7	2.1	6705.5	-5.3
液化石油气	Liquefied Petroleum Gas	吨	ton	5493.8	-1.0	5581.3	1.6	5622.0	0.7
汽油(95#国VI)	Gasoline(95 RON GB VI)	吨	ton	9363.7	1.2	9490.3	1.4	9623.3	1.4
汽油(92#国VI)	Gasoline(92 RON GB VI)	吨	ton	9096.9	1.1	9211.4	1.3	9340.6	1.4
柴油(0#国VI)	Diesel Oil(0# GB VI)	吨	ton	8406.1	3.8	8509.1	1.2	8732.3	2.6
石蜡	Paraffin Wax	吨	ton	9491.7	0.0	9491.7	0.0	9129.5	-3.8

2-3-8 续表 Continued

产品名称	Item	单位	Unit	上旬 Early August		中旬 Middle August		下旬 Late August	
				本期价格(元) Price (RMB)	比上旬涨跌幅(%) Change Rate	本期价格(元) Price (RMB)	比上旬涨跌幅(%) Change Rate	本期价格(元) Price (RMB)	比上旬涨跌幅(%) Change Rate
五、煤炭	**Coal**								
无烟煤	Anthracite	吨	ton	1466.9	-7.7	1577.1	7.5	1646.4	4.4
普通混煤	Common Steam Coal	吨	ton	900.0	-3.0	908.3	0.9	943.8	3.9
山西大混	Shanxi Dahun Steam Coal	吨	ton	1000.0	-3.4	1013.3	1.3	1070.0	5.6
山西优混	Shanxi Youhun Steam Coal	吨	ton	1147.5	-4.0	1148.3	0.1	1196.3	4.2
大同混煤	Datong Steam Coal	吨	ton	1232.5	-3.9	1233.3	0.1	1281.3	3.9
焦煤	Coking Coal	吨	ton	2009.4	-8.4	2082.1	3.6	2142.9	2.9
焦炭	Coke	吨	ton	2297.0	-5.4	2563.9	11.6	2660.7	3.8
六、非金属建材	**Nonmetallic Building Materials**								
普通硅酸盐水泥 (P.O 42.5 袋装)	Portland Cement (P.O 42.5 in bags)	吨	ton	416.4	3.3	423.0	1.6	436.3	3.1
普通硅酸盐水泥 (P.O 42.5 散装)	Portland Cement (P.O 42.5 in bulk)	吨	ton	370.4	1.7	372.9	0.7	384.3	3.1
浮法平板玻璃	Float Glass	吨	ton	1677.2	0.2	1750.9	4.4	1747.9	-0.2
七、农产品 (主要用于生产)	**Agricultural Product (Mainly Used in Production)**								
稻米	Rice	吨	ton	3756.0	0.0	3756.0	0.0	3754.3	0.0
小麦	Wheat	吨	ton	3088.0	0.5	3086.9	0.0	3079.9	-0.2
玉米	Corn	吨	ton	2723.6	-0.5	2712.6	-0.4	2697.8	-0.5
棉花(皮棉)	Cotton (lint)	吨	ton	15502.5	-2.7	15763.7	1.7	15692.0	-0.5
生猪	Live Pig	千克	kg	21.5	1.4	21.4	-0.5	22.5	5.1
大豆	Soybean	吨	ton	5876.6	0.8	5877.2	0.0	5929.9	0.9
豆粕	Soya Bean Meal	吨	ton	4224.9	2.6	4264.6	0.9	4447.9	4.3
花生	Peanut	吨	ton	8466.7	0.0	8490.5	0.3	8564.3	0.9
八、农资	**Agriculture Resources**								
尿素	Urea	吨	ton	2391.5	-3.7	2340.9	-2.1	2326.6	-0.6
复合肥	Compound Fertilizer	吨	ton	3910.0	-8.6	3910.0	0.0	3848.2	-1.6
农药(草甘膦)	Crop Protection Chemicals (glyphosate)	吨	ton	62500.0	-1.4	61928.6	-0.9	60142.9	-2.9
九、林业	**Forestry**								
天然橡胶	Natural Rubber	吨	ton	12118.8	0.7	11934.5	-1.5	11910.7	-0.2
纸浆	Paper Pulp	吨	ton	7284.0	1.1	7247.3	-0.5	7255.0	0.1
瓦楞纸	Corrugated Paper	吨	ton	3435.2	-1.0	3442.9	0.2	3436.2	-0.2

2-3-9 2022年9月流通领域重要生产资料市场价格

Market Prices of Important Production Materials in the Circulation Field in September 2022

产品名称	Item	单位	Unit	上旬 Early September		中旬 Middle September		下旬 Late September	
				本期价格(元) Price (RMB)	比上旬涨跌幅(%) Change Rate	本期价格(元) Price (RMB)	比上旬涨跌幅(%) Change Rate	本期价格(元) Price (RMB)	比上旬涨跌幅(%) Change Rate
一、黑色金属	**Ferrous Metal**								
螺纹钢	Deformed Steel Bar	吨	ton	3982.2	-2.6	3990.9	0.2	3999.6	0.2
线材	Wire	吨	ton	4179.3	-3.5	4167.7	-0.3	4165.7	0.0
普通中板	Common Medium Plate	吨	ton	4250.7	-0.9	4239.6	-0.3	4203.4	-0.9
热轧普通薄板	Hot Rolled Sheet	吨	ton	4016.9	-1.0	4030.5	0.3	4022.8	-0.2
无缝钢管	Seamless Tube	吨	ton	5136.9	-1.1	5081.5	-1.1	5069.9	-0.2
角钢	Angle Iron	吨	ton	4307.0	-1.1	4300.0	-0.2	4270.1	-0.7
二、有色金属	**Non-ferrous Metals**								
电解铜	Electrolytic Copper	吨	ton	61742.9	-2.9	63305.8	2.5	62341.4	-1.5
铝锭	Aluminum Ingot	吨	ton	18421.4	-1.7	18748.3	1.8	18385.7	-1.9
铅锭	Lead Ingot	吨	ton	14846.4	-0.8	14900.0	0.4	14853.6	-0.3
锌锭	Zinc Ingot	吨	ton	24848.6	-3.0	25340.0	2.0	24830.0	-2.0
三、化工产品	**Chemicals**								
硫酸	Sulfuric Acid	吨	ton	248.7	-15.7	248.4	-0.1	249.8	0.6
烧碱(液碱)	Caustic Soda (liquid)	吨	ton	1030.8	-0.4	1059.7	2.8	1166.7	10.1
甲醇	Methanol	吨	ton	2536.3	3.3	2671.1	5.3	2684.8	0.5
纯苯(石油苯)	Benzene (oil based benzene)	吨	ton	7661.3	0.2	7807.0	1.9	7813.9	0.1
苯乙烯	Styrene	吨	ton	9446.4	5.2	9631.4	2.0	9465.5	-1.7
聚乙烯(LLDPE)	Polyethylene (LLDPE)	吨	ton	8129.3	2.6	8373.6	3.0	8361.7	-0.1
聚丙烯	Polypropylene	吨	ton	8047.6	1.1	8185.0	1.7	8106.4	-1.0
聚氯乙烯	Polyvinyl Chloride	吨	ton	6605.2	-0.2	6540.7	-1.0	6360.6	-2.8
顺丁胶	Polybutadiene Rubber	吨	ton	12589.3	1.2	12613.9	0.2	12727.4	0.9
涤纶长丝	Polyester Filament Yarn	吨	ton	8100.0	2.4	8229.2	1.6	8003.6	-2.7
四、石油天然气	**Petroleum and Natural Gas**								
液化天然气	Liquefied Natural Gas	吨	ton	6600.4	-1.6	6855.7	3.9	7271.0	6.1
液化石油气	Liquefied Petroleum Gas	吨	ton	5791.8	3.0	5738.0	-0.9	5511.7	-3.9
汽油(95#国VI)	Gasoline(95 RON GB VI)	吨	ton	9812.3	2.0	9663.0	-1.5	9308.1	-3.7
汽油(92#国VI)	Gasoline(92 RON GB VI)	吨	ton	9529.5	2.0	9381.9	-1.5	9027.8	-3.8
柴油(0#国VI)	Diesel Oil(0# GB VI)	吨	ton	8957.0	2.6	9001.9	0.5	8854.2	-1.6
石蜡	Paraffin Wax	吨	ton	8700.0	-4.7	8326.7	-4.3	8006.0	-3.9

2-3-9 续表 Continued

产品名称	Item	单位	Unit	上旬 Early September 本期价格(元) Price (RMB)	上旬 Early September 比上旬涨跌幅(%) Change Rate	中旬 Middle September 本期价格(元) Price (RMB)	中旬 Middle September 比上旬涨跌幅(%) Change Rate	下旬 Late September 本期价格(元) Price (RMB)	下旬 Late September 比上旬涨跌幅(%) Change Rate
五、煤炭	**Coal**								
无烟煤	Anthracite	吨	ton	1842.1	11.9	2005.8	8.9	1997.1	-0.4
普通混煤	Common Steam Coal	吨	ton	986.3	4.5	1016.7	3.1	1098.6	8.1
山西大混	Shanxi Dahun Steam Coal	吨	ton	1167.5	9.1	1208.3	3.5	1282.9	6.2
山西优混	Shanxi Youhun Steam Coal	吨	ton	1304.4	9.0	1363.3	4.5	1474.3	8.1
大同混煤	Datong Steam Coal	吨	ton	1395.0	8.9	1455.0	4.3	1573.6	8.2
焦煤	Coking Coal	吨	ton	2185.7	2.0	2241.7	2.6	2292.9	2.3
焦炭	Coke	吨	ton	2582.7	-2.9	2560.7	-0.9	2560.7	0.0
六、非金属建材	**Nonmetallic Building Materials**								
普通硅酸盐水泥 (P.O 42.5 袋装)	Portland Cement (P.O 42.5 in bags)	吨	ton	429.8	-1.5	429.8	0.0	430.2	0.1
普通硅酸盐水泥 (P.O 42.5 散装)	Portland Cement (P.O 42.5 in bulk)	吨	ton	385.6	0.3	381.6	-1.0	389.8	2.1
浮法平板玻璃	Float Glass	吨	ton	1716.0	-1.8	1695.5	-1.2	1700.9	0.3
七、农产品 (主要用于生产)	**Agricultural Product (Mainly Used in Production)**								
稻米	Rice	吨	ton	3752.0	-0.1	3752.0	0.0	3752.0	0.0
小麦	Wheat	吨	ton	3086.3	0.2	3081.8	-0.1	3083.7	0.1
玉米	Corn	吨	ton	2712.4	0.5	2726.1	0.5	2726.8	0.0
棉花(皮棉)	Cotton (lint)	吨	ton	15425.6	-1.7	15442.4	0.1	15409.1	-0.2
生猪	Live Pig	千克	kg	23.5	4.4	23.7	0.9	24.2	2.1
大豆	Soybean	吨	ton	5921.4	-0.1	5830.6	-1.5	5823.8	-0.1
豆粕	Soya Bean Meal	吨	ton	4591.8	3.2	4910.4	6.9	5210.3	6.1
花生	Peanut	吨	ton	8646.7	1.0	8866.7	2.5	9326.2	5.2
八、农资	**Agriculture Resources**								
尿素	Urea	吨	ton	2383.4	2.4	2482.0	4.1	2505.9	1.0
复合肥	Compound Fertilizer	吨	ton	3832.5	-0.4	3805.4	-0.7	3800.0	-0.1
农药(草甘膦)	Crop Protection Chemicals (glyphosate)	吨	ton	59000.0	-1.9	59000.0	0.0	59000.0	0.0
九、林业	**Forestry**								
天然橡胶	Natural Rubber	吨	ton	11617.9	-2.5	12005.6	3.3	12164.3	1.3
纸浆	Paper Pulp	吨	ton	7322.7	0.9	7484.7	2.2	7535.8	0.7
瓦楞纸	Corrugated Paper	吨	ton	3418.8	-0.5	3409.9	-0.3	3390.7	-0.6

2-3-10 2022年10月流通领域重要生产资料市场价格
Market Prices of Important Production Materials in the Circulation Field in October 2022

产品名称	Item	单位	Unit	上旬 Early October		中旬 Middle October		下旬 Late October	
				本期价格（元） Price (RMB)	比上旬涨跌幅(%) Change Rate	本期价格（元） Price (RMB)	比上旬涨跌幅(%) Change Rate	本期价格（元） Price (RMB)	比上旬涨跌幅(%) Change Rate
一、黑色金属	**Ferrous Metal**								
螺纹钢	Deformed Steel Bar	吨	ton	4072.2	1.8	3986.6	-2.1	3841.2	-3.6
线材	Wire	吨	ton	4246.0	1.9	4178.5	-1.6	4077.4	-2.4
普通中板	Common Medium Plate	吨	ton	4215.0	0.3	4167.5	-1.1	4072.6	-2.3
热轧普通薄板	Hot Rolled Sheet	吨	ton	4067.7	1.1	3970.6	-2.4	3855.7	-2.9
无缝钢管	Seamless Tube	吨	ton	5078.8	0.2	5074.3	-0.1	5037.1	-0.7
角钢	Angle Iron	吨	ton	4317.4	1.1	4270.5	-1.1	4193.4	-1.8
二、有色金属	**Non-ferrous Metals**								
电解铜	Electrolytic Copper	吨	ton	63120.0	1.2	63987.9	1.4	64225.7	0.4
铝锭	Aluminum Ingot	吨	ton	18600.0	1.2	18490.0	-0.6	18460.0	-0.2
铅锭	Lead Ingot	吨	ton	15100.0	1.7	15139.3	0.3	15110.7	-0.2
锌锭	Zinc Ingot	吨	ton	25300.0	1.9	25557.1	1.0	24801.4	-3.0
三、化工产品	**Chemicals**								
硫酸	Sulfuric Acid	吨	ton	250.6	0.3	273.4	9.1	295.7	8.2
烧碱(液碱)	Caustic Soda (liquid)	吨	ton	1320.4	13.2	1319.9	0.0	1193.6	-9.6
甲醇	Methanol	吨	ton	2976.7	10.9	2772.0	-6.9	2696.9	-2.7
纯苯(石油苯)	Benzene (oil based benzene)	吨	ton	8258.0	5.7	7831.0	-5.2	7532.1	-3.8
苯乙烯	Styrene	吨	ton	9379.4	-0.9	8725.0	-7.0	8478.6	-2.8
聚乙烯(LLDPE)	Polyethylene (LLDPE)	吨	ton	8736.1	4.5	8521.7	-2.5	8318.8	-2.4
聚丙烯	Polypropylene	吨	ton	8384.4	3.4	8113.6	-3.2	7923.3	-2.3
聚氯乙烯	Polyvinyl Chloride	吨	ton	6534.3	2.7	6309.3	-3.4	6014.5	-4.7
顺丁胶	Polybutadiene Rubber	吨	ton	12636.1	-0.7	12352.4	-2.2	11742.9	-4.9
涤纶长丝	Polyester Filament Yarn	吨	ton	8100.0	1.2	7857.1	-3.0	7471.4	-4.9
四、石油天然气	**Petroleum and Natural Gas**								
液化天然气	Liquefied Natural Gas	吨	ton	7434.5	2.2	7319.9	-1.5	6865.3	-6.2
液化石油气	Liquefied Petroleum Gas	吨	ton	5542.9	0.6	5433.5	-2.0	5346.8	-1.6
汽油(95#国VI)	Gasoline(95 RON GB VI)	吨	ton	9286.7	-0.2	9209.0	-0.8	9059.8	-1.6
汽油(92#国VI)	Gasoline(92 RON GB VI)	吨	ton	9011.8	-0.2	8931.1	-0.9	8778.8	-1.7
柴油(0#国VI)	Diesel Oil(0# GB VI)	吨	ton	8850.7	0.0	8844.7	-0.1	8963.5	1.3
石蜡	Paraffin Wax	吨	ton	8083.3	1.0	8088.1	0.1	8100.0	0.1

2-3-10 续表 Continued

产品名称	Item	单位	Unit	上旬 Early October		中旬 Middle October		下旬 Late October	
				本期价格(元) Price (RMB)	比上旬涨跌幅(%) Change Rate	本期价格(元) Price (RMB)	比上旬涨跌幅(%) Change Rate	本期价格(元) Price (RMB)	比上旬涨跌幅(%) Change Rate
五、煤炭	**Coal**								
无烟煤	Anthracite	吨	ton	1978.3	-0.9	1940.7	-1.9	1937.1	-0.2
普通混煤	Common Steam Coal	吨	ton	1122.5	2.2	1147.1	2.2	1183.8	3.2
山西大混	Shanxi Dahun Steam Coal	吨	ton	1310.0	2.1	1342.1	2.5	1378.0	2.7
山西优混	Shanxi Youhun Steam Coal	吨	ton	1510.0	2.4	1545.0	2.3	1583.8	2.5
大同混煤	Datong Steam Coal	吨	ton	1610.0	2.3	1647.1	2.3	1688.8	2.5
焦煤	Coking Coal	吨	ton	2383.3	3.9	2453.6	2.9	2475.0	0.9
焦炭	Coke	吨	ton	2662.9	4.0	2662.9	0.0	2662.9	0.0
六、非金属建材	**Nonmetallic Building Materials**								
普通硅酸盐水泥 (P.O 42.5 袋装)	Portland Cement (P.O 42.5 in bags)	吨	ton	425.7	-1.0	429.2	0.8	434.5	1.2
普通硅酸盐水泥 (P.O 42.5 散装)	Portland Cement (P.O 42.5 in bulk)	吨	ton	397.7	2.0	401.9	1.1	407.3	1.3
浮法平板玻璃	Float Glass	吨	ton	1717.7	1.0	1734.3	1.0	1733.6	0.0
七、农产品 (主要用于生产)	**Agricultural Product (Mainly Used in Production)**								
稻米	Rice	吨	ton	3757.0	0.1	3767.6	0.3	3773.4	0.2
小麦	Wheat	吨	ton	3108.2	0.8	3150.3	1.4	3190.3	1.3
玉米	Corn	吨	ton	2731.4	0.2	2737.1	0.2	2757.0	0.7
棉花(皮棉)	Cotton (lint)	吨	ton	15393.5	-0.1	15455.6	0.4	15086.4	-2.4
生猪	Live Pig	千克	kg	26.5	9.5	27.7	4.5	27.0	-2.5
大豆	Soybean	吨	ton	5685.6	-2.4	5792.0	1.9	5778.9	-0.2
豆粕	Soya Bean Meal	吨	ton	5261.7	1.0	5422.5	3.1	5425.3	0.1
花生	Peanut	吨	ton	9900.0	6.2	9814.3	-0.9	9785.7	-0.3
八、农资	**Agriculture Resources**								
尿素	Urea	吨	ton	2510.8	0.2	2516.5	0.2	2472.6	-1.7
复合肥	Compound Fertilizer	吨	ton	3800.0	0.0	3800.0	0.0	3800.0	0.0
农药(草甘膦)	Crop Protection Chemicals (glyphosate)	吨	ton	58250.0	-1.3	57214.3	-1.8	55535.7	-2.9
九、林业	**Forestry**								
天然橡胶	Natural Rubber	吨	ton	12219.4	0.5	11929.8	-2.4	11414.3	-4.3
纸浆	Paper Pulp	吨	ton	7592.9	0.8	7618.8	0.3	7581.6	-0.5
瓦楞纸	Corrugated Paper	吨	ton	3393.5	0.1	3408.1	0.4	3385.4	-0.7

2-3-11　2022年11月流通领域重要生产资料市场价格
Market Prices of Important Production Materials in the Circulation Field in November 2022

产品名称	Item	单位	Unit	上旬 Early November		中旬 Middle November		下旬 Late November	
				本期价格(元) Price (RMB)	比上旬涨跌幅(%) Change Rate	本期价格(元) Price (RMB)	比上旬涨跌幅(%) Change Rate	本期价格(元) Price (RMB)	比上旬涨跌幅(%) Change Rate
一、黑色金属	**Ferrous Metal**								
螺纹钢	Deformed Steel Bar	吨	ton	3758.8	-2.1	3829.1	1.9	3823.5	-0.1
线材	Wire	吨	ton	4024.1	-1.3	4099.8	1.9	4077.7	-0.5
普通中板	Common Medium Plate	吨	ton	3945.7	-3.1	3947.0	0.0	3948.2	0.0
热轧普通薄板	Hot Rolled Sheet	吨	ton	3781.4	-1.9	3873.5	2.4	3892.2	0.5
无缝钢管	Seamless Tube	吨	ton	4950.6	-1.7	4904.2	-0.9	4837.0	-1.4
角钢	Angle Iron	吨	ton	4099.6	-2.2	4161.6	1.5	4170.0	0.2
二、有色金属	**Non-ferrous Metals**								
电解铜	Electrolytic Copper	吨	ton	65413.6	1.8	67262.5	2.8	65326.3	-2.9
铝锭	Aluminum Ingot	吨	ton	18278.6	-1.0	18905.0	3.4	19007.5	0.5
铅锭	Lead Ingot	吨	ton	15057.1	-0.4	15483.3	2.8	15440.6	-0.3
锌锭	Zinc Ingot	吨	ton	24170.0	-2.5	24603.3	1.8	24343.8	-1.1
三、化工产品	**Chemicals**								
硫酸	Sulfuric Acid	吨	ton	309.3	4.6	318.5	3.0	305.4	-4.1
烧碱(液碱)	Caustic Soda (liquid)	吨	ton	1096.0	-8.2	1076.3	-1.8	1089.8	1.3
甲醇	Methanol	吨	ton	2683.9	-0.5	2656.8	-1.0	2620.3	-1.4
纯苯(石油苯)	Benzene (oil-based benzene)	吨	ton	6952.6	-7.7	7004.8	0.8	6663.5	-4.9
苯乙烯	Styrene	吨	ton	8065.5	-4.9	8351.9	3.6	7998.3	-4.2
聚乙烯(LLDPE)	Polyethylene (LLDPE)	吨	ton	8300.7	-0.2	8359.4	0.7	8355.2	-0.1
聚丙烯	Polypropylene	吨	ton	7886.0	-0.5	7928.9	0.5	7850.2	-1.0
聚氯乙烯	Polyvinyl Chloride	吨	ton	6021.0	0.1	6066.9	0.8	6041.5	-0.4
顺丁胶	Polybutadiene Rubber	吨	ton	11178.6	-4.8	11075.0	-0.9	10907.3	-1.5
涤纶长丝	Polyester Filament Yarn	吨	ton	6921.4	-7.4	6866.7	-0.8	6781.3	-1.2
四、石油天然气	**Petroleum and Natural Gas**								
液化天然气	Liquefied Natural Gas	吨	ton	6153.7	-10.4	5683.4	-7.6	5388.4	-5.2
液化石油气	Liquefied Petroleum Gas	吨	ton	5323.2	-0.4	5340.4	0.3	5283.9	-1.1
汽油(95#国Ⅵ)	Gasoline(95 RON GB Ⅵ)	吨	ton	9043.1	-0.2	9020.4	-0.3	8812.4	-2.3
汽油(92#国Ⅵ)	Gasoline(92 RON GB Ⅵ)	吨	ton	8765.8	-0.1	8740.9	-0.3	8537.2	-2.3
柴油(0#国Ⅵ)	Diesel Oil(0# GB Ⅵ)	吨	ton	9056.7	1.0	9138.8	0.9	8837.4	-3.3
石蜡	Paraffin Wax	吨	ton	8100.0	0.0	8100.0	0.0	8100.0	0.0

2-3-11 续表 Continued

产品名称	Item	单位	Unit	上旬 Early November 本期价格(元) Price (RMB)	上旬 Early November 比上旬涨跌幅(%) Change Rate	中旬 Middle November 本期价格(元) Price (RMB)	中旬 Middle November 比上旬涨跌幅(%) Change Rate	下旬 Late November 本期价格(元) Price (RMB)	下旬 Late November 比上旬涨跌幅(%) Change Rate
五、煤炭	**Coal**								
无烟煤	Anthracite	吨	ton	1932.9	-0.2	1907.5	-1.3	1905.0	-0.1
普通混煤	Common Steam Coal	吨	ton	1160.7	-2.0	1096.4	-5.5	957.5	-12.7
山西大混	Shanxi Dahun Steam Coal	吨	ton	1355.7	-1.6	1282.9	-5.4	1125.0	-12.3
山西优混	Shanxi Youhun Steam Coal	吨	ton	1555.7	-1.8	1482.9	-4.7	1321.3	-10.9
大同混煤	Datong Steam Coal	吨	ton	1660.7	-1.7	1584.3	-4.6	1404.3	-11.4
焦煤	Coking Coal	吨	ton	2257.1	-8.8	2250.0	-0.3	2275.0	1.1
焦炭	Coke	吨	ton	2518.4	-5.4	2362.9	-6.2	2425.4	2.6
六、非金属建材	**Nonmetallic Building Materials**								
普通硅酸盐水泥 (P.O 42.5 袋装)	Portland Cement (P.O 42.5 in bags)	吨	ton	440.0	1.3	441.0	0.2	453.6	2.9
普通硅酸盐水泥 (P.O 42.5 散装)	Portland Cement (P.O 42.5 in bulk)	吨	ton	410.0	0.7	414.4	1.1	416.4	0.5
浮法平板玻璃	Float Glass	吨	ton	1699.8	-1.9	1653.3	-2.7	1641.4	-0.7
七、农产品 (主要用于生产)	**Agricultural Product (Mainly Used in Production)**								
稻米	Rice	吨	ton	3778.0	0.1	3786.7	0.2	3784.3	-0.1
小麦	Wheat	吨	ton	3218.5	0.9	3233.3	0.5	3236.1	0.1
玉米	Corn	吨	ton	2765.9	0.3	2803.9	1.4	2855.0	1.8
棉花(皮棉)	Cotton (lint)	吨	ton	14715.7	-2.5	14482.6	-1.6	14304.6	-1.2
生猪	Live Pig	千克	kg	25.6	-5.2	24.3	-5.1	22.5	-7.4
大豆	Soybean	吨	ton	5832.8	0.9	5789.7	-0.7	5753.2	-0.6
豆粕	Soya Bean Meal	吨	ton	5561.0	2.5	5459.3	-1.8	5169.4	-5.3
花生	Peanut	吨	ton	9969.0	1.9	10101.4	1.3	10152.1	0.5
八、农资	**Agriculture Resources**								
尿素	Urea	吨	ton	2491.8	0.8	2580.3	3.6	2685.1	4.1
复合肥	Compound Fertilizer	吨	ton	3634.3	-4.4	3477.5	-4.3	3420.6	-1.6
农药(草甘膦)	Crop Protection Chemicals (glyphosate)	吨	ton	53285.7	-4.1	51750.0	-2.9	50625.0	-2.2
九、林业	**Forestry**								
天然橡胶	Natural Rubber	吨	ton	11578.6	1.4	11933.3	3.1	12007.3	0.6
纸浆	Paper Pulp	吨	ton	7533.9	-0.6	7442.2	-1.2	7384.8	-0.8
瓦楞纸	Corrugated Paper	吨	ton	3345.6	-1.2	3311.3	-1.0	3297.1	-0.4

2-3-12 2022年12月流通领域重要生产资料市场价格
Market Prices of Important Production Materials in the Circulation Field in December 2022

产品名称	Item	单位	Unit	上旬 Early December		中旬 Middle December		下旬 Late December	
				本期价格（元） Price (RMB)	比上旬涨跌幅(%) Change Rate	本期价格（元） Price (RMB)	比上旬涨跌幅(%) Change Rate	本期价格（元） Price (RMB)	比上旬涨跌幅(%) Change Rate
一、黑色金属	**Ferrous Metal**								
螺纹钢	Deformed Steel Bar	吨	ton	3840.1	0.4	3964.3	3.2	3992.6	0.7
线材	Wire	吨	ton	4084.9	0.2	4207.7	3.0	4228.5	0.5
普通中板	Common Medium Plate	吨	ton	4020.2	1.8	4175.8	3.9	4174.6	0.0
热轧普通薄板	Hot Rolled Sheet	吨	ton	3990.9	2.5	4141.6	3.8	4129.9	-0.3
无缝钢管	Seamless Tube	吨	ton	4823.1	-0.3	4929.4	2.2	4962.5	0.7
角钢	Angle Iron	吨	ton	4252.2	2.0	4362.6	2.6	4328.4	-0.8
二、有色金属	**Non-ferrous Metals**								
电解铜	Electrolytic Copper	吨	ton	66577.9	1.9	66100.0	-0.7	66319.3	0.3
铝锭	Aluminum Ingot	吨	ton	19362.9	1.9	18864.3	-2.6	18840.0	-0.1
铅锭	Lead Ingot	吨	ton	15592.9	1.0	15353.6	-1.5	15696.4	2.2
锌锭	Zinc Ingot	吨	ton	25234.3	3.7	24727.1	-2.0	23910.0	-3.3
三、化工产品	**Chemicals**								
硫酸	Sulfuric Acid	吨	ton	285.7	-6.5	267.7	-6.3	243.8	-8.9
烧碱(液碱)	Caustic Soda (liquid)	吨	ton	1106.1	1.5	1126.6	1.9	1134.5	0.7
甲醇	Methanol	吨	ton	2492.3	-4.9	2420.9	-2.9	2346.7	-3.1
纯苯(石油苯)	Benzene (oil-based benzene)	吨	ton	6494.3	-2.5	6489.1	-0.1	6532.6	0.7
苯乙烯	Styrene	吨	ton	8076.2	1.0	8132.9	0.7	8163.6	0.4
聚乙烯(LLDPE)	Polyethylene (LLDPE)	吨	ton	8379.5	0.3	8429.3	0.6	8383.1	-0.5
聚丙烯	Polypropylene	吨	ton	7851.7	0.0	7892.1	0.5	7832.1	-0.8
聚氯乙烯	Polyvinyl Chloride	吨	ton	6116.2	1.2	6277.4	2.6	6236.5	-0.7
顺丁胶	Polybutadiene Rubber	吨	ton	10295.2	-5.6	10315.5	0.2	10239.3	-0.7
涤纶长丝	Polyester Filament Yarn	吨	ton	6882.1	1.5	7085.7	3.0	7146.4	0.9
四、石油天然气	**Petroleum and Natural Gas**								
液化天然气	Liquefied Natural Gas	吨	ton	6543.1	21.4	7558.7	15.5	7168.2	-5.2
液化石油气	Liquefied Petroleum Gas	吨	ton	5288.4	0.1	5347.5	1.1	5166.9	-3.4
汽油(95#国VI)	Gasoline(95 RON GB VI)	吨	ton	8503.3	-3.5	8364.9	-1.6	8226.6	-1.7
汽油(92#国VI)	Gasoline(92 RON GB VI)	吨	ton	8237.0	-3.5	8100.9	-1.7	7968.5	-1.6
柴油(0#国VI)	Diesel Oil(0# GB VI)	吨	ton	8428.1	-4.6	8061.5	-4.3	7738.6	-4.0
石蜡	Paraffin Wax	吨	ton	8100.0	0.0	8100.0	0.0	7519.5	-7.2

2-3-12 续表 Continued

产品名称	Item	单位	Unit	上旬 Early December 本期价格(元) Price (RMB)	比上旬涨跌幅(%) Change rate	中旬 Middle December 本期价格(元) Price (RMB)	比上旬涨跌幅(%) Change rate	下旬 Late December 本期价格(元) Price (RMB)	比上旬涨跌幅(%) Change rate
五、煤炭	**Coal**								
无烟煤	Anthracite	吨	ton	1927.1	1.2	2070.0	7.4	2072.1	0.1
普通混煤	Common Steam Coal	吨	ton	1014.3	5.9	995.7	-1.8	938.6	-5.7
山西大混	Shanxi Dahun Steam Coal	吨	ton	1181.4	5.0	1164.3	-1.5	1070.0	-8.1
山西优混	Shanxi Youhun Steam Coal	吨	ton	1362.9	3.1	1344.3	-1.4	1261.4	-6.2
大同混煤	Datong Steam Coal	吨	ton	1437.7	2.4	1417.3	-1.4	1330.0	-6.2
焦煤	Coking Coal	吨	ton	2353.6	3.5	2453.6	4.2	2477.9	1.0
焦炭	Coke	吨	ton	2562.9	5.7	2662.9	3.9	2748.6	3.2
六、非金属建材	**Nonmetallic Building Materials**								
普通硅酸盐水泥 (P.O 42.5 袋装)	Portland Cement (P.O 42.5 in bags)	吨	ton	451.9	-0.4	448.7	-0.7	436.6	-2.7
普通硅酸盐水泥 (P.O 42.5 散装)	Portland Cement (P.O 42.5 in bulk)	吨	ton	411.7	-1.1	406.8	-1.2	399.7	-1.7
浮法平板玻璃	Float Glass	吨	ton	1615.8	-1.6	1620.6	0.3	1626.6	0.4
七、农产品 （主要用于生产）	**Agricultural Product (Mainly Used in Production)**								
稻米	Rice	吨	ton	3790.1	0.2	3793.0	0.1	3793.0	0.0
小麦	Wheat	吨	ton	3238.6	0.1	3219.5	-0.6	3204.3	-0.5
玉米	Corn	吨	ton	2881.7	0.9	2853.5	-1.0	2822.9	-1.1
棉花(皮棉)	Cotton (lint)	吨	ton	14252.0	-0.4	14341.8	0.6	14437.7	0.7
生猪	Live Pig	千克	kg	22.0	-2.2	18.2	-17.3	16.8	-7.7
大豆	Soybean	吨	ton	5697.7	-1.0	5618.9	-1.4	5542.8	-1.4
豆粕	Soya Bean Meal	吨	ton	4896.9	-5.3	4744.9	-3.1	4698.4	-1.0
花生	Peanut	吨	ton	10122.6	-0.3	10081.0	-0.4	9964.3	-1.2
八、农资	**Agriculture Resources**								
尿素	Urea	吨	ton	2708.1	0.9	2733.8	0.9	2708.4	-0.9
复合肥	Compound Fertilizer	吨	ton	3455.0	1.0	3455.0	0.0	3455.0	0.0
农药(草甘膦)	Crop Protection Chemicals (glyphosate)	吨	ton	50214.3	-0.8	50000.0	-0.4	48714.3	-2.6
九、林业	**Forestry**								
天然橡胶	Natural Rubber	吨	ton	12295.2	2.4	12322.6	0.2	12173.8	-1.2
纸浆	Paper Pulp	吨	ton	7383.4	0.0	7338.8	-0.6	7354.1	0.2
瓦楞纸	Corrugated Paper	吨	ton	3264.7	-1.0	3259.4	-0.2	3259.4	0.0

流通消费价格指数
Consumer Price Index

3

3-1-1　居民消费和商品零售价格指数（2001～2022年）
Consumer Price Indices and Retail Price Indices (2001～2022)

（上年价格=100）　　(Preceding Year =100)

年份 Year	居民消费价格指数 Consumer Price Index	城市 Urban	农村 Rural	商品零售价格指数 Retail Price Index
2001	100.7	100.7	100.8	99.2
2002	99.2	99.0	99.6	98.7
2003	101.2	100.9	101.6	99.9
2004	103.9	103.3	104.8	102.8
2005	101.8	101.6	102.2	100.8
2006	101.5	101.5	101.5	101.0
2007	104.8	104.5	105.4	103.8
2008	105.9	105.6	106.5	105.9
2009	99.3	99.1	99.7	98.8
2010	103.3	103.2	103.6	103.1
2011	105.4	105.3	105.8	104.9
2012	102.6	102.7	102.5	102.0
2013	102.6	102.6	102.8	101.4
2014	102.0	102.1	101.8	101.0
2015	101.4	101.5	101.3	100.1
2016	102.0	102.1	101.9	100.7
2017	101.6	101.7	101.3	101.1
2018	102.1	102.1	102.1	101.9
2019	102.9	102.8	103.2	102.0
2020	102.5	102.3	103.0	101.4
2021	100.9	101.0	100.7	101.6
2022	102.0	102.0	102.0	102.7

3-1-2　居民消费价格月度指数（2022年）
Monthly Consumer Price Indices (2022)

月　份	Month	环比 (上月价格=100) Month-to-month (Last Month=100)	同比 (上年同月价格=100) Year-on-year (Same Month of Preceding Year=100)	1—当月 (上年同期价格=100) 1-Current Month (Same Period of Preceding Year=100)
1月	January	100.4	100.9	100.9
2月	February	100.6	100.9	100.9
3月	March	100.0	101.5	101.1
4月	April	100.4	102.1	101.4
5月	May	99.8	102.1	101.5
6月	June	100.0	102.5	101.7
7月	July	100.5	102.7	101.8
8月	August	99.9	102.5	101.9
9月	September	100.3	102.8	102.0
10月	October	100.1	102.1	102.0
11月	November	99.8	101.6	102.0
12月	December	100.0	101.8	102.0

3-1-3 各地区居民消费价格月度环比指数（2022年）
Month-to-month Consumer Price Indices by Region (2022)

(上月价格=100) (Last Month=100)

地区	Region	1月 January	2月 February	3月 March	4月 April	5月 May	6月 June
北京	Beijing	100.2	100.4	100.3	100.3	100.1	99.9
天津	Tianjin	100.9	100.3	100.1	99.9	99.8	100.2
河北	Hebei	100.6	100.3	100.1	100.1	99.6	99.8
山西	Shanxi	100.6	100.5	100.2	100.5	99.8	99.7
内蒙古	Inner Mongolia	100.4	100.5	100.2	100.2	99.7	100.0
辽宁	Liaoning	100.6	100.5	100.3	100.1	99.7	100.0
吉林	Jilin	100.9	100.3	100.7	100.3	99.2	99.6
黑龙江	Heilongjiang	100.4	100.5	100.0	100.2	99.7	99.9
上海	Shanghai	100.6	100.5	100.2	102.1	100.2	98.1
江苏	Jiangsu	100.4	100.5	100.4	100.6	99.4	100.1
浙江	Zhejiang	100.6	100.8	99.9	100.7	99.5	100.1
安徽	Anhui	100.5	100.6	100.0	100.5	99.6	99.7
福建	Fujian	100.4	101.0	99.8	100.3	100.0	100.4
江西	Jiangxi	100.3	100.8	100.0	100.4	100.0	100.2
山东	Shandong	100.6	100.2	100.3	100.1	99.8	100.0
河南	Henan	100.5	100.2	100.1	100.2	99.7	99.7
湖北	Hubei	100.3	100.6	100.1	100.2	100.1	100.2
湖南	Hunan	100.1	100.6	100.0	100.1	100.0	100.3
广东	Guangdong	100.5	101.0	99.7	100.3	100.0	100.6
广西	Guangxi	100.1	101.0	99.8	100.4	100.1	100.1
海南	Hainan	100.3	101.6	99.2	100.3	99.8	100.2
重庆	Chongqing	100.5	101.0	99.6	100.3	100.0	99.8
四川	Sichuan	100.2	100.8	99.7	100.4	100.0	100.0
贵州	Guizhou	100.2	100.8	99.8	100.1	100.0	100.2
云南	Yunnan	100.1	100.6	100.0	100.4	100.0	100.3
西藏	Tibet	100.3	100.0	100.5	100.3	100.0	100.0
陕西	Shaanxi	100.8	99.8	100.2	100.3	99.8	99.9
甘肃	Gansu	100.3	100.6	100.0	100.1	99.9	100.2
青海	Qinghai	100.4	100.6	99.9	100.6	99.7	99.9
宁夏	Ningxia	100.2	100.7	100.2	100.2	99.6	100.0
新疆	Xinjiang	100.3	100.1	99.9	100.0	100.0	100.3

3-1-3 续表 continued

(上月价格=100) (Last Month=100)

地区	Region	7月 July	8月 August	9月 September	10月 October	11月 November	12月 December
北京	Beijing	100.3	99.9	100.1	100.1	99.9	100.3
天津	Tianjin	100.5	99.9	100.0	99.8	99.8	100.3
河北	Hebei	100.4	99.9	100.4	100.0	100.2	100.2
山西	Shanxi	100.3	99.8	100.4	100.1	100.0	100.1
内蒙古	Inner Mongolia	100.3	99.8	100.1	100.3	100.3	100.0
辽宁	Liaoning	100.5	100.0	100.2	99.9	99.9	100.1
吉林	Jilin	100.4	99.7	100.1	100.2	100.2	100.2
黑龙江	Heilongjiang	100.2	99.8	100.1	100.2	100.3	100.3
上海	Shanghai	100.3	99.6	100.2	100.0	100.0	100.3
江苏	Jiangsu	100.7	100.0	100.2	100.0	99.6	100.0
浙江	Zhejiang	100.6	99.8	100.3	99.8	99.6	100.1
安徽	Anhui	100.5	99.9	100.4	100.1	99.6	99.9
福建	Fujian	100.4	99.7	100.3	100.1	99.9	99.9
江西	Jiangxi	100.3	99.9	100.5	100.1	99.6	99.8
山东	Shandong	100.5	99.9	100.2	100.1	99.9	100.1
河南	Henan	100.6	99.9	100.3	100.3	99.8	99.8
湖北	Hubei	100.5	100.0	100.9	99.9	99.6	99.6
湖南	Hunan	100.5	100.0	100.4	100.1	99.8	99.5
广东	Guangdong	100.2	99.7	100.3	100.1	99.8	100.1
广西	Guangxi	100.3	99.7	100.4	100.1	99.7	100.0
海南	Hainan	100.4	100.7	99.6	99.5	99.7	100.5
重庆	Chongqing	100.9	100.1	100.5	99.9	100.4	99.7
四川	Sichuan	100.8	100.0	100.7	99.8	99.7	99.6
贵州	Guizhou	100.2	100.0	101.0	99.6	99.6	99.7
云南	Yunnan	100.2	99.9	100.3	100.2	99.9	99.7
西藏	Tibet	100.2	100.3	100.1	100.2	100.5	99.7
陕西	Shaanxi	100.6	99.9	100.3	100.0	99.6	100.1
甘肃	Gansu	100.7	99.8	100.1	100.2	100.2	99.9
青海	Qinghai	100.5	99.8	100.2	100.3	100.5	99.6
宁夏	Ningxia	100.4	99.9	100.2	100.6	99.9	100.0
新疆	Xinjiang	100.4	100.4	100.0	101.2	100.1	99.6

3-1-4 各地区居民消费价格月度同比指数（2022年）
Year-on-year Consumer Price Indices by Region (2022)

(上年同月价格=100) (Same Month of Preceding Year=100)

地 区	Region	1月 January	2月 February	3月 March	4月 April	5月 May	6月 June
北京	Beijing	101.3	101.2	101.8	102.0	102.2	102.5
天津	Tianjin	102.0	101.5	101.8	101.9	101.9	102.2
河北	Hebei	101.0	100.9	101.6	102.1	102.0	102.2
山西	Shanxi	100.6	100.8	101.5	102.6	102.5	102.9
内蒙古	Inner Mongolia	100.6	100.6	101.5	102.1	102.1	102.6
辽宁	Liaoning	100.8	100.7	101.7	102.2	102.1	102.5
吉林	Jilin	100.8	100.6	101.9	103.0	102.5	102.9
黑龙江	Heilongjiang	100.6	100.7	101.3	102.1	102.3	103.0
上海	Shanghai	101.6	101.5	102.2	104.3	104.6	102.9
江苏	Jiangsu	101.1	101.2	102.1	102.8	102.2	102.4
浙江	Zhejiang	101.4	101.1	101.7	102.8	102.5	102.8
安徽	Anhui	101.1	101.1	101.7	102.7	102.3	102.6
福建	Fujian	100.4	100.8	101.2	101.8	101.8	102.6
江西	Jiangxi	100.5	100.8	101.4	102.0	102.0	102.6
山东	Shandong	100.8	100.7	101.4	101.8	101.6	102.1
河南	Henan	100.4	100.2	101.0	101.6	101.7	102.0
湖北	Hubei	100.7	100.7	101.3	101.7	102.0	102.5
湖南	Hunan	100.4	100.6	101.1	101.6	101.8	102.5
广东	Guangdong	101.7	101.5	101.9	102.4	102.3	103.1
广西	Guangxi	100.8	101.1	101.2	101.7	102.1	102.9
海南	Hainan	100.4	101.0	101.1	101.4	101.4	102.1
重庆	Chongqing	100.6	101.2	101.4	101.7	101.7	102.0
四川	Sichuan	100.4	100.6	100.9	101.5	101.8	102.6
贵州	Guizhou	100.3	100.5	100.7	101.2	101.5	102.3
云南	Yunnan	100.0	100.3	100.5	101.1	101.5	102.2
西藏	Tibet	100.2	99.8	100.5	101.2	101.7	101.9
陕西	Shaanxi	102.1	101.3	102.1	102.5	102.1	102.5
甘肃	Gansu	100.5	100.7	101.3	101.6	101.8	102.4
青海	Qinghai	101.6	101.9	102.3	102.6	102.5	102.7
宁夏	Ningxia	101.5	102.0	102.4	102.5	102.1	102.7
新疆	Xinjiang	100.6	100.2	100.4	100.9	101.1	101.7

3-1-4 续表 continued

(上年同月价格=100) (Same Month of Preceding Year=100)

地 区	Region	7月 July	8月 August	9月 September	10月 October	11月 November	12月 December
北 京	Beijing	102.1	101.9	102.1	101.3	101.2	101.8
天 津	Tianjin	102.0	102.2	102.5	101.5	101.2	101.7
河 北	Hebei	102.3	102.1	102.5	101.5	101.2	101.6
山 西	Shanxi	103.0	102.7	102.8	102.0	101.6	101.9
内蒙古	Inner Mongolia	102.5	102.3	102.6	102.0	101.3	101.5
辽 宁	Liaoning	102.7	102.7	103.1	102.1	101.1	101.8
吉 林	Jilin	103.0	102.5	103.0	101.9	101.2	101.8
黑龙江	Heilongjiang	102.8	102.5	102.8	102.1	101.3	101.7
上 海	Shanghai	102.9	102.4	102.6	101.8	101.6	102.1
江 苏	Jiangsu	102.6	102.4	102.8	102.5	102.0	102.0
浙 江	Zhejiang	103.0	102.8	102.9	102.0	101.4	101.8
安 徽	Anhui	102.9	102.5	102.6	102.1	101.3	101.4
福 建	Fujian	102.9	102.4	102.6	102.1	101.6	102.1
江 西	Jiangxi	102.8	102.6	102.9	102.4	101.8	102.0
山 东	Shandong	102.2	102.1	102.4	101.9	101.3	101.6
河 南	Henan	102.3	101.8	102.3	102.1	101.2	101.1
湖 北	Hubei	102.8	102.7	103.4	102.9	102.2	102.0
湖 南	Hunan	102.8	102.5	102.7	102.2	101.6	101.5
广 东	Guangdong	102.9	102.5	102.6	102.0	101.8	102.2
广 西	Guangxi	103.1	102.7	102.6	102.1	101.3	101.7
海 南	Hainan	102.4	103.2	102.7	101.0	101.1	102.0
重 庆	Chongqing	102.7	102.8	103.5	102.7	102.5	102.7
四 川	Sichuan	103.1	103.0	103.8	102.8	101.7	101.7
贵 州	Guizhou	102.2	102.2	103.4	102.3	101.3	101.4
云 南	Yunnan	102.3	102.4	102.6	102.6	101.9	101.7
西 藏	Tibet	101.8	102.1	102.3	102.4	102.4	102.1
陕 西	Shaanxi	102.9	102.8	102.6	101.8	101.0	101.0
甘 肃	Gansu	103.0	102.8	102.9	102.1	101.7	101.9
青 海	Qinghai	102.6	102.5	102.8	102.4	102.3	102.1
宁 夏	Ningxia	102.8	102.7	102.8	102.4	101.6	101.7
新 疆	Xinjiang	101.9	102.6	103.1	103.6	102.9	102.3

3-1-5 居民消费价格分类月度环比指数（2022年）
Month-to-month Consumer Price Indices by Category (2022)

（上月价格=100） (Last Month=100)

项　　目	Item	1月 January	2月 February	3月 March	4月 April	5月 May	6月 June
居民消费价格指数	**Consumer Price Index**	**100.4**	**100.6**	**100.0**	**100.4**	**99.8**	**100.0**
一、食品烟酒	**Food,Tobacco and Alcohol**	**101.1**	**101.2**	**99.1**	**100.7**	**99.1**	**99.0**
食品	Food	101.4	101.4	98.8	100.9	98.7	98.4
粮　食	Grain	99.9	100.1	100.5	100.7	100.5	100.0
食用油	Edible Oil and Fats	100.0	100.1	100.4	100.5	100.7	101.4
鲜　菜	Fresh Vegetables	103.1	106.0	100.4	96.5	85.0	90.8
畜肉类	Meat of Livestock	99.2	98.5	95.1	100.4	101.9	101.0
其中：猪 肉	of which:Pork	97.5	95.4	90.7	101.5	105.2	102.9
牛 肉	Beef	100.8	100.8	98.6	100.3	99.9	99.6
羊 肉	Mutton	100.3	100.3	98.8	99.7	98.6	98.4
水产品	Aquatic Products	104.1	104.8	97.9	101.2	99.0	98.4
蛋　类	Eggs	98.9	96.9	100.3	106.3	101.4	95.7
奶　类	Milk and Other Dairy Products	99.7	99.7	100.3	100.2	100.4	100.2
鲜　果	Fresh Fruits	107.2	103.0	97.7	105.2	101.5	95.5
茶及饮料	Tea and Beverages	99.9	100.2	100.3	100.5	100.5	100.3
烟酒	Tobacco and Alcohol	99.9	100.1	100.3	100.1	100.0	100.2
卷烟	Tobacco	100.2	100.1	100.0	100.1	100.0	100.1
酒类	Alcohol	99.4	100.2	100.7	100.3	99.9	100.4
在外餐饮	Dining Out	100.6	101.1	99.3	100.3	99.9	100.1
二、衣着	**Clothing**	**99.5**	**99.7**	**100.4**	**99.8**	**100.4**	**99.9**
服装	Garments	99.4	99.6	100.4	99.8	100.3	99.9
鞋类	Footwear	99.6	100.1	100.4	99.8	100.4	99.9
三、居住	**Residence**	**100.0**	**100.1**	**100.1**	**99.9**	**99.9**	**100.0**
租赁房房租	Rent of Rental Housing	99.8	100.1	100.0	99.8	99.9	100.1
住房保养维修及管理	Housing Maintenance and Management	100.1	100.2	100.1	100.0	100.1	100.0
水电燃料	Water,Electricity and Fuels	100.1	100.1	100.7	100.0	100.0	99.7

3-1-5 续表 1 continued 1

(上月价格=100) (Last Month=100)

项　　目	Item	1月 January	2月 February	3月 March	4月 April	5月 May	6月 June
四、生活用品及服务	**Articles for Daily Use and Services**	**99.9**	**100.2**	**100.2**	**100.6**	**100.2**	**99.8**
家具及室内装饰品	Furniture and Interior Decorations	99.8	100.1	100.1	100.1	100.2	99.8
家用器具	Home Appliances	99.8	101.1	100.0	100.4	100.0	99.2
家用纺织品	Home Textiles	99.7	99.9	100.1	100.0	100.0	100.0
家庭日用杂品	Daily Use Household Articles	99.1	100.4	100.2	100.7	100.0	100.4
个人护理用品	Personal-care Supplies	98.8	101.0	100.6	101.8	100.9	99.8
家庭服务	Household Services	104.7	96.4	99.9	100.2	100.1	100.2
五、交通通信	**Transport and Communications**	**101.1**	**101.4**	**101.6**	**101.1**	**100.1**	**102.2**
交通	Transport	101.3	101.9	102.0	101.5	100.2	103.0
交通工具	Transport Facility	99.8	99.9	99.9	99.9	99.7	99.7
交通工具用燃料	Fuels for Transport Facility	102.2	106.1	107.1	102.7	100.6	106.6
交通工具使用和维修	Use and Maintenance of Transport Facility	100.4	100.6	99.7	100.3	100.0	99.9
通信	Communications	100.5	99.9	100.3	99.9	99.7	99.7
通信工具	Communication Facility	101.6	99.7	101.0	99.7	99.0	99.1
通信服务	Communicaiton Services	99.9	100.0	99.9	100.0	100.0	99.9
邮递服务	Postal Services	100.2	99.7	100.0	100.0	100.0	100.0
六、教育文化娱乐	**Education, Culture and Recreation**	**100.2**	**100.4**	**99.7**	**100.1**	**100.1**	**100.1**
教育	Education	100.1	100.1	100.2	100.0	100.0	100.0
教育服务	Education Services	100.1	100.1	100.2	100.0	100.0	100.0
文化娱乐	Culture and Recreation	100.4	100.9	98.9	100.4	100.1	100.2
旅游	Touring and Outing	102.1	101.0	97.4	101.0	100.4	101.2
七、医疗保健	**Health Care**	**100.1**	**100.0**	**100.1**	**100.1**	**100.1**	**100.0**
药品及医疗器具	Medicine and Medical Instruments	100.0	100.0	100.1	100.1	100.1	100.1
中药	Traditional Chinese Medicine	100.1	100.2	100.4	100.3	100.3	100.3
西药	Western Medicine	100.1	100.0	100.1	100.0	100.0	100.1
医疗服务	Medical Services	100.1	100.0	100.1	100.1	100.0	100.0
八、其他用品及服务	**Other Articles and Services**	**100.9**	**100.1**	**101.0**	**100.0**	**100.6**	**100.1**
其他用品	Other Articles	99.9	101.5	102.2	99.9	101.3	100.1
其他服务	Other Services	101.8	98.9	99.9	100.1	100.0	100.0

3-1-5 续表 2 continued 2

(上月价格=100) (Last Month=100)

项　　目	Item	7月 July	8月 August	9月 September	10月 October	11月 November	12月 December
居民消费价格指数	**Consumer Price Index**	**100.5**	**99.9**	**100.3**	**100.1**	**99.8**	**100.0**
一、食品烟酒	**Food,Tobacco and Alcohol**	**101.9**	**100.4**	**101.3**	**100.2**	**99.5**	**100.4**
食品	Food	103.0	100.5	101.9	100.1	99.2	100.5
粮　食	Grain	100.1	100.0	100.2	100.2	100.2	100.2
食用油	Edible Oil and Fats	101.8	100.7	100.6	100.4	100.3	100.1
鲜　菜	Fresh Vegetables	110.3	102.0	106.8	95.5	91.7	107.0
畜肉类	Meat of Livestock	111.8	100.6	103.0	105.2	100.1	95.4
其中：猪 肉	of which:Pork	125.6	100.4	105.4	109.4	99.3	91.3
牛 肉	Beef	100.1	100.1	100.6	100.1	100.1	99.9
羊 肉	Mutton	100.1	101.1	100.3	100.0	99.9	99.5
水产品	Aquatic Products	100.5	100.0	100.8	97.7	98.9	100.4
蛋　类	Eggs	100.3	103.1	105.4	102.2	101.3	97.9
奶　类	Milk and other Dairy Products	100.1	100.0	100.0	99.9	100.2	100.7
鲜　果	Fresh Fruits	96.2	99.0	101.3	98.4	101.5	104.7
茶及饮料	Tea and Beverages	100.1	100.0	100.0	100.1	100.2	100.2
烟酒	Tobacco and Alcohol	100.1	100.1	100.0	100.3	100.2	100.1
卷烟	Tobacco	100.1	100.1	100.2	100.2	100.1	100.1
酒类	Alcohol	100.1	100.0	99.7	100.5	100.4	100.1
在外餐饮	Dining Out	99.8	100.0	100.3	100.3	99.9	100.2
二、衣着	**Clothing**	**99.6**	**99.8**	**100.8**	**100.3**	**100.3**	**100.1**
服装	Garments	99.6	99.8	100.8	100.3	100.4	100.1
鞋类	Footwear	99.7	99.7	100.5	100.0	100.1	100.0
三、居住	**Residence**	**100.0**	**100.0**	**99.9**	**99.9**	**100.0**	**99.9**
租赁房房租	Rent of Rental Housing	100.1	100.0	99.8	99.9	99.8	99.9
住房保养维修及管理	Housing Maintenance and Management	100.0	100.2	100.0	100.1	100.1	100.1
水电燃料	Water,Electricity and Fuels	99.9	100.0	100.0	100.1	100.3	100.0

3-1-5 续表 3 continued 3

(上月价格=100) (Last Month=100)

项　　目	Item	7月 July	8月 August	9月 September	10月 October	11月 November	12月 December
四、生活用品及服务	**Articles for Daily Use and Services**	**100.3**	**100.0**	**100.0**	**100.3**	**99.7**	**100.3**
家具及室内装饰品	Furniture and Interior Decorations	100.2	99.9	99.8	100.2	99.9	100.2
家用器具	Home Appliances	100.9	99.5	99.7	100.2	98.7	100.5
家用纺织品	Home Textiles	99.9	99.8	100.0	100.2	100.0	100.0
家庭日用杂品	Daily Use Household Articles	100.1	100.3	99.9	100.5	100.2	100.5
个人护理用品	Personal-care Supplies	99.9	100.3	100.6	100.3	100.1	99.9
家庭服务	Household Services	100.1	100.1	100.1	100.1	100.0	100.5
五、交通通信	**Transport and Communications**	**99.3**	**98.3**	**99.4**	**99.6**	**100.1**	**98.6**
交通	Transport	98.9	97.9	99.2	99.5	100.4	98.1
交通工具	Transport Facility	99.7	99.8	99.9	100.0	99.8	99.8
交通工具用燃料	Fuels for Transport Facility	96.7	95.3	98.8	98.9	102.0	94.0
交通工具使用和维修	Use and Maintenance of Transport Facility	100.0	100.0	100.1	100.0	100.0	100.0
通信	Communications	100.5	99.9	100.0	100.1	99.4	100.5
通信工具	Communication Facility	101.7	99.6	100.2	100.4	98.1	101.7
通信服务	Communicaiton Services	100.0	100.0	100.0	100.0	100.0	100.0
邮递服务	Postal Services	100.0	100.0	100.1	100.0	100.0	100.2
六、教育文化娱乐	**Education, Culture and Recreation**	**100.5**	**100.1**	**100.4**	**100.2**	**99.6**	**100.1**
教育	Education	100.0	100.1	100.8	100.0	100.0	100.0
教育服务	Education Services	100.0	100.1	100.7	100.0	100.0	100.0
文化娱乐	Culture and Recreation	101.2	100.1	99.6	100.6	98.7	100.3
旅游	Touring and Outing	103.5	99.9	98.8	100.8	97.9	100.0
七、医疗保健	**Health Care**	**100.0**	**100.1**	**100.0**	**100.0**	**100.0**	**100.0**
药品及医疗器具	Medicine and Medical Instruments	100.0	100.1	100.0	100.0	100.0	100.1
中药	Traditional Chinese Medicine	100.2	100.1	100.2	100.1	100.2	100.4
西药	Western Medicine	100.0	100.0	100.0	99.9	100.0	100.0
医疗服务	Medical Services	100.0	100.1	100.0	100.0	100.1	100.0
八、其他用品及服务	**Other Articles and Services**	**99.3**	**100.3**	**99.7**	**100.4**	**99.9**	**100.4**
其他用品	Other Articles	98.0	100.4	99.6	100.8	100.3	100.8
其他服务	Other Services	100.7	100.2	99.9	100.1	99.6	100.0

3-1-6 居民消费价格分类月度同比指数（2022年）
Year-on-year Consumer Price Indices by Category (2022)

(上年同月价格=100) (Same Month of Preceding Year=100)

项目	Item	1月 January	2月 February	3月 March	4月 April	5月 May	6月 June
居民消费价格指数	**Consumer Price Index**	**100.9**	**100.9**	**101.5**	**102.1**	**102.1**	**102.5**
一、食品烟酒	**Food,Tobacco and Alcohol**	**98.2**	**98.2**	**99.7**	**101.9**	**102.1**	**102.5**
食品	Food	96.2	96.1	98.5	101.9	102.3	102.9
粮　食	Grain	101.6	101.5	102.0	102.7	103.2	103.2
食用油	Edible Oil and Fats	104.1	103.7	103.5	103.5	103.8	105.0
鲜　菜	Fresh Vegetables	95.9	99.9	117.2	124.0	111.6	103.7
畜肉类	Meat of Livestock	74.4	74.0	75.2	80.4	87.1	95.3
其中：猪 肉	of which:Pork	58.4	57.5	58.6	66.7	78.9	94.0
牛 肉	Beef	100.9	99.7	100.0	100.8	101.0	100.9
羊 肉	Mutton	98.0	96.2	95.4	94.8	93.8	94.0
水产品	Aquatic Products	108.8	104.9	104.2	102.4	98.4	96.7
蛋　类	Eggs	101.9	102.6	107.0	112.1	110.6	106.5
奶　类	Milk and Other Dairy Products	100.8	100.7	100.4	100.4	100.9	100.9
鲜　果	Fresh Fruits	109.9	106.6	104.3	114.1	119.0	119.0
茶及饮料	Tea and Beverages	101.7	102.1	102.0	102.2	102.5	102.7
烟酒	Tobacco and Alcohol	101.6	101.8	101.7	101.7	101.6	101.6
卷烟	Tobacco	101.7	101.7	101.7	101.7	101.6	101.5
酒类	Alcohol	101.5	102.0	101.7	101.8	101.5	101.6
在外餐饮	Dining Out	102.3	102.5	102.0	102.1	101.8	101.9
二、衣着	**Clothing**	**100.4**	**100.6**	**100.6**	**100.5**	**100.5**	**100.6**
服装	Garments	100.5	100.7	100.7	100.6	100.6	100.7
鞋类	Footwear	99.9	100.2	100.2	100.1	100.2	100.5
三、居住	**Residence**	**101.4**	**101.4**	**101.3**	**101.2**	**101.0**	**100.8**
租赁房房租	Rent of Rental Housing	100.6	100.5	100.2	100.0	99.8	99.7
住房保养维修及管理	Housing Maintenance and Management	103.5	103.6	103.3	103.1	102.9	102.8
水电燃料	Water,Electricity and Fuels	103.5	103.6	104.3	104.3	104.1	104.0

3-1-6 续表 1 continued 1

(上年同月价格=100) (Same Month of Preceding Year=100)

项 目	Item	1月 January	2月 February	3月 March	4月 April	5月 May	6月 June
四、生活用品及服务	**Articles for Daily Use and Services**	**100.4**	**100.6**	**100.9**	**101.2**	**101.4**	**101.5**
家具及室内装饰品	Furniture and Interior Decorations	101.5	101.3	101.2	101.2	101.3	101.0
家用器具	Home Appliances	101.6	102.5	102.2	102.1	101.9	101.3
家用纺织品	Home Textiles	100.0	99.9	99.9	99.8	99.7	99.8
家庭日用杂品	Daily Use Household Articles	99.0	99.2	99.5	99.9	100.2	100.7
个人护理用品	Personal-care Supplies	97.2	99.3	99.9	101.1	102.6	103.0
家庭服务	Household Services	106.2	100.7	102.7	102.9	102.7	102.7
五、交通通信	**Transport and Communications**	**105.2**	**105.5**	**105.8**	**106.5**	**106.2**	**108.5**
交通	Transport	107.5	108.0	108.1	109.1	108.8	111.8
交通工具	Transport Facility	101.0	100.8	100.7	100.5	100.2	100.2
交通工具用燃料	Fuels for Transport Facility	120.2	123.4	124.1	128.4	127.1	132.8
交通工具使用和维修	Use and Maintenance of Transport Facility	101.7	100.7	101.7	101.7	101.5	101.5
通信	Communications	98.8	98.6	98.9	98.8	98.6	98.4
通信工具	Communication Facility	96.7	96.3	97.2	96.9	96.3	95.7
通信服务	Communicaiton Services	99.7	99.7	99.7	99.7	99.7	99.7
邮递服务	Postal Services	100.2	99.1	99.9	99.9	100.0	100.0
六、教育文化娱乐	**Education, Culture and Recreation**	**102.9**	**102.5**	**102.6**	**102.0**	**101.8**	**102.1**
教育	Education	102.6	102.6	102.6	102.5	102.5	102.4
教育服务	Education Services	102.7	102.7	102.7	102.6	102.5	102.5
文化娱乐	Culture and Recreation	103.4	102.3	102.6	101.1	100.5	101.5
旅游	Touring and Outing	108.6	104.5	106.2	102.4	100.9	104.1
七、医疗保健	**Health Care**	**100.6**	**100.6**	**100.7**	**100.7**	**100.7**	**100.7**
药品及医疗器具	Medicine and Medical Instruments	99.8	99.9	100.1	100.2	100.2	100.3
中药	Traditional Chinese Medicine	101.7	101.8	102.2	102.4	102.6	102.7
西药	Western Medicine	99.3	99.3	99.5	99.5	99.5	99.6
医疗服务	Medical Services	100.9	100.9	100.9	100.9	100.9	100.9
八、其他用品及服务	**Other Articles and Services**	**99.9**	**100.3**	**102.1**	**101.7**	**101.8**	**101.7**
其他用品	Other Articles	96.8	99.4	102.7	102.4	103.1	102.6
其他服务	Other Services	102.9	101.1	101.5	101.0	100.5	100.9

3-1-6 续表 2 continued 2

(上年同月价格=100) (Same Month of Preceding Year=100)

项　目	Item	7月 July	8月 August	9月 September	10月 October	11月 November	12月 December
居民消费价格指数	**Consumer Price Index**	**102.7**	**102.5**	**102.8**	**102.1**	**101.6**	**101.8**
一、食品烟酒	**Food,Tobacco and Alcohol**	**104.7**	**104.5**	**106.3**	**105.2**	**103.0**	**103.7**
食品	Food	106.3	106.1	108.8	107.0	103.7	104.8
粮　食	Grain	103.4	103.3	103.6	103.6	103.0	102.6
食用油	Edible Oil and Fats	106.8	107.5	108.3	108.4	107.6	107.2
鲜　菜	Fresh Vegetables	112.9	106.0	112.1	91.9	78.8	92.0
畜肉类	Meat of Livestock	108.4	110.1	116.0	123.6	117.6	111.6
其中：猪 肉	of which:Pork	120.2	122.4	136.0	151.8	134.4	122.2
牛 肉	Beef	101.3	101.3	101.7	101.6	101.3	100.9
羊 肉	Mutton	95.6	97.4	98.0	98.1	98.0	96.9
水产品	Aquatic Products	97.1	99.5	102.8	102.8	103.4	103.4
蛋　类	Eggs	105.9	101.7	107.3	111.8	109.9	109.6
奶　类	Milk and Other Dairy Products	100.9	100.8	101.1	101.1	100.9	101.2
鲜　果	Fresh Fruits	116.9	116.3	117.8	112.6	109.6	111.0
茶及饮料	Tea and Beverages	102.5	102.5	102.5	102.7	102.5	102.4
烟酒	Tobacco and Alcohol	101.4	101.3	101.5	101.5	101.4	101.4
卷烟	Tobacco	101.4	101.3	101.4	101.5	101.4	101.3
酒类	Alcohol	101.4	101.5	101.6	101.5	101.5	101.6
在外餐饮	Dining Out	101.7	101.5	101.7	101.8	101.7	101.8
二、衣着	**Clothing**	**100.7**	**100.6**	**100.5**	**100.5**	**100.5**	**100.5**
服装	Garments	100.7	100.6	100.6	100.5	100.5	100.5
鞋类	Footwear	100.6	100.5	100.3	100.1	100.3	100.2
三、居住	**Residence**	**100.7**	**100.6**	**100.3**	**99.8**	**99.8**	**99.8**
租赁房房租	Rent of Rental Housing	99.6	99.5	99.3	99.3	99.3	99.3
住房保养维修及管理	Housing Maintenance and Management	102.6	102.6	102.1	101.3	101.1	101.0
水电燃料	Water,Electricity and Fuels	103.6	103.4	102.5	100.5	100.7	100.9

3-1-6 续表 3 continued 3

(上年同月价格=100) (Same Month of Preceding Year=100)

项 目	Item	7月 July	8月 August	9月 September	10月 October	11月 November	12月 December
四、生活用品及服务	**Articles for Daily Use and Services**	**101.4**	**101.3**	**101.4**	**101.4**	**101.5**	**101.5**
家具及室内装饰品	Furniture and Interior Decorations	101.0	100.7	100.6	100.6	100.1	100.3
家用器具	Home Appliances	101.7	101.3	100.9	101.1	100.1	100.1
家用纺织品	Home Textiles	99.9	99.8	99.9	99.7	99.6	99.6
家庭日用杂品	Daily Use Household Articles	99.7	100.7	100.5	100.8	101.8	102.2
个人护理用品	Personal-care Supplies	103.4	102.4	103.8	103.4	104.6	104.1
家庭服务	Household Services	102.7	102.6	102.6	102.5	102.3	102.2
五、交通通信	**Transport and Communications**	**106.1**	**104.9**	**104.5**	**103.1**	**102.9**	**102.8**
交通	Transport	108.5	106.9	106.3	104.1	103.9	103.6
交通工具	Transport Facility	99.8	99.5	98.8	98.5	98.0	97.8
交通工具用燃料	Fuels for Transport Facility	124.2	119.9	119.0	112.4	111.3	110.4
交通工具使用和维修	Use and Maintenance of Transport Facility	101.5	101.6	101.6	101.4	101.3	101.1
通信	Communications	98.9	99.0	99.3	99.9	99.8	100.4
通信工具	Communication Facility	97.2	97.5	98.4	100.3	100.0	101.8
通信服务	Communicaiton Services	99.7	99.7	99.7	99.7	99.6	99.7
邮递服务	Postal Services	100.0	99.9	100.0	100.0	100.0	100.2
六、教育文化娱乐	**Education, Culture and Recreation**	**101.5**	**101.6**	**101.2**	**101.2**	**101.3**	**101.4**
教育	Education	102.3	102.3	101.4	101.3	101.3	101.3
教育服务	Education Services	102.3	102.3	101.4	101.2	101.3	101.3
文化娱乐	Culture and Recreation	100.1	100.2	100.8	100.9	101.2	101.4
旅游	Touring and Outing	100.5	100.1	101.9	102.4	103.8	103.9
七、医疗保健	**Health Care**	**100.7**	**100.7**	**100.7**	**100.5**	**100.5**	**100.6**
药品及医疗器具	Medicine and Medical Instruments	100.2	100.3	100.3	100.3	100.5	100.7
中药	Traditional Chinese Medicine	102.8	102.8	102.8	102.7	102.8	103.1
西药	Western Medicine	99.6	99.7	99.6	99.6	100.0	100.2
医疗服务	Medical Services	100.8	100.9	100.9	100.6	100.6	100.5
八、其他用品及服务	**Other Articles and Services**	**100.9**	**102.2**	**101.6**	**101.9**	**102.3**	**102.8**
其他用品	Other Articles	100.9	102.8	101.8	102.9	103.7	104.8
其他服务	Other Services	101.0	101.6	101.4	101.0	101.1	101.1

3-1-7 全国居民消费价格分类指数（2022年）
Consumer Price Indices by Category (2022)

（上年价格=100） (Preceding Year=100)

项　　目	Item	全　国 National Index	城　市 Urban Index	农　村 Rural Index
居民消费价格总指数	**Consumer Price Index**	**102.0**	**102.0**	**102.0**
一、食品烟酒	**Food,Tobacco and Alcohol**	**102.4**	**102.6**	**102.1**
1.食品	Food	102.8	102.9	102.4
(1)粮食	Grain	102.8	102.8	102.9
(2)薯类	Tubers	109.4	108.4	111.7
(3)豆类	Beans	104.6	104.5	105.0
(4)食用油	Edible Oil and Fats	105.8	106.0	105.4
(5)菜及食用菌	Vegetables and Edible Mushrooms	103.0	102.9	103.6
(6)畜肉类	Meat of Livestock	95.7	95.9	95.2
(7)禽肉类	Meat of Poultry	104.0	103.9	104.5
(8)水产品	Aquatic Products	101.9	102.1	101.3
(9)蛋类	Eggs	107.2	107.2	107.3
(10)奶类	Milk and other Dairy Products	100.8	101.0	100.3
(11)干鲜瓜果类	Fruits and Nuts	110.8	111.0	110.2
(12)糖果糕点类	Candy and Cake	103.1	103.4	102.1
(13)调味品	Flavoring	103.9	104.1	103.3
(14)其他食品类	Other Foods	103.1	103.1	102.9
2.茶及饮料	Tea and Beverages	102.4	102.6	101.7
3.烟酒	Tobacco and Alcohol	101.5	101.6	101.4
(1)卷烟	Tobacco	101.5	101.6	101.3
(2)酒类	Alcohol	101.6	101.6	101.7
4.在外餐饮	Dining Out	101.9	102.0	101.1
二、衣着	**Clothing**	**100.5**	**100.6**	**100.3**
1.服装	Garments	100.6	100.7	100.3
(1)男式服装	Garments for Men	100.7	100.8	100.5
(2)女式服装	Garments for Women	100.6	100.8	100.0
(3)儿童服装	Garments for Children	100.1	100.1	100.4
2.鞋类	Footwear	100.3	100.2	100.5
(1)鞋	Shoes	100.2	100.1	100.5
(2)鞋类服务	Footwear Services	101.9	102.1	101.2
三、居住	**Residence**	**100.7**	**100.5**	**101.3**
1.租赁房房租	Rent of Rental Housing	99.7	99.7	99.8
2.住房保养维修及管理	Housing Maintenance and Management	102.5	102.6	102.3
3.水电燃料	Water,Electricity and Fuels	102.9	102.4	104.5
(1)水	Water	101.1	101.1	101.2
(2)电	Electricity	99.9	100.0	99.9
(3)燃气	Gas	108.9	107.0	114.4
四、生活用品及服务	**Articles for Daily Use and Services**	**101.2**	**101.2**	**101.0**
1.家具及室内装饰品	Furniture and Interior Decorations	100.9	100.9	100.9
(1)家具	Furniture	101.1	101.1	101.1
(2)室内装饰品	Interior Decorations	99.0	99.1	98.6
2.家用器具	Home Appliances	101.4	101.4	101.3
(1)大型家用器具	Large Household Appliances	101.1	101.2	101.1
(2)小家电	Small Household Appliances	102.6	102.7	102.3
3.家用纺织品	Home Textiles	99.8	99.6	100.6
(1)床上用品	Bed Articles	99.6	99.4	100.4

3-1-7 续表 continued

(上年价格=100) (Preceding Year=100)

项 目	Item	全 国 National Index	城 市 Urban Index	农 村 Rural Index
(2)窗帘门帘	Curtains	101.0	100.9	101.5
(3)其他家用纺织品	Other Home Textiles	100.0	99.8	100.5
4.家庭日用杂品	Daily Use Household Articles	100.3	100.4	100.1
(1)洗涤卫生用品	Clearing Products	100.4	100.6	99.9
(2)厨具餐具茶具	Kitchenware, Tableware and Tea Sets	101.6	101.4	102.0
5.个人护理用品	Personal-care Supplies	102.1	102.0	102.3
(1)化妆品	Cosmetics	102.0	102.0	102.2
(2)其他护理用品类	Other Nursing Materials	102.2	102.1	102.5
6.家庭服务	Household Services	102.7	102.8	102.2
五、交通通信	**Transport and Communications**	**105.2**	**105.2**	**105.0**
1.交通	Transport	107.2	107.2	107.2
(1)交通工具	Transport Facility	99.6	99.6	99.9
(2)交通工具用燃料	Fuels for Transport Facility	120.9	120.9	120.9
(3)交通工具使用和维修	Use and Maintenance of Transport Facility	101.5	101.4	101.7
(4)交通费	Traffic Fee	103.1	103.4	102.0
2.通信	Communications	99.1	99.1	99.1
(1)通信工具	Communication Facility	97.8	97.7	98.1
(2)通信服务	Communicaiton Services	99.7	99.7	99.6
(3)邮递服务	Postal Services	99.9	100.1	99.5
六、教育文化娱乐	**Education, Culture and Recreation**	**101.8**	**101.9**	**101.7**
1.教育	Education	102.1	102.1	102.0
(1)教育用品	Education Articles	102.0	102.1	101.8
(2)教育服务	Education Services	102.1	102.1	102.0
2.文化娱乐	Culture and Recreation	101.3	101.4	100.8
(1)文娱耐用消费品	Durable Consumer Goods for Culture and Recreation	99.8	99.7	100.4
(2)其他文娱用品	Other Articles for Culture and Recreation	101.1	101.2	100.8
(3)文化娱乐服务	Services for Culture and Recreation	100.3	100.3	100.3
(4)旅游	Touring and Outing	103.2	103.3	102.2
七、医疗保健	**Health Care**	**100.6**	**100.6**	**100.8**
1.药品及医疗器具	Medicine and Medical Instruments	100.2	100.1	100.5
(1)中药	Traditional Chinese Medicine	102.5	102.6	102.4
(2)西药	Western Medicine	99.6	99.4	100.1
(3)滋补保健品	Health Care Articles	100.1	100.0	100.4
(4)医疗卫生器具	Medical Instruments	98.2	98.4	97.5
(5)保健器具	Health Care Appliances	99.8	99.8	100.0
2.医疗服务	Medical Services	100.8	100.8	100.9
(1)综合医疗类	General Practice	101.5	101.5	101.6
(2)诊断类	Diagnostic Medical	100.1	100.1	100.2
(3)治疗类	Medical Treatment	101.2	101.0	101.6
(4)康复类	Rehabilitation	101.3	101.3	101.3
(5)中医医疗服务类	Traditional Chinese Medical	101.7	101.8	101.5
(6)其他医疗保健服务	Other Health Care Services	100.5	100.6	100.1
八、其他用品及服务	**Other Articles and Services**	**101.6**	**101.5**	**102.0**
1.其他用品	Other Articles	102.0	101.9	102.5
(1)首饰手表	Jewelry and Watches	101.6	101.5	102.2
(2)母婴用品	Maternal and Infant Products	104.7	104.4	105.5
(3)其他杂项用品	Other Miscellaneous Articles	100.4	100.4	100.3
2.其他服务	Other Services	101.2	101.2	101.5
(1)在外住宿	Out Accommodation	98.3	98.1	99.8
(2)美容美发洗浴	Beauty Salon,Hair Salon and Scouring Bath	102.7	102.6	102.9
(3)养老服务	Elderly Care	101.5	101.5	101.6
(4)金融及保险服务	Finance and Insurance	101.3	101.3	101.4
(5)中介法律及其他服务	Intermediary Legal and Other Services	100.6	100.7	100.2

3-1-8 各地区居民消费价格总指数（2000～2022年）
Consumer Price Indices by Region (2000~2022)

(上年价格=100) (Preceding Year=100)

地 区	Region	2000	2001	2002	2003	2004	2005	2006	2007	2008	2009	2010
全国平均	**National**	**100.4**	**100.7**	**99.2**	**101.2**	**103.9**	**101.8**	**101.5**	**104.8**	**105.9**	**99.3**	**103.3**
北 京	Beijing	103.5	103.1	98.2	100.2	101.0	101.5	100.9	102.4	105.1	98.5	102.4
天 津	Tianjin	99.6	101.2	99.6	101.0	102.3	101.5	101.5	104.2	105.4	99.0	103.5
河 北	Hebei	99.7	100.5	99.0	102.2	104.3	101.8	101.7	104.7	106.2	99.3	103.1
山 西	Shanxi	103.9	99.8	98.4	101.8	104.1	102.3	102.0	104.6	107.2	99.6	103.0
内蒙古	Inner Mongolia	101.3	100.6	100.2	102.2	102.9	102.4	101.5	104.6	105.7	99.7	103.2
辽 宁	Liaoning	99.9	100.0	98.9	101.7	103.5	101.4	101.2	105.1	104.6	100.0	103.0
吉 林	Jilin	98.6	101.3	99.5	101.2	104.1	101.5	101.4	104.8	105.1	100.1	103.7
黑龙江	Heilongjiang	98.3	100.8	99.3	100.9	103.8	101.2	101.9	105.4	105.6	100.2	103.9
上 海	Shanghai	102.5	100.0	100.5	100.1	102.2	101.0	101.2	103.2	105.8	99.6	103.1
江 苏	Jiangsu	100.1	100.8	99.2	101.0	104.1	102.1	101.6	104.3	105.4	99.6	103.8
浙 江	Zhejiang	101.0	99.8	99.1	101.9	103.9	101.3	101.1	104.2	105.0	98.5	103.8
安 徽	Anhui	100.7	100.5	99.0	101.7	104.5	101.4	101.2	105.3	106.2	99.1	103.1
福 建	Fujian	102.1	98.7	99.5	100.8	104.0	102.2	100.8	105.2	104.6	98.2	103.2
江 西	Jiangxi	100.3	99.5	100.1	100.8	103.5	101.7	101.2	104.8	106.0	99.3	103.0
山 东	Shandong	100.2	101.8	99.3	101.1	103.6	101.7	101.0	104.4	105.3	100.0	102.9
河 南	Henan	99.2	100.7	100.1	101.6	105.4	102.1	101.3	105.4	107.0	99.4	103.5
湖 北	Hubei	99.0	100.3	99.6	102.2	104.9	102.9	101.6	104.8	106.3	99.6	102.9
湖 南	Hunan	101.4	99.1	99.5	102.4	105.1	102.3	101.4	105.6	106.0	99.6	103.1
广 东	Guangdong	101.4	99.3	98.6	100.6	103.0	102.3	101.8	103.7	105.6	97.7	103.1
广 西	Guangxi	99.7	100.6	99.1	101.1	104.4	102.4	101.3	106.1	107.8	97.9	103.0
海 南	Hainan	101.1	98.5	99.5	100.1	104.4	101.5	101.5	105.0	106.9	99.3	104.8
重 庆	Chongqing	96.7	101.7	99.6	100.6	103.7	100.8	102.4	104.7	105.6	98.4	103.2
四 川	Sichuan	100.1	102.1	99.7	101.7	104.9	101.7	102.3	105.9	105.1	100.8	103.2
贵 州	Guizhou	99.5	101.8	99.0	101.2	104.0	101.0	101.7	106.4	107.6	98.7	102.9
云 南	Yunnan	97.9	99.1	99.8	101.2	106.0	101.4	101.9	105.9	105.7	100.4	103.7
西 藏	Tibet	99.9	100.1	100.4	100.9	102.7	101.5	102.0	103.4	105.7	101.4	102.2
陕 西	Shaanxi	99.5	101.0	98.9	101.7	103.1	101.2	101.5	105.1	106.4	100.5	104.0
甘 肃	Gansu	99.5	104.0	100.0	101.1	102.3	101.7	101.3	105.5	108.2	101.3	104.1
青 海	Qinghai	99.5	102.6	102.3	102.0	103.2	100.8	101.6	106.6	110.1	102.6	105.4
宁 夏	Ningxia	99.6	101.6	99.4	101.7	103.7	101.5	101.9	105.4	108.5	100.7	104.1
新 疆	Xinjiang	99.4	104.0	99.4	100.4	102.7	100.7	101.3	105.5	108.1	100.7	104.3

3-1-8 续表 continued

(上年价格=100) (Preceding Year=100)

地 区	Region	2011	2012	2013	2014	2015	2016	2017	2018	2019	2020	2021	2022
全国平均	**National**	**105.4**	**102.6**	**102.6**	**102.0**	**101.4**	**102.0**	**101.6**	**102.1**	**102.9**	**102.5**	**100.9**	**102.0**
北 京	Beijing	105.6	103.3	103.3	101.6	101.8	101.4	101.9	102.5	102.3	101.7	101.1	101.8
天 津	Tianjin	104.9	102.7	103.1	101.9	101.7	102.1	102.1	102.0	102.7	102.0	101.3	101.9
河 北	Hebei	105.7	102.6	103.0	101.7	100.9	101.5	101.7	102.4	103.0	102.1	101.0	101.8
山 西	Shanxi	105.2	102.5	103.1	101.7	100.6	101.1	101.1	101.8	102.7	102.9	101.0	102.1
内 蒙 古	Inner Mongolia	105.6	103.1	103.2	101.6	101.1	101.2	101.7	101.8	102.4	101.9	100.9	101.8
辽 宁	Liaoning	105.2	102.8	102.4	101.7	101.4	101.6	101.4	102.5	102.4	102.4	101.1	102.0
吉 林	Jilin	105.2	102.5	102.9	102.0	101.7	101.6	101.6	102.1	103.0	102.3	100.6	102.1
黑 龙 江	Heilongjiang	105.8	103.2	102.2	101.5	101.1	101.5	101.3	102.0	102.8	102.3	100.6	101.9
上 海	Shanghai	105.2	102.8	102.3	102.7	102.4	103.2	101.7	101.6	102.5	101.7	101.2	102.5
江 苏	Jiangsu	105.3	102.6	102.3	102.2	101.7	102.3	101.7	102.3	103.1	102.5	101.6	102.2
浙 江	Zhejiang	105.4	102.2	102.3	102.1	101.4	101.9	102.1	102.3	102.9	102.3	101.5	102.2
安 徽	Anhui	105.6	102.3	102.4	101.6	101.3	101.8	101.2	102.0	102.7	102.7	100.9	102.0
福 建	Fujian	105.3	102.4	102.5	102.0	101.7	101.7	101.2	101.5	102.6	102.2	100.7	101.9
江 西	Jiangxi	105.2	102.7	102.5	102.3	101.5	102.0	102.0	102.1	102.9	102.6	100.9	102.0
山 东	Shandong	105.0	102.1	102.2	101.9	101.2	102.1	101.5	102.5	103.2	102.8	101.2	101.7
河 南	Henan	105.6	102.5	102.9	101.9	101.3	101.9	101.4	102.3	103.0	102.8	100.9	101.5
湖 北	Hubei	105.8	102.9	102.8	102.0	101.5	102.2	101.5	101.9	103.1	102.7	100.3	102.1
湖 南	Hunan	105.5	102.0	102.5	101.9	101.4	101.9	101.4	102.0	102.9	102.3	100.5	101.8
广 东	Guangdong	105.3	102.8	102.5	102.3	101.5	102.3	101.5	102.2	103.4	102.6	100.8	102.2
广 西	Guangxi	105.9	103.2	102.2	102.1	101.5	101.6	101.6	102.3	103.7	102.8	100.9	101.9
海 南	Hainan	106.1	103.2	102.8	102.4	101.0	102.8	102.8	102.5	103.4	102.3	100.3	101.6
重 庆	Chongqing	105.3	102.6	102.7	101.8	101.3	101.8	101.0	102.0	102.7	102.3	100.3	102.1
四 川	Sichuan	105.3	102.5	102.8	101.6	101.5	101.9	101.4	101.7	103.2	103.2	100.3	102.0
贵 州	Guizhou	105.1	102.7	102.5	102.4	101.8	101.4	100.9	101.8	102.4	102.6	100.1	101.6
云 南	Yunnan	104.9	102.7	103.1	102.4	101.9	101.5	100.9	101.6	102.5	103.6	100.2	101.6
西 藏	Tibet	105.0	103.5	103.6	102.9	102.0	102.5	101.6	101.7	102.3	102.2	100.9	101.5
陕 西	Shaanxi	105.7	102.8	103.0	101.6	101.0	101.3	101.6	102.1	102.9	102.5	101.5	102.1
甘 肃	Gansu	105.9	102.7	103.2	102.1	101.6	101.3	101.4	102.0	102.3	102.0	100.9	101.9
青 海	Qinghai	106.1	103.1	103.9	102.8	102.6	101.8	101.5	102.5	102.5	102.6	101.3	102.4
宁 夏	Ningxia	106.3	102.0	103.4	101.9	101.1	101.5	101.6	102.3	102.1	101.5	101.4	102.3
新 疆	Xinjiang	105.9	103.8	103.9	102.1	100.6	101.4	102.2	102.0	101.9	101.5	101.2	101.8

3−1−9　各地区居民消费价格分类指数（2022年）
Consumer Price Indices by Category and Region (2022)

(上年价格=100)　　　　(Preceding Year=100)

地　区	Region	居民消费价格总指数 Consumer Price Index	一、食品烟酒 Food, Tobacco and Alcohol	1.食品 Food	(1)粮食 Grain	(2)薯类 Tubers	(3)豆类 Beans
全　国	**National**	**102.0**	**102.4**	**102.8**	**102.8**	**109.4**	**104.6**
北　京	Beijing	101.8	103.1	103.9	101.2	107.2	102.6
天　津	Tianjin	101.9	102.2	102.4	102.9	103.8	106.3
河　北	Hebei	101.8	102.7	103.1	104.3	108.0	106.1
山　西	Shanxi	102.1	103.7	104.4	105.7	120.3	102.5
内蒙古	Inner Mongolia	101.8	102.0	102.1	102.7	113.7	103.4
辽　宁	Liaoning	102.0	102.9	103.4	101.2	111.5	109.4
吉　林	Jilin	102.1	102.5	103.1	102.6	109.3	108.5
黑龙江	Heilongjiang	101.9	102.2	102.9	102.1	107.2	106.4
上　海	Shanghai	102.5	104.5	105.8	103.4	106.0	103.1
江　苏	Jiangsu	102.2	102.6	102.7	102.8	103.6	105.5
浙　江	Zhejiang	102.2	102.6	102.7	101.4	107.9	103.5
安　徽	Anhui	102.0	102.7	102.8	102.0	111.7	104.0
福　建	Fujian	101.9	102.4	103.2	100.4	110.8	103.3
江　西	Jiangxi	102.0	102.2	102.9	101.0	108.7	103.6
山　东	Shandong	101.7	102.3	102.8	105.5	109.2	106.1
河　南	Henan	101.5	102.1	102.3	106.0	110.9	103.7
湖　北	Hubei	102.1	102.2	102.2	101.1	110.0	101.7
湖　南	Hunan	101.8	101.4	101.8	102.3	106.7	103.1
广　东	Guangdong	102.2	102.9	102.9	101.6	105.6	104.3
广　西	Guangxi	101.9	101.9	102.3	100.4	105.3	105.0
海　南	Hainan	101.6	102.5	103.0	100.5	104.3	103.8
重　庆	Chongqing	102.1	103.9	105.3	101.7	109.7	106.3
四　川	Sichuan	102.0	101.9	102.0	103.8	109.7	104.1
贵　州	Guizhou	101.6	101.0	100.9	100.6	108.8	103.6
云　南	Yunnan	101.6	101.1	100.7	101.5	106.0	109.0
西　藏	Tibet	101.5	100.8	100.6	100.5	109.9	102.6
陕　西	Shaanxi	102.1	102.6	103.2	104.6	113.6	105.1
甘　肃	Gansu	101.9	102.8	102.7	105.1	112.2	102.2
青　海	Qinghai	102.4	102.8	103.6	103.8	113.7	104.9
宁　夏	Ningxia	102.3	102.2	102.5	104.6	117.5	102.3
新　疆	Xinjiang	101.8	101.4	101.7	101.9	113.6	103.8

3-1-9 续表 1 continued 1

(上年价格=100) (Preceding Year=100)

地 区 Region	(4)食用油 Edible Oil and Fats	(5)菜及食用菌 Vegetables and Edible Mushrooms	(6)畜肉类 Meat of Livestock	(7)禽肉类 Meat of Poultry	(8)水产品 Aquatic Products	(9)蛋类 Eggs
全 国 National	**105.8**	**103.0**	**95.7**	**104.0**	**101.9**	**107.2**
北 京 Beijing	104.1	101.4	97.7	103.9	103.5	106.1
天 津 Tianjin	104.7	99.2	97.4	101.3	98.6	107.4
河 北 Hebei	107.1	100.4	96.4	100.8	100.6	106.4
山 西 Shanxi	107.5	103.3	96.4	101.3	100.5	105.8
内蒙古 Inner Mongolia	103.4	101.0	96.2	101.4	97.3	105.8
辽 宁 Liaoning	104.2	105.5	96.5	102.1	101.7	107.5
吉 林 Jilin	105.6	106.7	95.9	101.5	97.9	107.4
黑龙江 Heilongjiang	107.2	100.5	96.9	101.2	101.4	108.5
上 海 Shanghai	110.7	111.6	98.3	109.2	106.8	116.0
江 苏 Jiangsu	105.9	103.5	97.4	103.8	99.7	106.8
浙 江 Zhejiang	107.2	103.1	96.0	103.9	102.5	104.8
安 徽 Anhui	104.6	102.9	97.3	105.4	96.6	108.3
福 建 Fujian	106.0	103.4	94.6	106.6	105.5	107.9
江 西 Jiangxi	106.5	104.3	95.3	105.8	100.7	109.0
山 东 Shandong	104.2	101.1	95.2	103.5	102.3	107.3
河 南 Henan	106.9	98.2	95.7	102.9	96.2	107.2
湖 北 Hubei	109.4	103.9	95.7	102.4	97.0	106.7
湖 南 Hunan	103.3	102.4	95.5	105.8	97.4	107.8
广 东 Guangdong	106.3	105.9	93.5	103.5	105.8	106.4
广 西 Guangxi	104.8	101.7	93.2	105.6	104.0	106.8
海 南 Hainan	104.8	102.0	95.9	103.8	107.1	106.1
重 庆 Chongqing	106.1	107.3	99.8	110.5	101.8	108.9
四 川 Sichuan	103.7	102.1	96.2	103.7	100.7	105.8
贵 州 Guizhou	101.0	102.4	93.4	102.7	99.5	107.4
云 南 Yunnan	102.8	101.2	94.0	101.8	99.4	107.0
西 藏 Tibet	99.0	102.2	99.1	101.7	102.0	114.1
陕 西 Shaanxi	106.3	100.7	96.6	101.9	98.0	109.2
甘 肃 Gansu	107.9	102.6	93.5	103.4	98.8	108.3
青 海 Qinghai	110.4	103.9	97.7	104.7	101.1	108.8
宁 夏 Ningxia	108.9	101.2	96.6	102.5	99.8	105.9
新 疆 Xinjiang	107.9	106.8	94.3	100.9	103.2	106.8

3-1-9 续表 2 continued 2

(上年价格=100) (Preceding Year=100)

地 区	Region	(10)奶类 Milk and Other Daiuy Products	(11)干鲜瓜果类 Fruits and Nuts	(12)糖果糕点类 Candy and Cake	(13)调味品 Flavoring	(14)其他食品类 Other Foods	2.茶及饮料 Tea and Beverages
全 国	**National**	**100.8**	**110.8**	**103.1**	**103.9**	**103.1**	**102.4**
北 京	Beijing	101.8	113.7	102.3	106.1	104.5	104.7
天 津	Tianjin	101.4	110.8	103.9	103.4	102.7	101.5
河 北	Hebei	100.0	112.1	102.9	102.8	102.7	102.1
山 西	Shanxi	100.8	114.2	102.4	102.6	103.4	101.7
内蒙古	Inner Mongolia	104.2	111.0	101.3	104.3	101.1	101.0
辽 宁	Liaoning	101.4	111.2	102.3	102.2	102.2	100.8
吉 林	Jilin	101.5	109.5	104.6	103.7	102.2	102.4
黑龙江	Heilongjiang	101.1	109.8	104.8	105.2	102.2	102.4
上 海	Shanghai	98.1	111.2	103.3	105.8	105.5	101.7
江 苏	Jiangsu	101.7	110.5	104.2	105.8	105.2	102.0
浙 江	Zhejiang	100.5	110.0	103.8	104.8	103.4	101.8
安 徽	Anhui	101.7	113.4	103.3	105.0	103.5	105.9
福 建	Fujian	101.0	112.3	103.4	103.7	103.9	101.7
江 西	Jiangxi	101.1	114.6	101.1	102.8	100.7	101.0
山 东	Shandong	100.9	110.7	102.1	102.4	104.0	102.8
河 南	Henan	100.3	110.3	102.4	104.0	102.9	101.8
湖 北	Hubei	102.9	109.2	104.5	104.9	105.0	103.6
湖 南	Hunan	100.8	110.2	101.5	104.0	101.9	101.3
广 东	Guangdong	100.4	110.9	102.7	104.3	102.5	103.1
广 西	Guangxi	98.1	111.6	103.6	103.2	100.7	101.2
海 南	Hainan	101.8	110.3	102.7	105.9	104.0	101.1
重 庆	Chongqing	101.4	114.4	102.9	107.1	103.3	103.0
四 川	Sichuan	100.4	109.0	102.4	103.0	102.5	104.0
贵 州	Guizhou	99.3	107.5	103.3	103.8	103.2	100.9
云 南	Yunnan	101.2	104.9	102.3	103.3	102.7	100.6
西 藏	Tibet	100.4	101.9	100.3	102.2	100.7	100.1
陕 西	Shaanxi	100.2	111.7	104.3	102.8	103.3	101.8
甘 肃	Gansu	101.1	110.1	103.2	103.1	103.8	100.5
青 海	Qinghai	101.0	112.0	106.6	104.0	103.9	102.1
宁 夏	Ningxia	102.0	105.8	106.2	103.9	103.9	102.2
新 疆	Xinjiang	99.1	109.5	102.5	100.5	100.5	102.7

3-1-9 续表 3 continued 3

(上年价格=100) (Preceding Year=100)

地区 Region	3.烟酒 Tobacco and Alcohol	(1)卷烟 Tobacco	(2)酒类 Alcohol	4.在外餐饮 Dining Out	二、衣着 Clothing	1.服装 Garments
全国 National	**101.5**	**101.5**	**101.6**	**101.9**	**100.5**	**100.6**
北京 Beijing	102.2	101.7	102.7	101.5	100.6	100.6
天津 Tianjin	102.7	103.9	101.1	101.6	101.4	101.0
河北 Hebei	101.1	100.8	101.4	102.1	99.7	99.8
山西 Shanxi	102.5	101.9	103.9	101.9	101.6	101.2
内蒙古 Inner Mongolia	101.8	102.0	101.5	101.6	100.3	100.3
辽宁 Liaoning	101.8	102.5	100.4	101.6	99.2	99.4
吉林 Jilin	100.4	100.7	99.8	101.1	99.7	99.9
黑龙江 Heilongjiang	101.2	101.1	101.3	100.5	101.0	101.1
上海 Shanghai	101.8	101.8	101.8	102.4	99.0	99.1
江苏 Jiangsu	102.2	102.7	101.3	102.5	101.2	101.2
浙江 Zhejiang	102.7	102.6	102.8	102.1	100.4	100.6
安徽 Anhui	101.4	102.8	99.4	103.0	101.3	101.3
福建 Fujian	100.6	100.8	100.3	100.9	100.0	99.5
江西 Jiangxi	100.6	100.8	100.2	101.2	100.5	100.6
山东 Shandong	101.7	101.1	102.4	100.9	100.3	100.5
河南 Henan	100.2	100.4	100.0	102.0	100.4	100.5
湖北 Hubei	100.6	100.3	101.6	102.7	101.0	100.7
湖南 Hunan	101.0	101.0	101.1	100.6	101.3	101.1
广东 Guangdong	102.7	102.9	102.0	102.8	100.6	101.0
广西 Guangxi	100.5	100.4	100.8	101.6	100.7	100.7
海南 Hainan	102.5	103.4	99.0	101.3	100.0	100.2
重庆 Chongqing	100.3	100.9	99.2	101.8	100.0	100.0
四川 Sichuan	101.3	100.3	103.1	101.6	101.4	101.9
贵州 Guizhou	101.8	100.7	105.0	101.1	100.6	100.4
云南 Yunnan	101.4	101.1	103.5	102.3	100.4	100.4
西藏 Tibet	99.9	100.2	99.4	102.7	100.8	100.5
陕西 Shaanxi	102.0	101.2	103.6	101.3	100.5	100.4
甘肃 Gansu	102.8	100.8	106.2	103.0	100.4	100.8
青海 Qinghai	100.7	100.1	101.4	101.7	101.5	101.8
宁夏 Ningxia	102.8	103.6	100.3	101.1	99.2	99.3
新疆 Xinjiang	100.6	100.1	101.5	100.7	99.8	99.9

3-1-9 续表 4 continued 4

(上年价格=100) (Preceding Year=100)

地 区	Region	(1)男式服装 Garments for Men	(2)女式服装 Garments for Women	(3)儿童服装 Garments for Children	2.鞋类 Footwear	(1)鞋 Shoes	(2)鞋类服务 Footwear Services
全 国	**National**	**100.7**	**100.6**	**100.1**	**100.3**	**100.2**	**101.9**
北 京	Beijing	99.1	101.3	100.9	100.7	100.7	101.0
天 津	Tianjin	101.2	101.1	100.5	102.4	102.4	103.2
河 北	Hebei	98.7	100.9	98.7	99.3	99.3	100.1
山 西	Shanxi	101.9	100.2	102.6	103.1	103.2	99.9
内 蒙 古	Inner Mongolia	100.0	100.5	100.4	100.3	100.3	102.1
辽 宁	Liaoning	100.0	99.1	98.4	98.4	98.4	100.5
吉 林	Jilin	99.7	100.7	97.2	98.8	98.8	101.1
黑 龙 江	Heilongjiang	102.2	101.0	99.9	100.5	100.5	100.4
上 海	Shanghai	99.4	98.3	100.9	98.4	98.4	100.0
江 苏	Jiangsu	101.1	101.3	100.9	101.1	101.1	102.6
浙 江	Zhejiang	100.9	100.6	99.0	99.8	99.8	100.9
安 徽	Anhui	101.8	100.8	101.6	101.2	101.2	101.3
福 建	Fujian	100.5	98.0	100.2	102.2	102.2	107.7
江 西	Jiangxi	100.3	100.6	101.0	100.2	100.2	103.9
山 东	Shandong	100.4	100.7	100.0	99.5	99.4	102.2
河 南	Henan	100.5	100.7	99.6	100.2	100.2	100.6
湖 北	Hubei	100.6	100.8	101.2	102.7	102.6	119.1
湖 南	Hunan	101.2	101.1	100.7	102.6	102.6	100.4
广 东	Guangdong	102.4	100.9	99.2	98.6	98.6	102.3
广 西	Guangxi	101.2	100.5	100.1	100.6	100.4	102.8
海 南	Hainan	100.9	100.2	98.7	98.9	98.9	102.0
重 庆	Chongqing	100.9	100.1	97.2	100.0	100.0	100.1
四 川	Sichuan	101.5	102.1	103.0	99.3	99.1	101.8
贵 州	Guizhou	100.7	101.0	97.6	101.7	101.7	100.1
云 南	Yunnan	99.7	100.7	100.8	100.5	100.4	101.9
西 藏	Tibet	100.3	100.6	101.0	101.4	101.4	100.2
陕 西	Shaanxi	100.7	100.2	99.5	101.2	101.3	100.4
甘 肃	Gansu	100.6	100.7	101.2	98.8	98.8	100.0
青 海	Qinghai	102.3	101.9	101.0	100.4	100.4	100.5
宁 夏	Ningxia	99.1	99.4	99.6	98.7	98.7	100.0
新 疆	Xinjiang	99.8	99.4	100.6	99.5	99.4	101.0

3-1-9 续表 5 continued 5

(上年价格=100) (Preceding Year=100)

地 区 Region	三、居住 Residence	1.租赁房房租 Rent of Rental Housing	2.住房保养维修及管理 Housing Maintenance and Management	3.水电燃料 Water, Electricity and Fuels	四、生活用品及服务 Articles for Daily Use and Services	1.家具及室内装饰品 Furniture and Interior Decorations
全 国 National	**100.7**	**99.7**	**102.5**	**102.9**	**101.2**	**100.9**
北 京 Beijing	100.6	100.6	102.3	100.1	101.6	101.4
天 津 Tianjin	100.3	101.0	103.4	98.8	101.6	100.0
河 北 Hebei	100.7	99.8	102.0	102.2	100.6	99.8
山 西 Shanxi	100.4	99.4	103.7	100.8	100.8	100.4
内蒙古 Inner Mongolia	100.5	100.1	101.6	103.5	101.1	101.2
辽 宁 Liaoning	100.5	99.2	102.1	103.4	100.9	99.8
吉 林 Jilin	101.9	98.9	101.7	106.1	101.4	101.8
黑龙江 Heilongjiang	101.3	99.4	101.3	105.1	100.6	100.5
上 海 Shanghai	101.0	100.6	102.3	102.8	102.0	103.0
江 苏 Jiangsu	100.9	100.3	102.7	102.5	102.0	102.2
浙 江 Zhejiang	100.7	99.5	104.6	102.8	101.8	100.2
安 徽 Anhui	99.8	98.8	101.7	102.3	101.0	100.6
福 建 Fujian	100.9	99.9	102.8	103.4	101.3	100.5
江 西 Jiangxi	100.9	99.7	101.8	104.0	100.8	100.5
山 东 Shandong	100.5	99.3	102.3	103.6	101.1	99.8
河 南 Henan	100.1	99.1	102.0	102.3	101.1	101.5
湖 北 Hubei	101.4	100.9	103.1	102.1	101.4	100.6
湖 南 Hunan	100.7	100.9	101.6	102.4	101.2	100.8
广 东 Guangdong	100.6	99.6	102.3	103.4	101.2	101.7
广 西 Guangxi	100.4	98.8	101.3	103.8	100.5	100.9
海 南 Hainan	99.3	97.5	103.2	102.6	100.6	100.4
重 庆 Chongqing	99.9	99.2	103.1	101.4	101.4	100.4
四 川 Sichuan	101.0	100.0	103.3	102.0	101.3	102.1
贵 州 Guizhou	100.5	98.8	102.0	103.4	100.8	100.7
云 南 Yunnan	100.2	99.2	102.7	102.4	100.8	100.3
西 藏 Tibet	100.5	100.0	102.1	100.2	100.5	99.8
陕 西 Shaanxi	101.1	100.2	101.0	104.5	101.0	100.4
甘 肃 Gansu	100.8	98.5	102.2	104.3	100.9	99.3
青 海 Qinghai	101.1	100.0	103.1	101.9	101.2	101.1
宁 夏 Ningxia	100.9	99.1	103.1	103.2	101.4	100.7
新 疆 Xinjiang	101.4	98.5	104.1	104.8	101.0	100.4

3-1-9 续表 6 continued 6

(上年价格=100) (Preceding Year=100)

地区	Region	(1)家具 Furniture	(2)室内装饰品 Interior Decorations	2.家用器具 Home Appliances	(1)大型家用器具 Large Household Appliances	(2)小家电 Small Household Appliances	3.家用纺织品 Home Textiles
全国	**National**	**101.1**	**99.0**	**101.4**	**101.1**	**102.6**	**99.8**
北京	Beijing	101.7	99.4	101.9	101.6	103.6	100.5
天津	Tianjin	99.9	101.4	101.6	101.0	104.0	101.4
河北	Hebei	100.1	97.5	100.8	100.5	102.4	99.7
山西	Shanxi	100.5	98.6	100.7	100.5	102.1	100.8
内蒙古	Inner Mongolia	101.2	101.2	100.8	100.6	101.6	100.0
辽宁	Liaoning	100.0	98.1	100.4	100.2	101.4	99.5
吉林	Jilin	102.2	99.2	101.0	100.6	102.7	100.5
黑龙江	Heilongjiang	100.8	98.3	100.4	100.0	101.9	98.7
上海	Shanghai	103.3	99.1	102.6	102.6	102.8	98.7
江苏	Jiangsu	102.4	99.7	102.0	101.8	103.1	100.6
浙江	Zhejiang	100.3	100.0	103.2	103.5	101.8	99.4
安徽	Anhui	100.9	98.8	101.3	100.9	102.9	100.4
福建	Fujian	100.7	98.8	101.3	101.2	101.9	99.9
江西	Jiangxi	100.7	98.6	100.6	100.1	102.5	99.7
山东	Shandong	99.9	99.3	101.6	101.4	102.7	99.3
河南	Henan	101.8	97.5	100.8	100.5	102.7	99.5
湖北	Hubei	100.7	99.8	101.3	100.6	103.6	100.7
湖南	Hunan	101.0	99.3	101.7	101.5	102.4	100.4
广东	Guangdong	101.9	99.6	101.5	101.1	103.3	97.9
广西	Guangxi	101.0	99.8	99.8	99.4	101.5	100.2
海南	Hainan	100.9	96.9	101.4	101.4	101.4	102.2
重庆	Chongqing	100.7	97.7	101.4	101.0	103.1	100.4
四川	Sichuan	102.3	100.1	101.4	101.2	102.3	99.8
贵州	Guizhou	101.2	98.1	101.3	101.0	102.1	99.3
云南	Yunnan	100.6	97.2	100.5	100.1	101.9	99.7
西藏	Tibet	100.2	97.7	99.5	99.3	101.9	98.9
陕西	Shaanxi	100.8	97.1	101.6	101.3	103.0	100.7
甘肃	Gansu	99.4	98.5	102.1	102.0	102.3	100.6
青海	Qinghai	101.3	99.6	101.4	101.3	101.5	101.9
宁夏	Ningxia	100.9	99.7	100.5	100.3	101.3	100.8
新疆	Xinjiang	100.6	99.2	100.6	100.3	101.9	102.2

3-1-9 续表 7 continued 7

(上年价格=100) (Preceding Year=100)

地 区	Region	(1)床上用品 Bed Articles	(2)窗帘门帘 Curtains	(3)其他家用纺织品 Other Home Textiles	4.家庭日用杂品 Daily Use Household Articles	(1)洗涤卫生用品 Clearing Products	(2)厨具餐具茶具 Kitchenware, Tableware and Tea Sets
全 国	**National**	**99.6**	**101.0**	**100.0**	**100.3**	**100.4**	**101.6**
北 京	Beijing	100.3	98.9	102.8	101.7	102.5	101.0
天 津	Tianjin	101.0	104.4	101.2	101.9	102.9	100.2
河 北	Hebei	99.8	100.3	97.7	99.3	98.8	101.1
山 西	Shanxi	100.8	101.2	100.2	100.0	99.7	101.8
内蒙古	Inner Mongolia	99.9	99.7	100.6	100.0	99.8	101.7
辽 宁	Liaoning	99.5	99.4	99.8	100.4	100.3	101.4
吉 林	Jilin	100.2	100.3	102.5	101.4	100.2	102.4
黑龙江	Heilongjiang	98.2	100.2	100.6	99.8	100.0	101.1
上 海	Shanghai	97.9	98.3	107.2	100.5	101.2	99.1
江 苏	Jiangsu	100.5	101.5	101.5	101.1	101.2	101.8
浙 江	Zhejiang	99.3	103.5	96.6	101.0	100.9	101.6
安 徽	Anhui	100.5	100.1	99.9	99.6	99.8	100.5
福 建	Fujian	99.2	103.4	100.9	100.6	100.5	101.5
江 西	Jiangxi	99.2	102.1	101.1	100.3	100.4	102.1
山 东	Shandong	99.1	100.0	100.0	100.0	100.0	102.0
河 南	Henan	99.3	100.9	99.6	100.1	99.6	101.5
湖 北	Hubei	100.8	100.7	99.2	100.8	101.0	103.6
湖 南	Hunan	100.3	100.7	101.5	100.4	100.5	102.3
广 东	Guangdong	97.5	100.3	98.4	100.1	100.5	102.0
广 西	Guangxi	100.2	101.8	98.9	99.9	99.7	101.1
海 南	Hainan	102.5	100.4	102.2	98.6	101.2	98.6
重 庆	Chongqing	100.0	104.0	101.3	101.2	100.9	101.4
四 川	Sichuan	99.6	101.2	99.4	100.5	101.0	101.0
贵 州	Guizhou	99.0	101.0	99.3	100.4	100.7	102.1
云 南	Yunnan	99.7	99.7	100.8	100.4	100.0	102.5
西 藏	Tibet	98.5	100.3	99.1	100.4	100.5	102.2
陕 西	Shaanxi	100.6	101.3	100.4	100.1	99.7	102.1
甘 肃	Gansu	100.5	101.3	100.4	100.3	100.3	101.7
青 海	Qinghai	100.0	109.0	101.2	100.4	100.2	101.7
宁 夏	Ningxia	100.6	100.2	102.3	101.7	102.2	102.6
新 疆	Xinjiang	101.4	104.3	102.4	99.9	99.8	101.2

3-1-9 续表 8 continued 8

(上年价格=100) (Preceding Year=100)

地 区	Region	5.个人护理用品 Personal-care Supplies	(1)化妆品 Cosmetics	(2)其他护理用品类 Other Nursing Materials	6.家庭服务 Household Services	五、交通通信 Transport and Communications	1.交通 Transport
全 国	**National**	**102.1**	**102.0**	**102.2**	**102.7**	**105.2**	**107.2**
北 京	Beijing	101.0	100.8	101.6	102.9	105.0	106.7
天 津	Tianjin	102.1	102.8	100.8	102.4	105.9	107.4
河 北	Hebei	102.6	102.8	102.3	101.9	104.5	107.0
山 西	Shanxi	101.9	101.7	102.3	101.8	104.6	106.8
内蒙古	Inner Mongolia	102.9	103.0	102.6	100.6	105.8	107.6
辽 宁	Liaoning	101.7	101.9	101.1	104.0	105.9	108.1
吉 林	Jilin	101.9	101.8	102.0	101.5	104.9	106.7
黑龙江	Heilongjiang	102.1	101.8	102.8	102.0	105.5	108.3
上 海	Shanghai	101.3	101.4	101.1	105.1	104.4	106.2
江 苏	Jiangsu	102.7	102.9	102.3	103.9	104.9	106.5
浙 江	Zhejiang	102.3	102.6	101.9	102.7	105.1	106.8
安 徽	Anhui	101.8	101.5	102.1	104.0	105.3	107.6
福 建	Fujian	101.6	101.4	101.9	104.8	104.9	106.8
江 西	Jiangxi	102.1	101.9	102.3	102.1	105.6	107.9
山 东	Shandong	103.2	103.5	102.7	102.0	104.8	106.6
河 南	Henan	102.7	102.3	103.3	101.8	104.4	106.3
湖 北	Hubei	103.0	102.0	104.0	102.5	104.7	106.2
湖 南	Hunan	102.1	101.7	102.6	101.4	106.3	108.2
广 东	Guangdong	101.1	100.6	101.5	103.2	105.8	108.0
广 西	Guangxi	101.2	101.1	101.2	103.3	104.5	106.9
海 南	Hainan	98.7	97.8	99.3	106.9	105.0	107.0
重 庆	Chongqing	102.6	102.1	103.3	102.2	105.5	108.3
四 川	Sichuan	101.5	101.5	101.6	102.8	105.4	108.0
贵 州	Guizhou	100.9	100.1	102.3	102.5	105.4	107.7
云 南	Yunnan	102.0	101.9	102.1	101.4	105.4	107.4
西 藏	Tibet	102.6	102.8	102.0	100.1	106.1	109.0
陕 西	Shaanxi	102.4	102.5	102.1	100.7	103.8	105.5
甘 肃	Gansu	102.5	102.4	102.6	101.1	105.0	107.0
青 海	Qinghai	101.6	101.6	101.8	102.4	104.7	106.2
宁 夏	Ningxia	102.5	102.3	102.7	101.4	106.8	109.4
新 疆	Xinjiang	102.6	102.7	102.3	100.9	106.1	108.1

3-1-9 续表 9 continued 9

(上年价格=100) (Preceding Year=100)

地区 Region	(1)交通工具 Transport Facility	(2)交通工具用燃料 Fuels for Transport Facility	(3)交通工具使用和维修 Use and Maintenance of Transport Facility	(4)交通费 Traffic Fee	2.通信 Communications	(1)通信工具 Communication Facility
全国 National	**99.6**	**120.9**	**101.5**	**103.1**	**99.1**	**97.8**
北京 Beijing	98.1	121.2	101.5	103.0	99.2	97.1
天津 Tianjin	99.6	121.4	97.2	100.9	100.4	101.2
河北 Hebei	100.0	120.8	100.5	100.9	98.6	96.9
山西 Shanxi	99.0	121.0	100.8	102.1	98.9	97.5
内蒙古 Inner Mongolia	99.5	121.1	101.0	102.0	100.6	97.1
辽宁 Liaoning	99.9	121.4	100.9	101.9	99.3	97.9
吉林 Jilin	99.4	121.3	101.1	101.3	99.5	98.3
黑龙江 Heilongjiang	97.7	121.5	100.4	106.2	98.9	97.4
上海 Shanghai	100.0	121.1	101.6	101.3	98.0	94.9
江苏 Jiangsu	99.6	120.7	100.9	103.2	99.4	98.2
浙江 Zhejiang	100.7	120.8	102.7	99.9	99.2	98.8
安徽 Anhui	100.9	121.0	101.9	103.1	99.0	98.3
福建 Fujian	97.9	121.1	100.4	104.7	99.6	98.7
江西 Jiangxi	100.2	121.4	100.8	102.5	99.2	97.3
山东 Shandong	98.3	121.5	100.5	104.8	98.9	97.6
河南 Henan	99.5	121.1	101.5	102.2	99.3	99.2
湖北 Hubei	98.8	121.2	101.3	102.7	99.3	97.9
湖南 Hunan	101.8	121.3	100.2	101.0	99.6	98.8
广东 Guangdong	98.6	120.4	102.0	105.4	99.3	98.9
广西 Guangxi	99.9	120.7	104.2	102.5	98.2	96.0
海南 Hainan	99.1	118.4	100.4	106.8	99.8	99.1
重庆 Chongqing	99.1	120.7	109.4	102.6	98.1	94.7
四川 Sichuan	99.8	120.4	100.9	104.2	98.2	96.4
贵州 Guizhou	99.9	120.2	100.0	103.4	98.8	96.6
云南 Yunnan	100.5	120.6	104.6	102.2	99.1	97.2
西藏 Tibet	100.4	117.5	99.7	108.4	100.6	97.2
陕西 Shaanxi	101.0	120.6	100.4	102.0	99.5	98.5
甘肃 Gansu	101.1	121.3	100.3	101.9	99.8	99.5
青海 Qinghai	100.1	119.2	101.6	99.3	99.7	99.2
宁夏 Ningxia	100.5	121.4	100.4	104.9	99.0	97.1
新疆 Xinjiang	100.7	119.8	100.2	109.7	99.3	98.2

3-1-9 续表 10 continued 10

(上年价格=100) (Preceding Year=100)

地 区	Region	(2)通信服务 Communicaiton Services	(3)邮递服务 Postal Services	六、教育文化娱乐 Education, Culture and Recreation	1.教育 Education	(1)教育用品 Education Articles	(2)教育服务 Education Services
全 国	**National**	**99.7**	**99.9**	**101.8**	**102.1**	**102.0**	**102.1**
北 京	Beijing	100.3	99.8	100.6	100.9	100.6	100.9
天 津	Tianjin	100.0	100.0	101.8	102.2	103.2	102.1
河 北	Hebei	99.6	100.5	101.4	101.7	100.7	101.8
山 西	Shanxi	99.7	99.8	101.3	101.5	104.2	101.3
内 蒙 古	Inner Mongolia	102.5	99.9	101.2	100.5	101.7	100.4
辽 宁	Liaoning	100.2	100.5	101.8	101.9	100.9	102.0
吉 林	Jilin	100.3	100.6	101.2	100.9	102.7	100.8
黑 龙 江	Heilongjiang	99.9	100.0	100.9	100.6	101.4	100.6
上 海	Shanghai	99.3	101.5	103.5	104.3	95.5	104.8
江 苏	Jiangsu	99.9	99.9	101.6	101.3	104.0	101.2
浙 江	Zhejiang	99.2	100.5	103.1	103.8	102.0	103.9
安 徽	Anhui	99.3	99.7	102.8	103.7	101.6	103.8
福 建	Fujian	100.0	100.1	101.4	101.7	103.3	101.6
江 西	Jiangxi	100.0	100.5	102.1	102.7	104.4	102.6
山 东	Shandong	99.8	98.3	100.4	100.5	101.2	100.5
河 南	Henan	99.3	99.8	101.3	101.8	102.0	101.7
湖 北	Hubei	100.0	101.3	102.3	101.8	100.9	101.8
湖 南	Hunan	100.0	100.4	100.9	101.3	100.3	101.4
广 东	Guangdong	99.4	99.8	102.2	102.5	102.6	102.5
广 西	Guangxi	98.6	100.1	104.0	105.2	101.7	105.5
海 南	Hainan	100.1	100.0	102.1	101.7	102.9	101.7
重 庆	Chongqing	99.6	99.7	101.6	101.9	114.7	101.0
四 川	Sichuan	98.8	100.1	102.0	102.8	102.6	102.8
贵 州	Guizhou	99.7	99.4	101.5	101.5	102.0	101.4
云 南	Yunnan	100.0	99.9	101.6	101.5	100.6	101.6
西 藏	Tibet	101.4	98.6	100.3	100.1	101.0	100.0
陕 西	Shaanxi	100.0	100.0	103.4	104.1	102.3	104.3
甘 肃	Gansu	100.0	99.2	100.9	100.8	102.8	100.6
青 海	Qinghai	100.1	99.9	103.6	103.8	102.8	103.8
宁 夏	Ningxia	100.0	99.5	101.5	101.8	101.6	101.8
新 疆	Xinjiang	99.9	99.6	100.7	100.7	101.7	100.7

3-1-9 续表 11 continued 11

(上年价格=100) (Preceding Year=100)

地区 Region	2.文化娱乐 Culture and Recreation	(1)文娱耐用消费品 Durable Consumer Goods for Culture and Recreation	(2)其他文娱用品 Other Articles for Culture and Recreation	(3)文化娱乐服务 Services for Culture and Recreation	(4)旅游 Touring and Outing	七、医疗保健 Health Care
全国 National	**101.3**	**99.8**	**101.1**	**100.3**	**103.2**	**100.6**
北京 Beijing	100.3	99.8	102.9	96.7	101.2	100.7
天津 Tianjin	101.4	99.4	103.0	100.8	101.9	100.2
河北 Hebei	100.9	100.8	100.5	101.0	101.4	100.5
山西 Shanxi	100.9	100.1	100.7	99.5	103.0	100.3
内蒙古 Inner Mongolia	102.4	99.6	100.8	100.0	108.1	100.3
辽宁 Liaoning	101.6	99.8	101.4	101.2	102.8	100.1
吉林 Jilin	101.8	99.7	100.9	99.8	104.6	100.7
黑龙江 Heilongjiang	101.5	100.1	100.3	100.1	104.9	100.5
上海 Shanghai	102.6	99.2	102.3	100.3	106.6	102.1
江苏 Jiangsu	101.9	100.3	101.4	101.4	103.5	101.9
浙江 Zhejiang	101.8	100.4	101.2	100.1	104.1	100.3
安徽 Anhui	100.6	98.7	101.1	100.2	101.5	100.9
福建 Fujian	100.8	99.5	101.5	100.1	101.8	100.3
江西 Jiangxi	100.8	98.1	100.8	100.7	103.0	100.2
山东 Shandong	100.3	100.1	101.4	99.8	100.1	100.4
河南 Henan	100.3	99.7	100.6	100.6	100.5	100.7
湖北 Hubei	103.5	100.5	101.9	100.7	109.5	100.3
湖南 Hunan	100.0	100.8	100.8	100.3	99.0	101.0
广东 Guangdong	101.7	100.1	100.6	100.2	104.4	100.4
广西 Guangxi	101.3	97.7	101.5	99.8	106.3	100.9
海南 Hainan	103.1	100.1	99.6	99.6	111.3	100.0
重庆 Chongqing	101.2	98.6	100.1	98.5	105.2	99.7
四川 Sichuan	101.0	98.4	100.5	101.4	102.1	100.6
贵州 Guizhou	101.6	99.0	100.7	101.0	104.7	100.3
云南 Yunnan	101.6	102.4	100.5	100.4	102.8	100.8
西藏 Tibet	100.6	100.1	100.2	99.4	106.6	99.9
陕西 Shaanxi	101.7	101.0	101.1	100.1	103.8	100.8
甘肃 Gansu	101.2	102.0	100.5	100.1	102.6	100.5
青海 Qinghai	103.3	101.5	102.4	100.7	108.5	100.4
宁夏 Ningxia	100.9	98.4	100.7	100.9	103.2	102.3
新疆 Xinjiang	100.7	99.8	100.8	99.0	102.8	100.0

3-1-9 续表 12 continued 12

(上年价格=100) (Preceding Year=100)

地 区 Region	1.药品及医疗器具 Medicine and Medical Instruments	(1)中药 Traditional Chinese Medicine	(2)西药 Western Medicine	(3)滋补保健品 Health Care Articles	(4)医疗卫生器具 Medical Instruments	(5)保健器具 Health Care Appliances
全 国 National	**100.2**	**102.5**	**99.6**	**100.1**	**98.2**	**99.8**
北 京 Beijing	101.5	106.6	99.4	101.4	98.6	100.2
天 津 Tianjin	100.5	99.7	100.3	101.1	101.2	101.1
河 北 Hebei	101.1	102.3	100.9	100.9	100.4	100.0
山 西 Shanxi	100.1	103.1	99.6	99.5	98.5	99.7
内蒙古 Inner Mongolia	100.7	102.7	100.4	100.0	98.1	99.6
辽 宁 Liaoning	99.2	101.1	98.3	99.5	99.3	100.1
吉 林 Jilin	101.1	103.3	100.6	100.6	98.8	100.0
黑龙江 Heilongjiang	100.1	101.9	99.9	100.0	96.9	100.1
上 海 Shanghai	97.5	104.6	95.3	95.3	99.2	97.0
江 苏 Jiangsu	97.1	103.2	92.2	100.8	96.7	100.1
浙 江 Zhejiang	99.8	93.8	102.1	100.4	99.4	101.0
安 徽 Anhui	100.2	102.3	100.0	99.8	97.8	99.2
福 建 Fujian	101.2	102.4	101.7	99.9	99.5	100.2
江 西 Jiangxi	100.4	102.2	99.9	100.3	97.8	99.3
山 东 Shandong	100.6	102.3	100.0	101.3	98.7	100.1
河 南 Henan	100.8	102.9	101.1	100.1	95.1	100.8
湖 北 Hubei	100.7	102.9	99.7	100.2	102.8	99.1
湖 南 Hunan	101.9	104.1	101.8	100.4	100.0	100.4
广 东 Guangdong	100.8	102.9	100.7	100.6	98.1	101.2
广 西 Guangxi	99.1	103.7	97.5	97.6	97.0	101.2
海 南 Hainan	99.0	100.2	98.6	101.0	96.6	99.9
重 庆 Chongqing	99.2	103.9	99.0	96.4	95.1	100.1
四 川 Sichuan	100.4	103.1	99.5	100.2	98.0	98.1
贵 州 Guizhou	100.4	101.5	100.1	101.1	98.5	100.1
云 南 Yunnan	101.0	103.3	100.8	99.4	97.3	100.7
西 藏 Tibet	99.7	99.5	99.9	100.0	96.9	99.9
陕 西 Shaanxi	100.7	103.6	99.8	100.7	96.3	100.0
甘 肃 Gansu	100.9	103.0	100.5	99.8	97.9	100.0
青 海 Qinghai	99.7	100.5	99.8	98.8	95.7	101.2
宁 夏 Ningxia	100.1	103.5	98.2	99.9	100.4	99.9
新 疆 Xinjiang	99.2	103.2	97.7	100.7	96.3	99.5

3-1-9 续表 13 continued 13

(上年价格=100) (Preceding Year=100)

地 区	Region	2.医疗服务 Medical Services	(1)综合医疗类 General Practice	(2)诊断类 Diagnostic Medical	(3)治疗类 Medical Treatment	(4)康复类 Rehabilitation	(5)中医医疗服务类 Traditional Chinese Medical
全 国	**National**	**100.8**	**101.5**	**100.1**	**101.2**	**101.3**	**101.7**
北 京	Beijing	100.3	100.0	100.8	100.0	100.0	100.0
天 津	Tianjin	100.1	100.0	100.1	100.0	100.0	100.0
河 北	Hebei	100.3	101.1	99.9	100.1	100.0	100.0
山 西	Shanxi	100.4	102.3	100.0	100.0	100.0	100.0
内 蒙 古	Inner Mongolia	100.1	100.2	100.0	100.0	100.0	100.2
辽 宁	Liaoning	100.5	100.5	100.5	100.3	100.1	102.6
吉 林	Jilin	100.4	101.3	100.0	100.5	100.0	100.0
黑 龙 江	Heilongjiang	100.7	100.3	100.0	102.5	99.7	100.2
上 海	Shanghai	105.0	104.9	101.6	107.8	109.2	106.6
江 苏	Jiangsu	103.5	108.0	100.0	106.0	102.8	107.9
浙 江	Zhejiang	100.5	101.3	101.0	98.8	103.4	101.0
安 徽	Anhui	101.2	102.4	100.2	101.8	100.3	100.1
福 建	Fujian	99.9	100.7	99.2	100.0	100.0	101.9
江 西	Jiangxi	100.1	100.2	99.9	100.4	100.0	100.0
山 东	Shandong	100.2	100.6	100.0	100.3	101.1	100.0
河 南	Henan	100.7	100.2	100.0	101.2	100.6	105.8
湖 北	Hubei	100.1	100.2	100.2	100.0	100.0	100.0
湖 南	Hunan	100.7	102.4	99.3	101.1	99.2	98.7
广 东	Guangdong	100.3	100.2	99.9	100.9	100.4	100.5
广 西	Guangxi	101.9	102.7	101.4	101.8	108.7	99.9
海 南	Hainan	100.6	102.5	100.2	98.7	100.5	101.2
重 庆	Chongqing	100.0	100.0	100.0	100.0	100.0	100.0
四 川	Sichuan	100.6	101.0	100.2	101.2	100.9	101.8
贵 州	Guizhou	100.3	101.0	99.9	100.4	101.0	101.1
云 南	Yunnan	100.8	101.4	100.0	101.7	100.8	101.6
西 藏	Tibet	99.9	99.9	100.0	100.0	100.0	99.9
陕 西	Shaanxi	100.8	103.2	99.9	100.1	99.0	101.3
甘 肃	Gansu	100.3	100.5	100.0	100.8	100.2	100.3
青 海	Qinghai	100.7	102.8	99.9	100.0	100.0	100.2
宁 夏	Ningxia	103.4	110.2	99.5	101.2	103.8	106.9
新 疆	Xinjiang	100.4	100.3	100.7	100.3	100.3	100.1

3-1-9 续表 14 continued 14

(上年价格=100) (Preceding Year=100)

地　区	Region	(6)其他医疗保健服务 Other Health Care Services	八、其他用品及服务 Other Articles and Services	1.其他用品 Other Articles	(1)首饰手表 Jewelry and Watches	(2)母婴用品 Maternal and Infant Products	(3)其他杂项用品 Other Miscellaneous Articles
全　国	**National**	**100.5**	**101.6**	**102.0**	**101.6**	**104.7**	**100.4**
北　京	Beijing	101.9	101.6	102.2	101.8	107.2	100.5
天　津	Tianjin	102.9	100.3	100.6	100.5	101.4	100.5
河　北	Hebei	100.2	101.8	102.1	102.0	105.5	99.3
山　西	Shanxi	100.1	101.4	100.8	100.4	103.9	99.8
内蒙古	Inner Mongolia	100.3	101.8	102.5	102.6	104.5	100.1
辽　宁	Liaoning	100.6	101.8	102.2	102.5	105.0	100.5
吉　林	Jilin	100.0	101.7	102.2	102.5	104.6	100.1
黑龙江	Heilongjiang	100.2	101.3	101.9	101.8	106.3	99.8
上　海	Shanghai	99.7	100.6	101.4	101.5	104.1	100.5
江　苏	Jiangsu	101.3	101.8	101.8	101.0	104.5	101.2
浙　江	Zhejiang	100.9	101.8	102.5	101.8	104.0	103.1
安　徽	Anhui	102.4	102.0	102.6	102.3	104.6	100.5
福　建	Fujian	99.6	101.5	102.3	101.5	105.4	100.6
江　西	Jiangxi	99.9	101.6	101.5	101.6	103.6	100.5
山　东	Shandong	100.1	101.8	102.1	101.7	105.6	100.4
河　南	Henan	101.5	101.4	101.9	101.8	105.1	99.8
湖　北	Hubei	100.0	102.4	102.4	101.2	105.7	100.5
湖　南	Hunan	100.9	101.6	103.1	103.0	105.2	100.8
广　东	Guangdong	99.4	101.6	101.5	100.3	103.6	100.2
广　西	Guangxi	104.7	101.0	101.1	100.8	104.0	99.0
海　南	Hainan	101.8	100.5	100.3	101.4	98.6	100.8
重　庆	Chongqing	102.6	100.6	101.8	102.0	106.3	99.5
四　川	Sichuan	99.8	101.7	101.3	100.7	105.2	99.6
贵　州	Guizhou	98.9	101.4	102.1	102.1	104.1	100.8
云　南	Yunnan	101.4	102.2	103.1	102.8	105.3	101.0
西　藏	Tibet	99.5	102.0	101.8	101.1	105.5	100.5
陕　西	Shaanxi	100.1	101.9	102.1	101.9	106.2	99.3
甘　肃	Gansu	99.4	101.2	101.8	101.1	105.2	100.7
青　海	Qinghai	100.0	100.9	101.1	101.8	103.1	97.8
宁　夏	Ningxia	102.7	101.1	101.3	101.8	103.2	99.1
新　疆	Xinjiang	100.4	102.3	102.4	102.1	105.6	99.6

3-1-9 续表 15 continued 15

(上年价格=100) (Preceding Year=100)

地 区	Region	2.其他服务 Other Services	(1)在外住宿 Out Accommodation	(2)美容美发洗浴 Beauty Salon, Hair Salon and Scouring Bath	(3)养老服务 Elderly Care	(4)金融及保险服务 Finance and Insurance	(5)中介法律及其他服务 Intermediary, Legal and Other Services
全 国	**National**	**101.2**	**98.3**	**102.7**	**101.5**	**101.3**	**100.6**
北 京	Beijing	101.1	101.9	101.1	102.1	100.4	101.1
天 津	Tianjin	100.0	95.7	100.5	103.5	100.0	104.0
河 北	Hebei	101.6	100.3	102.6	101.1	101.7	100.3
山 西	Shanxi	102.2	99.3	104.0	109.3	101.6	98.3
内蒙古	Inner Mongolia	101.1	99.8	100.9	99.8	102.1	100.0
辽 宁	Liaoning	101.5	97.0	104.4	100.6	101.2	100.2
吉 林	Jilin	101.2	100.5	101.8	101.1	101.1	100.1
黑龙江	Heilongjiang	100.6	99.5	101.2	99.8	100.6	102.1
上 海	Shanghai	99.7	87.8	103.3	101.9	101.1	102.7
江 苏	Jiangsu	101.7	96.0	103.2	102.8	102.0	100.7
浙 江	Zhejiang	101.1	99.4	102.7	100.7	100.5	100.8
安 徽	Anhui	101.2	99.6	102.6	101.4	100.4	101.8
福 建	Fujian	100.7	97.8	101.8	100.1	100.8	101.3
江 西	Jiangxi	101.8	98.9	104.1	102.2	101.2	100.0
山 东	Shandong	101.5	95.3	102.7	101.2	102.3	100.6
河 南	Henan	100.8	96.5	101.2	101.5	101.7	100.4
湖 北	Hubei	102.3	104.0	108.9	100.5	100.1	99.8
湖 南	Hunan	100.2	97.3	100.9	100.3	100.3	100.6
广 东	Guangdong	101.7	99.8	102.9	100.7	101.7	100.4
广 西	Guangxi	101.0	98.2	103.0	102.9	101.2	99.9
海 南	Hainan	100.6	97.1	101.4	102.0	102.0	99.2
重 庆	Chongqing	99.9	94.5	100.5	102.3	100.0	100.3
四 川	Sichuan	102.0	100.5	102.4	101.2	102.4	100.0
贵 州	Guizhou	100.8	99.6	102.6	100.3	100.5	100.0
云 南	Yunnan	101.3	99.1	104.2	101.3	100.8	100.6
西 藏	Tibet	102.1	109.0	102.2	100.0	100.0	100.0
陕 西	Shaanxi	101.7	98.0	102.3	103.2	103.4	100.1
甘 肃	Gansu	100.6	98.9	102.1	100.3	101.1	100.0
青 海	Qinghai	100.7	99.8	103.1	97.5	100.7	100.9
宁 夏	Ningxia	100.9	94.0	102.0	100.8	103.8	99.6
新 疆	Xinjiang	102.2	104.8	103.6	100.9	100.6	100.2

3-1-10 各地区城市居民消费价格分类指数（2022年）
Urban Consumer Price Indices by Category and Region (2022)

(上年价格=100) (Preceding Year=100)

地 区	Region	居民消费价格总指数 Consumer Price Index	一、食品烟酒 Food, Tobacco and Alcohol	1.食品 Food	(1)粮食 Grain	(2)薯类 Tubers	(3)豆类 Beans
全 国	**National**	**102.0**	**102.6**	**102.9**	**102.8**	**108.4**	**104.5**
北 京	Beijing	101.8	103.1	103.9	101.2	107.2	102.6
天 津	Tianjin	101.9	102.2	102.4	102.9	103.8	106.3
河 北	Hebei	101.7	102.7	103.1	104.3	108.0	107.5
山 西	Shanxi	102.0	103.5	104.3	105.3	118.4	102.4
内 蒙 古	Inner Mongolia	101.7	101.9	102.0	102.6	113.1	103.0
辽 宁	Liaoning	101.9	103.0	103.6	101.1	111.6	108.8
吉 林	Jilin	102.0	102.5	103.2	103.0	109.4	109.7
黑 龙 江	Heilongjiang	101.9	102.4	103.1	101.1	107.3	106.8
上 海	Shanghai	102.5	104.5	105.8	103.4	106.0	103.1
江 苏	Jiangsu	102.1	102.6	102.7	102.9	103.1	104.7
浙 江	Zhejiang	102.2	102.6	102.8	101.3	108.3	103.8
安 徽	Anhui	102.1	103.0	103.2	101.8	107.9	104.5
福 建	Fujian	101.9	102.5	103.3	100.4	111.3	103.0
江 西	Jiangxi	102.0	102.4	103.0	100.8	107.9	103.7
山 东	Shandong	101.5	102.1	102.6	104.9	108.1	106.8
河 南	Henan	101.4	101.9	102.0	106.1	108.7	102.8
湖 北	Hubei	102.1	102.5	102.5	101.3	109.5	101.4
湖 南	Hunan	101.7	101.4	101.8	101.5	107.6	102.7
广 东	Guangdong	102.2	102.9	102.7	102.0	104.3	104.1
广 西	Guangxi	101.8	102.2	102.6	100.4	104.6	105.0
海 南	Hainan	101.5	102.6	103.4	100.0	105.0	102.4
重 庆	Chongqing	102.1	103.9	105.3	101.7	109.7	106.3
四 川	Sichuan	102.1	102.1	102.3	104.0	109.3	104.0
贵 州	Guizhou	101.6	101.4	101.5	102.0	108.8	103.9
云 南	Yunnan	101.6	101.2	100.7	102.0	104.1	105.8
西 藏	Tibet	101.5	100.5	100.1	100.8	109.5	104.4
陕 西	Shaanxi	102.1	102.7	103.4	104.2	113.4	105.1
甘 肃	Gansu	101.9	103.0	102.9	105.0	111.1	102.3
青 海	Qinghai	102.4	103.1	104.2	104.5	112.9	105.3
宁 夏	Ningxia	102.1	102.3	102.7	104.7	115.8	101.5
新 疆	Xinjiang	101.9	101.7	102.3	102.2	113.2	103.3

3-1-10 续表 1 continued 1

(上年价格=100) (Preceding Year=100)

地区 Region	(4)食用油 Edible Oil and Fats	(5)菜及食用菌 Vegetables and Edible Mushrooms	(6)畜肉类 Meat of Livestock	(7)禽肉类 Meat of Poultry	(8)水产品 Aquatic Products	(9)蛋类 Eggs
全 国 National	**106.0**	**102.9**	**95.9**	**103.9**	**102.1**	**107.2**
北 京 Beijing	104.1	101.4	97.7	103.9	103.5	106.1
天 津 Tianjin	104.7	99.2	97.4	101.3	98.6	107.4
河 北 Hebei	107.8	99.6	96.6	100.2	101.3	107.0
山 西 Shanxi	107.2	103.7	96.2	101.0	101.1	106.4
内蒙古 Inner Mongolia	102.5	100.6	96.5	102.0	97.1	106.1
辽 宁 Liaoning	104.2	105.5	96.5	102.2	101.7	107.4
吉 林 Jilin	105.4	106.4	96.2	101.0	97.8	107.1
黑龙江 Heilongjiang	108.3	101.2	97.2	101.2	102.6	108.7
上 海 Shanghai	110.7	111.6	98.3	109.2	106.8	116.0
江 苏 Jiangsu	105.6	103.5	97.4	103.7	99.9	107.2
浙 江 Zhejiang	107.2	103.4	95.9	103.8	102.4	104.4
安 徽 Anhui	104.7	102.9	97.7	105.4	97.0	108.4
福 建 Fujian	106.1	103.2	94.8	106.7	105.1	108.2
江 西 Jiangxi	106.7	104.5	95.9	105.9	100.2	109.7
山 东 Shandong	103.8	101.4	95.4	103.2	102.0	107.2
河 南 Henan	105.9	98.5	95.6	102.0	94.9	106.6
湖 北 Hubei	111.2	104.0	96.0	101.8	97.0	106.1
湖 南 Hunan	103.7	101.2	95.6	106.0	98.2	107.3
广 东 Guangdong	106.5	104.0	93.0	102.9	106.0	106.0
广 西 Guangxi	105.8	101.1	94.1	105.5	104.4	106.6
海 南 Hainan	105.5	103.1	95.8	104.3	107.1	105.7
重 庆 Chongqing	106.1	107.3	99.8	110.5	101.8	108.9
四 川 Sichuan	104.3	101.3	96.3	103.6	101.5	105.3
贵 州 Guizhou	101.0	102.3	94.6	103.1	98.8	106.6
云 南 Yunnan	105.0	100.6	94.0	101.6	99.6	106.1
西 藏 Tibet	95.6	102.5	98.0	101.8	101.9	120.2
陕 西 Shaanxi	105.5	100.3	96.7	100.9	97.2	109.4
甘 肃 Gansu	108.3	102.0	93.8	102.5	98.8	109.0
青 海 Qinghai	111.7	104.0	98.2	104.5	100.8	107.7
宁 夏 Ningxia	108.2	101.4	97.5	102.6	100.7	106.3
新 疆 Xinjiang	106.7	106.9	95.2	101.6	103.7	106.5

3-1-10 续表 2 continued 2

(上年价格=100) (Preceding Year=100)

地区 Region	(10)奶类 Milk Other Dairy Broducts	(11)干鲜瓜果类 Fruits and Nuts	(12)糖果糕点类 Candy and Cake	(13)调味品 Flavoring	(14)其他食品类 Other Foods	2.茶及饮料 Tea and Beverages
全国 National	**101.0**	**111.0**	**103.4**	**104.1**	**103.1**	**102.6**
北京 Beijing	101.8	113.7	102.3	106.1	104.5	104.7
天津 Tianjin	101.4	110.8	103.9	103.4	102.7	101.5
河北 Hebei	100.4	111.3	103.4	102.9	102.7	103.0
山西 Shanxi	100.7	113.8	102.2	103.3	103.7	101.8
内蒙古 Inner Mongolia	105.3	110.1	100.7	105.1	100.5	101.2
辽宁 Liaoning	101.4	111.8	102.6	102.7	102.3	100.9
吉林 Jilin	101.5	108.9	105.5	105.6	102.2	103.2
黑龙江 Heilongjiang	101.0	109.9	105.3	105.4	102.4	103.3
上海 Shanghai	98.1	111.2	103.3	105.8	105.5	101.7
江苏 Jiangsu	101.5	110.6	104.3	105.5	104.8	101.7
浙江 Zhejiang	100.4	110.1	103.8	104.6	103.2	101.9
安徽 Anhui	102.3	114.9	103.4	103.9	103.5	105.2
福建 Fujian	101.2	112.9	103.5	103.9	103.9	101.9
江西 Jiangxi	101.0	114.5	101.4	103.3	99.6	101.5
山东 Shandong	100.7	110.1	103.2	102.0	104.5	103.3
河南 Henan	99.9	109.8	103.7	103.6	102.3	101.0
湖北 Hubei	103.7	109.6	104.1	105.7	105.5	105.3
湖南 Hunan	101.1	109.7	101.8	104.2	102.2	101.4
广东 Guangdong	101.1	110.9	102.7	104.7	102.6	103.4
广西 Guangxi	98.5	112.0	103.4	103.0	99.9	101.5
海南 Hainan	101.2	111.1	102.1	107.1	105.0	101.0
重庆 Chongqing	101.4	114.4	102.9	107.1	103.3	103.0
四川 Sichuan	101.0	110.3	103.3	104.1	103.0	104.5
贵州 Guizhou	99.7	108.6	104.3	103.7	103.5	101.2
云南 Yunnan	101.6	105.3	102.7	103.3	103.5	100.4
西藏 Tibet	100.2	101.6	99.9	101.2	101.1	99.8
陕西 Shaanxi	100.0	113.7	105.2	103.0	103.5	101.9
甘肃 Gansu	101.3	110.2	104.3	103.6	104.1	100.9
青海 Qinghai	100.8	113.1	108.7	104.0	105.0	103.0
宁夏 Ningxia	102.6	105.4	107.0	103.7	104.2	102.8
新疆 Xinjiang	99.0	110.0	103.0	100.1	100.4	103.7

3-1-10 续表 3 continued 3

(上年价格=100) (Preceding Year=100)

地 区 Region	3.烟酒 Tobacco and Alcohol	(1)卷烟 Tobacco	(2)酒类 Alcohol	4.在外餐饮 Dining Out	二、衣着 Clothing	1.服装 Garments
全 国 National	**101.6**	**101.6**	**101.6**	**102.0**	**100.6**	**100.7**
北 京 Beijing	102.2	101.7	102.7	101.5	100.6	100.6
天 津 Tianjin	102.7	103.9	101.1	101.6	101.4	101.0
河 北 Hebei	101.3	100.8	101.7	102.0	100.0	100.2
山 西 Shanxi	102.2	101.4	103.8	101.9	102.0	101.7
内蒙古 Inner Mongolia	102.1	102.3	101.6	101.7	100.3	100.3
辽 宁 Liaoning	102.0	102.9	100.5	101.7	99.0	99.2
吉 林 Jilin	99.9	100.6	98.5	101.4	99.5	99.8
黑龙江 Heilongjiang	101.6	101.6	101.6	100.6	101.1	101.3
上 海 Shanghai	101.8	101.8	101.8	102.4	99.0	99.1
江 苏 Jiangsu	102.2	102.9	101.0	102.6	101.4	101.5
浙 江 Zhejiang	102.6	102.2	103.5	102.0	100.2	100.4
安 徽 Anhui	101.2	103.2	98.7	103.2	101.0	101.2
福 建 Fujian	100.6	100.6	100.5	101.0	100.3	99.7
江 西 Jiangxi	101.1	101.1	101.0	101.2	100.8	100.8
山 东 Shandong	101.6	100.9	102.3	100.9	100.2	100.4
河 南 Henan	99.8	100.4	99.2	102.3	100.5	100.5
湖 北 Hubei	100.8	100.3	102.1	103.0	101.0	100.7
湖 南 Hunan	101.3	101.4	101.2	100.6	101.3	101.0
广 东 Guangdong	102.9	103.1	102.2	103.1	100.8	101.4
广 西 Guangxi	100.8	100.6	101.1	101.9	100.6	100.7
海 南 Hainan	101.6	102.4	99.1	101.2	99.7	99.9
重 庆 Chongqing	100.3	100.9	99.2	101.8	100.0	100.0
四 川 Sichuan	101.5	100.4	103.5	101.7	101.8	102.4
贵 州 Guizhou	101.7	100.9	103.8	101.0	100.3	99.9
云 南 Yunnan	101.4	101.1	103.5	102.6	100.4	100.4
西 藏 Tibet	99.2	100.2	97.2	103.1	100.8	100.4
陕 西 Shaanxi	102.4	101.6	104.1	101.4	101.3	101.3
甘 肃 Gansu	102.8	100.9	105.7	103.3	100.3	100.7
青 海 Qinghai	100.9	100.1	101.9	101.4	101.8	102.3
宁 夏 Ningxia	102.8	103.6	100.6	101.2	99.1	99.4
新 疆 Xinjiang	100.8	100.2	101.8	100.4	99.2	99.3

3-1-10 续表 4 continued 4

(上年价格=100) (Preceding Year=100)

地　区	Region	(1)男式服装 Garments for Men	(2)女式服装 Garments for Women	(3)儿童服装 Garments for Children	5.鞋类 Footwear	(1)鞋 Shoes	(2)鞋类服务 Footwear Services
全　国	**National**	**100.8**	**100.8**	**100.1**	**100.2**	**100.1**	**102.1**
北　京	Beijing	99.1	101.3	100.9	100.7	100.7	101.0
天　津	Tianjin	101.2	101.1	100.5	102.4	102.4	103.2
河　北	Hebei	98.7	101.5	99.1	99.6	99.6	100.0
山　西	Shanxi	102.4	100.8	103.2	103.3	103.3	100.0
内蒙古	Inner Mongolia	99.9	100.6	100.4	100.3	100.3	100.0
辽　宁	Liaoning	99.9	99.0	97.9	98.0	98.0	100.5
吉　林	Jilin	99.4	100.8	96.6	98.5	98.5	100.7
黑龙江	Heilongjiang	102.4	101.2	100.0	100.5	100.5	100.5
上　海	Shanghai	99.4	98.3	100.9	98.4	98.4	100.0
江　苏	Jiangsu	101.4	101.6	100.9	100.9	100.9	101.7
浙　江	Zhejiang	100.7	100.5	98.4	99.5	99.5	102.4
安　徽	Anhui	101.5	100.9	101.2	100.3	100.3	100.4
福　建	Fujian	101.0	98.1	100.4	103.1	103.0	109.1
江　西	Jiangxi	100.5	101.1	101.0	101.0	101.0	105.5
山　东	Shandong	100.2	100.7	99.7	99.3	99.2	102.7
河　南	Henan	100.4	101.0	99.2	100.3	100.2	100.8
湖　北	Hubei	100.5	100.7	101.3	103.2	103.0	125.4
湖　南	Hunan	101.2	101.1	100.7	102.7	102.7	100.5
广　东	Guangdong	103.0	101.2	99.4	98.4	98.4	102.2
广　西	Guangxi	101.1	100.7	99.8	100.3	100.1	103.3
海　南	Hainan	100.6	100.2	97.3	97.9	97.8	102.0
重　庆	Chongqing	100.9	100.1	97.2	100.0	100.0	100.1
四　川	Sichuan	101.9	102.7	104.5	99.1	98.9	102.4
贵　州	Guizhou	100.6	100.5	96.6	102.0	102.0	99.9
云　南	Yunnan	99.4	100.9	100.9	100.6	100.6	100.6
西　藏	Tibet	100.2	100.5	100.5	101.7	101.6	101.7
陕　西	Shaanxi	102.1	100.9	100.0	101.7	101.7	100.1
甘　肃	Gansu	100.5	100.6	101.6	98.4	98.4	100.0
青　海	Qinghai	103.0	102.5	101.1	99.6	99.6	100.9
宁　夏	Ningxia	99.3	99.4	99.7	97.6	97.6	100.0
新　疆	Xinjiang	99.0	99.4	99.3	98.8	98.8	100.6

3-1-10 续表 5 continued 5

(上年价格=100) (Preceding Year=100)

地 区 Region	三、居住 Residence	1.租赁房房租 Rent of Rental Housing	2.住房保养维修及管理 Housing Maintenance and Management	3.水电燃料 Water, Electricity and Fuels	四、生活用品及服务 Articles for Daily Use and Services	1.家具及室内装饰品 Furniture and Interior Decorations
全 国 National	**100.5**	**99.7**	**102.6**	**102.4**	**101.2**	**100.9**
北 京 Beijing	100.6	100.6	102.3	100.1	101.6	101.4
天 津 Tianjin	100.3	101.0	103.4	98.8	101.6	100.0
河 北 Hebei	100.4	99.7	101.6	101.7	100.6	99.3
山 西 Shanxi	100.2	99.3	104.0	100.2	100.8	100.4
内蒙古 Inner Mongolia	99.9	100.1	101.9	101.6	101.1	101.5
辽 宁 Liaoning	100.2	99.1	102.4	103.0	100.9	99.7
吉 林 Jilin	101.5	98.4	101.8	105.5	101.5	101.4
黑龙江 Heilongjiang	101.3	99.3	101.4	105.5	100.7	100.8
上 海 Shanghai	101.0	100.6	102.3	102.8	102.0	103.0
江 苏 Jiangsu	100.8	100.4	102.6	101.8	102.0	101.9
浙 江 Zhejiang	100.6	99.4	105.0	102.4	101.6	99.4
安 徽 Anhui	99.8	99.2	102.1	101.4	101.1	100.6
福 建 Fujian	100.8	99.9	103.1	102.8	101.4	100.3
江 西 Jiangxi	100.6	99.7	102.0	102.9	100.7	100.4
山 东 Shandong	100.2	99.3	102.2	102.4	101.1	99.6
河 南 Henan	99.5	98.7	102.3	101.1	101.2	102.1
湖 北 Hubei	101.3	100.9	103.5	101.7	101.4	100.5
湖 南 Hunan	100.5	101.0	101.3	102.2	101.3	100.8
广 东 Guangdong	100.5	99.5	102.3	103.0	101.1	101.9
广 西 Guangxi	99.9	98.5	100.8	103.5	100.4	101.0
海 南 Hainan	98.7	97.2	102.9	102.3	100.4	100.5
重 庆 Chongqing	99.9	99.2	103.1	101.4	101.4	100.4
四 川 Sichuan	101.1	99.9	103.7	102.2	101.6	102.8
贵 州 Guizhou	100.2	99.1	102.0	103.3	100.9	101.4
云 南 Yunnan	100.0	99.1	102.8	101.9	100.8	100.1
西 藏 Tibet	100.8	100.0	102.5	100.0	100.7	99.8
陕 西 Shaanxi	101.0	100.0	100.7	104.8	101.0	100.5
甘 肃 Gansu	100.7	98.4	102.7	105.8	101.0	98.9
青 海 Qinghai	101.1	100.2	102.9	101.6	101.4	101.4
宁 夏 Ningxia	100.3	98.9	102.7	101.8	101.6	100.6
新 疆 Xinjiang	101.2	98.6	103.1	104.4	101.1	100.8

3-1-10 续表 6 continued 6

(上年价格=100) (Preceding Year=100)

地　区 Region	(1)家具 Furniture	(2)室内装饰品 Interior Decorations	2.家用器具 Home Appliances	(1)大型家用器具 Large Household Appliances	(2)小家电 Small Household Appliances	3.家用纺织品 Home Textiles
全　国 National	**101.1**	**99.1**	**101.4**	**101.2**	**102.7**	**99.6**
北　京 Beijing	101.7	99.4	101.9	101.6	103.6	100.5
天　津 Tianjin	99.9	101.4	101.6	101.0	104.0	101.4
河　北 Hebei	99.6	97.4	100.9	100.5	103.0	99.6
山　西 Shanxi	100.6	98.6	100.3	100.0	101.7	100.6
内蒙古 Inner Mongolia	101.4	101.6	101.0	100.8	101.7	99.8
辽　宁 Liaoning	100.0	97.9	100.4	100.2	101.2	99.3
吉　林 Jilin	101.6	99.6	101.1	100.8	102.5	100.4
黑龙江 Heilongjiang	101.1	98.5	100.5	100.1	101.8	98.6
上　海 Shanghai	103.3	99.1	102.6	102.6	102.8	98.7
江　苏 Jiangsu	102.1	99.6	102.1	101.9	103.1	100.5
浙　江 Zhejiang	99.3	100.1	103.3	103.7	101.5	98.9
安　徽 Anhui	100.9	98.6	101.4	101.1	103.2	100.2
福　建 Fujian	100.4	98.9	101.5	101.4	101.9	100.0
江　西 Jiangxi	100.6	98.9	100.3	99.7	102.6	99.2
山　东 Shandong	99.7	99.4	101.5	101.2	102.8	98.8
河　南 Henan	102.3	97.9	100.8	100.6	102.4	99.5
湖　北 Hubei	100.6	100.1	101.2	100.3	104.0	100.6
湖　南 Hunan	101.0	99.4	101.7	101.6	102.4	100.4
广　东 Guangdong	102.1	99.7	101.4	100.9	103.3	97.4
广　西 Guangxi	101.0	99.8	99.4	99.0	101.3	99.5
海　南 Hainan	101.1	96.6	101.2	101.2	101.1	103.1
重　庆 Chongqing	100.7	97.7	101.4	101.0	103.1	100.4
四　川 Sichuan	103.0	100.3	101.2	100.9	102.7	99.9
贵　州 Guizhou	102.1	98.1	101.7	101.5	102.3	99.1
云　南 Yunnan	100.4	96.8	100.4	99.9	102.1	99.6
西　藏 Tibet	100.2	97.5	99.8	99.6	101.8	97.5
陕　西 Shaanxi	100.9	96.9	102.0	101.8	103.2	100.0
甘　肃 Gansu	99.0	98.5	102.1	102.1	102.3	100.8
青　海 Qinghai	101.6	100.0	101.6	101.6	101.5	102.0
宁　夏 Ningxia	100.8	100.1	100.5	100.4	101.0	100.8
新　疆 Xinjiang	101.1	99.5	100.5	100.1	102.1	102.1

3-1-10 续表 7 continued 7

(上年价格=100) (Preceding Year=100)

地区 Region		(1)床上用品 Bed Articles	(2)窗帘门帘 Curtains	(3)其他家用纺织品 Other Home Textiles	4.家庭日用杂品 Daily Use Household Articles	(1)洗涤卫生用品 Clearing Products	(2)厨具餐具茶具 Kitchenware, Tableware and Tea Sets
全　国	**National**	**99.4**	**100.9**	**99.8**	**100.4**	**100.6**	**101.4**
北　京	Beijing	100.3	98.9	102.8	101.7	102.5	101.0
天　津	Tianjin	101.0	104.4	101.2	101.9	102.9	100.2
河　北	Hebei	99.7	100.3	97.7	99.4	98.8	101.2
山　西	Shanxi	100.7	100.6	99.9	100.0	99.8	101.8
内蒙古	Inner Mongolia	99.8	99.7	100.3	99.8	99.7	101.5
辽　宁	Liaoning	99.2	99.1	99.6	100.4	100.3	101.3
吉　林	Jilin	100.1	100.2	102.8	101.9	100.4	102.5
黑龙江	Heilongjiang	98.0	100.3	100.7	99.8	100.1	100.9
上　海	Shanghai	97.9	98.3	107.2	100.5	101.2	99.1
江　苏	Jiangsu	100.3	101.4	101.5	101.0	101.2	101.3
浙　江	Zhejiang	98.8	102.3	95.9	100.9	100.9	101.1
安　徽	Anhui	100.3	99.8	99.4	99.5	100.2	100.4
福　建	Fujian	99.2	104.1	100.9	100.7	100.6	101.7
江　西	Jiangxi	98.6	101.5	100.9	100.5	100.6	102.1
山　东	Shandong	98.6	99.6	99.8	100.2	100.2	102.0
河　南	Henan	99.3	101.0	99.5	99.9	99.5	101.0
湖　北	Hubei	100.9	100.4	99.1	100.8	100.8	104.0
湖　南	Hunan	100.3	100.9	101.2	100.5	100.6	102.0
广　东	Guangdong	96.9	100.4	98.1	99.9	100.6	101.8
广　西	Guangxi	99.6	100.8	98.4	99.5	99.6	101.0
海　南	Hainan	103.5	100.5	102.4	97.5	100.0	98.1
重　庆	Chongqing	100.0	104.0	101.3	101.2	100.9	101.4
四　川	Sichuan	99.9	101.5	98.6	101.3	102.5	101.2
贵　州	Guizhou	99.0	100.4	98.8	100.3	100.6	102.1
云　南	Yunnan	99.4	99.7	101.0	100.7	99.9	102.6
西　藏	Tibet	96.8	100.0	97.2	100.2	100.0	102.3
陕　西	Shaanxi	99.8	100.9	100.4	100.0	99.7	102.0
甘　肃	Gansu	100.6	102.0	100.7	100.5	100.9	101.7
青　海	Qinghai	99.6	112.2	100.0	100.6	100.1	101.8
宁　夏	Ningxia	100.7	99.4	103.1	102.5	103.0	103.2
新　疆	Xinjiang	101.2	104.1	102.9	99.9	99.9	101.1

3-1-10 续表 8 continued 8

(上年价格=100) (Preceding Year=100)

地 区 Region	5.个人护理用品 Personal-care Supplies	(1)化妆品 Cosmetics	(2)其他护理用品类 Other Nursing Materials	6.家庭服务 Household Services	五、交通通信 Transport and Communications	1.交通 Transport
全 国 National	**102.0**	**102.0**	**102.1**	**102.8**	**105.2**	**107.2**
北 京 Beijing	101.0	100.8	101.6	102.9	105.0	106.7
天 津 Tianjin	102.1	102.8	100.8	102.4	105.9	107.4
河 北 Hebei	102.6	102.7	102.5	102.1	104.4	106.9
山 西 Shanxi	102.1	101.9	102.3	102.0	104.5	106.4
内蒙古 Inner Mongolia	102.9	103.0	102.6	100.7	106.2	107.8
辽 宁 Liaoning	101.5	101.8	100.9	104.1	105.9	108.1
吉 林 Jilin	101.7	101.7	102.0	101.4	104.8	106.6
黑龙江 Heilongjiang	102.1	101.8	102.9	102.2	105.7	108.6
上 海 Shanghai	101.3	101.4	101.1	105.1	104.4	106.2
江 苏 Jiangsu	102.6	102.7	102.3	104.1	104.9	106.6
浙 江 Zhejiang	102.3	102.6	101.7	102.7	105.1	106.8
安 徽 Anhui	101.7	101.4	102.0	104.2	105.4	107.6
福 建 Fujian	101.4	101.2	101.6	105.2	104.8	106.6
江 西 Jiangxi	102.0	101.9	102.2	101.9	105.8	107.8
山 东 Shandong	103.4	103.8	102.7	101.9	104.9	106.7
河 南 Henan	102.6	102.2	103.0	102.0	104.6	106.4
湖 北 Hubei	103.0	101.9	104.5	102.6	104.7	106.3
湖 南 Hunan	102.0	101.6	102.6	101.5	106.7	108.5
广 东 Guangdong	100.8	100.4	101.1	103.0	105.8	107.9
广 西 Guangxi	101.3	101.4	101.2	103.6	104.5	106.8
海 南 Hainan	97.8	97.0	98.4	107.8	104.9	106.6
重 庆 Chongqing	102.6	102.1	103.3	102.2	105.5	108.3
四 川 Sichuan	101.8	101.7	102.0	103.1	105.3	107.9
贵 州 Guizhou	100.6	99.7	102.3	103.0	105.3	107.8
云 南 Yunnan	102.0	101.8	102.2	101.4	105.5	107.4
西 藏 Tibet	102.7	102.8	102.2	100.1	106.8	109.6
陕 西 Shaanxi	102.4	102.6	102.0	100.7	103.7	105.4
甘 肃 Gansu	102.5	102.5	102.6	101.3	105.0	107.0
青 海 Qinghai	101.5	101.4	101.8	102.7	104.2	105.6
宁 夏 Ningxia	102.5	102.4	102.8	101.5	107.0	109.6
新 疆 Xinjiang	102.8	103.1	102.4	100.6	106.5	108.6

3-1-10 续表 9 continued 9

(上年价格=100) (Preceding Year=100)

地 区 Region	(1)交通工具 Transport Facility	(2)交通工具用燃料 Fuels for Transport Facility	(3)交通工具使用和维修 Use and Maintenance of Transport Facility	(4)交通费 Traffic Fee	2.通信 Communications	(1)通信工具 Communication Facility
全 国 National	**99.6**	**120.9**	**101.4**	**103.4**	**99.1**	**97.7**
北 京 Beijing	98.1	121.2	101.5	103.0	99.2	97.1
天 津 Tianjin	99.6	121.4	97.2	100.9	100.4	101.2
河 北 Hebei	99.5	121.1	100.9	101.3	98.7	96.5
山 西 Shanxi	98.8	121.0	100.6	102.3	98.6	97.1
内 蒙 古 Inner Mongolia	98.9	121.2	101.0	102.5	101.3	97.4
辽 宁 Liaoning	99.9	121.4	101.0	102.0	99.3	97.7
吉 林 Jilin	99.2	121.3	100.9	101.6	99.2	97.3
黑 龙 江 Heilongjiang	97.8	121.6	100.7	107.1	98.8	97.2
上 海 Shanghai	100.0	121.1	101.6	101.3	98.0	94.9
江 苏 Jiangsu	99.5	120.7	100.8	103.5	99.3	98.1
浙 江 Zhejiang	100.6	120.7	102.6	99.8	99.0	98.6
安 徽 Anhui	100.8	121.0	101.1	103.0	99.0	98.6
福 建 Fujian	97.8	121.1	100.3	104.7	99.8	99.3
江 西 Jiangxi	100.1	121.5	100.8	102.8	99.1	97.0
山 东 Shandong	98.3	121.5	99.9	105.3	99.0	97.9
河 南 Henan	99.3	121.1	101.7	102.3	99.2	99.0
湖 北 Hubei	98.7	121.2	100.7	102.5	99.3	97.9
湖 南 Hunan	102.0	121.3	100.2	101.4	99.5	98.6
广 东 Guangdong	99.0	120.3	102.1	105.6	99.5	99.1
广 西 Guangxi	99.4	120.6	104.8	102.5	98.1	96.3
海 南 Hainan	98.8	118.4	100.1	107.1	99.8	99.1
重 庆 Chongqing	99.1	120.7	109.4	102.6	98.1	94.7
四 川 Sichuan	99.4	120.3	100.5	104.1	97.8	95.9
贵 州 Guizhou	100.1	120.2	99.5	104.7	98.3	95.3
云 南 Yunnan	100.7	120.6	103.5	103.2	99.2	97.4
西 藏 Tibet	101.3	117.3	100.1	110.4	101.8	98.4
陕 西 Shaanxi	100.9	120.7	100.4	102.2	99.4	98.3
甘 肃 Gansu	101.5	121.2	100.7	102.3	100.0	100.0
青 海 Qinghai	100.5	119.0	100.6	99.2	99.6	99.0
宁 夏 Ningxia	100.4	121.7	100.5	105.8	98.8	96.2
新 疆 Xinjiang	100.8	119.5	100.2	110.8	99.2	97.8

3-1-10 续表 10 continued 10

(上年价格=100) (Preceding Year=100)

地 区 Region	(2)通信服务 Communicaiton Services	(3)邮递服务 Postal Services	六、教育文化娱乐 Education, Culture and Recreation	1.教育 Education	(1)教育用品 Education Articles	(2)教育服务 Education Services
全 国 National	**99.7**	**100.1**	**101.9**	**102.1**	**102.1**	**102.1**
北 京 Beijing	100.3	99.8	100.6	100.9	100.6	100.9
天 津 Tianjin	100.0	100.0	101.8	102.2	103.2	102.1
河 北 Hebei	100.0	100.6	101.2	101.4	101.3	101.4
山 西 Shanxi	99.6	100.1	101.2	101.5	103.1	101.4
内蒙古 Inner Mongolia	103.5	100.0	101.4	100.5	101.0	100.5
辽 宁 Liaoning	100.2	100.4	101.9	102.0	101.3	102.1
吉 林 Jilin	100.4	100.7	101.4	101.0	103.6	100.9
黑龙江 Heilongjiang	99.9	100.0	101.0	100.5	101.9	100.4
上 海 Shanghai	99.3	101.5	103.5	104.3	95.5	104.8
江 苏 Jiangsu	99.9	99.9	101.5	101.2	104.2	101.1
浙 江 Zhejiang	99.0	100.6	103.4	104.4	101.9	104.4
安 徽 Anhui	99.1	100.0	103.1	104.3	101.7	104.4
福 建 Fujian	100.0	100.1	101.3	101.6	103.2	101.5
江 西 Jiangxi	100.0	100.8	101.8	102.4	104.8	102.3
山 东 Shandong	99.8	98.9	100.4	100.5	101.1	100.4
河 南 Henan	99.3	99.7	101.8	102.5	101.8	102.5
湖 北 Hubei	100.0	101.8	102.4	101.5	100.4	101.6
湖 南 Hunan	100.0	100.6	100.8	101.2	100.3	101.3
广 东 Guangdong	99.6	99.9	102.2	102.4	102.8	102.4
广 西 Guangxi	98.3	100.2	103.5	104.7	101.6	105.0
海 南 Hainan	100.0	100.0	102.8	102.4	102.5	102.4
重 庆 Chongqing	99.6	99.7	101.6	101.9	114.7	101.0
四 川 Sichuan	98.6	100.1	102.0	102.7	102.9	102.7
贵 州 Guizhou	99.6	99.2	101.9	101.9	101.9	101.9
云 南 Yunnan	100.0	100.0	101.2	101.5	100.5	101.6
西 藏 Tibet	102.7	97.6	100.4	100.1	101.6	99.8
陕 西 Shaanxi	100.0	100.0	103.5	104.2	102.8	104.4
甘 肃 Gansu	100.0	99.5	100.9	100.7	102.4	100.5
青 海 Qinghai	100.0	99.9	103.7	103.7	103.7	103.7
宁 夏 Ningxia	100.0	99.5	101.2	101.3	101.9	101.2
新 疆 Xinjiang	99.9	100.0	100.9	101.0	101.5	100.9

3-1-10 续表 11 continued 11

(上年价格=100) (Preceding Year=100)

地 区 Region	2.文化娱乐 Culture and Recreation	(1)文娱耐用消费品 Durable Consumer Goods for Culture and Recreation	(2)其他文娱用品 Other Articles for Culture and Recreation	(3)文化娱乐服务 Services for Culture and Recreation	(4)旅游 Touring and Outing	七、医疗保健 Health Care
全 国 National	**101.4**	**99.7**	**101.2**	**100.3**	**103.3**	**100.6**
北 京 Beijing	100.3	99.8	102.9	96.7	101.2	100.7
天 津 Tianjin	101.4	99.4	103.0	100.8	101.9	100.2
河 北 Hebei	101.0	100.5	100.9	101.3	101.1	100.3
山 西 Shanxi	100.9	99.8	100.5	99.6	103.1	100.4
内蒙古 Inner Mongolia	102.7	99.5	100.8	100.0	108.3	100.2
辽 宁 Liaoning	101.7	99.7	101.7	101.3	102.9	100.0
吉 林 Jilin	102.0	99.6	100.6	99.8	104.9	100.8
黑龙江 Heilongjiang	101.8	99.9	100.4	100.5	104.9	100.1
上 海 Shanghai	102.6	99.2	102.3	100.3	106.6	102.1
江 苏 Jiangsu	102.0	100.2	101.1	101.5	103.6	101.9
浙 江 Zhejiang	101.9	100.4	101.1	100.1	104.2	100.2
安 徽 Anhui	100.5	98.3	101.2	99.9	101.5	100.6
福 建 Fujian	100.9	99.4	101.6	100.0	101.7	100.2
江 西 Jiangxi	100.8	98.6	100.8	100.9	102.3	100.2
山 东 Shandong	100.2	99.9	101.5	99.9	99.8	100.5
河 南 Henan	100.3	99.5	100.5	100.6	100.9	100.7
湖 北 Hubei	104.2	100.8	102.4	100.8	110.5	100.2
湖 南 Hunan	100.0	100.8	101.2	100.4	98.8	100.5
广 东 Guangdong	101.8	100.0	100.5	100.2	104.7	100.6
广 西 Guangxi	101.4	96.9	101.4	99.6	106.6	100.5
海 南 Hainan	103.6	99.9	99.3	99.6	112.0	99.7
重 庆 Chongqing	101.2	98.6	100.1	98.5	105.2	99.7
四 川 Sichuan	101.2	98.3	100.5	101.6	102.4	100.3
贵 州 Guizhou	101.8	98.3	101.0	101.0	105.4	100.5
云 南 Yunnan	100.7	99.9	100.5	100.3	101.7	101.2
西 藏 Tibet	100.7	100.0	99.9	99.4	106.8	100.0
陕 西 Shaanxi	101.8	101.5	101.1	99.6	103.9	100.4
甘 肃 Gansu	101.2	102.3	100.4	100.1	102.6	100.5
青 海 Qinghai	103.6	101.4	102.5	101.2	108.6	100.4
宁 夏 Ningxia	101.0	97.8	100.7	101.0	103.4	101.4
新 疆 Xinjiang	100.7	99.5	101.1	98.7	103.0	100.1

3-1-10 续表 12 continued 12

(上年价格=100) (Preceding Year=100)

地 区 Region	1.药品及医疗器具 Medicine and Medical Instruments	(1)中药 Traditional Chinese Medicine	(2)西药 Western Medicine	(3)滋补保健品 Health Care Articles	(4)医疗卫生器具 Medical Instruments	(5)保健器具 Health Care Appliances
全 国 National	**100.1**	**102.6**	**99.4**	**100.0**	**98.4**	**99.8**
北 京 Beijing	101.5	106.6	99.4	101.4	98.6	100.2
天 津 Tianjin	100.5	99.7	100.3	101.1	101.2	101.1
河 北 Hebei	100.6	101.8	100.4	100.4	99.9	99.9
山 西 Shanxi	100.2	103.8	99.7	99.1	98.2	99.7
内 蒙 古 Inner Mongolia	100.5	103.0	99.9	99.8	97.7	99.6
辽 宁 Liaoning	99.3	101.2	98.3	99.5	99.7	100.1
吉 林 Jilin	101.1	104.2	100.3	100.7	98.8	100.0
黑 龙 江 Heilongjiang	99.9	101.8	99.5	99.8	97.7	100.2
上 海 Shanghai	97.5	104.6	95.3	95.3	99.2	97.0
江 苏 Jiangsu	97.7	103.5	92.7	101.0	97.6	100.1
浙 江 Zhejiang	99.9	93.8	102.4	100.4	99.3	101.2
安 徽 Anhui	99.7	101.7	99.3	99.4	98.4	98.8
福 建 Fujian	100.8	102.0	101.1	99.6	99.8	100.3
江 西 Jiangxi	100.6	102.8	99.7	100.6	98.1	100.1
山 东 Shandong	100.8	102.8	100.0	101.4	98.5	100.3
河 南 Henan	101.1	103.1	101.5	100.3	96.1	101.1
湖 北 Hubei	100.7	102.2	99.8	100.2	103.7	98.5
湖 南 Hunan	101.1	102.2	101.4	100.4	99.5	100.2
广 东 Guangdong	100.8	103.8	100.8	100.5	98.2	101.6
广 西 Guangxi	99.1	104.9	97.3	97.2	96.7	101.9
海 南 Hainan	98.5	100.1	97.9	100.8	95.6	100.0
重 庆 Chongqing	99.2	103.9	99.0	96.4	95.1	100.1
四 川 Sichuan	100.0	101.7	99.4	100.2	98.5	97.5
贵 州 Guizhou	100.3	101.9	99.7	101.5	98.1	99.9
云 南 Yunnan	101.1	103.8	100.9	99.5	97.0	101.1
西 藏 Tibet	100.3	98.9	101.1	100.0	96.9	99.8
陕 西 Shaanxi	100.7	104.5	99.4	100.9	95.7	100.0
甘 肃 Gansu	101.0	103.8	100.5	99.6	98.0	99.9
青 海 Qinghai	99.4	100.6	99.1	98.7	97.4	101.3
宁 夏 Ningxia	100.0	104.5	97.5	100.0	100.0	99.9
新 疆 Xinjiang	99.2	103.9	97.2	100.7	97.5	99.3

3-1-10 续表 13 continued 13

(上年价格=100) (Preceding Year=100)

地 区 Region	2.医疗服务 Medical Services	(1)综合医疗类 General Practice	(2)诊断类 Diagnostic Medical	(3)治疗类 Medical Treatment	(4)康复类 Rehabilitation	(5)中医医疗服务类 Traditional Chinese Medical
全 国 National	**100.8**	**101.5**	**100.1**	**101.0**	**101.3**	**101.8**
北 京 Beijing	100.3	100.0	100.8	100.0	100.0	100.0
天 津 Tianjin	100.1	100.0	100.1	100.0	100.0	100.0
河 北 Hebei	100.2	101.4	99.5	100.0	100.0	100.1
山 西 Shanxi	100.4	102.3	100.0	100.0	100.1	100.0
内蒙古 Inner Mongolia	100.1	100.3	100.0	100.0	99.9	100.3
辽 宁 Liaoning	100.3	100.6	100.0	100.1	100.2	103.3
吉 林 Jilin	100.7	102.1	100.0	100.7	100.0	100.0
黑龙江 Heilongjiang	100.2	99.9	100.2	100.5	99.7	100.3
上 海 Shanghai	105.0	104.9	101.6	107.8	109.2	106.6
江 苏 Jiangsu	103.4	108.5	99.9	105.4	102.9	108.4
浙 江 Zhejiang	100.3	101.3	100.8	98.2	102.5	100.4
安 徽 Anhui	101.0	102.3	100.2	101.1	100.5	100.0
福 建 Fujian	100.0	100.4	99.5	100.0	100.0	101.9
江 西 Jiangxi	100.1	100.0	100.0	100.5	100.1	100.0
山 东 Shandong	100.3	100.8	100.0	100.4	101.3	100.1
河 南 Henan	100.5	100.3	99.8	100.4	99.3	106.2
湖 北 Hubei	100.0	99.9	100.0	100.0	100.0	100.0
湖 南 Hunan	100.3	101.0	99.7	100.5	100.0	99.8
广 东 Guangdong	100.5	101.1	100.0	101.3	100.1	100.2
广 西 Guangxi	101.2	101.7	101.1	100.4	107.5	99.4
海 南 Hainan	100.4	102.3	99.5	100.0	100.8	101.6
重 庆 Chongqing	100.0	100.0	100.0	100.0	100.0	100.0
四 川 Sichuan	100.4	101.5	99.8	100.4	100.0	101.5
贵 州 Guizhou	100.5	101.6	100.0	100.3	101.6	101.5
云 南 Yunnan	101.3	102.1	100.3	102.5	100.6	102.1
西 藏 Tibet	99.9	100.0	100.1	100.0	100.0	99.7
陕 西 Shaanxi	100.2	100.4	100.1	100.0	100.1	100.9
甘 肃 Gansu	100.2	100.4	100.1	100.4	100.4	100.5
青 海 Qinghai	100.8	103.1	100.0	100.0	100.0	100.0
宁 夏 Ningxia	102.1	106.4	99.7	102.0	101.3	100.5
新 疆 Xinjiang	100.5	100.5	100.9	100.5	100.4	100.1

3-1-10 续表 14 continued 14

(上年价格=100) (Preceding Year=100)

地　区	Region	(6)其他医疗保健服务 Other Health Care Services	八、其他用品及服务 Other Articles and Services	1.其他用品 Other Articles	(1)首饰手表 Jewelry and Watches	(2)母婴用品 Maternal and Infant Products	(3)其他杂项用品 Other Miscellaneous Articles
全　国	**National**	**100.6**	**101.5**	**101.9**	**101.5**	**104.4**	**100.4**
北　京	Beijing	101.9	101.6	102.2	101.8	107.2	100.5
天　津	Tianjin	102.9	100.3	100.6	100.5	101.4	100.5
河　北	Hebei	100.4	101.6	101.8	101.8	105.2	99.1
山　西	Shanxi	100.0	101.3	100.6	100.4	103.5	99.7
内蒙古	Inner Mongolia	100.4	101.8	102.6	102.9	104.1	100.2
辽　宁	Liaoning	100.8	101.8	102.1	102.4	105.0	100.5
吉　林	Jilin	100.0	101.6	102.3	102.8	104.1	100.0
黑龙江	Heilongjiang	100.2	101.1	101.7	101.7	106.3	99.6
上　海	Shanghai	99.7	100.6	101.4	101.5	104.1	100.5
江　苏	Jiangsu	101.7	101.6	101.7	100.9	104.2	101.4
浙　江	Zhejiang	101.4	101.8	102.4	101.7	103.5	103.4
安　徽	Anhui	102.2	102.0	102.5	102.0	104.8	100.3
福　建	Fujian	99.5	101.4	102.2	101.2	105.7	100.9
江　西	Jiangxi	100.1	101.8	101.6	101.7	103.0	100.7
山　东	Shandong	100.1	101.6	102.0	101.7	105.4	100.5
河　南	Henan	101.0	101.2	101.7	101.9	104.3	99.5
湖　北	Hubei	100.0	102.2	101.8	99.8	105.7	100.6
湖　南	Hunan	100.4	101.5	103.1	102.8	105.0	100.8
广　东	Guangdong	100.0	101.5	101.3	100.3	103.2	100.2
广　西	Guangxi	106.4	101.0	101.0	100.5	104.8	98.3
海　南	Hainan	101.5	100.1	99.7	101.1	97.2	100.8
重　庆	Chongqing	102.6	100.6	101.8	102.0	106.3	99.5
四　川	Sichuan	100.1	101.8	101.4	100.8	104.3	100.8
贵　州	Guizhou	98.2	101.0	102.0	102.0	103.6	100.8
云　南	Yunnan	102.3	102.3	103.3	103.1	105.1	101.3
西　藏	Tibet	99.0	102.9	103.0	102.7	105.9	100.1
陕　西	Shaanxi	99.9	101.5	101.7	101.3	106.4	99.0
甘　肃	Gansu	100.0	101.0	101.6	100.9	105.0	100.5
青　海	Qinghai	100.0	100.6	100.4	101.2	102.3	96.9
宁　夏	Ningxia	99.9	100.9	101.0	101.4	102.9	98.8
新　疆	Xinjiang	100.5	102.4	102.3	102.1	105.6	99.4

3-1-10 续表 15 continued 15

(上年价格=100) (Preceding Year=100)

地 区	Region	2.其他服务 Other Services	(1)在外住宿 Out Accommodation	(2)美容美发洗浴 Beauty Salon, Hair Salon and Scouring Bath	(3)养老服务 Elderly Care	(4)金融及保险服务 Finance and Insurance	(5)中介法律及其他服务 Intermediary, Legal and Other Services
全 国	**National**	**101.2**	**98.1**	**102.6**	**101.5**	**101.3**	**100.7**
北 京	Beijing	101.1	101.9	101.1	102.1	100.4	101.1
天 津	Tianjin	100.0	95.7	100.5	103.5	100.0	104.0
河 北	Hebei	101.5	100.4	102.2	101.2	101.6	100.4
山 西	Shanxi	102.2	99.4	104.3	109.4	101.7	97.4
内蒙古	Inner Mongolia	101.0	99.2	101.0	99.9	102.1	100.0
辽 宁	Liaoning	101.5	96.8	104.8	100.6	101.1	100.2
吉 林	Jilin	101.1	100.5	102.0	100.0	101.0	100.0
黑龙江	Heilongjiang	100.6	99.4	101.2	99.8	100.5	102.4
上 海	Shanghai	99.7	87.8	103.3	101.9	101.1	102.7
江 苏	Jiangsu	101.5	95.7	103.0	102.8	101.9	100.7
浙 江	Zhejiang	101.1	99.6	102.8	100.3	100.6	100.9
安 徽	Anhui	101.5	99.7	103.2	101.8	100.5	102.2
福 建	Fujian	100.6	97.5	101.6	100.2	100.8	101.7
江 西	Jiangxi	102.1	98.7	104.6	102.9	101.3	100.0
山 东	Shandong	101.3	94.9	102.2	101.3	102.2	100.6
河 南	Henan	100.7	96.2	101.0	101.3	101.9	100.0
湖 北	Hubei	102.5	104.5	109.8	100.3	100.0	100.0
湖 南	Hunan	100.0	96.6	100.9	100.1	100.3	100.9
广 东	Guangdong	101.6	99.7	102.6	100.2	101.8	100.4
广 西	Guangxi	101.0	98.1	102.9	103.6	101.3	99.9
海 南	Hainan	100.5	96.9	101.5	101.2	102.1	99.0
重 庆	Chongqing	99.9	94.5	100.5	102.3	100.0	100.3
四 川	Sichuan	102.1	100.9	102.2	101.4	102.5	100.1
贵 州	Guizhou	100.2	99.2	100.7	100.6	100.3	99.9
云 南	Yunnan	101.5	99.6	104.9	101.4	100.4	100.8
西 藏	Tibet	102.8	116.4	101.6	100.0	100.0	100.0
陕 西	Shaanxi	101.3	96.4	101.9	103.8	103.4	100.0
甘 肃	Gansu	100.5	98.8	102.3	100.4	100.9	100.1
青 海	Qinghai	100.9	102.2	101.5	96.5	100.4	100.7
宁 夏	Ningxia	100.8	93.1	102.3	100.8	104.4	99.4
新 疆	Xinjiang	102.4	105.0	103.9	100.9	100.6	100.0

3-1-11　各地区农村居民消费价格分类指数（2022年）
Rural Consumer Price Indices by Category and Region (2022)

(上年价格=100)　　(Preceding Year=100)

地　区	Region	居民消费价格总指数 Consumer Price Index	一、食品烟酒 Food, Tobacco and Alcohol	1.食品 Food	(1)粮食 Grain	(2)薯类 Tubers	(3)豆类 Beans
全　国	**National**	**102.0**	**102.1**	**102.4**	**102.9**	**111.7**	**105.0**
北　京	Beijing						
天　津	Tianjin						
河　北	Hebei	102.0	102.6	103.0	104.2	108.1	103.8
山　西	Shanxi	102.4	104.0	104.6	106.4	123.8	102.8
内蒙古	Inner Mongolia	102.0	102.1	102.4	102.9	114.9	104.1
辽　宁	Liaoning	102.1	102.1	102.5	101.5	111.5	111.0
吉　林	Jilin	102.3	102.3	103.1	102.1	109.0	106.9
黑龙江	Heilongjiang	101.9	101.8	102.3	103.3	106.7	105.8
上　海	Shanghai						
江　苏	Jiangsu	102.3	102.5	102.7	102.4	104.7	107.3
浙　江	Zhejiang	102.2	102.5	102.5	101.6	106.1	102.4
安　徽	Anhui	101.8	102.2	102.1	102.3	117.3	103.1
福　建	Fujian	101.8	102.1	102.7	100.3	109.4	104.1
江　西	Jiangxi	102.0	101.8	102.5	101.5	111.1	103.3
山　东	Shandong	102.1	102.6	103.1	106.8	112.0	104.3
河　南	Henan	101.7	102.5	103.0	105.8	114.9	105.7
湖　北	Hubei	101.9	101.2	101.5	100.8	111.4	102.1
湖　南	Hunan	101.9	101.4	101.8	103.6	102.4	103.8
广　东	Guangdong	102.3	103.0	103.8	100.4	112.9	104.7
广　西	Guangxi	102.2	101.4	101.8	100.5	107.2	105.1
海　南	Hainan	102.0	102.3	102.1	101.8	102.0	106.9
重　庆	Chongqing						
四　川	Sichuan	101.8	101.5	101.6	103.6	110.4	104.3
贵　州	Guizhou	101.5	100.3	99.7	98.7	108.7	103.1
云　南	Yunnan	101.7	100.9	100.7	100.9	108.3	113.1
西　藏	Tibet	101.6	101.2	101.3	100.3	110.6	99.2
陕　西	Shaanxi	102.0	102.2	102.8	105.3	113.9	105.0
甘　肃	Gansu	101.8	102.2	102.3	105.2	113.7	101.9
青　海	Qinghai	102.3	102.1	102.3	102.7	115.4	103.8
宁　夏	Ningxia	102.9	101.8	102.1	104.5	120.0	104.7
新　疆	Xinjiang	101.5	100.5	100.3	101.4	114.7	105.1

3-1-11 续表 1 continued 1

(上年价格=100) (Preceding Year=100)

地 区 Region	(4)食用油 Edible Oil and Fats	(5)菜及食用菌 Vegetables and Edible Mushrooms	(6)畜肉类 Meat of Livestock	(7)禽肉类 Meat of Poultry	(8)水产品 Aquatic Products	(9)蛋类 Eggs
全 国 National	**105.4**	**103.6**	**95.2**	**104.5**	**101.3**	**107.3**
北 京 Beijing						
天 津 Tianjin						
河 北 Hebei	105.7	102.4	96.0	102.2	98.4	105.2
山 西 Shanxi	107.9	101.9	96.9	102.5	98.0	104.6
内蒙古 Inner Mongolia	105.5	102.3	95.5	99.8	98.4	104.9
辽 宁 Liaoning	104.3	105.3	96.5	101.7	101.5	108.3
吉 林 Jilin	106.0	107.6	95.2	103.2	98.4	108.4
黑龙江 Heilongjiang	105.7	98.2	96.2	101.2	97.3	108.0
上 海 Shanghai						
江 苏 Jiangsu	106.7	103.5	97.4	104.4	99.2	105.5
浙 江 Zhejiang	107.3	101.8	96.2	104.2	103.1	106.3
安 徽 Anhui	104.5	102.7	96.6	105.5	95.7	108.1
福 建 Fujian	105.6	103.9	94.1	106.4	106.7	107.2
江 西 Jiangxi	106.2	103.9	94.1	105.3	101.9	107.3
山 东 Shandong	105.2	100.3	94.6	104.5	103.5	107.4
河 南 Henan	108.4	97.6	95.9	104.7	100.0	108.3
湖 北 Hubei	105.8	103.6	94.9	104.0	96.9	107.9
湖 南 Hunan	102.5	105.4	95.2	105.2	95.5	109.0
广 东 Guangdong	105.8	114.3	95.0	105.3	105.2	107.7
广 西 Guangxi	103.7	102.7	91.8	105.9	103.1	107.3
海 南 Hainan	103.2	98.7	95.9	102.7	106.8	106.8
重 庆 Chongqing						
四 川 Sichuan	102.9	103.7	95.9	103.9	99.0	107.1
贵 州 Guizhou	101.1	102.8	91.4	101.7	101.0	109.2
云 南 Yunnan	99.7	102.6	94.0	102.1	98.9	108.3
西 藏 Tibet	104.0	101.6	101.4	101.2	103.6	102.5
陕 西 Shaanxi	107.8	101.8	96.2	104.9	100.8	108.6
甘 肃 Gansu	107.4	104.1	93.0	104.9	98.6	106.9
青 海 Qinghai	108.2	103.6	96.7	105.2	102.7	111.1
宁 夏 Ningxia	109.8	100.6	94.6	102.3	95.3	104.8
新 疆 Xinjiang	109.5	106.4	92.7	98.2	100.5	107.6

3-1-11 续表 2 continued 2

(上年价格=100) (Preceding Year=100)

地　区	Region	(10)奶类 Milk Other Dairy Products	(11)干鲜瓜果类 Fruits and Nuts	(12)糖果糕点类 Candy and Cake	(13)调味品 Flavoring	(14)其他食品类 Other Foods	2.茶及饮料 Tea and Beverages
全　国	**National**	**100.3**	**110.2**	**102.1**	**103.3**	**102.9**	**101.7**
北　京	Beijing						
天　津	Tianjin						
河　北	Hebei	98.6	114.4	101.5	102.5	102.7	99.9
山　西	Shanxi	100.9	115.9	103.2	101.1	102.7	101.3
内蒙古	Inner Mongolia	100.4	114.2	102.9	102.7	102.2	100.6
辽　宁	Liaoning	101.1	107.2	100.7	101.0	101.8	100.0
吉　林	Jilin	101.2	111.8	102.1	100.3	102.1	100.0
黑龙江	Heilongjiang	101.3	109.6	103.0	104.9	101.6	99.9
上　海	Shanghai						
江　苏	Jiangsu	102.3	110.1	103.8	106.5	106.1	102.9
浙　江	Zhejiang	101.0	109.4	103.9	105.3	104.2	101.4
安　徽	Anhui	100.5	109.7	103.0	106.7	103.6	107.0
福　建	Fujian	100.4	110.1	102.9	103.2	103.9	101.2
江　西	Jiangxi	101.5	114.6	100.4	101.4	102.6	100.3
山　东	Shandong	101.8	112.8	98.7	103.4	102.4	101.0
河　南	Henan	101.0	111.6	100.4	104.7	104.0	103.2
湖　北	Hubei	101.1	107.7	105.5	103.2	103.7	100.4
湖　南	Hunan	100.3	111.7	101.0	103.8	101.4	101.2
广　东	Guangdong	96.7	110.7	103.0	103.0	102.2	101.4
广　西	Guangxi	97.5	110.9	104.0	103.6	101.8	100.6
海　南	Hainan	103.3	107.8	104.5	103.2	101.7	101.5
重　庆	Chongqing						
四　川	Sichuan	99.1	106.6	101.0	101.5	101.7	103.3
贵　州	Guizhou	98.4	105.2	101.4	104.1	102.6	100.6
云　南	Yunnan	100.3	104.3	101.4	103.1	100.7	100.8
西　藏	Tibet	100.8	102.6	100.6	103.2	100.5	100.4
陕　西	Shaanxi	100.7	104.2	101.3	102.3	102.9	101.4
甘　肃	Gansu	100.8	109.9	100.0	102.4	103.2	100.0
青　海	Qinghai	101.5	108.5	100.8	103.9	100.9	100.2
宁　夏	Ningxia	100.0	106.7	104.4	104.1	102.7	100.5
新　疆	Xinjiang	99.5	107.9	101.0	101.4	100.5	99.8

3-1-11 续表 3 continued 3

(上年价格=100) (Preceding Year=100)

地区 Region	3.烟酒 Tobacco and Alcohol	(1)卷烟 Tobacco	(2)酒类 Alcohol	4.在外餐饮 Dining Out	二、衣着 Clothing	1.服装 Garments
全 国 National	**101.4**	**101.3**	**101.7**	**101.1**	**100.3**	**100.3**
北 京 Beijing						
天 津 Tianjin						
河 北 Hebei	100.7	100.9	100.5	102.5	98.6	98.7
山 西 Shanxi	103.0	102.7	104.1	101.9	99.9	99.2
内蒙古 Inner Mongolia	101.5	101.5	101.3	101.2	100.5	100.5
辽 宁 Liaoning	101.3	101.8	100.4	100.6	100.5	100.5
吉 林 Jilin	101.1	100.8	101.7	99.0	100.3	100.5
黑龙江 Heilongjiang	100.7	100.6	101.0	100.3	100.4	100.5
上 海 Shanghai						
江 苏 Jiangsu	102.1	102.1	102.1	101.9	100.4	100.0
浙 江 Zhejiang	103.0	103.9	100.7	102.1	101.2	101.2
安 徽 Anhui	101.6	102.4	100.5	102.1	101.9	101.6
福 建 Fujian	100.7	101.1	99.8	100.2	98.6	98.5
江 西 Jiangxi	99.9	100.3	98.9	101.1	99.7	100.0
山 东 Shandong	102.0	101.5	102.8	101.1	100.8	101.1
河 南 Henan	100.9	100.4	101.8	101.1	100.4	100.4
湖 北 Hubei	100.4	100.4	100.5	101.3	101.0	100.9
湖 南 Hunan	100.5	100.4	100.9	100.1	101.3	101.1
广 东 Guangdong	102.2	102.4	101.4	100.3	99.2	99.1
广 西 Guangxi	100.2	100.1	100.5	100.5	100.8	100.7
海 南 Hainan	103.8	104.9	98.6	101.8	101.3	101.1
重 庆 Chongqing						
四 川 Sichuan	101.1	100.2	102.5	101.1	100.1	100.2
贵 州 Guizhou	102.1	100.4	106.5	101.1	101.4	101.5
云 南 Yunnan	101.5	101.1	103.4	101.0	100.4	100.4
西 藏 Tibet	101.2	100.0	102.4	101.2	100.8	100.7
陕 西 Shaanxi	101.0	100.3	102.7	100.9	97.3	96.6
甘 肃 Gansu	102.8	100.6	107.0	101.2	100.6	100.9
青 海 Qinghai	99.9	100.1	99.6	102.8	100.6	100.1
宁 夏 Ningxia	102.6	103.5	98.7	100.3	99.7	99.1
新 疆 Xinjiang	100.3	100.0	100.9	102.0	101.3	101.5

3-1-11 续表 4 continued 4

(上年价格=100) (Preceding Year=100)

地　区	Region	(1)男式服装 Garments for Men	(2)女式服装 Garments for Women	(3)儿童服装 Garments for Children	5.鞋类 Footwear	(1)鞋 Shoes	(2)鞋类服务 Footwear Services
全　国	**National**	**100.5**	**100.0**	**100.4**	**100.5**	**100.5**	**101.2**
北　京	Beijing						
天　津	Tianjin						
河　北	Hebei	98.8	98.9	97.2	98.2	98.2	100.3
山　西	Shanxi	100.3	98.1	100.1	102.6	102.7	99.7
内蒙古	Inner Mongolia	100.7	100.3	100.6	100.4	100.3	106.8
辽　宁	Liaoning	100.9	100.0	100.7	100.4	100.4	100.8
吉　林	Jilin	101.0	100.1	99.8	99.9	99.9	102.0
黑龙江	Heilongjiang	101.2	100.4	99.7	100.3	100.3	100.0
上　海	Shanghai						
江　苏	Jiangsu	99.5	99.9	100.7	101.8	101.7	104.8
浙　江	Zhejiang	101.6	100.9	101.3	101.0	101.1	95.7
安　徽	Anhui	102.6	100.5	102.7	103.0	103.0	102.6
福　建	Fujian	98.2	97.9	99.4	99.1	99.0	100.7
江　西	Jiangxi	99.8	99.3	100.8	98.4	98.4	100.6
山　东	Shandong	101.2	100.8	101.0	100.1	100.1	100.0
河　南	Henan	100.9	100.0	100.7	100.2	100.2	100.2
湖　北	Hubei	101.1	100.9	100.6	101.3	101.3	105.1
湖　南	Hunan	101.1	101.2	100.8	102.4	102.4	100.3
广　东	Guangdong	99.2	99.0	98.3	99.6	99.5	102.8
广　西	Guangxi	101.4	100.0	101.1	101.2	101.1	101.8
海　南	Hainan	101.9	99.9	103.8	101.8	101.8	102.2
重　庆	Chongqing						
四　川	Sichuan	100.4	100.2	99.1	99.7	99.7	100.6
贵　州	Guizhou	100.9	102.4	100.2	101.0	101.0	100.4
云　南	Yunnan	100.5	100.2	100.5	100.2	100.2	105.2
西　藏	Tibet	100.3	100.7	101.6	101.1	101.1	99.3
陕　西	Shaanxi	94.5	97.3	97.0	99.7	99.6	101.3
甘　肃	Gansu	100.7	101.2	100.4	99.9	99.8	100.0
青　海	Qinghai	99.8	99.7	100.4	102.1	102.1	100.0
宁　夏	Ningxia	98.2	99.6	99.1	101.9	101.9	100.0
新　疆	Xinjiang	102.3	99.3	104.5	100.9	100.9	102.6

3-1-11 续表 5 continued 5

(上年价格=100) (Preceding Year=100)

地 区 Region	三、居住 Residence	1.租赁房房租 Rent of Rental Housing	2.住房保养维修及管理 Housing Maintenance and Management	3.水电燃料 Water, Electricity and Fuels	四、生活用品及服务 Articles for Daily Use and Services	1.家具及室内装饰品 Furniture and Interior Decorations
全 国 National	**101.3**	**99.8**	**102.3**	**104.5**	**101.0**	**100.9**
北 京 Beijing						
天 津 Tianjin						
河 北 Hebei	101.4	100.1	102.6	103.5	100.6	101.0
山 西 Shanxi	101.3	100.2	102.9	102.3	100.9	100.0
内 蒙 古 Inner Mongolia	102.5	99.9	100.9	108.2	100.7	100.3
辽 宁 Liaoning	101.5	99.9	101.4	105.2	100.8	100.1
吉 林 Jilin	103.3	101.1	101.6	107.9	101.2	103.6
黑 龙 江 Heilongjiang	101.4	100.0	101.0	104.1	100.3	99.7
上 海 Shanghai						
江 苏 Jiangsu	101.2	99.7	103.0	105.1	102.2	103.2
浙 江 Zhejiang	101.1	99.8	103.0	104.2	102.2	102.8
安 徽 Anhui	99.6	97.1	101.0	103.9	100.9	100.6
福 建 Fujian	101.3	100.1	101.9	105.1	100.9	101.5
江 西 Jiangxi	101.7	99.7	101.4	106.4	101.0	100.8
山 东 Shandong	101.9	99.4	102.8	106.7	101.0	100.6
河 南 Henan	101.3	100.7	101.5	104.5	100.9	100.4
湖 北 Hubei	101.7	100.7	102.3	102.9	101.4	101.0
湖 南 Hunan	101.2	100.1	102.2	102.9	101.0	100.8
广 东 Guangdong	101.2	100.1	102.3	105.9	101.8	101.0
广 西 Guangxi	101.3	100.1	102.1	104.4	100.7	100.7
海 南 Hainan	101.3	99.2	104.1	103.3	101.2	100.2
重 庆 Chongqing						
四 川 Sichuan	100.8	100.4	102.7	101.7	100.5	100.9
贵 州 Guizhou	101.2	97.9	101.9	103.6	100.5	99.3
云 南 Yunnan	100.8	99.7	102.4	103.3	100.7	100.8
西 藏 Tibet	100.1	100.0	100.7	100.8	100.3	99.8
陕 西 Shaanxi	101.6	101.1	101.9	103.6	100.8	100.1
甘 肃 Gansu	101.2	99.8	101.1	101.7	100.7	100.1
青 海 Qinghai	101.0	99.0	103.4	102.9	100.8	100.4
宁 夏 Ningxia	103.0	100.8	104.1	107.8	100.7	101.0
新 疆 Xinjiang	102.1	97.6	106.0	105.5	100.6	99.5

3-1-11 续表 6 continued 6

(上年价格=100) (Preceding Year=100)

地 区	Region	(1)家具 Furniture	(2)室内装饰品 Interior Decorations	2.家用器具 Home Appliances	(1)大型家用器具 Large Household Appliances	(2)小家电 Small Household Appliances	3.家用纺织品 Home Textiles
全 国	**National**	**101.1**	**98.6**	**101.3**	**101.1**	**102.3**	**100.6**
北 京	Beijing						
天 津	Tianjin						
河 北	Hebei	101.4	97.8	100.7	100.5	101.5	99.9
山 西	Shanxi	100.2	98.9	101.9	101.7	103.3	101.7
内 蒙 古	Inner Mongolia	100.3	100.2	100.1	99.8	101.2	100.7
辽 宁	Liaoning	100.3	98.7	100.5	100.0	102.5	101.1
吉 林	Jilin	104.3	97.5	100.6	99.9	103.1	100.7
黑 龙 江	Heilongjiang	100.0	97.6	100.2	99.6	102.0	99.7
上 海	Shanghai						
江 苏	Jiangsu	103.5	100.0	101.7	101.5	102.9	101.3
浙 江	Zhejiang	103.2	99.6	102.8	102.7	103.0	101.9
安 徽	Anhui	100.8	99.4	100.9	100.6	102.3	100.9
福 建	Fujian	101.6	98.5	100.8	100.5	102.0	99.4
江 西	Jiangxi	101.0	97.5	101.4	101.2	102.2	101.7
山 东	Shandong	100.8	98.8	102.0	102.0	102.0	101.3
河 南	Henan	100.7	96.8	100.7	100.2	103.3	99.6
湖 北	Hubei	101.1	98.9	101.6	101.6	102.0	100.9
湖 南	Hunan	100.9	98.4	101.5	101.4	102.3	100.5
广 东	Guangdong	101.0	98.8	102.2	101.9	103.2	100.6
广 西	Guangxi	100.8	99.7	100.4	100.1	101.8	102.1
海 南	Hainan	100.5	97.7	102.1	102.0	102.5	99.1
重 庆	Chongqing						
四 川	Sichuan	101.0	99.5	101.7	101.7	101.6	99.4
贵 州	Guizhou	99.6	98.2	100.5	100.2	101.9	99.6
云 南	Yunnan	101.1	97.8	100.8	100.6	101.4	100.1
西 藏	Tibet	100.1	97.9	99.0	98.7	102.1	100.6
陕 西	Shaanxi	100.4	97.7	100.3	99.9	102.4	103.3
甘 肃	Gansu	100.2	98.3	101.8	101.8	102.0	100.1
青 海	Qinghai	100.6	98.5	100.5	100.4	101.4	101.6
宁 夏	Ningxia	101.4	98.2	100.3	100.0	102.1	100.6
新 疆	Xinjiang	99.7	98.7	100.9	100.8	101.5	102.4

3-1-11 续表 7 continued 7

(上年价格=100) (Preceding Year=100)

地 区 Region	(1)床上用品 Bed Articles	(2)窗帘门帘 Curtains	(3)其他家用纺织品 Other Home Textiles	4.家庭日用杂品 Daily Use Household Articles	(1)洗涤卫生用品 Clearing Products	(2)厨具餐具茶具 Kitchenware, Tableware and Tea Sets
全 国 National	**100.4**	**101.5**	**100.5**	**100.1**	**99.9**	**102.0**
北 京 Beijing						
天 津 Tianjin						
河 北 Hebei	100.1	100.5	97.7	99.1	98.8	100.8
山 西 Shanxi	101.4	103.1	101.7	100.1	99.5	101.9
内蒙古 Inner Mongolia	100.7	99.9	102.7	100.4	100.2	102.4
辽 宁 Liaoning	101.1	100.7	101.4	100.2	100.0	101.9
吉 林 Jilin	100.8	100.6	100.2	100.0	99.7	102.2
黑龙江 Heilongjiang	99.5	100.0	100.0	99.7	99.7	101.6
上 海 Shanghai						
江 苏 Jiangsu	101.2	102.1	101.4	101.6	101.2	103.4
浙 江 Zhejiang	101.2	107.6	100.2	101.0	100.7	103.2
安 徽 Anhui	100.9	100.7	101.0	99.8	99.3	100.8
福 建 Fujian	98.8	101.5	101.2	100.0	100.2	100.9
江 西 Jiangxi	101.3	103.6	101.9	99.9	99.9	102.1
山 东 Shandong	101.2	101.6	101.1	99.1	99.2	102.0
河 南 Henan	99.4	100.8	100.2	100.5	99.8	102.7
湖 北 Hubei	100.8	101.6	99.9	100.9	101.4	102.2
湖 南 Hunan	100.3	100.3	102.7	100.0	100.3	103.1
广 东 Guangdong	100.9	99.6	99.5	100.5	100.1	102.7
广 西 Guangxi	102.0	103.3	100.7	100.5	99.9	101.3
海 南 Hainan	98.6	100.0	101.4	101.2	103.4	99.9
重 庆 Chongqing						
四 川 Sichuan	98.8	100.8	101.8	99.2	99.1	100.7
贵 州 Guizhou	99.1	102.2	100.3	100.7	100.8	102.1
云 南 Yunnan	100.2	99.7	100.1	99.8	100.2	102.3
西 藏 Tibet	100.7	100.6	100.2	100.8	101.0	102.2
陕 西 Shaanxi	104.1	102.2	100.1	100.3	99.7	102.5
甘 肃 Gansu	100.1	100.4	99.6	100.0	99.1	101.7
青 海 Qinghai	101.0	102.1	103.9	100.0	100.5	101.4
宁 夏 Ningxia	100.4	101.4	99.5	99.8	100.1	100.8
新 疆 Xinjiang	101.9	104.5	100.9	99.8	99.7	101.4

3-1-11 续表 8 continued 8

(上年价格=100) (Preceding Year=100)

地 区 Region	5.个人护理用品 Personal-care Supplies	(1)化妆品 Cosmetics	(2)其他护理用品类 Other Nursing Materials	6.家庭服务 Household Services	五、交通通信 Transport and Communications	1.交通 Transport
全 国 National	**102.3**	**102.2**	**102.5**	**102.2**	**105.0**	**107.2**
北 京 Beijing						
天 津 Tianjin						
河 北 Hebei	102.5	103.2	101.7	101.2	104.7	107.2
山 西 Shanxi	101.1	100.1	102.2	100.6	105.1	108.1
内蒙古 Inner Mongolia	103.0	103.1	102.8	100.0	104.6	106.7
辽 宁 Liaoning	102.8	103.0	102.3	101.1	105.8	108.1
吉 林 Jilin	102.6	102.7	102.5	102.1	105.1	106.9
黑龙江 Heilongjiang	102.2	102.1	102.4	100.0	105.1	107.5
上 海 Shanghai						
江 苏 Jiangsu	103.5	104.1	102.6	102.8	104.7	106.2
浙 江 Zhejiang	102.7	102.6	102.9	102.3	105.0	106.7
安 徽 Anhui	101.9	101.6	102.3	103.4	105.2	107.7
福 建 Fujian	102.7	102.4	103.0	102.6	105.3	108.0
江 西 Jiangxi	102.5	102.1	102.7	102.8	105.2	108.0
山 东 Shandong	102.2	101.9	102.7	102.4	104.4	106.1
河 南 Henan	103.4	102.7	104.1	101.2	104.1	106.2
湖 北 Hubei	102.6	102.7	102.6	101.6	104.6	106.0
湖 南 Hunan	102.6	102.2	102.7	100.8	105.4	107.4
广 东 Guangdong	103.0	102.8	103.0	105.1	105.6	108.6
广 西 Guangxi	100.9	100.4	101.3	102.2	104.7	107.1
海 南 Hainan	101.9	101.5	102.0	101.0	105.5	108.3
重 庆 Chongqing						
四 川 Sichuan	100.7	100.6	100.7	101.6	105.6	108.1
贵 州 Guizhou	101.7	101.3	102.2	101.1	105.5	107.6
云 南 Yunnan	102.3	103.0	102.1	101.7	105.2	107.6
西 藏 Tibet	102.3	102.8	100.7	100.1	105.3	108.4
陕 西 Shaanxi	102.4	102.2	102.6	101.1	104.1	106.1
甘 肃 Gansu	102.2	101.8	102.6	100.4	104.8	106.9
青 海 Qinghai	102.4	102.6	102.0	101.4	105.9	107.6
宁 夏 Ningxia	102.2	102.2	102.2	100.7	106.4	108.8
新 疆 Xinjiang	101.5	100.8	102.2	102.3	105.1	106.7

3-1-11 续表 9 continued 9

(上年价格=100) (Preceding Year=100)

地区 Region	(1)交通工具 Transport Facility	(2)交通工具用燃料 Fuels for Transport Facility	(3)交通工具使用和维修 Use and Maintenance of Transport Facility	(4)交通费 Traffic Fee	2.通信 Communications	(1)通信工具 Communication Facility
全国 National	**99.9**	**120.9**	**101.7**	**102.0**	**99.1**	**98.1**
北京 Beijing						
天津 Tianjin						
河北 Hebei	101.1	120.1	99.8	99.9	98.3	97.9
山西 Shanxi	99.5	121.1	101.5	101.0	99.5	98.6
内蒙古 Inner Mongolia	101.0	120.9	101.1	100.2	98.6	96.0
辽宁 Liaoning	100.0	121.5	100.3	100.9	99.5	98.7
吉林 Jilin	99.7	121.1	101.4	100.0	100.2	100.4
黑龙江 Heilongjiang	97.6	121.4	100.0	102.1	99.1	97.8
上海 Shanghai						
江苏 Jiangsu	100.0	121.1	101.1	102.3	99.5	98.6
浙江 Zhejiang	100.9	121.0	103.0	100.5	99.9	99.6
安徽 Anhui	101.3	121.1	103.7	103.4	99.0	97.7
福建 Fujian	98.3	121.3	100.4	104.5	99.1	96.5
江西 Jiangxi	100.2	121.2	100.9	101.3	99.3	97.8
山东 Shandong	98.3	121.5	102.5	102.9	98.5	96.5
河南 Henan	100.1	121.3	101.1	101.9	99.3	99.5
湖北 Hubei	99.1	121.2	103.3	103.4	99.3	97.8
湖南 Hunan	101.2	121.3	100.1	100.2	99.8	99.2
广东 Guangdong	96.7	121.1	101.0	102.4	98.3	97.5
广西 Guangxi	100.7	120.8	102.9	102.5	98.2	95.3
海南 Hainan	100.2	118.4	101.4	104.4	99.9	99.2
重庆 Chongqing						
四川 Sichuan	100.6	120.4	101.9	104.4	98.9	97.7
贵州 Guizhou	99.5	120.4	101.0	100.8	99.8	99.3
云南 Yunnan	100.1	120.5	107.5	99.2	98.9	96.8
西藏 Tibet	99.7	117.6	99.5	100.0	99.2	95.7
陕西 Shaanxi	101.5	120.5	100.5	101.4	99.7	99.0
甘肃 Gansu	100.2	121.5	99.2	100.8	99.4	98.6
青海 Qinghai	99.2	119.7	103.8	99.8	100.0	99.7
宁夏 Ningxia	101.1	120.6	100.1	101.6	99.7	99.4
新疆 Xinjiang	100.3	120.7	100.3	105.2	99.8	99.5

3-1-11 续表 10 continued 10

(上年价格=100) (Preceding Year=100)

地 区	Region	(2)通信服务 Communicaiton Services	(3)邮递服务 Postal Serices	六、教育文化娱乐 Education, Culture and Recreation	1.教育 Education	(1)教育用品 Education Articles	(2)教育服务 Education Services
全 国	**National**	**99.6**	**99.5**	**101.7**	**102.0**	**101.8**	**102.0**
北 京	Beijing						
天 津	Tianjin						
河 北	Hebei	98.5	100.0	102.0	102.5	99.3	102.7
山 西	Shanxi	100.0	98.9	101.4	101.6	106.9	101.3
内 蒙 古	Inner Mongolia	99.9	99.9	100.5	100.5	102.4	100.2
辽 宁	Liaoning	100.0	100.8	101.3	101.5	100.0	101.6
吉 林	Jilin	100.1	100.4	100.7	100.7	100.7	100.7
黑 龙 江	Heilongjiang	100.0	100.0	100.7	100.8	100.4	100.9
上 海	Shanghai						
江 苏	Jiangsu	99.9	100.2	101.7	101.8	103.4	101.7
浙 江	Zhejiang	100.0	100.1	101.5	101.7	102.4	101.7
安 徽	Anhui	99.7	98.9	102.1	102.5	101.4	102.6
福 建	Fujian	100.0	100.1	101.6	101.8	103.6	101.7
江 西	Jiangxi	99.9	100.1	102.7	103.3	103.5	103.3
山 东	Shandong	100.0	96.1	100.6	100.7	101.7	100.6
河 南	Henan	99.2	99.8	100.3	100.4	102.4	100.3
湖 北	Hubei	100.0	100.1	102.0	102.5	102.2	102.5
湖 南	Hunan	100.0	100.0	101.3	101.5	100.2	101.6
广 东	Guangdong	98.5	99.5	102.2	102.9	101.4	102.9
广 西	Guangxi	99.1	99.8	104.8	106.0	102.2	106.3
海 南	Hainan	100.2	100.0	100.0	99.9	104.0	99.7
重 庆	Chongqing						
四 川	Sichuan	99.3	100.3	102.1	102.9	102.4	103.0
贵 州	Guizhou	100.0	100.0	100.8	100.7	102.1	100.6
云 南	Yunnan	99.9	99.5	102.4	101.6	100.8	101.6
西 藏	Tibet	100.0	100.0	100.2	100.2	100.6	100.1
陕 西	Shaanxi	100.0	100.0	103.0	103.6	100.8	104.0
甘 肃	Gansu	100.0	98.8	100.9	100.9	103.4	100.7
青 海	Qinghai	100.3	99.7	103.3	103.9	100.0	104.0
宁 夏	Ningxia	100.0	99.2	102.4	103.1	100.0	103.3
新 疆	Xinjiang	100.1	98.9	100.3	100.3	102.3	100.2

3-1-11 续表 11 continued 11

(上年价格=100) (Preceding Year=100)

地区 Region	2.文化娱乐 Culture and Recreation	(1)文娱耐用消费品 Durable Consumer Goods for Culture and Recreation	(2)其他文娱用品 Other Articles for Culture and Recreation	(3)文化娱乐服务 Services for Culture and Recreation	(4)旅游 Touring and Outing	七、医疗保健 Health Care
全国 National	**100.8**	**100.4**	**100.8**	**100.3**	**102.2**	**100.8**
北京 Beijing						
天津 Tianjin						
河北 Hebei	100.8	101.7	99.7	99.8	103.2	101.1
山西 Shanxi	100.7	101.2	101.2	98.5	101.8	100.3
内蒙古 Inner Mongolia	100.6	100.3	100.8	99.7	103.8	100.5
辽宁 Liaoning	100.5	100.5	100.2	100.3	101.8	100.5
吉林 Jilin	100.6	100.5	101.6	99.8	99.1	100.3
黑龙江 Heilongjiang	100.3	100.5	100.2	98.0	104.4	101.3
上海 Shanghai						
江苏 Jiangsu	101.4	100.5	102.6	100.0	102.3	101.8
浙江 Zhejiang	101.1	100.3	101.5	99.9	103.1	100.9
安徽 Anhui	100.8	99.7	101.0	101.1	101.3	101.5
福建 Fujian	100.8	99.9	101.0	100.8	101.9	100.6
江西 Jiangxi	101.0	96.3	100.9	100.1	105.3	100.1
山东 Shandong	100.5	100.7	100.9	98.6	102.2	100.0
河南 Henan	100.1	100.3	100.7	100.7	98.3	100.8
湖北 Hubei	100.5	99.7	100.7	100.2	101.7	100.5
湖南 Hunan	100.4	100.7	100.2	99.9	101.2	101.9
广东 Guangdong	100.7	100.4	100.8	100.7	100.9	99.7
广西 Guangxi	101.1	99.2	101.6	100.6	105.0	101.8
海南 Hainan	100.8	100.9	100.6	99.6	103.5	100.9
重庆 Chongqing						
四川 Sichuan	100.0	98.8	100.6	100.6	100.0	101.1
贵州 Guizhou	101.0	100.3	100.1	101.1	102.6	100.1
云南 Yunnan	104.7	107.8	100.6	101.2	106.2	100.0
西藏 Tibet	100.5	100.6	100.7	97.3	100.0	99.6
陕西 Shaanxi	101.2	99.0	101.0	102.2	102.9	101.8
甘肃 Gansu	101.1	100.8	100.9	100.6	102.6	100.4
青海 Qinghai	101.6	101.9	101.9	97.3	107.9	100.4
宁夏 Ningxia	100.4	99.7	100.8	100.5	101.3	104.7
新疆 Xinjiang	100.5	101.5	99.1	101.9	99.5	99.8

3-1-11 续表 12 continued 12

(上年价格=100) (Preceding Year=100)

地 区 Region	1.药品及医疗器具 Medicine and Medical Instruments	(1)中药 Traditional Chinese Medicine	(2)西药 Western Medicine	(3)滋补保健品 Health Care Articles	(4)医疗卫生器具 Medical Instruments	(5)保健器具 Health Care Appliances
全 国 National	**100.5**	**102.4**	**100.1**	**100.4**	**97.5**	**100.0**
北 京 Beijing						
天 津 Tianjin						
河 北 Hebei	102.2	103.3	101.9	102.2	102.0	100.1
山 西 Shanxi	99.8	101.2	99.3	101.0	99.2	99.6
内蒙古 Inner Mongolia	101.5	102.0	101.4	100.8	100.5	99.6
辽 宁 Liaoning	98.8	101.0	98.1	99.7	97.2	100.0
吉 林 Jilin	101.1	101.8	101.2	100.1	98.9	100.2
黑龙江 Heilongjiang	100.5	102.2	100.8	101.3	95.1	99.9
上 海 Shanghai						
江 苏 Jiangsu	95.0	102.1	90.9	99.1	92.5	100.2
浙 江 Zhejiang	99.4	93.6	101.3	100.0	100.0	100.1
安 徽 Anhui	101.1	103.2	101.0	100.6	96.9	99.9
福 建 Fujian	102.4	103.6	103.2	101.3	98.4	99.8
江 西 Jiangxi	100.1	100.8	100.4	98.9	96.9	97.3
山 东 Shandong	100.1	100.8	99.9	100.1	99.6	99.5
河 南 Henan	100.2	102.6	100.4	99.8	93.1	99.9
湖 北 Hubei	100.7	104.2	99.6	99.9	98.9	100.0
湖 南 Hunan	103.9	107.1	102.8	100.2	102.8	101.2
广 东 Guangdong	100.5	100.4	100.5	101.9	97.0	100.0
广 西 Guangxi	99.0	101.4	98.0	99.2	97.9	99.5
海 南 Hainan	100.7	100.5	100.9	101.6	100.1	99.5
重 庆 Chongqing						
四 川 Sichuan	101.5	105.9	99.8	100.0	96.8	100.3
贵 州 Guizhou	100.6	101.0	100.7	100.1	99.2	101.2
云 南 Yunnan	100.6	101.9	100.6	99.2	98.5	100.1
西 藏 Tibet	98.8	100.2	98.3	99.4	98.3	100.0
陕 西 Shaanxi	100.8	101.6	100.8	100.4	98.5	99.8
甘 肃 Gansu	100.5	101.2	100.6	100.6	97.6	100.1
青 海 Qinghai	100.4	100.3	101.1	99.5	90.7	100.9
宁 夏 Ningxia	100.4	100.7	100.2	98.9	101.2	99.8
新 疆 Xinjiang	99.2	101.1	99.0	100.8	91.9	100.0

3-1-11 续表 13 continued 13

(上年价格=100) (Preceding Year=100)

地 区 Region	2.医疗服务 Medical Services	(1)综合医疗类 General Practice	(2)诊断类 Diagnostic Medical	(3)治疗类 Medical Treatment	(4)康复类 Rehabilitation	(5)中医医疗服务类 Traditional Chinese Medical
全 国 National	**100.9**	**101.6**	**100.2**	**101.6**	**101.3**	**101.5**
北 京 Beijing						
天 津 Tianjin						
河 北 Hebei	100.5	100.5	100.7	100.4	100.0	100.0
山 西 Shanxi	100.5	102.3	100.0	100.0	99.7	100.0
内蒙古 Inner Mongolia	100.0	100.1	100.0	100.0	100.0	100.0
辽 宁 Liaoning	101.1	99.9	102.0	100.9	100.0	100.7
吉 林 Jilin	100.0	99.9	100.0	100.0	100.0	100.0
黑龙江 Heilongjiang	101.6	101.1	99.5	105.6	99.5	100.0
上 海 Shanghai						
江 苏 Jiangsu	103.9	106.5	100.4	107.5	102.4	106.0
浙 江 Zhejiang	101.4	101.1	101.6	100.6	106.1	103.1
安 徽 Anhui	101.6	102.5	100.2	102.9	100.0	100.3
福 建 Fujian	99.9	101.7	98.4	100.1	100.1	101.8
江 西 Jiangxi	100.1	100.6	99.8	100.2	100.0	100.1
山 东 Shandong	100.0	100.1	99.8	100.1	100.2	100.0
河 南 Henan	101.1	100.1	100.2	102.5	103.4	105.1
湖 北 Hubei	100.5	100.9	100.7	99.9	100.0	99.9
湖 南 Hunan	101.4	104.4	98.6	102.3	97.1	96.0
广 东 Guangdong	99.6	97.6	99.6	100.2	101.2	101.1
广 西 Guangxi	102.9	103.8	101.9	104.0	111.9	100.5
海 南 Hainan	100.9	103.0	101.8	96.0	99.8	100.5
重 庆 Chongqing						
四 川 Sichuan	100.9	100.4	100.6	102.2	101.8	102.2
贵 州 Guizhou	99.9	100.0	99.6	100.4	100.0	100.4
云 南 Yunnan	99.8	100.0	99.3	100.0	101.1	100.7
西 藏 Tibet	100.0	99.9	99.9	100.0	100.0	100.0
陕 西 Shaanxi	102.2	109.6	99.2	100.4	95.2	102.0
甘 肃 Gansu	100.3	100.7	99.8	101.1	99.1	100.1
青 海 Qinghai	100.4	102.0	99.8	100.0	100.1	100.7
宁 夏 Ningxia	106.7	118.4	99.1	99.0	119.4	126.6
新 疆 Xinjiang	100.0	100.0	100.0	100.0	100.0	100.0

3-1-11 续表 14 continued 14

(上年价格=100) (Preceding Year=100)

地 区	Region	(6)其他医疗保健服务 Other Health Care Services	八、其他用品及服务 Other Articles and Services	1.其他用品 Other Articles	(1)首饰手表 Jewelry and Watches	(2)母婴用品 Maternal and Infant Products	(3)其他杂项用品 Other Miscellaneous Articles
全 国	**National**	**100.1**	**102.0**	**102.5**	**102.2**	**105.5**	**100.3**
北 京	Beijing						
天 津	Tianjin						
河 北	Hebei	100.0	102.5	103.0	102.4	106.1	100.0
山 西	Shanxi	100.2	101.7	101.3	100.5	104.8	100.3
内 蒙 古	Inner Mongolia	100.0	101.8	101.9	100.6	106.0	100.1
辽 宁	Liaoning	100.0	102.0	102.8	103.5	105.1	100.5
吉 林	Jilin	100.0	101.9	102.1	101.4	105.7	100.3
黑 龙 江	Heilongjiang	100.3	101.8	102.5	102.1	106.3	100.4
上 海	Shanghai						
江 苏	Jiangsu	100.3	102.4	102.3	101.5	105.7	100.5
浙 江	Zhejiang	99.5	101.8	102.8	102.5	106.6	101.4
安 徽	Anhui	102.6	101.9	102.9	103.1	104.1	100.8
福 建	Fujian	100.0	101.9	102.4	102.9	104.5	100.0
江 西	Jiangxi	99.6	101.2	101.3	100.9	104.9	100.0
山 东	Shandong	100.0	102.5	102.3	101.6	106.3	100.2
河 南	Henan	102.5	101.9	102.3	101.7	107.5	100.6
湖 北	Hubei	100.2	102.9	104.1	105.1	105.9	100.3
湖 南	Hunan	102.3	102.2	103.2	103.7	106.2	100.7
广 东	Guangdong	97.5	102.3	102.7	100.4	105.4	100.4
广 西	Guangxi	101.5	101.1	101.3	101.7	102.3	100.3
海 南	Hainan	102.5	101.5	101.8	102.7	102.9	100.8
重 庆	Chongqing						
四 川	Sichuan	99.3	101.4	101.2	100.1	106.5	96.5
贵 州	Guizhou	100.0	102.4	102.5	102.4	105.0	100.7
云 南	Yunnan	99.9	101.6	102.6	101.7	105.6	100.6
西 藏	Tibet	100.0	100.8	100.1	98.4	104.9	101.0
陕 西	Shaanxi	100.4	103.5	103.5	103.7	105.7	100.7
甘 肃	Gansu	98.4	101.7	102.5	102.2	105.6	101.0
青 海	Qinghai	100.1	101.6	102.9	103.7	104.8	99.9
宁 夏	Ningxia	107.2	102.1	102.8	103.2	105.2	100.4
新 疆	Xinjiang	100.0	102.2	103.1	102.3	105.9	100.8

3-1-11 续表 15 continued 15

(上年价格=100) (Preceding Year=100)

地 区 Region	2.其他服务 Other Services	(1)在外住宿 Out Accommodation	(2)美容美发洗浴 Beauty Salon, Hair Salon and Scouring Bath	(3)养老服务 Elderly Care	(4)金融及保险服务 Finance and Insurance	(5)中介法律及其他服务 Intermediary, Legal and Other Services
全 国 National	**101.5**	**99.8**	**102.9**	**101.6**	**101.4**	**100.2**
北 京 Beijing						
天 津 Tianjin						
河 北 Hebei	102.0	99.5	103.9	100.9	101.9	100.0
山 西 Shanxi	102.1	98.5	103.1	109.0	101.5	99.6
内蒙古 Inner Mongolia	101.7	103.9	100.1	98.8	102.3	100.0
辽 宁 Liaoning	101.3	100.1	100.6	100.6	101.9	100.0
吉 林 Jilin	101.7	100.4	100.8	105.5	101.5	100.7
黑龙江 Heilongjiang	100.7	99.8	101.0	100.0	100.9	100.0
上 海 Shanghai						
江 苏 Jiangsu	102.6	99.1	104.1	103.2	102.5	100.4
浙 江 Zhejiang	100.8	98.0	102.2	103.3	99.7	100.0
安 徽 Anhui	100.4	99.5	101.1	100.4	100.0	100.9
福 建 Fujian	101.2	100.2	102.6	100.0	100.9	99.9
江 西 Jiangxi	101.0	100.5	101.3	100.7	101.1	100.1
山 东 Shandong	102.8	98.5	104.7	101.0	102.9	100.8
河 南 Henan	101.4	99.1	101.9	102.4	101.1	101.1
湖 北 Hubei	101.4	100.0	105.1	101.1	100.6	99.5
湖 南 Hunan	100.9	101.6	101.0	101.5	100.7	100.0
广 东 Guangdong	101.9	101.0	104.9	103.3	100.4	100.4
广 西 Guangxi	100.7	98.6	103.2	100.5	101.0	99.9
海 南 Hainan	101.1	98.6	101.1	106.1	101.2	99.9
重 庆 Chongqing						
四 川 Sichuan	101.7	98.8	103.4	100.4	101.9	99.6
贵 州 Guizhou	102.4	100.5	107.5	99.1	101.0	100.2
云 南 Yunnan	100.3	96.7	100.7	100.5	101.9	100.1
西 藏 Tibet	101.3	103.4	103.4	100.0	100.1	100.0
陕 西 Shaanxi	103.4	105.7	105.0	100.2	103.3	100.3
甘 肃 Gansu	100.7	100.0	101.2	100.0	101.6	99.8
青 海 Qinghai	100.2	92.2	109.1	99.6	101.4	101.3
宁 夏 Ningxia	101.3	99.6	101.1	100.0	102.3	100.0
新 疆 Xinjiang	101.1	103.6	100.3	101.3	100.5	101.0

3-2-1 全国商品零售价格分类指数（2022年）
Retail Price Indices by Category (2022)

(上年价格=100) (Precding Year=100)

项 目	Item	全国 National Index	城市 Urban Index	农村 Rural Index
商品零售价格指数	**Retail Price Index**	**102.7**	**102.7**	**103.0**
一、食品	**Food**	**102.6**	**102.7**	**102.3**
1.粮食	Grain	102.9	102.8	103.1
2.薯类	Tubers	109.2	108.6	112.0
3.豆类	Beans	104.2	104.1	104.7
4.食用油	Edible Oil and Fats	105.9	105.9	105.8
5.菜及食用菌	Vegetables and Edible Mushrooms	102.9	102.8	103.3
6.畜肉类	Meat of Livestock	95.9	96.0	95.4
7.禽肉类	Meat of Poultry	104.0	103.9	104.6
8.水产品	Aquatic Products	101.9	101.8	102.1
9.蛋类	Eggs	107.2	107.2	107.2
10.奶类	Milk and Other Dairy Products	101.0	101.0	100.5
11.干鲜瓜果类	Fruits and Nuts	111.0	111.0	110.6
12.糖果糕点类	Candy and Cake	103.3	103.5	102.2
13.调味品	Flavoring	104.1	104.3	103.4
14.其他食品类	Other Foods	103.3	103.4	102.8
15.餐饮业零售	Food and Beverage Retail	102.0	102.1	101.0
二、饮料烟酒	**Beverages,Tobacco and Alcohol**	**101.8**	**101.8**	**101.5**
1.茶及饮料	Tea and Beverages	102.7	102.8	101.8
2.卷烟	Tobacco	101.6	101.6	101.4
3.酒类	Alcohol	101.6	101.6	101.6
三、服装鞋帽	**Garments , Shoes and Hats**	**100.5**	**100.6**	**100.2**
1.服装	Garments	100.6	100.7	100.1
2.鞋帽袜	Footgear and Hats	100.2	100.2	100.5
3.其他衣着配件	Other Clothing Accessories	100.1	100.1	100.0
四、纺织品	**Textiles**	**100.3**	**100.2**	**100.9**
1.服装材料	Clothing	102.5	102.6	102.2
2.床上用品	Bedding	99.6	99.5	100.5
五、家用电器及音像器材	**Household Appliances,Music and Video Equipment**	**100.6**	**100.6**	**101.0**
1.家庭设备	Household Facilities	101.5	101.5	101.5
2.文娱用耐用消费品	Durable Consumer Goods for Cultural and Recreational Use	98.8	98.7	99.8
3.专业音像器材	Music and Video Equipment	101.0	100.9	102.1
六、文化办公用品	**Cultural and Office Appliances**	**100.9**	**100.9**	**101.2**

3-2-1 续表 continued

(上年价格=100) (Precding Year=100)

项 目	Item	全国 National Index	城市 Urban Index	农村 Rural Index
七、日用品	**Articles for Daily Use**	**101.1**	**101.1**	**101.2**
1.日用百货	General Merchandise for Daily Use	101.9	101.9	101.7
2.厨具餐具茶具	Kitchenware,Tableware and Tea sets	101.5	101.4	102.0
3.清洗用品	Cleaning Products	98.9	99.0	98.4
4.其他日用品	Other Aritcles for Daily Use	101.3	101.2	101.5
八、体育娱乐用品	**Sports and Recreation Articles**	**101.5**	**101.5**	**101.4**
1.体育户外用品	Sports and Outdoor Articles	105.8	105.7	106.8
2.娱乐用品	Recreation Articles	100.4	100.5	100.4
九、交通通信用品	**Transportation and Communication Appliances**	**99.2**	**99.2**	**99.4**
1.交通运输机械	Transportation Appliances	99.6	99.6	99.7
2.通信器材	Communication Appliances	97.9	97.8	98.3
十、家具	**Furniture**	**101.3**	**101.2**	**101.6**
十一、化妆品	**Cosmetics**	**102.1**	**102.1**	**102.5**
十二、金银饰品	**Gold and Silver Ornaments**	**101.8**	**101.6**	**102.6**
十三、中西药品及医疗保健用品	**Traditional Chinese and Western Medicines and Health Care Articles**	**100.1**	**100.0**	**100.2**
1.医疗卫生器具	Medical Instrument	98.4	98.5	97.6
2.中药	Traditional Chinese Medicines	102.4	102.5	101.9
3.西药	Western Medicines	99.3	99.2	99.7
4.保健器具及用品	Health Care Appliances and Articles	100.3	100.2	100.5
十四、书报杂志及电子出版物	**Books,Newspapers,Magazines and Electronic Publications**	**101.9**	**102.0**	**101.3**
1.教材及参考书	Teaching Materials and Reference Books	102.1	102.1	101.8
2.书报杂志及音像制品	Books, magazines and audio-visual products	102.3	102.5	100.9
3.计算机办公软件	Office Software	100.5	100.5	100.1
十五、燃料	**Fuels**	**117.6**	**117.4**	**119.2**
1.煤炭及制品	Coal and its product	116.7	116.5	117.9
2.石油及制品	Petroleum and its product	117.7	117.4	119.4
十六、建筑材料及五金电料	**Building Materials and Hardware**	**101.9**	**101.9**	**102.1**
1.建筑装潢材料	Building Decoration Materials	102.4	102.4	102.7
2.五金水暖	Hardware	100.8	100.8	100.8

3-2-2 各地区商品零售价格分类指数（2022年）
Retail Price Indices by Category and Region (2022)

（上年价格=100） (Preceding Year=100)

地 区	Region	商品零售价格指数 Retail Price Index	一、食品 Food	二、饮料烟酒 Beverages, Tobacco and Alcohol	三、服装鞋帽 Garments Shoes and Hats	四、纺织品 Textiles	五、家用电器及音像器材 Household Appliances, Music and Video Equipment
全 国	**National**	**102.7**	**102.6**	**101.8**	**100.5**	**100.3**	**100.6**
北 京	Beijing	101.8	103.1	103.0	100.6	100.3	100.5
天 津	Tianjin	102.0	102.0	102.4	101.3	101.0	100.1
河 北	Hebei	102.5	102.6	101.5	100.1	100.1	100.9
山 西	Shanxi	103.7	103.9	102.2	101.5	101.3	100.2
内 蒙 古	Inner Mongolia	103.8	102.1	101.9	100.0	100.1	100.2
辽 宁	Liaoning	102.6	103.1	101.9	99.2	99.9	100.0
吉 林	Jilin	103.1	102.9	100.6	99.6	100.3	100.6
黑 龙 江	Heilongjiang	102.5	102.3	101.6	101.2	98.2	99.9
上 海	Shanghai	101.7	104.7	101.8	98.8	98.8	100.6
江 苏	Jiangsu	102.9	102.7	102.2	101.3	100.5	100.8
浙 江	Zhejiang	103.2	102.6	102.5	100.3	100.0	101.9
安 徽	Anhui	102.7	103.1	101.7	101.2	101.1	100.0
福 建	Fujian	102.7	103.0	100.9	99.8	102.1	100.5
江 西	Jiangxi	102.6	102.5	101.0	100.7	98.7	99.4
山 东	Shandong	102.3	102.4	102.0	100.3	99.1	100.9
河 南	Henan	102.7	102.4	100.3	100.4	100.3	99.5
湖 北	Hubei	102.8	102.4	101.5	101.1	101.9	101.2
湖 南	Hunan	103.2	101.5	101.3	101.4	100.7	101.3
广 东	Guangdong	102.5	102.9	102.8	100.8	100.3	100.6
广 西	Guangxi	102.2	102.1	100.9	100.5	99.9	97.9
海 南	Hainan	102.1	102.8	101.7	99.8	101.8	100.8
重 庆	Chongqing	102.5	104.3	100.8	100.0	99.9	100.5
四 川	Sichuan	102.9	102.3	101.7	101.3	100.1	100.7
贵 州	Guizhou	103.0	101.2	101.6	100.5	99.1	99.6
云 南	Yunnan	103.1	101.1	101.3	100.3	99.7	100.0
西 藏	Tibet	102.7	100.3	99.8	100.6	99.3	99.4
陕 西	Shaanxi	103.1	103.0	102.4	101.0	100.4	101.9
甘 肃	Gansu	103.7	102.9	102.2	100.5	100.7	102.2
青 海	Qinghai	103.2	103.5	101.3	101.4	99.9	101.4
宁 夏	Ningxia	102.4	102.5	102.5	99.0	100.4	99.5
新 疆	Xinjiang	102.8	102.1	101.6	99.1	101.2	99.8

3-2-2 续表 1 continued

(上年价格=100) (Preceding Year=100)

地区	Region	六、文化办公用品 Cultural and Office Appliances	七、日用品 Articles for Daily Use	八、体育娱乐用品 Sports and Recreation Articles	九、交通通信用品 Transportation and Communication Appliances	十、家具 Furniture	十一、化妆品 Cosmetics
全国	**National**	**100.9**	**101.1**	**101.5**	**99.2**	**101.3**	**102.1**
北京	Beijing	100.5	101.5	102.3	97.9	101.7	101.1
天津	Tianjin	100.8	101.7	103.2	98.5	99.9	102.1
河北	Hebei	101.8	100.2	101.2	99.6	99.9	102.3
山西	Shanxi	100.6	100.8	101.4	99.1	100.4	101.9
内蒙古	Inner Mongolia	99.6	100.2	100.5	98.5	101.3	103.1
辽宁	Liaoning	100.0	100.9	101.4	99.3	100.0	101.8
吉林	Jilin	100.4	102.1	100.8	99.5	102.0	101.7
黑龙江	Heilongjiang	100.7	101.2	100.5	98.1	101.2	101.9
上海	Shanghai	100.9	101.4	102.2	98.6	103.3	101.4
江苏	Jiangsu	101.9	101.4	101.1	100.1	102.2	102.7
浙江	Zhejiang	101.7	101.6	101.7	100.6	100.7	102.6
安徽	Anhui	100.4	100.4	101.2	100.9	101.2	101.4
福建	Fujian	100.7	101.7	101.1	98.5	100.6	101.9
江西	Jiangxi	100.0	100.8	101.0	99.7	101.0	102.3
山东	Shandong	100.5	101.0	101.3	98.3	99.7	103.7
河南	Henan	101.5	100.0	103.4	99.6	102.6	102.3
湖北	Hubei	100.8	102.2	102.2	98.5	100.7	103.0
湖南	Hunan	100.8	101.8	101.4	100.9	100.8	102.1
广东	Guangdong	100.8	101.2	100.0	98.7	102.1	100.9
广西	Guangxi	100.0	100.3	102.5	98.5	101.2	101.6
海南	Hainan	100.4	98.9	100.1	98.7	101.3	98.6
重庆	Chongqing	99.7	101.1	100.1	98.2	100.7	102.9
四川	Sichuan	100.8	101.0	100.5	98.4	103.6	102.0
贵州	Guizhou	100.7	101.1	101.3	99.8	101.7	100.5
云南	Yunnan	100.4	100.6	102.3	99.7	100.5	102.1
西藏	Tibet	100.7	100.7	100.2	100.8	100.1	102.7
陕西	Shaanxi	101.3	100.9	103.4	99.6	100.9	102.9
甘肃	Gansu	101.1	101.2	100.6	100.2	98.6	102.7
青海	Qinghai	102.3	100.1	102.0	100.7	101.5	101.9
宁夏	Ningxia	101.6	101.9	101.8	99.5	100.7	102.3
新疆	Xinjiang	102.6	100.4	101.9	101.7	101.1	103.3

3-2-2 续表 2 continued

(上年价格=100) (Preceding Year=100)

地 区	Region	十二、金银饰品 Gold and Silver Ornaments	十三、中西药品及医疗保健用品 Traditional Chinese and Western Medicines and Health Care Articles	十四、书报杂志及电子出版物 Books,Newspapers, Magazines and Electronic Publications	十五、燃料 Fuels	十六、建筑材料及五金电料 Building Materials and Hardware
全 国	**National**	**101.8**	**100.1**	**101.9**	**117.6**	**101.9**
北 京	Beijing	102.9	100.9	106.8	117.3	102.6
天 津	Tianjin	100.7	100.5	102.9	116.0	101.8
河 北	Hebei	101.4	100.9	100.5	118.6	101.8
山 西	Shanxi	100.3	100.2	101.8	118.9	102.8
内 蒙 古	Inner Mongolia	102.5	100.4	101.8	119.4	100.7
辽 宁	Liaoning	102.8	99.0	101.4	118.9	101.8
吉 林	Jilin	102.7	101.1	102.4	117.3	102.4
黑 龙 江	Heilongjiang	101.4	100.2	100.9	120.5	101.4
上 海	Shanghai	102.0	97.3	98.0	115.9	101.6
江 苏	Jiangsu	101.0	97.3	101.8	118.5	102.5
浙 江	Zhejiang	102.2	100.0	101.2	118.7	103.0
安 徽	Anhui	102.7	99.9	100.7	114.9	101.4
福 建	Fujian	101.9	101.0	102.1	118.3	102.9
江 西	Jiangxi	102.1	100.4	102.3	119.7	100.8
山 东	Shandong	102.2	100.7	101.9	120.0	101.1
河 南	Henan	102.5	101.3	101.8	117.8	101.8
湖 北	Hubei	100.4	100.7	100.7	118.4	102.4
湖 南	Hunan	103.1	101.7	100.2	119.1	101.4
广 东	Guangdong	100.8	100.8	102.8	115.5	101.0
广 西	Guangxi	100.6	98.9	101.4	118.8	100.3
海 南	Hainan	101.7	99.0	101.6	115.6	102.4
重 庆	Chongqing	102.2	99.2	109.2	114.0	103.9
四 川	Sichuan	100.5	99.9	101.6	115.5	102.7
贵 州	Guizhou	101.9	100.4	101.5	118.7	101.3
云 南	Yunnan	103.4	101.3	100.8	117.6	102.4
西 藏	Tibet	101.9	100.5	101.4	112.2	103.2
陕 西	Shaanxi	101.6	100.4	101.9	116.5	100.5
甘 肃	Gansu	100.8	100.9	101.4	118.7	101.9
青 海	Qinghai	102.2	99.3	105.8	114.4	104.6
宁 夏	Ningxia	101.7	99.8	101.3	115.4	104.3
新 疆	Xinjiang	102.8	99.7	101.6	117.0	102.1

70个大中城市商品住宅销售价格指数

70 Large and Medium-Sized Cities Commercial Housing Price Index

4

以2020年价格为100(2020=100)

4−1−1 2022年70个大中城市新建商品住宅销售价格指数

Housing Price Indices of Newly Constructed Commercial Residential Buildings in 70 Large and Medium-Sized Cities 2022

(以2020年价格为100) (2020=100)

城市	City	1月	2月	3月	4月	5月	6月	7月	8月	9月	10月	11月	12月
北京	Beijing	107.5	108.2	108.5	109.3	109.7	110.6	111.2	111.7	111.9	112.4	112.5	112.7
天津	Tianjin	102.2	102.3	102.5	102.4	101.9	101.7	101.1	100.7	100.4	100.2	99.6	98.9
石家庄	Shijiazhuang	99.4	99.5	99.8	100.0	99.7	99.5	99.2	98.8	98.4	97.7	97.5	97.0
太原	Taiyuan	96.2	95.9	95.7	95.2	94.8	94.9	94.6	94.1	93.5	93.1	92.5	91.9
呼和浩特	Hohhot	101.4	101.2	101.1	100.6	100.7	100.3	100.6	99.6	99.7	99.7	99.7	98.3
沈阳	Shenyang	103.5	102.9	102.5	102.4	102.2	102.3	101.9	101.1	100.8	100.1	99.4	98.8
大连	Dalian	106.5	106.1	105.3	105.2	104.9	104.6	104.4	104.2	103.6	102.4	101.9	101.5
长春	Changchun	101.9	101.5	101.5	101.5	101.3	100.6	100.3	100.4	99.8	99.1	98.3	97.2
哈尔滨	Harbin	96.6	95.7	95.0	94.3	94.0	93.4	93.2	92.8	92.0	91.4	90.6	90.3
上海	Shanghai	106.7	107.2	107.5	107.5	107.5	108.0	108.5	109.1	109.4	109.7	110.0	110.4
南京	Nanjing	106.0	106.8	107.0	106.4	105.8	106.2	106.6	107.0	106.5	106.0	106.3	106.2
杭州	Hangzhou	106.8	107.3	108.0	108.7	109.1	110.2	111.0	111.5	112.0	112.3	113.0	113.4
宁波	Ningbo	105.4	106.1	106.2	105.9	105.7	105.8	105.6	105.9	106.1	106.5	106.6	106.8
合肥	Hefei	106.1	105.3	104.9	104.8	104.8	105.3	106.1	106.4	107.1	107.8	107.9	107.8
福州	Fuzhou	106.2	106.5	105.9	105.3	105.1	105.4	105.8	105.2	104.5	103.9	103.6	103.4
厦门	Xiamen	106.2	105.7	105.4	104.9	104.4	104.9	104.4	103.8	103.5	102.8	102.5	102.4
南昌	Nanchang	100.9	101.2	101.7	102.2	102.3	101.7	102.5	102.5	102.8	102.7	102.7	102.4
济南	Jinan	104.8	104.9	105.2	105.0	105.5	105.8	106.2	106.4	106.7	106.8	106.8	106.7
青岛	Qingdao	105.5	105.5	105.9	105.9	106.1	106.7	106.6	106.8	106.7	106.5	106.2	106.6
郑州	Zhengzhou	101.2	101.0	100.3	100.0	99.9	99.7	100.0	99.6	99.3	98.8	98.4	97.9
武汉	Wuhan	106.2	105.7	105.3	104.5	103.7	103.3	103.0	101.8	100.9	100.2	100.0	100.0
长沙	Changsha	109.4	109.6	110.1	110.5	110.6	111.1	111.2	111.5	111.6	111.9	112.4	112.9
广州	Guangzhou	109.2	109.9	109.7	109.8	110.3	110.6	111.0	110.7	110.4	110.1	109.5	109.1
深圳	Shenzhen	105.3	105.7	106.5	106.4	107.0	107.3	107.1	106.6	106.1	105.4	104.9	104.5
南宁	Nanning	104.4	103.9	103.8	104.0	104.2	104.4	103.4	102.7	102.1	101.1	100.5	100.3
海口	Haikou	105.7	105.4	105.9	106.3	106.8	106.7	107.0	107.2	107.4	107.2	107.0	106.8
重庆	Chongqing	111.0	111.7	112.2	111.7	111.5	112.0	112.4	111.2	111.5	110.9	110.6	110.1
成都	Chengdu	105.5	106.2	107.0	107.8	108.7	110.2	111.2	111.6	112.4	112.8	113.4	113.9
贵阳	Guiyang	102.5	102.1	102.3	103.1	102.8	102.6	102.3	102.2	102.2	101.8	101.0	100.8
昆明	Kunming	102.4	102.9	102.6	102.5	102.0	101.8	101.3	100.9	100.3	99.5	99.7	99.0
西安	Xi'an	109.7	110.8	111.2	111.5	111.8	112.1	112.8	112.9	112.4	112.1	111.7	111.9
兰州	Lanzhou	105.0	104.7	104.3	103.6	103.3	102.8	102.2	101.2	100.3	99.9	99.8	99.3
西宁	Xining	107.2	106.3	106.0	106.0	104.9	105.3	105.4	105.0	104.7	104.1	104.1	103.7
银川	Yinchuan	114.9	114.8	115.2	115.3	115.6	115.7	116.3	116.8	116.7	116.4	115.6	115.7
乌鲁木齐	Urumqi	104.2	104.9	106.0	106.6	107.3	107.1	106.8	106.7	106.4	106.1	106.1	105.8

4-1-1 续表 Continued

(以2020年价格为100) (2020=100)

城 市	City	1月	2月	3月	4月	5月	6月	7月	8月	9月	10月	11月	12月
唐 山	Tangshan	102.9	102.9	102.9	103.0	103.2	102.5	102.6	102.1	101.6	101.5	100.7	100.1
秦皇岛	Qinhuangdao	97.1	96.9	96.1	95.8	96.0	95.0	94.4	93.9	93.3	92.6	92.3	91.9
包 头	Baotou	101.3	101.0	100.4	99.7	99.3	98.9	98.8	98.2	97.6	97.6	97.3	96.9
丹 东	Dandong	104.2	103.8	103.0	102.1	102.1	102.1	101.4	101.0	100.4	100.3	100.2	100.0
锦 州	Jinzhou	105.8	105.2	105.6	104.0	104.4	104.6	104.4	104.1	103.7	102.8	102.6	102.3
吉 林	Jilin	103.2	103.4	103.4	103.4	102.8	102.8	101.8	101.1	100.5	100.2	99.7	99.3
牡丹江	Mudanjiang	96.8	96.3	95.9	95.9	96.3	96.5	96.7	96.8	96.7	95.6	94.6	94.2
无 锡	Wuxi	106.7	107.3	107.5	107.4	107.1	107.3	106.9	107.3	106.9	106.0	105.6	106.1
徐 州	Xuzhou	108.7	108.6	108.4	107.8	108.1	108.6	108.8	108.4	108.2	107.6	107.1	106.8
扬 州	Yangzhou	107.0	106.6	106.3	105.2	104.5	104.2	104.9	104.6	104.1	103.7	103.5	104.0
温 州	Wenzhou	106.7	105.8	105.1	104.3	103.7	103.1	102.4	102.0	101.0	100.3	99.5	99.2
金 华	Jinhua	106.6	106.7	107.2	107.5	107.4	107.0	106.7	106.3	105.6	105.0	104.5	104.3
蚌 埠	Bengbu	103.5	103.7	103.9	102.6	102.2	102.4	101.9	101.8	101.6	101.5	100.9	100.8
安 庆	Anqing	98.5	98.0	97.4	96.9	96.4	96.0	95.1	94.7	94.2	94.3	94.3	94.0
泉 州	Quanzhou	106.6	107.0	106.6	106.3	105.6	104.9	104.4	103.4	102.7	102.0	102.5	103.2
九 江	Jiujiang	102.4	102.0	101.9	101.6	101.4	100.9	101.3	101.1	101.0	100.6	100.2	100.4
赣 州	Ganzhou	104.7	105.1	105.3	105.4	105.6	106.0	106.1	105.7	105.9	105.3	104.8	104.5
烟 台	Yantai	103.0	103.1	102.9	102.5	101.9	102.1	101.7	101.8	101.5	101.2	101.5	101.3
济 宁	Jining	109.1	108.4	108.0	108.2	108.3	107.9	107.5	106.7	106.6	105.9	104.8	104.5
洛 阳	Luoyang	103.6	103.2	102.7	102.0	101.3	101.0	101.1	100.8	100.4	99.7	99.3	98.9
平顶山	Pingdingshan	103.3	102.6	102.3	102.1	101.9	101.8	101.9	101.5	101.2	100.9	100.7	100.8
宜 昌	Yichang	103.7	103.3	103.2	102.9	103.0	101.4	101.0	100.8	100.1	99.2	99.0	98.8
襄 阳	Xiangyang	102.4	102.0	102.1	100.9	100.5	100.2	100.1	99.7	99.5	99.3	98.8	98.6
岳 阳	Yueyang	97.9	97.1	96.4	95.1	94.7	93.1	92.6	92.2	91.6	90.8	90.5	89.9
常 德	Changde	95.7	95.0	95.2	94.2	93.7	93.5	92.7	92.2	91.9	91.4	91.1	90.8
韶 关	Shaoguan	100.1	99.8	100.4	99.4	99.5	98.9	99.1	99.3	98.9	98.5	97.8	97.3
湛 江	Zhanjiang	99.9	100.3	99.5	98.3	97.1	96.4	95.9	94.7	93.9	93.3	92.9	92.4
惠 州	Huizhou	104.0	104.4	103.9	103.5	103.1	103.3	103.5	103.3	103.0	102.2	102.0	101.3
桂 林	Guilin	100.2	99.9	99.4	98.8	98.7	98.7	98.2	97.5	97.2	96.9	96.1	95.6
北 海	Beihai	95.9	93.9	93.5	92.0	91.2	90.4	89.2	88.0	87.5	86.8	86.5	86.2
三 亚	Sanya	109.0	108.8	108.6	108.2	107.9	107.5	107.8	107.8	107.5	107.3	107.5	107.3
泸 州	Luzhou	96.5	96.0	95.6	95.0	94.2	93.7	93.5	93.1	93.1	92.8	93.2	92.8
南 充	Nanchong	96.4	95.5	95.6	94.9	93.8	93.7	93.8	93.3	92.8	93.8	94.2	94.3
遵 义	Zunyi	99.9	100.2	100.7	100.4	99.9	100.5	100.2	99.9	100.1	99.5	99.7	99.2
大 理	Dali	95.5	95.0	94.5	93.9	93.6	92.7	92.0	91.8	92.2	91.8	91.8	91.6

4-1-2 2022年70个大中城市90㎡及以下新建商品住宅销售价格指数
Housing Price Indices of 90㎡ and below Newly Constructed Commercial Residential Buildings in 70 Large and Medium-Sized Cities 2022

(以2020年价格为100) (2020=100)

城市	City	1月	2月	3月	4月	5月	6月	7月	8月	9月	10月	11月	12月
北京	Beijing	106.8	107.3	107.5	108.4	108.5	109.3	110.0	110.9	111.2	111.4	111.5	111.6
天津	Tianjin	101.2	101.5	102.0	101.9	101.7	101.1	100.9	100.6	100.2	99.9	99.0	98.4
石家庄	Shijiazhuang	101.0	101.1	101.7	101.9	101.0	100.4	99.9	99.1	99.0	98.8	98.8	98.4
太原	Taiyuan	96.8	95.8	95.6	95.3	95.1	95.6	95.2	94.2	93.6	93.5	92.5	92.1
呼和浩特	Hohhot	101.5	101.2	101.2	101.0	101.3	100.7	101.1	99.8	99.4	99.4	99.4	98.5
沈阳	Shenyang	102.0	102.1	102.0	101.7	101.5	101.5	101.2	100.2	100.1	99.2	98.8	98.1
大连	Dalian	105.2	105.4	105.0	105.3	105.1	104.9	104.9	104.5	104.2	102.6	102.1	101.5
长春	Changchun	102.0	101.8	101.8	101.8	101.4	101.1	100.6	100.8	99.9	99.4	98.9	97.9
哈尔滨	Harbin	96.1	95.2	94.9	94.5	94.2	94.1	93.8	93.6	92.7	92.6	91.7	91.5
上海	Shanghai	105.5	105.9	106.5	106.5	106.5	107.3	107.7	108.4	108.6	109.0	109.3	109.9
南京	Nanjing	105.5	105.7	105.9	105.5	105.4	106.1	106.2	106.4	106.0	105.3	106.0	105.8
杭州	Hangzhou	107.7	108.0	108.8	109.3	109.5	110.3	111.3	111.8	112.5	112.6	113.5	113.8
宁波	Ningbo	105.6	106.3	106.5	106.2	105.8	106.2	106.0	106.5	106.6	107.2	107.4	107.4
合肥	Hefei	105.7	104.2	104.1	104.5	104.7	105.1	105.8	106.5	107.4	107.5	107.2	107.4
福州	Fuzhou	105.7	106.1	105.3	104.9	104.9	105.1	105.3	105.0	103.9	103.1	102.9	102.3
厦门	Xiamen	106.3	105.6	105.6	104.7	104.5	105.2	104.5	104.2	104.0	102.6	102.4	102.2
南昌	Nanchang	101.3	101.7	102.7	102.6	102.9	102.1	103.8	103.6	103.6	103.2	103.2	102.5
济南	Jinan	105.3	105.9	106.4	105.8	107.3	107.3	107.3	107.8	107.9	108.5	108.1	107.8
青岛	Qingdao	105.0	104.7	105.3	105.7	105.6	106.7	106.5	106.6	106.2	105.4	105.5	105.8
郑州	Zhengzhou	101.2	101.1	100.7	99.7	99.2	98.8	99.5	99.3	99.1	98.2	98.0	97.6
武汉	Wuhan	106.4	105.7	105.5	104.4	103.6	103.0	102.3	101.2	101.0	100.4	99.8	100.0
长沙	Changsha	109.2	109.1	109.4	109.3	110.2	110.6	111.0	111.5	111.5	112.2	113.1	113.3
广州	Guangzhou	109.6	110.3	110.0	110.1	110.2	110.6	111.0	110.8	110.1	109.7	109.5	109.0
深圳	Shenzhen	105.0	105.8	106.2	106.7	107.9	108.2	108.0	107.4	106.4	105.6	104.6	104.3
南宁	Nanning	104.2	103.8	103.8	103.9	104.2	104.7	103.1	101.8	101.4	100.4	99.9	99.4
海口	Haikou	105.3	104.9	105.3	106.2	106.6	106.5	106.1	106.3	106.2	106.1	105.9	106.0
重庆	Chongqing	110.8	111.7	112.4	111.5	111.2	112.1	112.5	111.3	111.4	110.6	110.1	109.8
成都	Chengdu	106.6	107.0	107.6	107.6	108.1	108.8	110.4	110.7	111.7	113.1	113.3	114.4
贵阳	Guiyang	102.2	101.4	101.5	101.5	101.0	100.9	101.0	100.8	100.8	101.0	100.5	99.6
昆明	Kunming	102.9	103.3	103.2	102.7	102.0	101.8	101.8	101.7	101.1	100.7	101.0	100.4
西安	Xi'an	110.7	111.8	112.4	112.4	112.5	112.7	113.4	113.6	113.2	113.1	112.9	113.0
兰州	Lanzhou	105.3	105.2	104.9	103.8	103.7	103.0	102.1	101.5	100.1	99.9	99.9	99.8
西宁	Xining	107.1	106.7	105.6	105.6	105.5	105.5	105.3	105.2	105.2	104.3	104.3	104.2
银川	Yinchuan	115.9	115.8	116.6	116.3	115.8	116.4	116.7	117.0	116.8	116.8	116.8	117.0
乌鲁木齐	Urumqi	105.3	106.8	107.8	108.6	109.2	109.1	108.9	108.8	108.4	108.4	108.4	107.4

4-1-2 续表 Continued

(以2020年价格为100) (2020=100)

城市	City	1月	2月	3月	4月	5月	6月	7月	8月	9月	10月	11月	12月
唐山	Tangshan	102.2	102.4	102.4	102.8	103.1	102.2	102.5	101.6	100.7	100.3	99.4	98.4
秦皇岛	Qinhuangdao	96.7	96.6	96.1	95.7	96.3	95.6	94.9	94.2	93.4	92.6	92.3	91.5
包头	Baotou	101.9	101.6	101.2	100.5	99.8	99.8	99.9	99.1	98.1	98.1	97.3	97.3
丹东	Dandong	104.1	103.6	103.0	101.7	101.7	101.7	100.4	100.5	100.2	100.1	99.9	99.9
锦州	Jinzhou	105.1	104.2	104.4	103.3	103.8	104.2	103.7	103.6	103.1	101.7	101.6	101.5
吉林	Jilin	102.3	102.5	102.5	102.5	102.0	102.1	100.7	100.1	100.1	100.0	99.3	99.0
牡丹江	Mudanjiang	96.7	96.4	96.2	96.2	96.9	96.9	96.9	96.7	96.5	95.4	95.0	94.8
无锡	Wuxi	105.4	105.9	106.2	106.1	105.9	105.9	105.1	105.6	105.2	103.9	103.9	104.7
徐州	Xuzhou	107.4	107.3	107.3	106.5	106.5	107.1	106.8	106.0	106.0	105.7	105.5	105.0
扬州	Yangzhou	107.1	106.6	106.4	106.3	105.2	104.8	105.2	104.2	104.1	103.8	103.0	103.5
温州	Wenzhou	106.5	106.2	105.0	104.5	103.9	103.3	102.6	102.1	101.2	100.8	99.7	99.4
金华	Jinhua	106.3	106.3	106.7	106.8	106.7	106.4	106.5	106.1	105.6	105.2	104.6	104.1
蚌埠	Bengbu	102.6	102.8	103.2	102.4	101.1	101.4	100.2	99.7	99.6	99.0	98.0	97.7
安庆	Anqing	98.7	98.7	98.7	98.7	98.7	98.7	96.8	95.8	95.8	95.8	95.8	95.8
泉州	Quanzhou	106.8	107.7	107.3	107.2	106.5	105.9	105.4	104.4	103.9	103.2	103.3	103.8
九江	Jiujiang	101.7	101.2	101.5	101.5	101.2	100.6	100.9	101.0	100.3	100.0	99.7	99.9
赣州	Ganzhou	106.5	106.9	106.7	106.8	107.1	107.1	107.9	107.7	107.9	107.7	107.6	107.0
烟台	Yantai	102.4	102.4	102.4	102.2	101.1	101.6	100.7	100.6	100.4	100.3	100.4	100.6
济宁	Jining	109.7	108.9	108.1	109.2	108.2	107.9	107.7	107.3	107.2	106.6	105.1	104.3
洛阳	Luoyang	100.7	100.7	100.1	100.0	99.4	98.6	98.6	98.6	98.5	98.2	98.0	97.4
平顶山	Pingdingshan	102.6	102.4	101.8	101.8	100.5	100.8	101.2	100.8	100.9	100.9	100.9	100.8
宜昌	Yichang	104.3	103.3	103.1	102.9	102.9	101.3	101.0	100.8	100.1	99.5	98.8	98.4
襄阳	Xiangyang	102.8	102.5	102.8	101.4	101.0	101.0	100.5	99.1	99.0	98.7	98.6	98.1
岳阳	Yueyang	97.0	96.1	95.4	94.1	93.4	92.3	91.5	91.0	90.4	90.0	89.5	88.9
常德	Changde	95.6	94.5	94.7	93.3	93.1	92.6	91.2	91.1	91.1	90.6	90.6	90.4
韶关	Shaoguan	101.2	100.9	101.1	100.1	100.3	100.1	100.6	101.0	101.2	101.1	99.8	99.2
湛江	Zhanjiang	100.1	100.3	99.9	98.2	97.3	96.7	96.5	95.3	94.3	93.4	93.2	92.5
惠州	Huizhou	104.5	104.6	103.7	103.6	103.0	103.1	103.3	103.2	102.6	101.7	101.5	101.0
桂林	Guilin	100.0	100.1	99.5	98.8	98.4	98.2	97.9	97.4	96.8	96.4	95.5	95.0
北海	Beihai	96.0	94.0	93.4	92.1	91.5	90.8	89.7	88.4	87.9	87.2	87.1	86.8
三亚	Sanya	109.9	109.8	109.8	109.6	109.4	108.4	108.8	108.8	108.5	108.3	108.6	108.5
泸州	Luzhou	94.2	94.0	93.9	92.9	92.3	91.8	91.6	91.7	91.5	91.2	91.4	90.7
南充	Nanchong	94.0	93.4	93.3	92.8	91.9	91.5	92.0	91.7	91.5	92.0	92.8	92.6
遵义	Zunyi	100.2	100.7	100.3	100.4	99.6	99.7	98.4	98.4	99.1	98.7	99.2	99.1
大理	Dali	97.1	97.0	95.7	95.5	95.1	94.4	92.9	92.4	92.8	92.6	92.7	92.3

4－1－3　2022年70个大中城市90~144㎡新建商品住宅销售价格指数

Housing Price Indices of 90~144㎡ Newly Constructed Commercial Residential Buildings in 70 Large and Medium-Sized Cities 2022

(以2020年价格为100)　　　(2020=100)

城　市	City	1月	2月	3月	4月	5月	6月	7月	8月	9月	10月	11月	12月
北　京	Beijing	106.4	107.0	107.7	108.2	108.4	109.2	109.7	110.0	110.1	110.5	110.8	111.0
天　津	Tianjin	101.8	101.9	102.0	102.2	101.7	101.6	100.9	100.4	100.2	100.0	99.4	98.7
石家庄	Shijiazhuang	98.9	99.0	99.3	99.6	99.4	99.4	99.0	98.6	98.2	97.4	96.9	96.2
太　原	Taiyuan	95.5	95.4	95.2	94.5	94.0	93.9	93.6	93.2	92.9	92.6	91.9	91.0
呼和浩特	Hohhot	101.2	101.0	100.8	100.5	100.7	100.3	100.5	99.6	99.7	99.7	99.7	98.3
沈　阳	Shenyang	103.8	102.9	102.4	102.3	102.3	102.5	101.9	101.0	100.7	100.2	99.5	99.1
大　连	Dalian	106.1	105.5	104.9	104.6	104.6	104.1	103.9	103.9	103.1	102.0	101.4	101.0
长　春	Changchun	101.7	101.3	101.3	101.3	101.2	100.4	100.0	100.1	99.6	98.8	97.9	96.7
哈尔滨	Harbin	96.4	95.5	94.9	94.1	94.0	93.2	93.1	92.6	91.8	91.1	90.3	89.9
上　海	Shanghai	106.6	107.1	107.3	107.3	107.3	107.8	108.4	108.8	109.0	109.0	109.1	109.3
南　京	Nanjing	105.7	106.4	106.8	106.4	105.6	105.9	106.2	106.6	106.1	105.6	105.5	105.5
杭　州	Hangzhou	106.6	106.9	107.5	107.9	108.4	109.8	110.7	111.0	111.6	111.9	112.7	113.0
宁　波	Ningbo	105.3	106.1	106.3	106.0	105.7	105.7	105.5	105.9	106.1	106.5	106.5	106.8
合　肥	Hefei	105.7	105.2	104.9	104.7	104.7	105.2	105.9	106.2	106.7	107.3	107.7	107.6
福　州	Fuzhou	106.1	106.3	105.8	105.3	104.9	105.4	105.8	105.0	104.2	103.9	103.6	103.6
厦　门	Xiamen	105.5	105.0	104.9	104.3	103.9	104.4	104.1	103.4	103.3	102.8	102.7	102.7
南　昌	Nanchang	100.6	101.0	101.3	102.1	102.2	101.6	102.2	102.3	102.6	102.7	102.5	102.3
济　南	Jinan	104.8	104.9	105.2	105.1	105.4	105.6	105.9	105.9	106.3	106.4	106.3	106.1
青　岛	Qingdao	104.9	104.9	105.4	105.4	105.8	106.5	106.1	106.5	106.1	105.9	105.7	106.1
郑　州	Zhengzhou	101.1	100.9	100.1	100.0	99.8	99.6	99.7	99.5	99.1	98.9	98.5	97.9
武　汉	Wuhan	105.9	105.5	105.0	104.4	103.7	103.4	103.3	102.0	101.0	100.2	100.2	100.0
长　沙	Changsha	109.1	109.4	110.1	110.5	110.6	111.1	111.2	111.5	111.6	111.7	112.1	112.6
广　州	Guangzhou	109.1	109.6	109.6	109.6	110.0	110.4	110.7	110.3	110.3	110.0	109.3	109.0
深　圳	Shenzhen	104.9	105.2	106.2	105.9	106.3	106.7	106.4	106.1	105.7	105.0	104.7	104.3
南　宁	Nanning	104.2	103.8	103.7	103.9	104.2	104.2	103.5	102.9	102.1	101.2	100.6	100.5
海　口	Haikou	105.9	105.5	106.2	106.5	107.2	106.9	107.5	107.7	107.9	107.8	107.4	107.2
重　庆	Chongqing	111.3	111.9	112.5	112.1	111.9	112.2	112.7	111.6	111.9	111.3	111.2	110.7
成　都	Chengdu	104.6	105.5	106.2	107.5	108.1	109.5	110.8	110.9	111.9	112.3	112.7	112.9
贵　阳	Guiyang	102.3	101.9	102.3	103.1	103.0	102.7	102.4	102.4	102.4	102.0	101.1	100.9
昆　明	Kunming	102.2	102.6	102.3	102.3	101.8	101.5	101.3	100.7	100.4	99.3	99.6	98.9
西　安	Xi'an	109.9	110.9	111.2	111.6	111.9	112.2	112.7	112.9	112.4	112.0	111.8	111.9
兰　州	Lanzhou	105.2	104.8	104.4	103.6	103.3	102.8	102.3	101.3	100.5	99.9	99.9	99.3
西　宁	Xining	107.0	106.0	105.9	106.0	104.4	104.9	104.8	104.2	104.1	103.4	103.4	103.0
银　川	Yinchuan	114.5	114.2	114.5	115.0	115.6	115.7	116.4	116.7	116.6	116.3	115.4	115.5
乌鲁木齐	Urumqi	103.4	103.9	105.1	105.7	106.4	106.3	106.1	105.9	105.7	105.3	105.3	105.1

4-1-3 续表 Continued

(以2020年价格为100) (2020=100)

城 市	City	1月	2月	3月	4月	5月	6月	7月	8月	9月	10月	11月	12月
唐 山	Tangshan	103.4	103.3	103.3	103.5	103.6	102.9	103.0	102.4	102.2	102.0	101.3	100.6
秦皇岛	Qinhuangdao	97.0	96.8	95.8	95.5	95.6	94.5	94.0	93.5	93.0	92.3	92.1	91.7
包 头	Baotou	101.1	100.5	99.8	99.2	98.7	98.3	98.2	97.7	97.2	97.2	96.9	96.3
丹 东	Dandong	104.4	103.9	102.7	101.7	101.7	101.7	100.8	100.6	100.1	100.0	99.8	99.5
锦 州	Jinzhou	106.1	105.6	106.1	104.4	104.7	104.9	104.8	104.3	104.0	103.3	103.0	102.5
吉 林	Jilin	103.6	104.0	104.0	104.0	103.1	103.2	102.4	101.6	100.6	100.3	99.9	99.3
牡丹江	Mudanjiang	96.8	96.1	95.7	95.7	95.8	96.1	96.4	96.6	96.5	95.4	94.3	93.8
无 锡	Wuxi	106.8	107.2	107.5	107.4	107.1	107.3	107.0	107.3	106.9	106.0	105.6	106.1
徐 州	Xuzhou	109.1	108.9	108.6	108.1	108.3	108.9	109.0	108.6	108.5	107.8	107.4	107.1
扬 州	Yangzhou	107.2	107.0	106.5	105.2	104.5	104.3	105.2	104.9	104.4	103.9	103.8	104.4
温 州	Wenzhou	106.9	106.0	105.3	104.4	103.9	103.3	102.5	102.0	101.2	100.4	99.6	99.4
金 华	Jinhua	106.6	107.0	107.5	107.8	107.8	107.5	106.9	106.6	105.8	105.2	104.7	104.4
蚌 埠	Bengbu	103.9	103.9	104.1	102.8	102.5	102.6	102.4	102.4	102.2	102.1	101.6	101.5
安 庆	Anqing	98.7	98.0	97.4	96.8	96.2	95.7	95.0	94.7	94.1	94.1	94.0	93.7
泉 州	Quanzhou	106.6	107.0	106.7	106.3	105.6	104.8	104.2	103.3	102.4	101.8	102.5	103.2
九 江	Jiujiang	102.5	102.2	102.1	101.8	101.6	101.1	101.4	101.2	101.1	100.6	100.3	100.4
赣 州	Ganzhou	104.6	104.7	105.0	105.2	105.2	105.8	105.8	105.6	105.9	105.1	104.6	104.3
烟 台	Yantai	103.1	103.2	102.8	102.3	101.9	102.0	101.8	101.9	101.8	101.7	101.9	101.7
济 宁	Jining	109.1	108.6	108.2	108.3	108.4	108.0	107.7	106.6	106.5	105.7	104.7	104.5
洛 阳	Luoyang	104.1	103.6	103.2	102.3	101.5	101.2	101.3	100.9	100.6	99.9	99.5	99.0
平顶山	Pingdingshan	103.4	102.4	102.2	102.2	102.2	102.1	102.1	101.7	101.4	101.1	100.8	101.0
宜 昌	Yichang	103.9	103.5	103.3	103.0	103.1	101.6	101.1	100.8	100.1	99.1	99.0	98.8
襄 阳	Xiangyang	102.2	101.8	102.0	100.8	100.3	100.1	100.0	99.7	99.6	99.5	98.8	98.8
岳 阳	Yueyang	98.1	97.4	96.6	95.5	95.2	93.6	93.4	93.1	92.2	91.2	90.8	90.4
常 德	Changde	95.5	95.0	95.1	94.2	93.6	93.5	92.9	92.4	92.1	91.6	91.2	90.8
韶 关	Shaoguan	100.1	99.7	100.3	99.3	99.3	98.7	98.8	98.9	98.3	98.0	97.4	96.7
湛 江	Zhanjiang	99.6	100.2	99.2	98.1	96.7	96.0	95.4	94.4	93.5	93.0	92.6	92.0
惠 州	Huizhou	103.7	104.2	103.8	103.5	103.2	103.3	103.5	103.2	103.0	102.3	102.1	101.4
桂 林	Guilin	100.1	99.9	99.4	99.0	98.9	98.9	98.5	97.8	97.5	97.2	96.4	95.8
北 海	Beihai	95.8	93.7	93.4	91.7	90.8	89.9	88.6	87.5	86.9	86.4	85.7	85.5
三 亚	Sanya	108.8	108.7	108.5	107.9	107.6	107.5	107.8	107.8	107.4	107.2	107.3	107.0
泸 州	Luzhou	96.9	96.5	96.1	95.6	94.9	94.5	94.2	93.6	93.6	93.3	93.7	93.4
南 充	Nanchong	97.4	96.4	96.7	96.0	94.8	94.7	94.7	94.0	93.3	94.5	94.7	94.8
遵 义	Zunyi	99.8	100.1	100.7	100.3	99.8	100.3	100.1	100.0	100.1	99.4	99.6	99.1
大 理	Dali	95.2	94.8	94.5	93.7	93.4	92.6	92.5	92.4	92.8	92.1	92.2	91.9

4-1-4　2022年70个大中城市144㎡以上新建商品住宅销售价格指数
Housing Price Indices of Above 144㎡ Newly Constructed Commercial Residential Buildings in 70 Large and Medium-Sized Cities 2022

(以2020年价格为100)　　(2020=100)

城　市　City	1月	2月	3月	4月	5月	6月	7月	8月	9月	10月	11月	12月
北　京　Beijing	108.6	109.5	109.8	110.5	111.4	112.4	112.9	113.1	113.5	114.0	114.2	114.5
天　津　Tianjin	104.8	104.8	104.9	104.0	103.0	102.9	102.1	101.8	101.6	101.3	100.7	99.9
石家庄　Shijiazhuang	100.1	99.8	100.1	100.1	99.9	99.6	99.5	98.9	98.8	98.2	98.5	98.2
太　原　Taiyuan	97.4	96.8	96.7	96.4	96.3	96.5	96.3	95.9	94.9	94.0	93.6	93.5
呼和浩特　Hohhot	101.9	101.7	101.8	100.7	100.5	100.1	100.4	99.2	99.7	99.7	99.7	98.1
沈　阳　Shenyang	104.8	104.1	103.4	103.3	102.8	102.8	102.7	102.6	101.9	101.1	99.8	98.8
大　连　Dalian	109.6	108.5	106.7	106.4	105.4	105.3	105.0	104.4	104.0	103.1	103.1	103.0
长　春　Changchun	102.0	101.5	101.5	101.5	101.3	100.2	100.2	100.4	99.8	99.1	98.1	97.0
哈尔滨　Harbin	97.9	96.9	95.4	95.0	93.8	93.0	92.9	92.1	91.5	91.1	90.4	90.0
上　海　Shanghai	107.3	107.9	108.1	108.1	108.1	108.5	108.9	109.8	110.2	110.9	111.4	112.0
南　京　Nanjing	107.1	108.1	108.1	107.1	106.6	107.0	107.7	108.3	107.7	107.5	108.4	108.2
杭　州　Hangzhou	107.0	107.7	108.7	110.0	110.4	111.0	111.5	112.3	112.5	113.0	113.5	113.9
宁　波　Ningbo	105.4	105.9	106.0	105.8	105.5	105.7	105.6	105.6	105.8	106.1	106.3	106.4
合　肥　Hefei	107.6	106.2	105.4	105.4	105.4	105.8	106.8	107.4	108.6	109.4	108.8	108.7
福　州　Fuzhou	107.2	107.6	106.8	105.8	105.5	105.6	106.3	106.0	105.7	105.1	104.2	104.0
厦　门　Xiamen	107.3	106.8	106.0	105.8	105.0	105.3	104.9	104.2	103.4	102.8	102.4	102.1
南　昌　Nanchang	101.6	101.9	102.3	102.2	102.2	102.0	102.7	102.7	103.3	102.6	102.8	102.6
济　南　Jinan	104.4	104.4	104.4	104.2	104.7	105.5	106.5	107.1	107.4	107.4	107.6	107.8
青　岛　Qingdao	107.0	107.1	107.2	107.2	107.0	107.4	107.6	107.8	108.3	108.2	107.7	108.1
郑　州　Zhengzhou	101.3	101.1	100.5	100.5	101.0	101.2	101.5	100.3	100.1	99.0	98.6	98.3
武　汉　Wuhan	107.3	106.5	106.4	104.8	103.5	102.7	102.4	101.1	100.3	100.1	99.7	99.7
长　沙　Changsha	110.4	110.5	110.6	110.8	111.0	111.3	111.3	111.5	111.5	112.3	113.0	113.6
广　州　Guangzhou	109.6	110.4	109.8	110.2	111.7	111.8	112.3	112.4	111.7	111.0	110.6	109.8
深　圳　Shenzhen	106.5	106.6	107.6	107.5	107.5	107.5	107.5	107.0	106.7	106.3	105.6	105.5
南　宁　Nanning	105.2	104.9	104.3	104.3	104.5	104.9	103.0	102.5	102.5	101.3	100.4	100.4
海　口　Haikou	105.2	105.2	105.3	105.7	105.9	105.9	106.1	106.2	106.2	106.2	106.0	105.7
重　庆　Chongqing	110.3	111.0	111.3	110.7	110.7	111.4	111.6	110.2	110.7	110.1	109.4	108.7
成　都　Chengdu	106.7	107.1	108.2	108.4	110.0	111.8	112.2	113.1	113.5	113.5	114.5	115.5
贵　阳　Guiyang	103.4	103.1	102.7	103.7	103.2	103.1	102.9	102.3	102.3	101.6	101.1	101.0
昆　明　Kunming	102.9	103.7	103.2	103.1	102.8	102.6	101.2	100.9	99.6	99.5	99.5	98.8
西　安　Xi'an	108.7	109.9	110.7	110.8	111.1	111.8	112.6	112.8	112.1	111.9	111.0	111.4
兰　州　Lanzhou	103.6	103.4	103.3	103.3	102.7	102.3	101.5	100.2	99.6	99.3	99.3	98.5
西　宁　Xining	108.1	107.2	106.4	106.6	106.5	106.8	107.5	107.4	106.4	106.2	106.2	106.3
银　川　Yinchuan	115.8	116.3	116.8	116.0	115.4	115.5	116.0	117.1	116.7	116.5	115.8	115.9
乌鲁木齐　Urumqi	107.3	107.9	108.6	109.0	109.9	109.3	108.5	108.8	108.0	108.0	108.0	107.5

4-1-4 续表 Continued

(以2020年价格为100) (2020=100)

城 市	City	1月	2月	3月	4月	5月	6月	7月	8月	9月	10月	11月	12月
唐 山	Tangshan	101.6	101.4	101.4	101.4	101.6	101.0	101.2	101.0	100.0	100.0	99.4	98.9
秦皇岛	Qinhuangdao	98.1	97.4	97.3	97.0	96.9	96.1	95.2	95.0	94.3	93.8	93.4	93.3
包 头	Baotou	101.7	102.2	101.9	101.0	100.8	100.4	100.2	99.6	98.7	98.7	98.2	98.1
丹 东	Dandong	103.9	103.9	103.9	103.9	103.9	103.9	103.9	102.6	101.6	101.6	101.6	101.6
锦 州	Jinzhou	105.8	105.2	105.3	103.8	104.4	104.4	104.1	104.0	103.7	103.2	103.1	102.9
吉 林	Jilin	103.2	102.7	102.7	102.7	102.7	102.4	101.2	100.7	100.7	100.3	99.9	99.6
牡丹江	Mudanjiang	97.5	97.5	97.5	97.5	98.2	98.7	99.1	98.9	98.9	97.7	96.7	95.8
无 锡	Wuxi	107.1	108.0	108.2	107.9	107.7	107.9	107.6	108.0	107.9	107.1	106.7	106.7
徐 州	Xuzhou	107.2	107.2	107.2	106.3	106.9	107.5	107.8	107.6	107.5	107.0	106.2	105.1
扬 州	Yangzhou	106.0	105.1	105.2	104.9	104.4	103.4	103.8	103.7	103.0	102.8	102.4	102.9
温 州	Wenzhou	106.2	105.3	104.7	103.9	103.3	102.5	102.0	101.7	100.4	99.7	99.0	98.7
金 华	Jinhua	106.9	106.9	107.0	107.6	107.3	106.9	106.3	105.7	105.4	104.4	104.1	104.1
蚌 埠	Bengbu	102.9	103.4	103.7	102.3	101.9	102.1	101.1	100.8	100.7	100.5	100.1	100.0
安 庆	Anqing	97.4	97.0	96.4	96.1	95.6	95.4	94.3	94.2	93.7	94.1	94.1	94.1
泉 州	Quanzhou	106.4	106.5	105.8	105.6	105.0	104.8	104.1	103.1	102.8	101.8	101.7	102.6
九 江	Jiujiang	102.0	101.5	101.3	101.1	100.6	100.3	101.2	101.1	101.0	100.8	100.2	100.7
赣 州	Ganzhou	104.0	105.1	105.2	105.2	105.7	105.9	105.9	104.7	104.6	104.2	103.6	103.5
烟 台	Yantai	103.1	103.6	103.7	103.6	102.9	102.9	102.4	102.6	101.0	100.3	100.8	100.2
济 宁	Jining	108.9	107.9	107.6	107.8	108.1	107.7	107.2	106.7	106.5	106.2	104.8	104.5
洛 阳	Luoyang	103.2	102.9	102.5	102.2	101.6	101.9	102.4	101.7	100.7	100.0	99.7	99.3
平顶山	Pingdingshan	103.7	103.7	102.8	101.9	101.6	101.2	101.2	100.8	100.4	99.9	99.8	100.0
宜 昌	Yichang	102.6	102.6	102.5	102.3	102.4	100.8	100.8	100.7	100.0	99.3	99.1	99.0
襄 阳	Xiangyang	103.3	102.5	102.5	101.4	101.0	100.8	100.7	99.9	99.0	98.9	98.7	98.3
岳 阳	Yueyang	98.3	97.5	96.8	95.2	94.5	92.6	91.8	91.2	91.2	90.6	90.7	89.8
常 德	Changde	97.0	95.8	96.4	95.1	94.5	93.7	92.7	91.8	91.0	90.9	90.9	90.8
韶 关	Shaoguan	99.6	99.5	100.5	99.4	99.7	99.1	99.5	99.6	99.5	99.1	98.5	98.2
湛 江	Zhanjiang	101.1	101.2	100.4	99.6	98.9	98.1	97.4	95.7	95.1	94.8	94.1	94.0
惠 州	Huizhou	104.5	105.8	104.5	103.4	102.9	103.7	103.9	103.7	103.6	102.6	102.2	101.6
桂 林	Guilin	101.4	100.1	99.0	97.9	97.9	97.6	96.2	95.8	95.6	95.5	95.5	94.9
北 海	Beihai	97.4	95.5	94.6	92.8	91.4	89.9	89.1	87.6	87.0	86.7	86.7	86.3
三 亚	Sanya	107.6	106.9	106.4	106.1	106.0	105.3	105.5	105.5	105.4	105.7	106.5	105.9
泸 州	Luzhou	96.9	95.8	95.1	94.0	92.4	92.0	92.1	92.2	91.8	91.6	92.3	92.1
南 充	Nanchong	97.9	97.0	96.5	95.0	93.9	94.0	94.3	93.8	93.9	94.7	95.6	96.2
遵 义	Zunyi	100.4	100.6	100.9	101.2	100.8	101.7	101.5	100.7	100.7	100.6	100.9	99.9
大 理	Dali	95.2	94.2	94.1	93.3	93.2	92.0	90.6	90.6	91.0	90.7	90.8	90.7

4-1-5 2022年70个大中城市二手住宅销售价格指数
Housing Price Indices of Second-Hand Residential Buildings in 70 Large and Medium-Sized Cities 2022

(以2020年价格为100) (2020=100)

城市	City	1月	2月	3月	4月	5月	6月	7月	8月	9月	10月	11月	12月
北京	Beijing	112.1	112.9	114.3	115.0	114.9	115.5	115.8	116.0	116.5	116.7	116.5	116.0
天津	Tianjin	99.2	99.4	99.0	98.6	97.7	97.3	96.6	95.9	95.0	94.4	94.0	93.4
石家庄	Shijiazhuang	94.9	94.6	94.2	94.1	94.2	93.8	93.9	93.5	93.4	92.9	92.2	92.2
太原	Taiyuan	94.4	93.9	93.3	91.7	92.3	92.8	92.5	92.2	91.7	91.2	90.9	90.2
呼和浩特	Hohhot	97.7	97.3	97.0	96.8	96.3	95.6	95.1	94.4	94.0	94.0	94.0	92.9
沈阳	Shenyang	104.3	103.2	102.6	102.2	102.1	101.7	101.1	100.2	99.8	99.3	98.6	97.8
大连	Dalian	106.5	106.3	105.8	104.8	104.3	104.5	104.3	104.0	103.2	102.5	101.9	101.7
长春	Changchun	97.5	97.0	97.0	97.0	95.4	94.7	94.2	93.9	93.6	93.1	92.6	91.8
哈尔滨	Harbin	95.0	94.1	93.4	92.4	91.5	90.6	90.2	89.4	88.9	88.2	87.5	87.0
上海	Shanghai	110.5	111.5	111.9	111.9	111.9	112.2	113.0	113.6	114.2	113.7	113.2	112.7
南京	Nanjing	105.4	104.6	104.5	103.9	103.0	102.6	102.7	103.4	103.6	102.9	102.6	102.1
杭州	Hangzhou	108.8	109.1	109.4	109.5	109.3	110.0	109.6	109.2	108.6	107.7	107.5	107.4
宁波	Ningbo	107.0	107.5	107.7	107.6	107.2	107.6	107.7	107.1	106.8	106.3	105.8	105.8
合肥	Hefei	104.7	104.4	104.2	103.3	102.8	103.4	104.0	104.3	104.5	104.4	104.0	103.6
福州	Fuzhou	104.2	103.8	103.4	103.7	103.9	103.7	103.5	103.2	102.9	102.3	101.8	101.5
厦门	Xiamen	104.1	103.9	104.1	104.3	104.8	105.2	104.7	104.0	103.4	103.0	102.6	102.1
南昌	Nanchang	99.8	99.7	99.9	99.5	98.8	98.5	99.0	99.2	98.9	98.9	98.4	98.0
济南	Jinan	99.5	99.3	99.2	98.4	98.0	97.9	97.7	97.3	97.3	96.9	96.5	96.3
青岛	Qingdao	100.1	100.1	100.3	99.6	99.4	99.9	99.6	99.1	98.7	98.1	97.4	96.9
郑州	Zhengzhou	99.3	98.9	98.7	98.3	98.0	97.4	96.8	96.1	95.7	95.2	94.4	93.8
武汉	Wuhan	102.2	101.4	100.8	100.4	99.9	99.2	99.1	98.5	97.7	97.3	96.6	96.2
长沙	Changsha	106.3	106.1	106.1	105.6	105.3	105.4	105.7	105.9	106.1	106.0	106.1	106.2
广州	Guangzhou	110.3	111.0	111.3	111.9	112.0	112.6	112.8	112.7	112.0	111.2	110.6	109.9
深圳	Shenzhen	106.0	105.8	105.5	106.0	106.1	105.1	104.6	104.0	103.6	103.4	103.1	102.6
南宁	Nanning	99.6	99.3	98.7	98.3	97.7	97.2	96.8	96.0	95.6	94.9	94.4	93.8
海口	Haikou	109.8	109.8	110.5	110.6	110.4	110.8	110.5	110.3	109.5	108.7	108.5	107.9
重庆	Chongqing	105.5	105.4	105.5	104.9	104.6	105.1	105.4	105.0	104.5	103.7	103.1	102.6
成都	Chengdu	107.5	108.2	108.8	109.6	110.5	112.8	114.2	114.9	115.2	115.7	116.1	116.3
贵阳	Guiyang	95.9	96.0	95.1	94.9	94.2	93.5	93.0	93.4	93.3	92.7	92.3	92.4
昆明	Kunming	102.7	102.3	102.7	103.3	103.4	103.5	102.8	103.1	103.4	102.8	103.4	103.7
西安	Xi'an	107.3	106.9	107.1	107.0	106.6	106.7	107.0	106.5	106.1	105.8	105.1	104.8
兰州	Lanzhou	102.9	102.4	102.1	101.9	100.7	100.4	99.8	99.5	99.0	98.5	98.5	98.0
西宁	Xining	105.2	104.5	104.7	105.0	104.8	104.2	104.0	104.2	103.9	103.0	102.7	102.5
银川	Yinchuan	106.9	106.5	106.3	105.8	105.3	105.2	104.9	104.7	104.3	104.1	103.6	103.4
乌鲁木齐	Urumqi	101.2	100.8	101.1	101.0	100.9	100.1	99.7	99.6	99.6	99.6	99.6	99.1

4-1-5 续表 Continued

(以2020年价格为100) (2020=100)

城　市	City	1月	2月	3月	4月	5月	6月	7月	8月	9月	10月	11月	12月
唐　山	Tangshan	101.7	101.6	101.6	101.2	100.0	99.1	98.3	97.9	97.2	96.8	96.3	95.8
秦皇岛	Qinhuangdao	98.4	98.2	97.8	97.7	97.8	97.3	96.9	96.2	95.7	95.0	94.6	94.3
包　头	Baotou	101.2	100.9	100.5	99.9	99.7	99.4	99.0	98.6	97.8	97.8	97.4	96.8
丹　东	Dandong	102.3	101.3	100.7	100.3	100.3	100.3	99.6	98.9	98.0	97.4	96.9	95.9
锦　州	Jinzhou	97.1	96.4	96.3	95.6	95.0	94.6	94.5	94.1	93.5	92.5	92.1	91.8
吉　林	Jilin	97.6	97.0	97.0	97.0	95.2	94.2	93.3	92.5	91.9	91.0	90.2	89.6
牡丹江	Mudanjiang	88.8	87.5	85.7	85.7	84.6	84.2	83.5	83.0	82.0	81.3	80.3	79.5
无　锡	Wuxi	107.0	106.8	107.3	107.1	107.9	108.4	108.6	108.7	108.4	107.9	107.6	107.0
徐　州	Xuzhou	107.1	106.6	105.9	106.3	106.6	106.0	105.5	104.7	104.3	104.4	104.6	104.8
扬　州	Yangzhou	105.1	104.5	104.9	103.6	103.3	103.2	103.7	103.6	103.2	103.1	102.8	102.4
温　州	Wenzhou	105.7	105.4	104.9	104.5	103.8	103.1	102.7	102.1	101.9	101.5	100.7	100.6
金　华	Jinhua	106.0	105.2	104.5	104.0	103.0	102.5	102.0	101.6	101.1	100.6	100.1	99.8
蚌　埠	Bengbu	103.6	103.5	103.2	103.0	102.2	102.1	101.7	101.2	100.8	100.4	100.9	100.7
安　庆	Anqing	94.5	94.0	93.2	93.0	92.5	91.8	91.4	90.9	90.4	90.0	89.2	88.8
泉　州	Quanzhou	105.9	105.7	105.3	104.7	104.2	103.7	103.1	102.2	101.6	100.9	100.2	99.8
九　江	Jiujiang	101.9	102.0	101.7	101.7	101.7	101.6	101.4	100.8	100.7	99.7	99.4	99.1
赣　州	Ganzhou	101.7	101.4	101.6	101.9	102.2	102.4	102.0	101.7	101.4	101.3	101.2	101.0
烟　台	Yantai	102.3	101.7	101.4	100.7	99.9	99.9	100.9	100.7	100.3	100.4	100.0	99.9
济　宁	Jining	104.2	103.7	103.5	103.0	102.4	101.8	101.6	100.8	100.0	99.0	98.0	97.4
洛　阳	Luoyang	102.1	101.3	100.9	100.1	99.3	98.6	98.2	97.6	97.0	96.3	95.6	95.0
平顶山	Pingdingshan	101.6	101.4	101.0	100.6	100.4	100.1	99.6	99.3	98.7	98.3	97.9	97.5
宜　昌	Yichang	97.1	96.6	96.3	96.1	95.4	94.3	94.0	92.8	92.2	91.6	91.4	90.9
襄　阳	Xiangyang	98.4	98.1	98.0	97.4	96.5	96.0	95.5	94.8	94.2	93.8	93.4	93.2
岳　阳	Yueyang	97.4	97.0	97.1	97.3	96.4	95.3	94.8	94.9	94.1	93.5	93.1	92.7
常　德	Changde	96.6	96.0	95.7	95.2	94.6	94.3	93.6	93.1	92.9	92.1	91.6	90.9
韶　关	Shaoguan	99.6	98.9	98.7	98.0	98.2	97.9	97.4	97.2	96.7	96.5	96.0	95.6
湛　江	Zhanjiang	98.8	98.7	98.4	98.1	97.0	96.9	96.6	95.6	94.9	94.5	93.6	93.2
惠　州	Huizhou	103.1	103.7	103.4	103.1	102.7	102.3	102.4	102.2	101.9	101.5	101.3	101.0
桂　林	Guilin	99.7	99.3	99.5	99.1	99.4	99.1	98.5	98.1	97.6	97.2	96.5	96.0
北　海	Beihai	95.6	95.1	94.7	94.4	93.5	93.4	92.6	91.7	90.7	89.9	89.5	88.4
三　亚	Sanya	105.0	105.0	105.2	105.2	104.9	104.8	104.6	104.6	104.5	103.9	103.6	103.4
泸　州	Luzhou	98.3	98.2	97.7	97.5	97.3	96.9	97.2	97.2	97.4	96.6	95.8	95.9
南　充	Nanchong	91.9	92.2	92.1	92.5	93.0	94.0	94.6	94.3	94.0	94.3	93.7	93.3
遵　义	Zunyi	98.2	97.9	97.2	96.9	96.1	95.6	96.0	95.8	95.3	94.8	94.7	93.8
大　理	Dali	98.2	97.5	97.0	96.1	95.5	95.8	95.5	95.8	95.8	95.5	94.7	94.2

4-1-6 2022年70个大中城市90㎡及以下二手住宅销售价格指数
Housing Price Indices of 90㎡ and below Second-Hand Residential Buildings in 70 Large and Medium-Sized Cities 2022

(以2020年价格为100) (2020=100)

城市	City	1月	2月	3月	4月	5月	6月	7月	8月	9月	10月	11月	12月
北京	Beijing	111.8	112.6	114.0	114.7	114.3	114.9	115.2	115.5	115.9	115.9	115.3	114.9
天津	Tianjin	99.8	100.2	99.7	99.5	98.6	98.5	97.6	96.7	95.7	95.4	95.2	94.6
石家庄	Shijiazhuang	95.8	95.5	95.3	95.1	95.3	94.7	94.9	94.8	94.6	94.0	93.2	93.2
太原	Taiyuan	93.9	93.4	92.5	90.8	91.6	92.0	91.6	91.3	90.9	90.7	90.4	90.0
呼和浩特	Hohhot	97.5	96.8	96.7	96.6	96.0	95.1	94.5	93.8	93.0	93.0	93.0	92.2
沈阳	Shenyang	104.4	103.4	103.3	103.2	103.0	102.6	101.6	100.4	99.9	99.4	98.4	97.9
大连	Dalian	107.2	107.1	106.2	105.2	104.9	105.0	104.7	104.4	103.5	102.8	102.1	102.1
长春	Changchun	98.0	97.7	97.7	97.7	96.6	95.3	94.4	94.1	93.7	93.4	92.8	91.9
哈尔滨	Harbin	95.3	94.5	93.8	92.9	91.8	90.6	90.2	89.2	88.7	88.0	87.4	86.9
上海	Shanghai	110.5	111.2	111.8	111.8	111.8	111.9	113.0	113.3	113.8	113.2	112.7	112.3
南京	Nanjing	103.9	103.4	103.4	103.3	102.8	102.7	102.9	103.5	103.6	102.9	102.6	102.2
杭州	Hangzhou	108.6	108.8	109.1	109.2	108.9	109.3	109.2	108.9	108.4	107.4	107.1	106.9
宁波	Ningbo	106.5	107.2	107.6	107.8	107.4	107.8	107.8	107.2	107.0	106.4	106.0	106.0
合肥	Hefei	105.3	104.8	104.1	103.8	103.3	103.5	104.5	104.7	104.9	104.9	104.6	104.1
福州	Fuzhou	103.6	103.4	103.3	103.9	104.1	103.9	103.7	103.5	103.3	102.5	101.9	101.8
厦门	Xiamen	103.5	103.6	103.9	104.6	104.9	105.2	104.9	104.0	103.8	103.7	103.5	102.7
南昌	Nanchang	99.6	99.5	99.9	99.3	98.2	97.6	98.4	98.6	98.2	98.4	98.2	97.7
济南	Jinan	99.3	99.1	99.0	98.5	98.1	97.6	97.7	97.6	97.3	97.2	96.7	96.6
青岛	Qingdao	100.2	100.0	100.1	99.4	99.4	99.7	99.7	99.2	98.8	98.2	97.2	96.9
郑州	Zhengzhou	99.0	98.8	98.6	98.0	97.7	96.9	96.4	95.5	95.0	94.5	93.4	92.8
武汉	Wuhan	100.9	100.4	100.1	99.8	99.7	99.1	99.2	98.2	97.1	96.3	95.2	94.8
长沙	Changsha	106.1	105.9	105.5	105.1	105.0	104.9	105.4	105.4	106.1	105.5	105.6	105.7
广州	Guangzhou	110.7	111.3	111.4	111.7	111.4	111.6	111.6	111.7	111.1	110.6	109.8	109.7
深圳	Shenzhen	106.6	106.5	106.0	106.7	106.5	105.0	104.8	104.2	104.0	103.9	103.4	103.2
南宁	Nanning	100.4	100.4	99.7	99.5	98.6	97.8	97.6	96.6	96.4	95.5	95.3	94.7
海口	Haikou	109.6	110.0	110.7	110.8	110.9	111.0	110.3	109.8	108.9	108.1	107.4	107.2
重庆	Chongqing	105.9	105.7	105.5	105.1	104.8	105.4	105.7	105.0	104.5	103.9	103.3	102.8
成都	Chengdu	106.4	106.9	107.9	108.8	109.6	112.0	113.3	113.9	114.4	114.7	114.7	115.0
贵阳	Guiyang	95.7	95.9	94.6	94.3	93.7	93.3	93.0	93.3	93.5	92.5	91.9	92.0
昆明	Kunming	102.6	102.2	102.9	103.2	103.3	103.5	102.4	102.8	102.8	102.2	102.7	102.7
西安	Xi'an	107.0	107.0	107.2	106.6	106.5	106.7	107.4	106.6	106.3	106.1	105.2	104.9
兰州	Lanzhou	104.1	103.7	103.5	103.4	101.6	101.5	100.8	100.5	99.9	99.2	99.2	98.7
西宁	Xining	105.8	105.2	105.2	105.8	105.5	105.3	105.1	105.6	105.1	104.5	103.7	103.3
银川	Yinchuan	106.0	105.1	105.3	104.1	103.4	103.7	103.4	103.2	102.7	102.7	102.2	102.2
乌鲁木齐	Urumqi	101.7	101.1	101.5	101.5	101.6	100.4	100.3	100.2	100.2	100.2	100.2	99.6

4-1-6 续表 Continued

(以2020年价格为100) (2020=100)

城 市	City	1月	2月	3月	4月	5月	6月	7月	8月	9月	10月	11月	12月
唐 山	Tangshan	101.8	101.8	101.8	101.3	99.9	98.9	98.0	97.8	96.9	96.5	96.1	95.5
秦皇岛	Qinhuangdao	98.0	97.8	97.1	97.0	97.0	96.4	96.0	95.0	94.8	94.2	94.0	94.1
包 头	Baotou	102.0	101.8	101.5	101.2	100.9	100.7	100.7	100.5	99.7	99.7	99.4	98.4
丹 东	Dandong	102.3	101.6	100.8	100.5	100.5	100.5	99.7	99.2	98.2	97.7	97.4	96.1
锦 州	Jinzhou	97.4	97.0	96.8	95.9	95.0	94.9	94.6	94.4	93.7	92.5	92.1	91.7
吉 林	Jilin	98.5	98.3	98.3	98.3	96.1	94.9	94.1	93.2	92.4	91.6	90.9	90.2
牡丹江	Mudanjiang	88.5	87.1	85.4	85.4	84.3	84.3	83.6	82.9	82.0	81.2	80.3	79.3
无 锡	Wuxi	107.3	106.9	106.9	106.5	107.4	108.1	108.1	108.4	108.1	107.7	107.2	107.0
徐 州	Xuzhou	107.3	106.7	106.2	106.5	106.5	105.9	105.3	104.4	103.9	104.1	104.4	104.5
扬 州	Yangzhou	105.6	104.6	104.5	103.1	102.7	102.6	103.2	103.1	102.6	102.3	101.9	101.2
温 州	Wenzhou	105.5	105.1	104.7	104.6	104.0	103.3	103.0	102.3	102.1	101.2	100.4	100.3
金 华	Jinhua	106.6	105.7	104.7	104.2	102.8	102.2	101.7	101.6	101.1	100.7	99.8	99.7
蚌 埠	Bengbu	103.2	103.1	102.8	102.4	101.9	101.9	101.7	100.7	100.5	99.8	99.8	99.7
安 庆	Anqing	94.2	93.4	93.1	93.0	92.7	92.1	91.6	91.2	90.8	90.6	89.8	89.4
泉 州	Quanzhou	106.0	106.0	105.8	105.2	104.7	104.2	103.8	102.3	102.0	101.3	100.4	99.8
九 江	Jiujiang	102.2	102.1	101.8	101.7	101.8	101.8	101.6	101.0	100.8	99.8	99.3	99.3
赣 州	Ganzhou	101.4	101.4	101.9	102.6	102.7	102.9	102.3	101.5	100.9	101.1	101.1	101.1
烟 台	Yantai	102.0	101.4	101.2	100.7	100.2	100.4	101.6	101.6	100.9	101.2	100.5	100.4
济 宁	Jining	103.4	102.7	102.0	101.3	100.8	100.5	100.4	99.9	99.3	98.0	97.1	96.9
洛 阳	Luoyang	101.3	100.8	99.8	99.0	98.2	97.4	97.4	96.5	96.1	95.1	94.3	93.6
平顶山	Pingdingshan	101.4	100.9	100.6	100.5	100.2	100.1	99.4	99.0	98.4	98.1	98.0	97.5
宜 昌	Yichang	98.5	98.0	98.0	97.8	97.3	96.3	95.9	94.5	93.8	93.1	92.9	92.6
襄 阳	Xiangyang	98.4	98.2	98.1	97.2	96.4	96.3	96.0	95.7	95.2	94.7	94.3	94.1
岳 阳	Yueyang	96.9	96.7	96.7	96.9	95.8	94.5	94.1	94.3	93.0	92.7	92.0	91.7
常 德	Changde	97.2	96.5	96.1	95.4	95.3	94.8	93.8	93.4	93.2	92.6	92.0	91.4
韶 关	Shaoguan	100.8	100.1	99.9	99.7	99.8	99.2	98.4	98.0	97.7	97.1	96.7	96.4
湛 江	Zhanjiang	99.0	98.8	98.5	98.3	97.2	97.1	96.7	95.6	94.9	94.4	93.4	93.3
惠 州	Huizhou	103.4	104.2	103.7	103.2	102.3	102.2	102.3	102.1	101.7	101.3	101.0	100.7
桂 林	Guilin	98.8	98.2	98.5	98.0	98.5	97.7	96.8	96.1	95.6	95.3	94.9	94.5
北 海	Beihai	95.5	94.9	94.7	94.4	93.6	93.6	93.0	92.2	91.3	90.5	90.1	88.8
三 亚	Sanya	105.2	105.0	105.0	105.1	104.6	104.8	104.6	104.6	104.4	104.0	103.7	103.7
泸 州	Luzhou	97.6	97.5	97.3	97.1	96.7	96.3	96.5	96.6	96.6	96.3	95.4	95.5
南 充	Nanchong	91.7	92.0	91.8	92.2	92.8	93.9	94.1	94.0	93.7	94.1	94.0	93.6
遵 义	Zunyi	98.7	98.5	97.8	97.7	96.7	95.8	96.1	96.0	95.8	95.2	95.3	93.9
大 理	Dali	97.9	97.4	96.7	95.9	95.6	96.2	96.1	96.2	95.8	95.7	94.8	94.3

4-1-7 2022年70个大中城市90~144㎡二手住宅销售价格指数
Housing Price Indices of 90~144㎡ Second-Hand Residential Buildings in 70 Large and Medium-Sized Cities 2022

(以2020年价格为100) (2020=100)

城市	City	1月	2月	3月	4月	5月	6月	7月	8月	9月	10月	11月	12月
北京	Beijing	111.8	112.7	114.1	114.7	114.8	115.4	115.7	116.0	116.6	116.7	116.6	115.7
天津	Tianjin	98.5	98.6	98.5	97.6	96.7	96.1	95.6	95.3	94.4	93.5	92.8	92.2
石家庄	Shijiazhuang	93.9	93.6	93.1	93.0	93.0	92.7	92.8	92.2	92.2	91.8	91.4	91.4
太原	Taiyuan	95.4	95.0	94.5	93.1	93.4	94.1	94.0	93.5	93.1	92.2	91.9	91.1
呼和浩特	Hohhot	98.2	98.1	97.7	97.3	96.9	96.5	96.3	95.6	95.5	95.5	95.5	94.0
沈阳	Shenyang	104.0	102.8	101.5	100.8	100.8	100.7	100.6	100.0	99.6	99.4	99.1	97.8
大连	Dalian	105.7	105.4	105.3	104.5	104.2	104.3	104.3	103.9	103.1	102.2	101.8	101.2
长春	Changchun	96.7	95.7	95.7	95.7	93.5	93.4	93.3	93.1	93.0	92.5	92.1	91.4
哈尔滨	Harbin	95.1	93.8	93.1	92.0	91.3	90.8	90.4	89.8	89.3	88.7	88.0	87.5
上海	Shanghai	110.6	112.0	112.0	112.0	112.0	112.6	113.2	114.0	114.6	114.3	113.6	113.0
南京	Nanjing	106.9	105.9	105.6	104.6	103.3	102.4	102.6	103.2	103.2	102.6	102.3	101.9
杭州	Hangzhou	109.0	109.2	109.6	109.9	109.6	110.7	110.1	109.4	108.8	108.0	107.9	107.6
宁波	Ningbo	107.5	107.8	107.9	107.5	106.9	107.3	107.5	107.0	106.6	106.1	105.5	105.6
合肥	Hefei	104.3	104.1	104.1	102.9	102.3	103.2	103.7	104.0	104.2	104.1	103.8	103.6
福州	Fuzhou	104.8	103.9	103.2	103.2	103.4	103.1	103.1	102.6	102.4	101.9	101.6	101.2
厦门	Xiamen	104.6	104.2	104.2	104.3	104.8	105.4	104.9	104.3	103.5	103.0	102.5	102.0
南昌	Nanchang	99.8	99.8	100.0	99.7	99.2	99.1	99.5	99.5	99.3	99.2	98.8	98.4
济南	Jinan	99.7	99.4	99.4	98.4	98.4	98.5	98.3	97.7	97.5	97.3	96.8	96.2
青岛	Qingdao	99.8	99.8	100.2	99.6	99.3	99.8	99.2	98.6	98.3	97.9	97.4	96.7
郑州	Zhengzhou	99.4	98.8	98.6	98.5	98.5	98.0	97.7	97.2	97.0	96.6	96.0	95.2
武汉	Wuhan	103.4	102.3	101.6	100.9	99.9	99.0	98.9	98.5	98.1	98.0	97.6	97.4
长沙	Changsha	106.6	106.4	106.7	106.0	105.7	106.0	106.1	106.5	106.4	106.8	106.5	106.6
广州	Guangzhou	110.0	110.9	111.4	112.2	112.7	113.3	113.5	113.2	112.5	111.6	111.2	110.2
深圳	Shenzhen	105.7	105.6	105.1	105.4	105.8	105.4	104.6	104.1	103.6	102.9	102.9	102.0
南宁	Nanning	98.8	98.3	97.8	97.3	97.1	96.6	96.3	95.7	95.1	94.5	93.8	93.1
海口	Haikou	109.8	109.5	110.2	110.5	110.4	111.0	110.9	110.8	110.0	109.2	109.2	108.3
重庆	Chongqing	104.7	104.9	105.3	105.0	104.9	105.1	105.5	105.2	104.5	103.6	103.0	102.6
成都	Chengdu	108.5	109.4	109.9	110.2	111.5	113.8	115.1	116.2	116.3	117.1	117.8	118.0
贵阳	Guiyang	95.3	95.6	95.3	95.0	94.4	93.7	93.2	93.7	93.3	92.8	92.5	92.7
昆明	Kunming	102.8	102.2	102.5	103.0	103.2	103.3	102.8	103.1	103.6	102.9	103.7	104.3
西安	Xi'an	107.3	107.0	107.1	107.4	106.9	106.8	107.0	106.5	106.0	105.7	105.3	104.9
兰州	Lanzhou	102.1	101.5	101.2	101.1	100.6	99.7	99.0	98.6	98.5	98.4	98.4	97.9
西宁	Xining	104.7	103.7	104.0	104.2	103.9	102.9	102.9	102.8	102.7	101.7	101.5	101.4
银川	Yinchuan	107.1	107.1	106.7	106.6	106.2	105.9	105.7	105.4	105.2	104.8	104.2	104.0
乌鲁木齐	Urumqi	100.9	100.6	100.9	100.7	100.4	100.0	99.4	99.3	99.3	99.3	99.3	98.8

4-1-7 续表 Continued

(以2020年价格为100) (2020=100)

城 市	City	1月	2月	3月	4月	5月	6月	7月	8月	9月	10月	11月	12月
唐 山	Tangshan	102.0	101.7	101.7	101.3	100.2	99.4	98.7	98.2	97.8	97.5	96.9	96.5
秦皇岛	Qinhuangdao	98.9	98.7	98.6	98.5	98.8	98.4	97.9	97.5	96.6	95.8	95.1	94.6
包 头	Baotou	101.0	100.7	100.0	99.0	99.1	98.5	97.7	97.2	96.4	96.4	96.0	95.8
丹 东	Dandong	102.4	101.1	100.6	100.0	100.0	100.0	99.3	98.3	97.3	96.8	96.0	95.3
锦 州	Jinzhou	96.6	95.5	95.5	94.8	94.6	93.9	93.9	93.4	93.0	92.2	91.8	91.6
吉 林	Jilin	96.6	95.5	95.5	95.5	94.0	93.0	92.3	91.6	91.2	90.3	89.4	88.8
牡丹江	Mudanjiang	88.7	87.8	85.8	85.8	84.6	83.4	82.7	82.6	81.7	80.9	79.9	79.2
无 锡	Wuxi	106.9	106.7	107.8	107.7	108.5	108.8	109.0	109.1	108.9	108.3	108.1	107.2
徐 州	Xuzhou	107.1	106.6	105.8	106.3	106.9	106.2	105.8	105.0	104.9	104.9	105.0	105.4
扬 州	Yangzhou	104.7	104.5	105.2	103.8	103.7	103.7	104.2	104.2	103.8	103.9	103.6	103.5
温 州	Wenzhou	105.6	105.3	104.9	104.2	103.4	102.6	102.1	101.9	101.6	101.3	100.7	100.5
金 华	Jinhua	105.8	105.4	104.6	104.3	103.4	102.9	102.3	101.7	101.2	100.7	100.4	100.0
蚌 埠	Bengbu	104.0	103.8	103.5	103.4	102.4	102.2	101.8	101.5	101.1	100.8	101.6	101.3
安 庆	Anqing	94.8	94.6	93.5	93.2	92.5	91.7	91.4	90.9	90.3	89.7	88.9	88.7
泉 州	Quanzhou	105.9	105.8	105.4	104.7	104.2	103.7	103.1	102.3	101.5	101.0	100.2	99.8
九 江	Jiujiang	102.0	102.1	101.9	102.1	101.9	101.8	101.7	101.1	100.9	100.0	99.7	99.3
赣 州	Ganzhou	102.0	101.6	101.6	101.6	102.0	102.0	101.9	101.7	101.7	101.6	101.3	101.2
烟 台	Yantai	103.0	102.3	101.7	100.8	99.6	99.7	100.5	100.1	99.8	100.1	99.9	100.0
济 宁	Jining	104.8	104.5	104.5	104.1	103.3	102.7	102.5	101.3	100.3	99.5	98.4	97.5
洛 阳	Luoyang	102.4	101.7	101.8	100.8	99.9	99.3	98.7	98.4	97.7	96.9	96.1	95.6
平顶山	Pingdingshan	101.6	101.4	101.0	100.5	100.3	100.0	99.4	99.3	98.7	98.2	97.6	97.4
宜 昌	Yichang	96.8	96.3	95.7	95.7	94.8	93.5	93.3	92.1	91.5	91.0	90.7	90.1
襄 阳	Xiangyang	98.3	98.0	98.1	97.6	96.7	96.1	95.6	94.7	93.9	93.6	93.3	93.2
岳 阳	Yueyang	98.2	97.8	97.8	98.0	97.0	96.3	95.8	95.9	95.2	94.5	94.1	93.6
常 德	Changde	96.0	95.5	95.3	95.1	94.4	94.4	93.8	93.2	93.2	92.3	91.8	90.9
韶 关	Shaoguan	99.4	98.8	98.6	97.6	97.8	97.6	97.0	97.0	96.4	96.1	95.4	94.9
湛 江	Zhanjiang	98.6	98.6	98.3	98.0	96.7	96.7	96.6	95.8	95.0	94.7	94.0	93.4
惠 州	Huizhou	102.6	103.2	103.0	102.9	102.8	102.1	102.4	102.1	102.0	101.4	101.3	101.2
桂 林	Guilin	100.3	100.1	100.2	99.9	99.9	99.9	99.4	99.3	98.9	98.6	97.7	96.9
北 海	Beihai	95.2	94.7	94.3	94.1	93.3	92.9	92.1	91.0	90.0	89.4	88.7	88.0
三 亚	Sanya	106.0	106.1	106.2	106.1	105.8	105.5	105.4	105.4	105.4	104.6	104.1	103.7
泸 州	Luzhou	98.7	98.7	97.9	97.7	97.6	97.2	97.7	97.5	97.8	96.8	96.0	96.1
南 充	Nanchong	91.8	92.1	92.2	92.6	93.1	94.0	94.8	94.4	94.1	94.2	93.4	93.0
遵 义	Zunyi	97.8	97.5	96.9	96.6	96.1	95.9	96.3	95.9	95.3	94.9	94.6	93.8
大 理	Dali	98.1	97.4	97.3	96.5	96.2	96.4	95.7	96.0	96.1	95.7	95.1	94.4

4-1-8 2022年70个大中城市144㎡以上二手住宅销售价格指数
Housing Price Indices of Above 144㎡ Second-Hand Residential Buildings in 70 Large and Medium-Sized Cities 2022

(以2020年价格为100) (2020=100)

城市	City	1月	2月	3月	4月	5月	6月	7月	8月	9月	10月	11月	12月
北京	Beijing	113.7	114.3	115.4	116.2	116.5	117.4	117.5	117.3	117.8	118.7	119.3	119.1
天津	Tianjin	98.3	98.4	97.9	97.9	96.9	96.2	95.3	94.5	94.1	93.3	92.9	92.0
石家庄	Shijiazhuang	95.7	95.3	94.6	94.6	94.7	94.4	94.5	94.0	93.9	93.1	92.2	91.6
太原	Taiyuan	93.5	93.0	92.9	91.3	91.7	92.2	91.9	91.8	91.0	90.1	89.7	89.1
呼和浩特	Hohhot	97.3	96.8	96.5	96.2	96.0	95.2	94.2	94.0	93.7	93.7	93.7	92.3
沈阳	Shenyang	104.0	103.7	102.0	101.2	101.0	100.2	100.2	99.9	99.5	98.7	97.9	97.1
大连	Dalian	105.9	105.3	105.3	103.5	102.0	102.4	102.3	102.3	102.2	102.0	101.3	101.0
长春	Changchun	97.7	97.3	97.3	97.3	96.1	95.9	95.5	94.9	94.7	93.5	93.1	92.7
哈尔滨	Harbin	94.3	93.6	92.7	91.9	91.3	90.3	90.2	89.2	88.5	87.8	87.0	86.4
上海	Shanghai	110.5	111.4	111.9	111.9	111.9	112.0	112.7	113.8	114.5	114.2	113.9	113.2
南京	Nanjing	106.6	105.2	105.1	104.3	102.7	102.5	102.5	103.6	104.6	103.7	103.6	102.8
杭州	Hangzhou	109.4	109.5	109.7	109.8	109.9	110.6	110.0	109.7	108.7	108.2	108.3	108.3
宁波	Ningbo	106.7	107.2	107.3	107.4	107.2	108.0	108.0	107.3	107.1	106.3	106.2	106.3
合肥	Hefei	104.2	104.9	104.9	103.4	103.0	103.5	103.8	104.1	103.9	103.6	102.3	102.0
福州	Fuzhou	103.8	104.2	104.1	104.4	104.4	104.4	104.2	104.0	103.2	103.0	101.9	101.2
厦门	Xiamen	103.9	103.9	104.1	103.9	104.7	104.7	104.1	103.3	102.8	102.0	101.7	101.5
南昌	Nanchang	100.1	99.6	99.7	98.8	98.6	98.3	98.7	98.9	98.8	98.6	97.8	97.7
济南	Jinan	99.2	99.3	98.7	98.2	97.0	96.9	96.2	95.9	96.5	95.6	95.6	96.0
青岛	Qingdao	100.9	100.9	101.1	100.1	99.7	100.6	100.2	100.2	99.1	98.2	98.1	97.4
郑州	Zhengzhou	99.6	99.1	99.0	98.3	97.8	97.0	96.0	95.1	94.4	93.8	93.4	93.1
武汉	Wuhan	101.5	101.4	100.5	100.2	100.2	99.9	99.3	99.3	98.3	97.6	97.1	96.4
长沙	Changsha	106.0	106.0	105.6	105.4	105.1	104.9	105.2	105.4	105.4	105.1	105.8	106.1
广州	Guangzhou	109.9	110.4	110.9	111.4	112.1	113.8	113.8	113.8	113.0	112.0	111.0	109.9
深圳	Shenzhen	104.6	103.7	104.1	104.6	105.2	104.8	103.7	103.1	102.5	102.2	102.0	101.4
南宁	Nanning	100.1	99.5	98.6	98.2	97.5	97.2	96.0	95.5	95.2	94.4	94.1	93.4
海口	Haikou	110.3	110.3	110.9	110.6	109.8	110.0	109.9	109.6	109.0	108.7	108.3	107.9
重庆	Chongqing	105.8	105.4	105.7	104.4	103.4	104.4	104.4	104.3	104.2	103.1	102.3	102.2
成都	Chengdu	109.0	109.3	109.6	110.9	111.4	112.9	115.2	115.4	115.5	116.1	116.7	116.9
贵阳	Guiyang	97.8	97.0	95.7	95.6	94.2	93.4	92.5	92.4	92.6	92.6	92.5	92.6
昆明	Kunming	102.6	102.6	102.6	103.9	103.9	103.8	103.3	103.7	104.1	103.8	103.9	104.2
西安	Xi'an	107.5	106.4	106.4	106.3	105.8	106.1	106.3	106.2	105.9	105.7	104.4	104.3
兰州	Lanzhou	100.8	100.4	100.0	99.4	98.1	98.3	98.3	98.3	97.6	96.6	96.6	96.1
西宁	Xining	106.0	105.7	105.8	105.8	106.2	106.1	105.8	105.3	105.1	104.5	104.6	104.4
银川	Yinchuan	107.8	107.1	106.9	105.9	105.3	105.4	104.8	105.1	104.2	104.1	104.0	103.9
乌鲁木齐	Urumqi	100.6	100.1	100.5	100.5	100.5	99.2	99.0	99.0	99.0	99.0	99.0	98.0

4-1-8 续表 Continued

(以2020年价格为100) (2020=100)

城 市	City	1月	2月	3月	4月	5月	6月	7月	8月	9月	10月	11月	12月
唐 山	Tangshan	100.1	100.0	100.0	99.8	99.2	99.0	98.6	97.8	97.0	96.2	95.6	95.3
秦皇岛	Qinhuangdao	97.9	97.8	97.4	97.1	97.3	96.9	96.3	95.8	95.4	95.4	95.0	94.4
包 头	Baotou	99.2	99.1	98.6	98.4	98.1	98.0	97.5	96.7	96.1	96.1	95.2	94.8
丹 东	Dandong	101.5	100.7	100.5	100.3	100.3	100.3	99.8	99.1	98.8	97.7	97.1	96.4
锦 州	Jinzhou	98.1	97.9	98.0	97.5	97.4	97.2	97.2	96.6	95.4	94.3	94.1	93.5
吉 林	Jilin	96.6	96.2	96.2	96.2	95.3	94.5	93.6	92.3	91.7	90.5	90.0	89.5
牡丹江	Mudanjiang	92.3	90.0	87.7	87.7	87.7	87.7	87.7	86.5	84.6	84.6	83.9	83.9
无 锡	Wuxi	106.2	106.5	106.8	106.4	107.1	107.8	108.2	108.3	107.8	107.3	107.0	106.5
徐 州	Xuzhou	106.1	106.4	105.4	105.5	105.6	105.2	104.8	104.3	103.3	103.6	103.6	103.6
扬 州	Yangzhou	104.6	104.3	104.9	104.3	103.8	103.6	104.1	103.4	102.7	102.9	102.8	102.7
温 州	Wenzhou	106.2	105.9	105.3	104.7	104.2	103.7	103.3	102.4	102.3	101.9	101.2	101.1
金 华	Jinhua	104.7	103.8	103.6	103.1	102.7	102.5	101.8	101.6	100.8	100.4	100.1	99.8
蚌 埠	Bengbu	102.7	103.2	103.2	102.9	101.9	101.7	101.4	101.2	100.7	100.3	100.4	100.2
安 庆	Anqing	93.3	93.0	92.1	91.9	91.3	90.6	90.3	90.1	89.4	88.8	87.6	87.2
泉 州	Quanzhou	105.9	105.4	104.8	104.4	103.7	103.3	102.4	101.8	101.3	100.4	100.2	99.9
九 江	Jiujiang	100.8	100.9	100.4	100.0	99.8	99.7	99.3	98.9	98.7	98.0	97.3	97.0
赣 州	Ganzhou	101.3	100.5	101.1	102.0	102.2	102.9	101.9	101.8	101.0	100.8	100.8	100.5
烟 台	Yantai	101.6	101.1	101.1	100.2	99.3	99.0	99.2	99.0	98.9	98.5	98.1	98.0
济 宁	Jining	103.5	103.1	103.3	102.8	102.2	101.5	100.8	100.7	100.1	99.7	98.5	97.9
洛 阳	Luoyang	102.7	101.1	100.5	100.1	99.7	99.0	98.3	97.5	97.1	96.7	96.7	96.0
平顶山	Pingdingshan	102.2	102.2	101.6	101.6	101.0	100.9	100.9	99.8	99.4	98.9	98.3	98.2
宜 昌	Yichang	94.7	94.1	94.0	93.8	92.8	92.7	92.0	91.3	91.3	90.4	90.3	89.9
襄 阳	Xiangyang	98.3	98.0	97.3	97.0	95.8	94.4	93.8	93.4	93.0	92.4	91.7	91.6
岳 阳	Yueyang	95.4	95.3	95.2	95.7	95.0	93.3	92.5	92.5	92.0	91.7	91.6	91.0
常 德	Changde	97.2	96.6	96.1	95.2	94.2	93.8	92.9	92.5	92.0	91.3	90.7	90.6
韶 关	Shaoguan	99.3	98.4	98.4	97.9	98.0	97.7	97.4	97.1	96.7	96.7	96.6	96.2
湛 江	Zhanjiang	99.1	98.9	98.3	98.1	97.1	97.0	96.3	95.1	94.6	93.9	92.8	92.5
惠 州	Huizhou	103.5	103.9	103.9	103.4	103.0	102.7	102.8	102.5	102.3	102.1	101.7	101.1
桂 林	Guilin	99.6	99.2	99.3	99.0	99.7	99.4	99.0	98.3	97.4	96.7	96.3	96.1
北 海	Beihai	96.5	96.3	95.7	95.0	93.8	93.4	92.6	91.8	90.5	89.5	89.1	87.9
三 亚	Sanya	103.5	103.7	104.2	104.1	103.9	103.8	103.6	103.6	103.6	103.1	102.9	102.6
泸 州	Luzhou	97.8	97.4	97.3	97.5	97.0	96.8	96.6	96.7	96.9	96.5	95.8	95.7
南 充	Nanchong	92.6	93.0	92.3	92.5	93.5	94.3	95.3	94.9	94.5	95.2	94.4	94.1
遵 义	Zunyi	99.0	98.2	97.5	97.1	95.7	94.5	95.0	95.1	94.9	94.1	94.0	93.3
大 理	Dali	98.7	97.7	96.9	95.6	94.3	94.6	94.5	95.2	95.3	94.8	94.0	94.0

以上年同月价格为100(Same Month of Preceding Year=100)

4-2-1 2022年70个大中城市新建商品住宅销售价格指数
Housing Price Indices of Newly Constructed Commercial Residential Buildings in 70 Large and Medium-Sized Cities 2022

(以上年同月价格为100) (Same Month of Preceding Year=100)

城市	City	1月	2月	3月	4月	5月	6月	7月	8月	9月	10月	11月	12月
北京	Beijing	105.5	105.5	105.7	105.8	105.9	105.8	105.5	105.8	106.1	105.9	105.7	105.8
天津	Tianjin	101.3	101.0	100.5	99.7	98.6	97.6	96.5	95.8	95.7	95.9	96.0	96.0
石家庄	Shijiazhuang	98.0	98.3	98.0	97.8	97.1	96.9	96.4	96.3	95.6	95.9	96.8	97.1
太原	Taiyuan	97.4	97.1	97.1	96.3	95.7	96.0	95.7	95.5	95.5	95.3	95.1	95.4
呼和浩特	Hohhot	98.9	98.9	99.1	98.6	98.3	97.7	98.0	96.8	97.3	97.7	98.2	96.9
沈阳	Shenyang	101.2	100.6	100.0	99.2	98.2	97.6	96.8	95.8	95.5	95.2	94.9	94.8
大连	Dalian	104.3	103.6	102.0	101.2	99.8	98.5	97.8	97.0	96.3	95.4	95.1	95.1
长春	Changchun	100.9	100.8	100.9	100.6	100.1	99.3	98.8	98.7	97.7	96.9	96.5	95.7
哈尔滨	Harbin	97.5	96.2	95.2	94.4	93.6	93.2	93.0	92.8	92.5	92.2	92.0	92.4
上海	Shanghai	104.2	104.1	104.1	103.8	103.4	103.4	103.5	103.7	103.8	104.0	104.0	104.1
南京	Nanjing	104.0	104.1	103.6	102.4	101.0	100.6	100.6	100.9	100.3	99.9	100.6	100.3
杭州	Hangzhou	105.8	106.0	106.2	106.3	106.1	106.3	106.6	106.5	106.5	106.4	106.6	106.4
宁波	Ningbo	103.3	103.5	102.8	102.0	101.3	100.8	100.3	100.3	100.4	100.9	101.2	101.8
合肥	Hefei	102.5	101.2	100.1	99.5	99.4	99.7	100.3	100.4	100.7	101.5	101.9	101.6
福州	Fuzhou	103.2	103.1	101.6	100.4	99.7	99.6	99.7	99.0	98.2	97.9	98.0	97.7
厦门	Xiamen	103.3	102.3	101.7	101.0	99.7	99.4	98.6	97.6	97.0	96.1	96.4	96.1
南昌	Nanchang	100.5	100.8	100.8	100.7	100.9	100.3	100.9	100.8	101.2	101.5	101.9	101.8
济南	Jinan	105.0	104.8	104.5	103.5	102.9	101.7	101.4	101.0	100.9	101.5	102.0	101.9
青岛	Qingdao	103.7	103.4	103.3	102.6	102.0	101.9	100.8	100.3	100.1	100.1	100.2	100.6
郑州	Zhengzhou	101.5	100.8	99.4	98.4	97.5	96.6	96.4	96.2	96.2	96.2	96.4	96.6
武汉	Wuhan	103.2	102.4	101.5	99.7	98.2	97.1	96.3	94.7	93.9	93.6	94.2	94.4
长沙	Changsha	106.9	106.0	105.9	105.5	104.8	103.9	103.2	103.0	102.7	102.7	103.0	103.2
广州	Guangzhou	104.5	104.2	103.0	102.0	101.0	100.3	100.4	100.3	100.1	100.2	100.2	100.4
深圳	Shenzhen	103.5	103.8	104.5	103.9	103.9	103.6	103.0	101.6	100.9	100.5	100.0	99.8
南宁	Nanning	101.8	100.9	100.2	99.9	99.6	99.2	98.0	97.7	97.5	97.0	96.5	96.6
海口	Haikou	103.7	102.8	103.0	102.3	102.4	101.5	100.8	100.7	100.6	100.5	100.8	101.0
重庆	Chongqing	108.3	108.5	108.1	106.1	103.9	103.4	103.1	101.2	101.4	100.8	100.7	100.0
成都	Chengdu	102.5	102.5	102.7	102.9	103.4	104.5	105.1	105.3	106.2	107.2	108.0	109.0
贵阳	Guiyang	100.3	99.5	99.3	99.2	98.7	98.7	97.9	97.8	98.0	98.0	98.4	98.6
昆明	Kunming	99.4	99.2	98.1	97.1	96.6	97.1	97.2	97.2	97.3	97.3	97.5	97.0
西安	Xi'an	105.9	106.1	105.6	105.2	104.9	104.2	104.1	103.6	102.5	101.8	101.4	102.0
兰州	Lanzhou	101.6	100.6	99.7	98.4	97.7	96.7	95.8	95.0	94.5	94.2	94.5	94.4
西宁	Xining	102.7	101.2	100.4	99.8	98.0	97.5	96.9	96.0	95.5	95.3	95.7	96.4
银川	Yinchuan	107.7	106.8	106.6	106.2	105.4	104.7	104.2	104.3	103.5	102.7	101.8	102.3
乌鲁木齐	Urumqi	102.6	102.3	102.9	103.2	103.2	102.9	102.3	101.4	101.1	101.2	101.7	101.7

4-2-1 续表 Continued

(以上年同月价格为100) (Same Month of Preceding Year=100)

城 市	City	1月	2月	3月	4月	5月	6月	7月	8月	9月	10月	11月	12月
唐 山	Tangshan	99.0	99.2	99.0	98.8	98.8	97.7	98.2	98.3	98.6	99.2	98.7	97.9
秦皇岛	Qinhuangdao	96.1	96.0	94.8	94.5	94.7	94.0	93.6	93.6	93.5	93.6	93.7	94.1
包 头	Baotou	99.8	99.8	98.7	97.7	96.6	96.3	96.0	95.3	94.9	95.2	95.3	95.4
丹 东	Dandong	100.8	99.9	99.0	97.9	97.7	97.6	96.5	95.9	95.2	95.0	95.1	95.2
锦 州	Jinzhou	102.5	101.3	101.7	100.0	99.7	99.4	98.9	98.4	97.6	96.4	96.7	96.5
吉 林	Jilin	102.5	102.0	101.7	100.9	100.0	99.6	98.1	97.2	96.8	96.8	96.7	96.2
牡丹江	Mudanjiang	98.2	97.8	97.4	97.0	97.0	97.1	97.4	97.1	97.7	97.1	96.7	96.8
无 锡	Wuxi	104.5	104.9	104.4	103.6	102.6	101.6	100.4	100.5	99.6	98.8	98.8	99.7
徐 州	Xuzhou	104.0	102.6	102.1	100.7	100.2	100.0	99.8	99.3	99.5	99.2	98.9	99.0
扬 州	Yangzhou	102.7	101.7	100.7	98.7	97.2	95.8	96.0	95.7	95.6	95.6	96.1	96.7
温 州	Wenzhou	104.3	103.3	102.5	101.1	99.8	98.7	97.5	96.9	95.6	94.9	94.2	93.7
金 华	Jinhua	103.0	102.7	102.4	102.3	101.7	100.8	100.1	99.4	98.7	98.3	98.1	97.9
蚌 埠	Bengbu	100.5	100.4	100.3	99.3	99.2	98.9	98.0	97.5	97.4	97.5	97.2	97.3
安 庆	Anqing	98.2	98.1	97.9	97.7	97.5	97.3	96.4	96.0	95.1	95.3	95.4	95.1
泉 州	Quanzhou	103.0	102.6	101.4	100.5	99.2	98.1	97.0	95.8	95.0	94.6	95.5	96.9
九 江	Jiujiang	101.0	99.8	99.3	98.7	98.1	97.3	97.2	96.8	96.9	96.8	96.9	97.5
赣 州	Ganzhou	101.9	101.6	101.5	101.4	101.1	101.1	101.3	101.0	101.2	100.9	100.6	99.9
烟 台	Yantai	100.8	100.6	99.9	99.0	98.1	97.9	97.0	97.2	97.1	97.3	97.9	98.0
济 宁	Jining	103.7	102.4	101.2	100.7	99.7	98.6	97.6	96.8	96.3	95.8	95.1	95.3
洛 阳	Luoyang	102.3	101.9	101.3	99.9	98.5	97.8	97.4	96.6	96.0	95.2	95.0	95.2
平顶山	Pingdingshan	101.3	100.3	99.7	99.4	98.9	98.7	98.9	98.1	97.6	97.0	97.1	97.4
宜 昌	Yichang	102.1	101.2	100.5	99.5	99.0	97.0	96.0	95.9	95.5	94.9	94.9	95.0
襄 阳	Xiangyang	100.1	99.5	99.3	97.4	96.6	96.0	95.5	94.7	94.5	94.6	94.7	95.6
岳 阳	Yueyang	97.8	96.7	96.3	95.0	94.1	92.9	93.0	92.9	92.7	92.6	92.0	91.8
常 德	Changde	96.9	96.0	95.8	94.8	94.6	94.9	94.3	94.0	94.3	94.4	94.3	94.3
韶 关	Shaoguan	99.7	98.8	98.9	97.4	97.1	95.8	96.4	96.2	96.3	97.0	96.5	96.5
湛 江	Zhanjiang	98.6	98.2	97.1	95.3	93.5	93.0	92.0	91.1	91.2	91.3	91.2	91.7
惠 州	Huizhou	100.4	100.6	99.9	99.1	98.1	97.7	97.9	98.0	98.0	97.9	97.6	97.2
桂 林	Guilin	99.9	99.2	98.2	97.3	96.7	96.4	96.2	95.9	96.1	96.5	96.2	95.3
北 海	Beihai	98.5	96.7	96.3	95.0	93.7	92.6	91.2	89.9	89.7	89.3	89.4	89.7
三 亚	Sanya	105.4	105.0	104.1	103.4	102.8	101.8	101.6	101.4	101.0	100.1	99.5	99.2
泸 州	Luzhou	96.9	96.8	95.6	95.3	94.0	93.7	93.7	93.4	94.3	94.9	96.0	95.7
南 充	Nanchong	97.6	95.9	95.5	94.4	93.5	93.7	94.2	94.2	93.8	95.3	96.4	97.2
遵 义	Zunyi	99.4	99.1	99.3	98.8	97.7	98.0	98.3	98.1	98.6	98.5	99.3	98.7
大 理	Dali	95.5	95.1	94.4	93.9	94.0	93.7	93.4	93.1	94.0	94.3	95.3	95.4

4-2-2 2022年70个大中城市90㎡及以下新建商品住宅销售价格指数
Housing Price Indices of 90㎡ and below Newly Constructed Commercial Residential Buildings in 70 Large and Medium-Sized Cities 2022

(以上年同月价格为100) (Same Month of Preceding Year=100)

城市	City	1月	2月	3月	4月	5月	6月	7月	8月	9月	10月	11月	12月
北京	Beijing	105.7	105.6	105.5	105.6	105.2	104.8	104.1	104.8	105.2	105.0	104.8	105.2
天津	Tianjin	100.5	100.3	100.3	99.4	98.4	97.2	96.6	96.3	96.0	96.4	96.1	96.4
石家庄	Shijiazhuang	99.4	99.4	99.4	99.4	97.9	96.6	95.6	94.9	94.0	95.5	96.9	97.2
太原	Taiyuan	97.3	96.3	96.4	95.8	94.8	95.7	95.1	94.9	95.1	95.2	94.6	94.9
呼和浩特	Hohhot	99.4	99.9	100.0	98.8	98.8	98.0	98.5	97.0	97.3	97.4	97.7	96.9
沈阳	Shenyang	100.1	100.0	99.9	98.8	98.2	98.1	97.7	96.7	96.6	96.1	95.8	95.9
大连	Dalian	103.0	102.4	101.4	101.2	99.9	99.0	98.1	97.3	97.2	96.3	96.1	96.4
长春	Changchun	100.7	100.6	100.7	100.8	100.1	99.8	99.1	99.2	97.9	97.3	97.0	96.1
哈尔滨	Harbin	97.3	96.1	95.2	94.4	93.5	93.5	93.1	93.2	93.3	93.4	93.4	93.9
上海	Shanghai	102.8	103.0	103.4	103.4	102.5	103.2	102.9	103.6	103.7	104.1	104.1	104.4
南京	Nanjing	103.6	103.4	102.4	101.5	100.7	100.7	100.4	100.6	100.2	99.3	100.6	100.4
杭州	Hangzhou	106.0	106.2	106.8	105.8	105.4	105.0	105.2	104.9	105.2	105.3	105.8	105.9
宁波	Ningbo	103.1	103.3	103.0	101.7	101.0	101.1	100.6	100.6	100.8	101.7	102.4	102.7
合肥	Hefei	103.3	100.9	100.4	99.8	99.6	100.0	100.4	101.0	101.3	101.7	101.9	101.7
福州	Fuzhou	102.9	102.6	101.0	99.8	99.1	99.1	99.3	99.0	97.9	97.5	97.9	97.1
厦门	Xiamen	103.5	102.6	101.9	101.0	99.4	99.3	98.3	97.8	97.5	96.0	96.3	96.1
南昌	Nanchang	101.0	100.9	101.6	101.0	101.2	100.3	101.6	101.4	101.5	101.8	102.2	101.6
济南	Jinan	105.8	106.0	106.2	105.6	105.8	103.4	102.9	102.8	101.8	102.5	103.1	102.8
青岛	Qingdao	103.5	102.8	102.6	102.3	102.0	102.5	101.5	100.8	100.1	99.8	100.1	100.7
郑州	Zhengzhou	101.4	100.8	99.4	97.9	96.9	95.7	95.6	95.5	96.0	95.7	96.2	96.4
武汉	Wuhan	103.2	102.3	101.6	99.8	98.0	96.9	95.6	94.0	93.8	93.6	93.6	94.1
长沙	Changsha	106.5	106.0	105.4	104.1	104.2	103.5	102.8	102.6	102.5	103.2	104.0	104.0
广州	Guangzhou	104.3	103.6	102.1	101.5	100.4	100.0	100.2	100.3	100.0	99.8	100.1	100.0
深圳	Shenzhen	103.1	103.7	104.1	104.0	104.9	104.5	103.8	102.4	101.0	100.5	99.8	99.8
南宁	Nanning	101.2	100.2	99.4	99.5	98.6	98.7	97.2	96.8	96.9	96.5	96.1	95.8
海口	Haikou	104.3	102.5	102.7	102.4	102.6	102.4	101.0	101.1	101.0	100.7	100.5	100.6
重庆	Chongqing	107.3	108.1	107.7	105.2	103.0	102.6	102.2	100.5	101.2	100.4	100.3	99.9
成都	Chengdu	102.8	102.6	102.7	102.2	102.7	103.1	104.2	104.1	105.2	107.3	107.5	108.6
贵阳	Guiyang	100.2	99.4	99.3	99.2	98.5	98.0	97.3	97.0	97.2	97.4	98.0	97.7
昆明	Kunming	98.6	98.4	97.6	95.9	95.3	95.8	96.2	96.4	96.4	97.0	97.4	97.5
西安	Xi'an	105.4	106.1	105.9	105.7	105.4	104.6	104.5	104.4	103.5	102.8	102.0	102.1
兰州	Lanzhou	101.2	100.1	99.5	97.5	97.1	96.2	95.0	94.8	93.9	93.8	94.2	94.7
西宁	Xining	102.9	102.2	100.7	99.7	98.3	97.3	97.1	96.0	95.5	95.2	96.0	97.3
银川	Yinchuan	108.9	108.3	107.9	106.6	105.8	104.6	104.3	104.2	103.5	102.4	102.0	102.5
乌鲁木齐	Urumqi	102.8	103.5	103.9	104.5	104.1	104.4	104.1	103.4	103.0	102.9	103.1	102.6

4-2-2 续表 Continued

(以上年同月价格为100) (Same Month of Preceding Year=100)

城 市	City	1月	2月	3月	4月	5月	6月	7月	8月	9月	10月	11月	12月
唐 山	Tangshan	98.2	98.8	99.2	99.0	99.0	97.8	98.6	98.4	98.1	98.8	98.2	97.3
秦皇岛	Qinhuangdao	96.0	95.9	95.2	94.7	94.9	94.0	94.1	93.6	93.9	94.6	94.3	94.4
包 头	Baotou	100.1	99.2	98.7	97.3	95.9	95.7	95.4	94.6	94.0	94.3	93.9	95.0
丹 东	Dandong	100.6	99.6	99.2	97.5	97.0	96.9	95.0	95.0	94.8	94.5	94.6	95.0
锦 州	Jinzhou	102.3	100.9	100.9	99.8	99.8	99.4	98.8	98.7	97.9	96.5	96.5	96.5
吉 林	Jilin	101.9	101.7	101.6	100.8	99.8	99.3	97.5	96.8	97.2	97.2	97.5	97.0
牡丹江	Mudanjiang	97.4	97.4	97.3	97.1	97.8	97.8	97.9	97.0	97.8	97.1	96.8	97.3
无 锡	Wuxi	103.9	104.2	104.1	103.8	102.8	101.7	100.0	100.1	99.3	98.1	98.1	99.6
徐 州	Xuzhou	102.6	101.9	101.4	100.3	100.2	100.4	100.1	99.3	99.6	98.8	98.8	98.3
扬 州	Yangzhou	101.6	100.0	99.0	98.7	97.2	96.5	96.1	95.1	95.2	95.7	95.7	96.5
温 州	Wenzhou	103.6	103.3	102.0	101.1	100.2	98.9	97.7	97.1	95.8	95.5	94.6	94.4
金 华	Jinhua	102.5	102.0	101.8	101.6	101.3	100.2	99.7	99.3	98.6	98.3	98.3	98.0
蚌 埠	Bengbu	100.1	100.0	100.1	99.6	99.0	99.4	97.8	97.0	97.1	97.1	96.3	95.9
安 庆	Anqing	99.1	99.6	99.7	99.7	99.7	100.7	98.9	97.5	96.9	96.8	97.0	97.1
泉 州	Quanzhou	101.6	102.1	101.1	100.2	99.5	98.8	97.8	96.4	95.8	95.5	96.2	97.4
九 江	Jiujiang	100.6	99.6	99.3	98.3	97.8	96.6	96.5	96.5	95.9	96.3	96.1	97.4
赣 州	Ganzhou	102.8	102.5	101.9	101.6	101.1	100.7	101.5	101.5	101.2	101.2	101.0	100.2
烟 台	Yantai	100.3	100.0	99.1	98.7	96.8	97.2	95.4	95.8	95.9	96.3	96.7	97.4
济 宁	Jining	105.2	103.0	101.7	102.0	100.0	99.3	98.1	97.6	97.1	96.3	95.4	95.0
洛 阳	Luoyang	100.3	100.3	99.7	99.1	98.1	96.9	96.6	95.7	95.5	95.1	95.9	96.7
平顶山	Pingdingshan	100.7	100.6	99.7	99.5	98.1	98.3	98.8	97.4	97.1	96.5	96.6	97.2
宜 昌	Yichang	102.0	100.7	100.3	99.2	98.6	96.5	96.0	95.7	95.6	94.9	94.3	93.9
襄 阳	Xiangyang	100.3	99.8	99.7	97.8	96.8	96.8	96.0	94.3	94.2	93.9	94.1	95.0
岳 阳	Yueyang	97.7	96.1	96.2	94.6	93.6	92.9	92.8	92.1	92.1	92.3	91.3	91.5
常 德	Changde	95.9	94.8	95.0	93.4	93.8	93.3	92.1	92.3	92.6	92.4	92.5	93.1
韶 关	Shaoguan	99.1	98.6	98.6	96.4	96.4	95.5	96.3	96.8	97.6	98.5	97.3	96.9
湛 江	Zhanjiang	98.9	97.6	97.1	94.9	92.9	92.4	92.2	91.7	91.8	91.4	91.7	91.9
惠 州	Huizhou	101.0	101.0	100.0	99.1	97.7	97.6	97.5	97.7	97.5	97.3	96.7	96.2
桂 林	Guilin	100.4	99.7	98.1	97.4	96.4	94.9	95.0	95.0	94.9	95.5	95.3	94.5
北 海	Beihai	98.2	96.3	96.0	94.8	93.9	92.6	91.2	89.9	90.0	89.5	89.8	90.0
三 亚	Sanya	106.2	106.3	105.4	104.8	103.9	102.2	101.7	101.1	100.3	99.4	99.6	99.3
泸 州	Luzhou	94.7	94.6	94.3	93.1	92.2	92.3	92.4	92.9	94.1	94.5	96.5	95.3
南 充	Nanchong	95.6	94.3	94.0	93.0	92.5	92.7	93.7	93.7	94.2	95.4	97.1	97.9
遵 义	Zunyi	100.1	99.6	99.1	99.1	98.0	97.5	97.4	96.7	97.6	97.4	97.8	98.0
大 理	Dali	97.0	96.2	94.6	94.9	94.7	94.1	93.2	92.3	92.9	93.1	94.4	94.7

4-2-3 2022年70个大中城市90~144㎡新建商品住宅销售价格指数
Housing Price Indices of 90~144㎡ Newly Constructed Commercial Residential Buildings in 70 Large and Medium-Sized Cities 2022

(以上年同月价格为100) (Same Month of Preceding Year=100)

城　市	City	1月	2月	3月	4月	5月	6月	7月	8月	9月	10月	11月	12月
北　京	Beijing	105.3	105.6	106.0	105.8	105.2	105.2	104.9	104.8	104.8	104.9	104.7	105.1
天　津	Tianjin	101.0	100.6	100.2	99.6	98.5	97.5	96.3	95.6	95.7	95.9	96.2	96.2
石家庄	Shijiazhuang	97.5	98.0	97.9	97.8	97.2	97.2	96.6	96.7	96.1	96.1	96.8	96.9
太　原	Taiyuan	96.9	96.7	96.4	95.4	94.8	95.1	94.9	94.7	95.1	95.2	95.2	95.2
呼和浩特	Hohhot	98.7	98.6	98.7	98.6	98.3	97.7	98.0	97.0	97.4	97.9	98.4	97.1
沈　阳	Shenyang	101.5	100.6	99.6	99.2	98.2	97.5	96.4	95.1	95.1	95.0	94.9	94.6
大　连	Dalian	104.1	103.4	101.9	101.1	99.8	98.4	97.8	97.2	96.4	95.5	95.1	94.8
长　春	Changchun	101.0	101.1	101.1	100.5	100.0	99.2	98.7	98.5	97.7	96.9	96.5	95.6
哈尔滨	Harbin	97.5	96.1	95.2	94.3	93.9	93.3	93.1	93.0	92.4	92.1	91.8	92.2
上　海	Shanghai	103.7	103.7	103.6	103.3	103.2	103.4	103.7	103.4	103.6	103.6	103.5	103.1
南　京	Nanjing	103.6	104.0	103.5	102.6	101.1	100.6	100.5	100.9	100.2	99.9	100.3	100.0
杭　州	Hangzhou	105.7	105.9	105.8	106.0	105.7	106.3	106.9	106.7	106.7	106.4	106.6	106.3
宁　波	Ningbo	103.3	103.6	102.9	102.0	101.4	100.7	100.3	100.2	100.3	100.7	101.0	101.7
合　肥	Hefei	102.0	101.1	100.1	99.4	99.2	99.8	100.4	100.4	100.6	101.3	101.8	101.6
福　州	Fuzhou	103.1	103.0	101.5	100.5	99.9	100.0	99.9	98.9	98.2	98.0	98.1	97.8
厦　门	Xiamen	102.6	101.7	101.1	100.6	99.6	99.2	98.8	97.7	97.4	96.9	97.2	96.8
南　昌	Nanchang	100.5	100.8	100.7	100.9	101.0	100.4	100.9	100.9	101.2	101.6	101.9	101.8
济　南	Jinan	104.9	104.4	104.2	103.0	102.4	101.2	100.8	100.4	100.5	101.2	101.5	101.4
青　岛	Qingdao	103.4	103.0	103.1	102.5	101.9	101.9	100.6	100.1	100.1	100.0	100.1	100.5
郑　州	Zhengzhou	101.8	101.0	99.4	98.3	97.3	96.1	95.9	95.8	95.7	96.0	96.4	96.6
武　汉	Wuhan	103.1	102.3	101.3	99.6	98.1	97.1	96.5	94.9	94.0	93.7	94.6	94.7
长　沙	Changsha	106.5	105.4	105.6	105.3	104.5	103.8	103.2	103.1	103.0	102.7	102.8	103.2
广　州	Guangzhou	104.4	104.1	103.2	101.8	100.6	100.1	100.2	100.0	100.0	100.0	100.0	100.4
深　圳	Shenzhen	103.5	103.9	104.6	103.8	103.4	103.5	102.6	101.1	100.7	100.4	100.2	99.9
南　宁	Nanning	101.9	101.1	100.4	100.1	99.8	99.5	98.5	98.1	97.8	97.2	96.8	96.9
海　口	Haikou	103.5	102.7	103.1	102.5	102.5	101.3	100.7	100.5	100.5	100.3	100.7	101.1
重　庆	Chongqing	109.2	108.8	108.4	106.3	103.9	103.3	103.0	101.3	101.2	100.7	100.7	100.3
成　都	Chengdu	101.8	102.0	101.8	102.4	102.9	103.9	104.6	104.6	105.8	107.1	107.9	109.0
贵　阳	Guiyang	100.0	99.3	99.0	99.1	98.6	98.5	97.8	97.9	98.1	98.3	98.3	98.7
昆　明	Kunming	99.6	99.2	98.1	97.1	96.6	97.1	97.5	97.4	98.0	97.8	97.9	97.3
西　安	Xi'an	106.4	106.3	105.7	105.3	105.2	104.4	104.1	103.5	102.2	101.5	101.3	101.8
兰　州	Lanzhou	101.8	100.8	99.8	98.5	97.8	96.7	95.9	95.0	94.5	94.1	94.3	94.2
西　宁	Xining	102.4	100.8	100.5	100.1	97.8	97.4	96.7	95.8	95.5	95.1	95.5	95.9
银　川	Yinchuan	107.0	106.1	106.1	105.9	105.3	105.0	104.6	104.4	103.7	102.9	101.9	102.4
乌鲁木齐	Urumqi	102.2	101.8	102.4	102.7	102.9	102.6	101.9	100.8	100.8	100.8	101.4	101.7

4-2-3 续表 Continued

(以上年同月价格为100) (Same Month of Preceding Year=100)

城　市	City	1月	2月	3月	4月	5月	6月	7月	8月	9月	10月	11月	12月
唐　山	Tangshan	99.4	99.5	99.2	99.0	98.9	97.8	98.4	98.3	98.8	99.3	98.8	98.0
秦皇岛	Qinhuangdao	95.8	95.8	94.2	94.0	94.3	93.5	93.0	93.4	93.1	93.0	93.3	93.9
包　头	Baotou	99.6	99.5	98.4	97.6	96.2	95.9	95.8	95.1	94.9	95.1	95.3	95.2
丹　东	Dandong	101.1	99.9	98.6	97.3	97.3	97.2	96.1	95.6	94.9	94.6	94.8	94.7
锦　州	Jinzhou	102.5	101.4	101.9	100.1	99.7	99.3	98.9	98.3	97.4	96.3	96.6	96.3
吉　林	Jilin	102.7	102.2	101.9	101.1	99.9	99.7	98.4	97.4	96.5	96.6	96.4	95.8
牡丹江	Mudanjiang	98.5	97.9	97.4	96.9	96.5	96.6	97.0	97.0	97.5	96.9	96.5	96.6
无　锡	Wuxi	104.3	104.5	104.1	103.4	102.5	101.6	100.5	100.5	99.8	98.9	98.7	99.5
徐　州	Xuzhou	104.1	102.8	102.2	100.7	100.1	100.0	99.8	99.3	99.6	99.3	99.0	99.2
扬　州	Yangzhou	103.0	102.2	100.9	98.7	97.0	95.8	96.1	95.8	95.8	95.7	96.3	96.9
温　州	Wenzhou	104.7	103.5	102.8	101.3	99.9	99.0	97.6	96.9	95.7	94.8	94.2	93.6
金　华	Jinhua	102.8	102.7	102.4	102.6	101.7	101.3	100.5	99.5	98.6	98.4	98.1	97.9
蚌　埠	Bengbu	100.6	100.5	100.4	99.3	99.2	98.7	97.9	97.5	97.4	97.6	97.4	97.6
安　庆	Anqing	98.4	98.1	97.7	97.4	97.2	96.8	96.1	95.8	94.8	94.9	95.0	94.6
泉　州	Quanzhou	103.2	102.7	101.5	100.5	99.2	97.9	96.7	95.6	94.8	94.4	95.4	96.8
九　江	Jiujiang	101.1	99.9	99.7	99.1	98.7	97.9	97.6	97.1	97.2	97.1	97.2	97.4
赣　州	Ganzhou	102.2	101.6	101.6	101.6	101.1	101.1	101.2	101.0	101.4	100.9	100.7	99.9
烟　台	Yantai	100.9	100.7	99.9	99.0	98.2	97.9	97.1	97.3	97.4	97.7	98.2	98.3
济　宁	Jining	103.6	102.7	101.3	100.7	99.8	98.6	97.6	96.7	96.1	95.5	94.9	95.3
洛　阳	Luoyang	102.7	102.2	101.6	100.0	98.4	97.6	97.0	96.3	95.8	95.0	94.6	94.9
平顶山	Pingdingshan	101.5	100.2	99.6	99.3	99.1	98.8	98.9	98.1	97.7	97.2	97.3	97.6
宜　昌	Yichang	102.5	101.5	100.8	99.8	99.2	97.1	96.0	95.7	95.2	94.6	94.7	95.0
襄　阳	Xiangyang	100.0	99.4	99.2	97.3	96.5	95.9	95.4	94.8	94.7	94.9	95.0	95.9
岳　阳	Yueyang	97.9	97.0	96.7	95.5	94.8	93.5	93.8	93.9	93.4	93.1	92.4	92.1
常　德	Changde	96.9	96.1	95.9	94.9	94.6	95.0	94.5	94.3	94.8	94.9	94.8	94.5
韶　关	Shaoguan	99.8	98.8	99.0	97.5	97.4	95.9	96.4	96.2	96.0	96.7	96.3	96.2
湛　江	Zhanjiang	98.6	98.4	97.0	95.3	93.4	93.0	91.8	90.9	91.0	91.1	91.1	91.5
惠　州	Huizhou	100.2	100.3	99.8	99.2	98.3	97.7	97.9	98.1	98.0	98.0	97.9	97.5
桂　林	Guilin	99.7	99.1	98.4	97.4	96.9	97.0	96.7	96.4	96.6	97.0	96.7	95.7
北　海	Beihai	98.9	97.2	96.7	95.3	93.5	92.6	91.2	90.0	89.4	89.2	89.0	89.3
三　亚	Sanya	105.1	104.6	103.7	103.0	102.5	101.7	101.7	101.7	101.3	100.5	99.5	99.1
泸　州	Luzhou	97.5	97.3	95.9	95.8	94.7	94.2	94.1	93.5	94.6	95.3	96.2	96.0
南　充	Nanchong	98.3	96.3	96.1	95.1	94.0	94.3	94.6	94.6	93.7	95.3	96.0	96.6
遵　义	Zunyi	99.1	99.0	99.5	98.7	97.5	97.9	98.2	98.2	98.7	98.6	99.5	98.8
大　理	Dali	95.0	95.0	94.1	93.5	93.4	93.2	93.3	93.2	94.2	94.7	95.7	95.9

4-2-4 2022年70个大中城市144㎡以上新建商品住宅销售价格指数

Housing Price Indices of Above 144㎡ Newly Constructed Commercial Residential Buildings in 70 Large and Medium-Sized Cities 2022

(以上年同月价格为100) (Same Month of Preceding Year=100)

城市	City	1月	2月	3月	4月	5月	6月	7月	8月	9月	10月	11月	12月
北京	Beijing	105.6	105.4	105.7	106.0	106.8	106.9	106.8	107.1	107.5	107.0	106.9	106.7
天津	Tianjin	103.1	103.0	102.0	100.2	99.1	98.2	96.8	95.8	95.5	95.6	95.2	94.8
石家庄	Shijiazhuang	98.7	98.5	98.0	97.1	96.7	96.4	96.4	95.8	95.0	95.5	96.9	97.5
太原	Taiyuan	98.6	98.4	98.8	98.2	97.9	97.8	97.3	97.1	96.4	95.6	95.3	96.0
呼和浩特	Hohhot	99.4	99.3	99.7	98.6	98.0	97.6	97.8	96.4	97.0	97.5	97.8	96.1
沈阳	Shenyang	102.1	101.6	101.0	99.8	98.3	97.4	96.8	96.4	95.4	94.9	93.8	93.9
大连	Dalian	106.8	106.1	103.4	101.7	99.7	98.1	97.2	95.9	94.9	94.0	94.1	94.0
长春	Changchun	101.0	100.6	100.6	100.4	100.2	98.4	98.5	98.2	97.3	96.4	95.6	95.1
哈尔滨	Harbin	98.1	97.0	95.4	94.6	92.9	92.2	92.1	91.4	91.4	91.2	91.1	91.1
上海	Shanghai	105.4	105.1	105.1	104.6	104.0	103.4	103.4	104.2	104.1	104.4	104.7	105.3
南京	Nanjing	105.2	105.0	104.3	102.5	101.2	100.6	100.9	101.0	100.4	100.0	101.3	101.0
杭州	Hangzhou	105.7	106.0	106.6	107.2	107.4	107.3	107.0	106.9	106.9	107.1	107.0	106.9
宁波	Ningbo	103.3	103.3	102.4	101.9	101.3	101.0	100.3	100.3	100.5	100.8	101.0	101.4
合肥	Hefei	103.8	101.7	100.2	99.8	99.8	99.3	99.9	100.3	100.9	101.9	102.2	101.3
福州	Fuzhou	103.8	104.0	102.5	100.9	100.0	99.0	99.4	99.1	98.8	98.2	97.8	97.9
厦门	Xiamen	104.1	103.1	102.4	101.7	99.9	99.7	98.5	97.4	96.1	95.0	95.3	95.0
南昌	Nanchang	100.2	100.5	100.6	100.2	100.2	100.0	100.3	100.3	101.1	101.0	101.8	101.6
济南	Jinan	105.2	105.2	104.4	103.9	103.2	102.2	102.2	102.0	102.0	102.1	102.7	103.0
青岛	Qingdao	104.5	104.5	103.9	103.1	102.2	101.8	100.9	100.4	100.3	100.4	100.3	100.9
郑州	Zhengzhou	100.6	100.3	99.3	98.9	98.9	98.8	99.1	98.2	98.0	97.2	96.9	96.7
武汉	Wuhan	103.7	102.9	102.5	100.4	98.4	96.7	95.8	94.1	93.0	93.2	92.7	93.1
长沙	Changsha	108.1	107.5	107.1	106.7	105.8	104.3	103.3	102.7	102.0	102.5	103.0	103.1
广州	Guangzhou	105.3	105.4	103.6	103.6	103.0	101.5	101.6	101.6	101.1	101.4	101.5	101.1
深圳	Shenzhen	104.1	103.8	104.7	104.2	104.0	102.7	102.6	101.6	101.3	100.6	99.6	99.5
南宁	Nanning	101.9	100.4	99.7	99.1	98.9	98.5	96.2	96.4	96.1	96.0	95.4	95.7
海口	Haikou	103.7	103.1	102.7	101.7	101.9	101.4	101.0	101.1	100.8	100.9	101.1	100.8
重庆	Chongqing	106.6	107.8	107.4	106.2	104.3	104.1	103.8	101.4	102.2	101.5	101.1	99.3
成都	Chengdu	103.6	103.1	104.1	103.9	104.5	106.0	106.4	106.8	107.3	107.4	108.4	109.3
贵阳	Guiyang	101.0	100.3	100.0	99.9	99.1	99.4	98.6	97.6	98.1	97.6	98.8	98.9
昆明	Kunming	99.4	99.4	98.3	97.5	97.1	97.7	96.9	96.9	95.9	96.2	96.5	96.0
西安	Xi'an	105.0	105.6	105.1	104.7	104.0	103.5	104.1	103.7	103.1	102.3	101.3	102.5
兰州	Lanzhou	100.6	100.0	99.5	98.9	98.2	97.4	96.0	95.1	94.8	94.6	95.7	94.8
西宁	Xining	103.4	101.7	99.8	99.1	98.5	98.1	97.5	96.7	95.7	96.0	96.2	97.9
银川	Yinchuan	109.7	108.4	108.0	106.6	105.5	103.7	103.1	103.8	102.9	102.1	101.3	101.9
乌鲁木齐	Urumqi	104.0	103.7	104.4	104.4	104.2	103.5	102.7	102.4	101.3	101.4	101.6	101.1

4-2-4 续表 Continued

(以上年同月价格为100) (Same Month of Preceding Year=100)

城 市	City	1月	2月	3月	4月	5月	6月	7月	8月	9月	10月	11月	12月
唐 山	Tangshan	97.8	98.0	98.1	97.7	98.5	97.4	97.6	98.2	98.4	98.8	98.6	98.2
秦皇岛	Qinhuangdao	97.2	97.0	96.6	96.4	96.2	95.8	95.2	94.8	94.3	94.5	94.2	94.6
包 头	Baotou	100.1	100.5	99.4	98.2	97.8	97.3	96.7	96.1	95.2	95.5	95.6	96.1
丹 东	Dandong	100.3	100.0	100.0	100.0	99.9	99.6	99.0	97.5	96.5	96.4	96.4	97.1
锦 州	Jinzhou	103.0	102.1	102.5	100.1	99.5	99.6	98.9	98.0	97.5	96.8	97.5	97.4
吉 林	Jilin	102.8	102.0	101.3	100.8	100.5	99.7	97.8	97.2	97.6	97.3	97.0	96.7
牡丹江	Mudanjiang	98.3	98.3	98.5	98.2	98.9	99.0	99.4	98.5	99.4	98.3	97.5	97.6
无 锡	Wuxi	105.5	106.3	105.5	104.3	103.0	101.7	100.2	100.5	99.5	99.0	99.3	100.2
徐 州	Xuzhou	104.1	102.1	101.9	100.7	100.7	99.5	99.3	99.2	98.7	98.8	98.7	98.3
扬 州	Yangzhou	101.8	100.1	99.9	98.8	97.8	95.6	95.5	95.4	94.9	95.2	95.4	96.0
温 州	Wenzhou	103.7	102.6	102.1	100.4	99.6	97.9	97.2	96.7	95.2	94.7	94.0	93.8
金 华	Jinhua	103.9	103.5	103.3	102.8	102.3	100.5	100.0	99.2	98.9	97.9	97.7	97.6
蚌 埠	Bengbu	100.3	100.2	100.2	99.0	99.4	99.3	98.3	97.6	97.7	97.5	97.2	97.2
安 庆	Anqing	97.0	97.3	97.2	97.4	97.0	97.2	96.1	95.8	95.3	95.8	95.9	96.0
泉 州	Quanzhou	103.1	102.5	101.3	100.5	99.0	98.5	97.7	96.4	95.6	94.7	95.2	96.6
九 江	Jiujiang	100.7	99.2	97.6	97.0	96.1	95.6	95.9	95.9	96.2	96.0	96.3	98.0
赣 州	Ganzhou	100.4	101.0	101.0	100.7	101.2	101.3	101.6	100.8	100.7	100.7	100.2	99.8
烟 台	Yantai	100.6	100.8	100.4	99.3	98.5	98.5	97.8	98.0	97.0	96.7	97.6	97.0
济 宁	Jining	103.4	101.6	100.7	100.2	99.5	98.3	97.3	96.6	96.4	96.3	95.6	95.5
洛 阳	Luoyang	101.6	101.6	101.0	100.5	99.3	99.6	99.8	98.6	97.4	96.3	96.3	96.0
平顶山	Pingdingshan	100.9	101.1	100.5	99.5	98.8	98.5	98.9	98.3	97.8	96.5	96.7	96.4
宜 昌	Yichang	100.2	100.2	99.4	98.4	98.2	96.6	96.5	96.6	96.4	95.9	96.0	96.0
襄 阳	Xiangyang	100.4	99.4	99.0	97.7	96.8	96.3	95.5	94.5	93.8	93.7	93.8	94.2
岳 阳	Yueyang	97.6	96.5	95.8	94.0	92.7	91.3	91.3	91.1	91.6	91.6	91.7	91.4
常 德	Changde	97.7	96.3	96.5	95.7	95.6	95.1	94.3	93.5	92.5	92.4	92.3	93.3
韶 关	Shaoguan	99.9	99.0	98.6	97.4	96.5	95.5	96.4	96.2	96.9	97.5	97.1	97.3
湛 江	Zhanjiang	98.6	98.0	97.2	95.5	94.2	93.5	92.8	91.2	91.5	92.1	91.4	92.4
惠 州	Huizhou	100.4	101.6	100.1	98.4	97.5	97.8	98.3	98.2	99.0	98.5	98.0	97.4
桂 林	Guilin	100.4	98.7	97.3	96.3	96.0	95.4	94.9	94.5	94.7	94.5	94.8	94.1
北 海	Beihai	98.9	98.0	97.1	95.6	94.1	92.3	90.7	88.8	88.1	87.7	88.3	88.4
三 亚	Sanya	104.6	104.0	102.6	102.4	102.4	101.6	101.2	100.8	100.7	99.3	99.9	99.4
泸 州	Luzhou	96.7	97.2	96.0	95.2	92.9	92.8	93.1	93.1	92.8	93.4	94.5	94.4
南 充	Nanchong	98.7	97.5	96.6	94.7	93.7	93.2	93.8	93.5	93.7	95.0	96.7	97.9
遵 义	Zunyi	100.2	99.0	98.7	99.0	98.3	98.7	99.1	98.6	98.8	98.9	99.5	98.9
大 理	Dali	95.7	94.9	94.9	94.0	94.7	94.4	93.7	93.5	94.1	94.2	95.0	94.9

4-2-5　2022年70个大中城市二手住宅销售价格指数
Housing Price Indices of Second-Hand Residential Buildings in 70 Large and Medium-Sized Cities 2022

(以上年同月价格为100)　　(Same Month of Preceding Year=100)

城　市	City	1月	2月	3月	4月	5月	6月	7月	8月	9月	10月	11月	12月
北　京	Beijing	108.0	107.4	107.2	106.5	105.3	104.5	104.1	103.9	104.6	105.2	105.2	103.9
天　津	Tianjin	100.7	100.8	100.1	99.3	98.0	97.4	96.5	95.8	94.4	93.9	93.8	93.6
石家庄	Shijiazhuang	96.1	95.9	95.5	95.1	95.1	95.0	95.3	95.5	95.6	95.6	95.7	96.6
太　原	Taiyuan	96.0	95.6	95.1	93.8	94.7	95.2	94.5	94.5	94.5	94.3	94.8	95.3
呼和浩特	Hohhot	98.2	97.6	97.1	97.0	96.6	96.0	96.0	94.9	95.0	95.5	95.9	94.9
沈　阳	Shenyang	101.1	99.7	98.5	97.6	97.0	96.3	95.4	94.5	94.1	93.8	93.4	93.1
大　连	Dalian	103.2	102.4	101.3	99.7	98.6	98.2	97.8	97.1	96.2	95.4	95.0	94.9
长　春	Changchun	99.2	99.0	99.2	99.4	97.4	96.3	95.5	94.9	94.5	94.1	94.0	93.6
哈尔滨	Harbin	97.9	96.6	95.5	94.0	92.8	91.6	91.1	90.5	90.5	90.3	90.5	90.9
上　海	Shanghai	105.8	105.3	104.6	103.7	103.0	102.3	102.4	102.8	103.9	103.9	103.5	102.6
南　京	Nanjing	102.7	101.3	100.3	99.1	97.6	96.5	96.3	96.6	96.6	96.2	96.4	96.3
杭　州	Hangzhou	104.8	104.6	103.6	102.7	101.6	101.4	100.6	100.0	99.8	99.5	99.4	99.1
宁　波	Ningbo	101.8	101.5	100.9	100.1	99.4	99.2	99.1	98.6	98.5	98.3	98.2	98.4
合　肥	Hefei	101.5	100.5	99.5	98.2	97.3	97.6	98.1	98.4	98.8	98.8	98.5	98.6
福　州	Fuzhou	101.8	100.8	99.8	99.3	98.9	98.1	97.8	97.7	97.6	97.4	97.0	96.9
厦　门	Xiamen	101.0	100.4	100.1	100.0	100.4	100.4	99.6	99.0	98.7	98.6	98.5	98.4
南　昌	Nanchang	99.0	99.0	99.2	98.6	98.2	98.0	98.5	98.6	98.4	98.6	98.4	98.3
济　南	Jinan	100.7	100.8	100.5	99.1	98.2	97.6	97.0	96.4	96.7	96.6	96.6	96.5
青　岛	Qingdao	101.1	100.8	100.5	99.4	98.7	99.0	98.4	97.9	97.5	97.0	96.8	96.6
郑　州	Zhengzhou	100.5	99.8	99.2	98.2	97.3	96.2	95.4	94.9	94.7	94.7	94.5	94.3
武　汉	Wuhan	101.3	100.1	99.1	98.1	97.3	95.9	95.4	94.9	94.4	94.2	93.8	93.9
长　沙	Changsha	104.4	103.7	102.9	101.9	101.4	100.7	99.9	99.6	99.6	99.9	99.9	99.9
广　州	Guangzhou	104.1	103.8	102.7	102.0	101.3	101.2	100.6	100.0	99.8	99.8	99.7	99.5
深　圳	Shenzhen	98.5	97.4	96.7	97.2	97.4	96.6	96.5	96.4	96.5	96.5	96.4	96.3
南　宁	Nanning	97.7	97.3	96.8	96.6	96.1	95.4	95.1	94.6	94.5	94.0	94.2	93.9
海　口	Haikou	107.2	106.6	106.6	105.8	105.1	104.7	103.1	102.1	100.8	99.9	99.3	98.7
重　庆	Chongqing	104.7	104.4	103.7	101.9	100.5	100.1	100.2	99.8	99.1	98.5	97.9	97.9
成　都	Chengdu	103.6	103.3	103.2	103.6	103.8	105.4	106.7	106.8	107.0	107.5	108.5	109.1
贵　阳	Guiyang	97.8	97.7	96.6	96.0	95.0	94.6	94.1	94.8	95.3	95.0	95.3	96.0
昆　明	Kunming	100.6	99.4	99.5	99.5	99.5	100.1	99.8	100.8	101.5	101.2	102.1	101.9
西　安	Xi'an	104.5	103.2	102.7	101.8	100.4	99.6	99.3	98.5	97.9	97.9	97.7	97.7
兰　州	Lanzhou	100.4	99.4	98.7	97.9	96.4	96.0	95.2	95.0	94.9	94.8	95.1	94.9
西　宁	Xining	100.7	99.6	99.4	99.3	98.7	97.5	97.0	96.8	96.5	96.3	96.6	96.8
银　川	Yinchuan	101.9	101.1	100.2	99.1	97.8	97.3	96.8	96.8	96.5	96.5	96.3	96.4
乌鲁木齐	Urumqi	98.0	97.0	97.4	96.9	97.0	96.5	96.4	96.6	97.1	97.6	98.0	97.7

4-2-5 续表 Continued

(以上年同月价格为100) (Same Month of Preceding Year=100)

城 市	City	1月	2月	3月	4月	5月	6月	7月	8月	9月	10月	11月	12月
唐 山	Tangshan	98.3	97.7	97.6	97.5	96.9	95.8	95.5	95.4	95.3	95.0	94.3	94.2
秦皇岛	Qinhuangdao	96.8	96.9	96.2	96.3	96.6	96.5	96.6	96.1	95.9	95.5	95.3	95.5
包 头	Baotou	100.0	99.6	98.8	97.7	97.0	96.5	96.4	96.1	95.6	95.7	95.6	95.5
丹 东	Dandong	99.5	98.4	97.6	97.0	96.6	96.5	95.6	95.0	94.0	93.5	93.3	93.0
锦 州	Jinzhou	97.5	96.7	96.4	96.1	95.7	95.5	95.5	94.9	94.7	94.1	94.4	94.4
吉 林	Jilin	98.8	98.1	97.8	97.6	95.9	94.9	93.9	93.2	92.9	92.3	91.6	91.4
牡丹江	Mudanjiang	93.4	92.2	90.3	90.4	89.5	89.6	89.5	89.3	89.0	88.9	88.2	88.4
无 锡	Wuxi	103.0	102.5	102.1	101.1	101.5	101.0	100.7	100.7	100.3	100.2	100.3	100.4
徐 州	Xuzhou	102.0	101.2	99.3	98.3	97.5	96.5	96.3	95.8	95.8	96.3	97.0	97.7
扬 州	Yangzhou	101.7	100.7	100.2	98.1	97.1	96.4	96.6	96.5	96.3	96.6	96.8	97.2
温 州	Wenzhou	102.5	101.5	100.4	99.1	97.8	96.5	95.9	95.3	95.4	95.5	95.0	95.2
金 华	Jinhua	101.5	100.4	99.2	98.4	96.8	95.4	94.6	94.5	94.2	94.1	93.9	93.9
蚌 埠	Bengbu	101.2	100.7	99.9	99.4	98.2	97.4	96.8	96.1	95.9	95.9	96.7	96.9
安 庆	Anqing	95.6	95.5	94.8	94.7	94.5	94.0	94.0	93.8	93.6	93.6	93.3	93.3
泉 州	Quanzhou	102.2	101.2	100.0	98.5	97.3	96.3	95.4	94.3	93.9	93.7	93.7	93.8
九 江	Jiujiang	100.5	100.0	99.2	99.0	98.7	98.2	97.8	97.4	97.4	96.8	96.9	97.0
赣 州	Ganzhou	100.4	99.8	100.0	100.4	100.9	100.9	100.7	100.5	100.1	99.5	98.9	98.8
烟 台	Yantai	101.5	100.6	99.8	98.5	97.5	97.2	97.5	97.3	97.0	97.4	97.2	97.2
济 宁	Jining	100.7	99.7	99.2	98.4	97.1	96.1	96.1	95.5	94.5	93.8	92.9	92.9
洛 阳	Luoyang	100.6	99.9	99.1	97.3	96.0	95.0	94.3	93.6	93.0	92.3	92.5	92.4
平顶山	Pingdingshan	99.8	99.2	98.6	98.1	97.7	97.5	97.1	96.7	96.4	96.1	96.0	95.8
宜 昌	Yichang	97.4	97.1	96.6	96.6	96.0	94.9	94.8	93.8	93.5	93.1	93.3	93.2
襄 阳	Xiangyang	99.0	98.9	98.5	97.6	96.5	95.7	95.4	94.9	94.3	94.3	94.1	94.3
岳 阳	Yueyang	97.0	97.0	97.4	97.8	97.1	96.2	96.2	96.2	95.7	95.4	95.2	95.2
常 德	Changde	97.1	96.6	96.2	95.7	95.2	94.9	94.6	94.4	94.4	93.8	93.5	93.4
韶 关	Shaoguan	99.3	98.5	97.9	96.7	96.5	96.5	96.1	95.6	95.3	95.8	95.8	95.7
湛 江	Zhanjiang	99.2	98.8	97.9	97.1	96.0	95.6	95.3	94.6	94.2	94.2	93.4	93.5
惠 州	Huizhou	100.3	100.4	99.7	99.2	98.6	97.8	98.1	98.2	98.2	98.3	98.4	98.4
桂 林	Guilin	98.3	97.8	97.9	97.7	97.9	97.4	96.5	96.4	96.2	96.5	96.4	96.1
北 海	Beihai	97.2	96.9	96.7	96.7	95.8	95.1	94.3	93.5	92.7	92.1	91.9	91.4
三 亚	Sanya	103.7	103.0	102.4	101.6	100.5	100.0	99.4	99.2	98.9	97.9	97.6	98.1
泸 州	Luzhou	99.1	98.6	98.4	97.8	97.2	96.8	97.0	96.4	96.5	96.5	96.6	96.9
南 充	Nanchong	94.8	95.3	95.6	95.7	96.6	98.1	99.4	99.7	99.9	101.1	101.4	101.4
遵 义	Zunyi	97.7	97.2	96.3	96.1	95.8	95.3	95.8	95.8	95.6	95.6	95.6	95.0
大 理	Dali	97.3	96.0	95.3	94.3	93.6	94.0	94.2	94.7	95.0	95.5	95.6	95.9

4-2-6 2022年70个大中城市90㎡及以下二手住宅销售价格指数

Housing Price Indices of 90㎡ and below Second-Hand Residential Buildings in 70 Large and Medium-Sized Cities 2022

(以上年同月价格为100) (Same Month of Preceding Year=100)

城 市	City	1月	2月	3月	4月	5月	6月	7月	8月	9月	10月	11月	12月
北 京	Beijing	107.9	107.0	106.9	106.2	104.7	103.8	103.4	103.5	104.3	105.1	104.8	103.1
天 津	Tianjin	101.1	101.4	100.4	99.6	98.2	97.8	96.7	95.9	94.7	94.4	94.5	94.2
石家庄	Shijiazhuang	96.7	96.0	95.5	95.2	95.3	95.4	95.9	96.3	96.4	96.3	96.2	96.6
太 原	Taiyuan	94.9	94.6	93.9	92.0	93.0	93.6	92.9	93.4	93.4	94.0	94.6	95.4
呼和浩特	Hohhot	98.3	97.3	97.2	97.2	96.5	95.8	95.7	94.5	94.2	94.7	95.0	94.3
沈 阳	Shenyang	101.5	99.7	99.1	98.2	97.4	96.8	95.8	94.6	94.1	93.8	93.3	93.0
大 连	Dalian	103.9	103.1	101.4	99.8	98.9	98.3	97.9	97.2	96.3	95.4	94.9	94.8
长 春	Changchun	99.2	99.0	99.2	99.5	98.2	96.3	95.4	95.1	94.6	94.4	94.1	93.5
哈尔滨	Harbin	98.0	96.8	95.6	94.3	92.7	91.3	90.8	90.2	90.4	90.2	90.4	90.6
上 海	Shanghai	105.1	104.3	103.7	102.8	102.0	101.7	102.0	102.4	103.7	103.5	103.0	102.3
南 京	Nanjing	102.3	101.0	99.8	98.9	97.5	96.7	96.9	96.8	96.8	96.8	97.2	97.3
杭 州	Hangzhou	104.2	104.0	103.2	102.2	101.3	100.7	100.0	99.7	99.8	99.4	99.3	99.1
宁 波	Ningbo	100.9	100.6	100.0	99.6	99.1	99.2	99.3	98.7	98.8	98.3	98.4	98.7
合 肥	Hefei	102.4	101.1	99.7	98.9	98.0	97.8	98.6	98.8	99.0	99.0	98.8	98.6
福 州	Fuzhou	101.1	100.1	99.0	98.7	98.4	97.5	97.1	97.5	97.6	97.7	97.3	97.7
厦 门	Xiamen	100.3	99.8	99.4	99.5	100.0	100.3	99.9	99.0	99.3	99.8	99.6	99.3
南 昌	Nanchang	98.3	98.9	99.3	99.1	98.3	97.9	98.6	98.8	98.5	99.1	98.6	98.4
济 南	Jinan	100.2	100.5	100.3	99.6	98.6	97.4	97.1	96.8	96.6	96.8	97.0	97.1
青 岛	Qingdao	101.6	100.7	100.4	99.2	98.7	98.6	98.3	97.9	97.6	97.1	96.5	96.5
郑 州	Zhengzhou	100.2	99.5	99.0	97.7	96.7	95.7	95.1	94.4	94.0	94.0	93.7	93.7
武 汉	Wuhan	100.7	100.1	99.0	97.9	97.5	96.3	96.4	95.6	94.6	94.0	93.6	93.5
长 沙	Changsha	104.1	103.8	102.5	101.1	100.9	100.2	99.9	99.3	99.7	99.5	99.9	100.0
广 州	Guangzhou	104.6	104.3	103.3	102.3	101.1	100.7	100.3	99.7	99.4	99.6	99.3	99.2
深 圳	Shenzhen	98.1	97.1	96.5	97.4	97.3	95.9	96.3	96.2	96.5	96.8	96.4	96.4
南 宁	Nanning	98.1	98.1	97.4	97.4	96.2	95.6	95.3	94.7	94.7	94.0	94.4	94.0
海 口	Haikou	107.2	107.0	107.1	106.2	105.9	105.6	103.6	102.7	101.0	99.7	98.6	98.4
重 庆	Chongqing	105.2	104.7	103.9	102.0	100.6	100.0	100.2	100.0	99.1	98.8	98.1	97.7
成 都	Chengdu	102.6	102.5	102.5	103.1	103.3	105.4	106.5	106.8	107.3	107.8	108.5	109.0
贵 阳	Guiyang	97.2	97.3	95.8	95.1	94.4	94.1	94.2	95.1	96.3	95.6	95.4	95.7
昆 明	Kunming	100.7	99.6	99.9	100.1	99.6	100.5	99.6	100.6	101.3	101.0	101.6	101.0
西 安	Xi'an	104.8	103.4	103.0	101.8	100.8	99.5	99.1	98.3	97.9	98.1	98.0	98.0
兰 州	Lanzhou	101.4	99.9	99.5	98.6	96.3	96.1	95.2	95.0	94.6	94.3	94.6	94.3
西 宁	Xining	100.2	99.1	98.8	98.8	98.1	96.7	96.4	96.8	96.4	96.7	96.9	97.3
银 川	Yinchuan	101.8	100.6	100.2	98.1	96.5	96.3	95.7	96.0	95.5	95.6	95.6	95.7
乌鲁木齐	Urumqi	97.9	96.4	96.9	96.9	96.9	95.7	96.1	96.8	97.3	97.8	97.9	97.8

4-2-6 续表 Continued

(以上年同月价格为100) (Same Month of Preceding Year=100)

城市	City	1月	2月	3月	4月	5月	6月	7月	8月	9月	10月	11月	12月
唐山	Tangshan	98.2	97.6	97.6	97.8	96.9	95.6	94.9	95.0	94.9	94.5	93.9	93.8
秦皇岛	Qinhuangdao	96.2	96.1	95.6	95.6	96.2	96.0	96.2	95.6	95.4	94.9	95.0	95.6
包头	Baotou	100.5	99.9	99.3	98.5	97.3	97.0	97.0	97.1	96.3	96.4	96.6	96.3
丹东	Dandong	99.7	98.8	97.7	97.0	96.6	96.3	95.4	95.0	93.7	93.2	93.4	93.1
锦州	Jinzhou	97.4	96.8	96.7	96.3	95.4	95.4	95.3	95.1	94.7	93.8	94.0	93.8
吉林	Jilin	99.3	98.9	98.5	98.4	96.2	95.1	94.2	93.5	93.0	92.5	91.8	91.5
牡丹江	Mudanjiang	93.5	92.2	90.3	90.2	89.2	89.8	89.7	89.4	89.3	89.2	88.3	88.6
无锡	Wuxi	103.0	102.2	101.5	100.4	101.1	101.0	100.6	100.6	100.0	100.2	99.9	99.8
徐州	Xuzhou	101.9	100.8	99.5	98.6	98.2	97.5	96.9	96.1	96.0	96.6	97.3	97.6
扬州	Yangzhou	102.4	101.3	100.6	98.2	97.5	96.2	96.6	96.5	95.9	96.1	96.2	95.9
温州	Wenzhou	102.5	101.2	100.0	98.9	98.0	96.8	96.4	95.6	95.6	95.5	95.1	95.2
金华	Jinhua	101.6	100.4	99.0	98.2	96.3	94.9	94.3	94.3	93.9	93.6	93.1	93.1
蚌埠	Bengbu	100.8	100.6	99.4	98.7	98.0	97.2	96.7	95.7	95.8	95.5	95.6	96.2
安庆	Anqing	95.2	94.7	94.5	94.6	94.6	94.1	94.3	94.2	94.3	94.3	94.1	94.0
泉州	Quanzhou	102.1	101.2	100.3	99.0	98.1	97.3	96.3	94.9	94.6	94.1	93.9	93.9
九江	Jiujiang	100.0	99.8	99.2	98.9	98.9	98.5	98.3	97.9	97.7	97.3	97.6	97.5
赣州	Ganzhou	99.7	99.7	100.1	100.8	101.5	101.9	101.5	100.9	100.0	99.7	99.0	98.8
烟台	Yantai	101.6	100.6	99.8	98.8	98.2	98.0	98.4	98.1	97.7	98.4	97.9	98.1
济宁	Jining	100.0	99.1	98.3	97.2	96.4	96.1	96.1	95.9	95.3	94.4	93.6	93.9
洛阳	Luoyang	100.5	99.9	98.7	97.5	95.6	94.8	94.4	93.3	92.8	91.6	91.8	91.7
平顶山	Pingdingshan	98.8	98.6	98.3	98.2	97.7	97.7	97.0	96.8	96.3	96.0	96.1	95.9
宜昌	Yichang	98.5	98.1	98.0	97.8	97.5	96.5	96.2	95.0	94.3	93.8	94.0	93.8
襄阳	Xiangyang	98.7	98.9	98.7	97.8	96.8	96.6	96.3	96.1	95.6	95.4	95.3	95.2
岳阳	Yueyang	97.6	97.7	97.8	97.9	97.5	96.0	96.0	96.0	94.7	94.8	94.4	94.6
常德	Changde	97.4	96.9	96.4	95.5	95.2	95.2	94.1	93.6	93.4	93.6	93.0	93.3
韶关	Shaoguan	100.0	99.2	98.1	97.8	97.5	97.7	96.9	96.1	95.8	95.7	95.3	95.6
湛江	Zhanjiang	99.4	98.8	97.9	97.5	96.2	95.6	95.1	94.3	93.9	93.7	93.2	93.4
惠州	Huizhou	100.8	101.1	100.0	99.4	98.3	98.0	98.0	98.0	98.0	97.8	98.1	98.0
桂林	Guilin	98.2	97.5	97.8	97.4	97.6	96.9	95.8	95.8	95.4	95.6	95.4	95.5
北海	Beihai	97.0	96.6	96.4	96.5	95.8	95.4	94.5	93.7	92.8	92.1	92.3	91.7
三亚	Sanya	103.4	103.1	102.2	101.5	100.1	99.7	99.2	98.9	98.6	97.6	97.4	98.1
泸州	Luzhou	98.4	97.9	97.7	97.5	96.7	95.9	96.0	95.5	96.0	95.9	95.5	96.0
南充	Nanchong	94.4	94.8	95.3	95.6	96.6	98.1	98.7	99.1	99.4	101.2	101.3	101.5
遵义	Zunyi	97.7	97.1	95.9	95.7	95.4	95.4	95.3	95.2	95.5	95.0	95.5	94.8
大理	Dali	97.0	95.7	94.6	93.4	93.2	94.2	94.1	94.9	94.9	95.6	95.8	96.2

4-2-7 2022年70个大中城市90~144㎡二手住宅销售价格指数
Housing Price Indices of 90~144㎡ Second-Hand Residential Buildings in 70 Large and Medium-Sized Cities 2022

(以上年同月价格为100) (Same Month of Preceding Year=100)

城市	City	1月	2月	3月	4月	5月	6月	7月	8月	9月	10月	11月	12月
北京	Beijing	107.9	107.5	107.2	106.6	105.7	104.7	104.2	104.1	104.8	104.9	105.0	104.0
天津	Tianjin	100.2	100.0	99.7	98.7	97.7	96.9	96.2	95.9	94.1	93.5	93.0	92.7
石家庄	Shijiazhuang	95.3	95.7	95.3	94.8	94.9	94.5	94.7	94.5	94.7	95.1	95.5	96.8
太原	Taiyuan	97.1	96.6	95.9	95.4	96.1	96.6	96.1	95.2	95.4	94.6	94.9	95.3
呼和浩特	Hohhot	98.6	98.0	97.2	97.0	96.8	96.3	96.6	95.6	96.2	96.4	96.9	95.8
沈阳	Shenyang	100.9	99.5	97.6	96.8	96.4	96.0	95.0	94.4	94.2	94.1	93.8	93.4
大连	Dalian	102.1	101.3	101.0	99.3	98.5	98.6	98.0	97.5	96.5	95.7	95.2	95.2
长春	Changchun	98.9	98.9	98.9	99.1	96.0	95.7	95.1	94.4	94.1	93.8	94.1	93.5
哈尔滨	Harbin	97.8	96.1	95.2	93.7	92.7	91.8	91.0	90.5	90.7	90.4	90.6	91.2
上海	Shanghai	106.4	106.0	105.1	104.4	103.6	102.9	102.9	103.3	104.2	104.2	103.8	102.8
南京	Nanjing	103.0	101.7	100.8	99.1	97.8	96.6	96.3	96.6	96.6	95.8	95.5	95.1
杭州	Hangzhou	105.6	105.3	104.1	103.3	101.6	102.5	101.3	100.4	99.9	99.8	99.6	99.1
宁波	Ningbo	102.5	102.3	101.6	100.5	99.6	99.3	98.9	98.4	98.2	98.4	97.9	98.1
合肥	Hefei	101.0	100.1	99.2	97.6	96.6	97.3	97.7	98.1	98.7	98.8	98.5	98.7
福州	Fuzhou	102.9	101.8	100.4	99.7	99.2	98.2	97.9	97.6	97.3	96.8	96.6	96.3
厦门	Xiamen	101.5	100.8	100.4	100.1	100.3	100.5	99.4	99.2	98.4	98.4	98.4	98.0
南昌	Nanchang	99.4	99.1	99.3	98.6	98.3	98.2	98.5	98.5	98.4	98.5	98.5	98.4
济南	Jinan	101.0	100.9	100.7	98.9	98.2	98.0	97.4	96.7	96.9	96.9	96.7	96.3
青岛	Qingdao	100.4	100.4	100.3	99.4	98.8	99.2	98.4	97.7	97.4	97.1	97.1	96.7
郑州	Zhengzhou	100.7	100.1	99.2	98.6	98.1	97.2	96.3	95.9	95.9	96.1	95.9	95.4
武汉	Wuhan	102.0	100.2	99.2	98.4	97.1	95.4	94.8	94.3	94.1	94.2	93.8	94.0
长沙	Changsha	104.6	103.2	102.6	101.9	101.2	100.8	100.1	100.1	100.0	100.5	100.1	99.9
广州	Guangzhou	103.2	102.9	101.9	101.6	101.5	101.4	100.7	100.3	100.1	100.0	100.0	99.8
深圳	Shenzhen	99.0	97.9	96.6	96.6	97.3	97.4	96.8	96.6	96.8	96.2	96.3	96.1
南宁	Nanning	97.1	96.4	96.1	95.9	95.8	95.1	95.2	94.8	94.6	94.5	94.3	94.2
海口	Haikou	107.0	106.1	106.1	105.5	104.9	104.3	102.9	101.8	100.7	99.9	99.9	99.0
重庆	Chongqing	103.9	104.0	103.3	101.8	100.9	100.2	100.3	99.8	99.0	98.7	98.1	98.5
成都	Chengdu	104.5	104.5	104.3	104.2	104.3	105.2	106.7	106.8	106.6	107.3	108.7	109.6
贵阳	Guiyang	97.3	97.8	97.1	96.5	95.4	95.0	94.7	95.4	95.3	95.1	95.8	96.9
昆明	Kunming	101.2	99.6	99.8	99.5	99.7	100.0	99.9	100.3	100.8	100.6	102.0	102.3
西安	Xi'an	104.1	103.3	102.9	102.0	100.3	99.5	99.6	98.6	98.0	97.9	97.9	97.7
兰州	Lanzhou	99.6	98.8	98.0	97.4	96.7	95.7	95.0	94.7	95.1	95.4	95.6	95.5
西宁	Xining	101.1	99.9	99.8	99.7	99.0	97.7	97.1	96.5	96.3	95.7	96.0	96.1
银川	Yinchuan	101.8	101.3	100.0	99.5	98.7	97.8	97.7	97.3	97.4	97.3	96.8	96.8
乌鲁木齐	Urumqi	98.2	97.9	98.1	97.1	97.3	97.4	96.8	96.6	96.9	97.6	98.0	97.8

4-2-7 续表 Continued

(以上年同月价格为100) (Same Month of Preceding Year=100)

城市	City	1月	2月	3月	4月	5月	6月	7月	8月	9月	10月	11月	12月
唐山	Tangshan	98.9	98.1	97.9	97.6	97.0	96.3	96.5	96.0	95.8	95.6	94.7	94.6
秦皇岛	Qinhuangdao	97.6	97.8	97.0	97.1	97.0	97.1	97.2	96.8	96.5	95.9	95.4	95.4
包头	Baotou	99.9	99.4	98.8	97.1	96.9	96.0	95.8	95.3	95.0	95.0	94.7	94.6
丹东	Dandong	99.3	97.9	97.4	96.6	96.5	96.5	95.6	94.6	94.0	93.6	92.8	92.5
锦州	Jinzhou	97.6	96.4	95.8	95.6	95.7	95.3	95.5	94.4	94.3	94.3	94.7	94.9
吉林	Jilin	98.5	97.2	96.9	96.8	95.3	94.4	93.4	92.7	92.8	92.1	91.3	91.1
牡丹江	Mudanjiang	92.7	91.7	90.1	90.5	89.6	88.8	88.7	88.8	88.4	88.1	87.8	87.8
无锡	Wuxi	103.2	102.8	102.6	101.7	101.9	101.1	100.8	100.9	100.7	100.3	100.7	100.8
徐州	Xuzhou	102.3	101.8	99.4	98.2	97.1	95.8	95.8	95.6	95.7	96.0	96.8	97.9
扬州	Yangzhou	101.3	100.2	99.8	98.1	96.8	96.4	96.5	96.5	96.8	97.1	97.3	98.3
温州	Wenzhou	102.2	101.1	100.2	99.3	97.6	96.3	95.6	95.1	95.1	95.4	95.0	95.2
金华	Jinhua	101.4	100.4	99.2	98.4	97.3	96.0	95.0	94.7	94.4	94.4	94.5	94.4
蚌埠	Bengbu	101.6	100.9	100.2	99.8	98.3	97.6	96.9	96.3	96.0	96.2	97.5	97.4
安庆	Anqing	96.0	96.0	95.1	94.9	94.6	93.9	93.8	93.4	93.1	93.1	92.8	92.9
泉州	Quanzhou	102.2	101.0	99.8	98.3	97.2	95.7	94.9	94.0	93.6	93.5	93.6	93.6
九江	Jiujiang	100.8	100.2	99.3	99.2	98.8	98.3	97.9	97.4	97.2	96.6	96.7	96.9
赣州	Ganzhou	100.9	100.1	100.1	100.2	100.5	100.2	100.1	100.0	100.0	99.3	99.0	99.0
烟台	Yantai	101.7	100.8	99.9	98.2	96.4	96.3	96.7	96.4	96.1	96.3	96.5	96.3
济宁	Jining	101.5	100.4	100.0	99.2	97.6	96.4	96.3	95.3	94.1	93.4	92.3	92.1
洛阳	Luoyang	100.6	99.8	99.5	97.2	95.9	95.0	93.9	93.6	93.0	92.7	92.6	92.7
平顶山	Pingdingshan	100.2	99.1	98.6	97.8	97.5	97.2	96.7	96.6	96.4	96.0	95.9	95.7
宜昌	Yichang	97.4	97.0	96.3	96.3	95.4	94.2	94.2	93.1	92.8	92.4	92.6	92.5
襄阳	Xiangyang	99.2	98.8	98.4	97.3	96.3	95.4	95.0	94.5	93.7	93.9	93.9	94.2
岳阳	Yueyang	97.3	97.0	97.7	98.1	97.1	96.4	96.6	96.6	96.1	95.5	95.4	95.3
常德	Changde	96.9	96.5	96.0	95.9	95.4	95.0	94.9	94.8	95.2	94.2	94.3	93.9
韶关	Shaoguan	99.2	98.5	97.9	96.3	96.0	96.1	95.8	95.3	94.9	95.5	95.5	95.1
湛江	Zhanjiang	99.0	98.6	98.0	96.8	95.7	95.5	95.5	94.7	94.2	94.5	93.9	93.8
惠州	Huizhou	100.0	100.0	99.5	99.5	99.1	98.0	98.5	98.5	98.7	98.7	98.9	99.1
桂林	Guilin	98.7	98.5	98.3	98.3	98.2	97.9	97.1	97.0	97.2	97.5	97.6	96.6
北海	Beihai	97.4	97.2	96.9	96.7	95.8	94.8	94.1	93.4	92.9	92.6	92.1	91.7
三亚	Sanya	105.4	103.9	103.1	101.7	100.9	100.4	99.9	99.4	99.2	98.1	97.3	97.6
泸州	Luzhou	99.7	99.3	99.1	98.1	97.5	97.2	97.6	96.9	96.8	96.8	96.9	97.2
南充	Nanchong	94.9	95.3	95.7	95.6	96.3	98.0	99.7	100.1	100.1	100.9	101.4	101.4
遵义	Zunyi	97.4	97.1	96.3	96.0	96.1	95.8	96.3	96.1	95.7	96.0	96.0	95.4
大理	Dali	97.0	95.9	95.7	94.5	94.1	94.3	94.5	94.5	95.2	95.7	96.2	96.3

4-2-8 2022年70个大中城市144㎡以上二手住宅销售价格指数

Housing Price Indices of Above 144㎡ Second-Hand Residential Buildings in 70 Large and Medium-Sized Cities 2022

(以上年同月价格为100) (Same Month of Preceding Year=100)

城 市	City	1月	2月	3月	4月	5月	6月	7月	8月	9月	10月	11月	12月
北 京	Beijing	108.2	108.2	107.9	107.1	106.1	106.0	105.6	104.6	105.1	106.0	106.4	105.9
天 津	Tianjin	100.4	100.8	99.9	99.6	98.4	97.1	96.2	95.1	94.1	93.6	93.6	93.5
石家庄	Shijiazhuang	96.9	96.5	96.4	95.8	95.5	95.8	96.2	96.2	96.2	95.0	94.9	95.8
太 原	Taiyuan	96.3	96.4	96.6	95.3	96.2	96.4	95.3	95.8	95.5	94.5	94.8	95.1
呼和浩特	Hohhot	97.2	97.5	96.6	96.1	96.7	95.7	95.6	94.8	95.1	95.7	96.3	95.0
沈 阳	Shenyang	100.4	100.1	98.4	97.2	96.7	94.9	94.5	93.9	93.8	93.1	92.7	93.0
大 连	Dalian	103.1	102.2	101.9	99.8	97.0	97.1	96.4	95.5	94.9	94.8	94.6	94.6
长 春	Changchun	99.5	99.5	99.8	100.0	98.3	97.5	96.8	95.3	95.2	93.8	93.8	94.1
哈尔滨	Harbin	98.2	97.1	95.8	94.0	93.2	92.2	92.0	91.1	90.5	90.4	90.8	91.1
上 海	Shanghai	106.7	107.1	106.3	105.3	105.1	103.1	102.6	102.9	103.9	104.5	104.3	102.9
南 京	Nanjing	103.2	101.4	100.6	99.6	97.7	95.7	94.4	95.4	95.5	95.7	96.5	96.2
杭 州	Hangzhou	105.3	105.0	104.0	103.4	102.5	101.7	100.7	100.0	99.7	99.3	99.5	99.0
宁 波	Ningbo	102.1	101.8	101.5	100.7	99.5	99.3	98.9	98.7	98.6	98.4	98.4	98.6
合 肥	Hefei	100.5	100.0	99.8	98.2	98.3	98.0	98.1	98.2	98.2	98.3	97.9	97.8
福 州	Fuzhou	100.6	100.1	99.8	99.8	99.5	99.5	99.0	98.5	98.2	98.3	97.3	96.7
厦 门	Xiamen	101.3	100.7	100.6	100.3	100.9	100.5	99.6	98.7	98.5	97.3	97.2	97.7
南 昌	Nanchang	99.1	98.8	98.5	97.9	97.8	97.7	98.3	98.4	98.5	98.4	97.6	97.5
济 南	Jinan	100.7	100.9	100.3	98.9	97.8	97.0	95.7	95.3	96.2	95.4	95.8	96.0
青 岛	Qingdao	101.8	101.9	101.7	99.8	98.8	99.4	98.5	98.1	97.4	96.7	96.5	96.3
郑 州	Zhengzhou	100.9	100.2	99.7	98.5	97.1	95.3	94.4	93.8	93.7	93.3	93.4	93.4
武 汉	Wuhan	101.0	100.0	99.1	97.5	97.2	96.3	94.8	95.1	94.9	94.6	94.4	94.6
长 沙	Changsha	104.6	104.3	103.8	103.0	102.2	101.1	99.4	99.3	98.8	99.1	99.7	99.6
广 州	Guangzhou	105.2	104.8	103.4	102.2	101.2	101.7	101.2	100.4	100.3	99.9	100.0	99.5
深 圳	Shenzhen	99.3	97.8	97.9	97.8	97.8	97.6	96.7	96.6	96.2	95.8	96.2	96.5
南 宁	Nanning	98.6	97.7	96.9	96.6	96.6	96.2	94.6	94.1	93.5	92.7	93.1	93.1
海 口	Haikou	107.7	107.0	107.1	106.1	104.7	104.2	102.6	101.8	100.8	100.0	99.0	98.2
重 庆	Chongqing	104.7	104.2	103.9	101.8	99.5	100.0	99.9	99.3	99.1	97.1	96.6	97.1
成 都	Chengdu	104.9	103.4	103.1	104.1	104.2	105.4	107.4	106.9	106.9	107.3	108.3	108.2
贵 阳	Guiyang	99.9	98.2	96.8	96.5	95.1	94.2	92.7	92.9	93.7	93.7	93.7	94.2
昆 明	Kunming	99.2	98.5	98.1	98.5	98.8	99.4	99.8	101.8	103.2	102.8	103.0	102.4
西 安	Xi'an	105.1	102.3	101.5	101.0	100.2	99.9	98.7	98.3	97.5	97.6	96.8	97.0
兰 州	Lanzhou	99.4	99.1	98.1	97.3	95.8	96.1	95.9	96.3	95.7	94.9	95.4	95.0
西 宁	Xining	100.2	99.7	100.0	99.2	99.4	98.9	98.6	98.0	97.5	97.1	98.0	98.3
银 川	Yinchuan	102.3	101.4	101.0	99.4	97.1	97.2	95.7	96.2	95.4	95.1	95.5	95.9
乌鲁木齐	Urumqi	97.0	95.8	96.5	95.7	95.9	95.5	95.8	96.0	97.0	97.2	97.8	97.2

4-2-8 续表 Continued

(以上年同月价格为100) (Same Month of Preceding Year=100)

城市	City	1月	2月	3月	4月	5月	6月	7月	8月	9月	10月	11月	12月
唐山	Tangshan	97.2	96.6	96.1	95.9	96.2	95.9	95.7	95.7	95.7	95.4	95.1	95.1
秦皇岛	Qinhuangdao	96.8	96.8	96.0	96.4	96.4	96.4	96.2	96.2	96.2	96.7	96.4	96.3
包头	Baotou	99.1	99.1	97.3	97.0	96.5	96.7	96.3	95.7	95.3	95.5	95.5	95.3
丹东	Dandong	99.6	98.6	98.3	97.8	97.4	97.2	96.6	95.8	95.4	94.5	94.1	94.0
锦州	Jinzhou	98.0	97.6	97.8	97.5	97.5	97.5	97.7	97.0	96.3	95.3	95.6	95.4
吉林	Jilin	97.5	97.2	97.1	97.0	96.1	95.6	94.5	93.5	93.2	92.5	92.5	92.2
牡丹江	Mudanjiang	96.7	94.3	91.9	91.9	92.1	92.3	92.3	91.5	90.1	90.1	89.6	90.1
无锡	Wuxi	102.2	101.9	101.7	101.1	101.0	100.6	100.2	100.1	100.1	100.2	100.2	100.6
徐州	Xuzhou	100.8	100.4	98.5	98.0	97.1	96.3	96.0	96.0	95.4	96.7	97.2	97.6
扬州	Yangzhou	101.1	100.2	100.1	98.3	97.3	97.1	96.8	96.2	96.0	96.8	97.3	97.9
温州	Wenzhou	103.0	102.3	101.0	99.2	97.9	96.5	95.8	95.1	95.7	95.5	94.9	95.1
金华	Jinhua	101.7	100.3	99.4	98.8	96.9	95.6	94.5	94.9	94.5	94.6	94.8	95.0
蚌埠	Bengbu	99.7	100.1	100.0	99.6	98.2	97.0	96.5	95.7	95.3	95.1	96.1	96.5
安庆	Anqing	95.0	95.3	94.1	94.2	93.8	93.7	94.2	94.0	93.4	93.3	92.8	93.0
泉州	Quanzhou	102.2	101.4	100.2	98.2	96.9	96.3	95.3	94.2	93.8	93.5	93.6	93.9
九江	Jiujiang	100.2	100.0	98.7	97.7	97.2	96.6	96.3	96.6	97.1	96.6	96.3	96.0
赣州	Ganzhou	100.0	99.0	99.4	100.5	101.2	101.8	101.7	101.7	100.7	100.0	98.8	98.5
烟台	Yantai	100.7	99.9	99.3	98.4	97.5	96.6	96.6	96.4	96.4	96.3	96.0	95.9
济宁	Jining	99.3	98.7	98.3	98.0	96.8	95.3	95.3	95.2	94.5	94.2	93.5	94.0
洛阳	Luoyang	100.9	100.0	98.6	97.4	96.8	95.8	95.1	94.3	93.5	92.7	93.3	93.0
平顶山	Pingdingshan	100.6	100.5	99.7	98.9	98.4	98.3	98.4	97.2	97.0	96.6	96.0	95.7
宜昌	Yichang	94.7	94.5	94.4	95.0	94.2	94.1	94.0	94.0	94.2	94.2	95.0	94.8
襄阳	Xiangyang	99.0	99.6	98.7	98.4	96.7	95.1	94.9	94.2	93.7	93.7	92.9	92.8
岳阳	Yueyang	95.5	96.1	96.0	96.8	96.7	95.6	95.5	95.5	95.8	95.8	95.5	95.6
常德	Changde	97.3	96.5	96.2	95.4	94.7	94.3	94.4	94.4	93.5	93.2	92.4	92.6
韶关	Shaoguan	99.0	98.2	97.9	96.9	96.7	96.4	96.2	95.8	95.7	96.3	96.4	96.6
湛江	Zhanjiang	99.3	99.1	97.9	97.1	96.2	95.6	95.2	94.9	94.7	94.0	92.9	92.8
惠州	Huizhou	100.4	100.0	99.4	98.3	97.7	97.1	97.6	97.8	97.7	98.4	98.0	97.7
桂林	Guilin	97.6	96.3	96.8	96.6	97.6	96.9	96.2	95.6	95.1	95.1	95.3	95.9
北海	Beihai	97.2	97.2	97.1	97.1	95.5	94.9	94.2	93.1	92.1	91.2	90.7	90.1
三亚	Sanya	102.0	101.7	101.9	101.4	100.6	99.8	99.2	99.3	98.9	98.4	98.5	98.7
泸州	Luzhou	98.2	97.1	97.2	97.5	96.6	96.7	96.4	96.2	96.0	96.6	97.0	97.4
南充	Nanchong	95.9	96.8	96.1	96.2	98.0	98.6	99.9	99.9	100.0	101.6	101.5	101.2
遵义	Zunyi	98.6	97.8	96.5	96.9	95.3	93.8	95.0	95.3	95.5	95.1	94.5	94.3
大理	Dali	98.1	96.5	95.7	94.9	93.5	93.5	93.8	94.8	94.9	94.9	94.8	94.9

以上月价格为100(Last Month=100)

4-3-1 2022年70个大中城市新建商品住宅销售价格指数

Housing Price Indices of Newly Constructed Commercial Residential Buildings in 70 Large and Medium-Sized Cities 2022

(以上月价格为100) (Last Month=100)

城市	City	1月	2月	3月	4月	5月	6月	7月	8月	9月	10月	11月	12月
北京	Beijing	101.0	100.6	100.4	100.7	100.4	100.8	100.5	100.4	100.2	100.4	100.1	100.2
天津	Tianjin	99.3	100.1	100.2	99.9	99.5	99.8	99.4	99.6	99.8	99.7	99.4	99.3
石家庄	Shijiazhuang	99.6	100.0	100.3	100.2	99.7	99.8	99.7	99.5	99.7	99.3	99.8	99.4
太原	Taiyuan	99.9	99.6	99.8	99.4	99.7	100.1	99.6	99.5	99.4	99.6	99.3	99.4
呼和浩特	Hohhot	99.9	99.8	99.9	99.5	100.1	99.6	100.3	99.0	100.1	100.0	100.0	98.6
沈阳	Shenyang	99.4	99.4	99.6	99.8	99.9	100.1	99.6	99.2	99.7	99.4	99.3	99.4
大连	Dalian	99.8	99.6	99.3	99.9	99.8	99.7	99.9	99.8	99.5	98.8	99.5	99.6
长春	Changchun	100.2	99.7	100.0	100.0	99.8	99.3	99.7	100.2	99.3	99.3	99.2	98.9
哈尔滨	Harbin	98.8	99.1	99.3	99.3	99.6	99.4	99.8	99.5	99.2	99.4	99.1	99.6
上海	Shanghai	100.6	100.5	100.3	100.0	100.0	100.5	100.5	100.6	100.2	100.3	100.3	100.4
南京	Nanjing	100.1	100.7	100.2	99.5	99.4	100.4	100.3	100.4	99.6	99.5	100.3	99.9
杭州	Hangzhou	100.3	100.4	100.7	100.6	100.4	101.0	100.7	100.4	100.4	100.3	100.7	100.3
宁波	Ningbo	100.4	100.7	100.1	99.7	99.7	100.1	99.8	100.3	100.2	100.4	100.1	100.2
合肥	Hefei	99.9	99.3	99.6	99.9	100.1	100.5	100.7	100.3	100.7	100.6	100.1	99.9
福州	Fuzhou	100.4	100.3	99.4	99.4	99.8	100.3	100.4	99.5	99.3	99.5	99.7	99.8
厦门	Xiamen	99.6	99.5	99.7	99.5	99.6	100.5	99.6	99.4	99.7	99.3	99.8	99.9
南昌	Nanchang	100.3	100.4	100.4	100.5	100.1	99.4	100.8	100.1	100.3	99.9	99.9	99.7
济南	Jinan	100.1	100.1	100.3	99.8	100.5	100.3	100.4	100.2	100.3	100.1	99.9	99.9
青岛	Qingdao	99.6	100.0	100.4	100.1	100.2	100.6	99.8	100.3	99.9	99.8	99.8	100.3
郑州	Zhengzhou	99.8	99.8	99.3	99.7	99.9	99.8	100.3	99.6	99.7	99.5	99.6	99.4
武汉	Wuhan	100.3	99.5	99.6	99.2	99.2	99.6	99.8	98.7	99.1	99.4	99.8	99.9
长沙	Changsha	100.1	100.2	100.4	100.3	100.2	100.4	100.1	100.3	100.1	100.2	100.5	100.5
广州	Guangzhou	100.5	100.6	99.9	100.1	100.5	100.3	100.3	99.8	99.7	99.7	99.5	99.6
深圳	Shenzhen	100.5	100.4	100.8	99.9	100.5	100.2	99.8	99.6	99.5	99.3	99.5	99.7
南宁	Nanning	100.4	99.6	99.9	100.2	100.2	100.1	99.0	99.3	99.4	99.0	99.4	99.8
海口	Haikou	99.9	99.7	100.5	100.4	100.5	99.8	100.3	100.2	100.2	99.9	99.8	99.8
重庆	Chongqing	100.9	100.6	100.5	99.6	99.8	100.4	100.4	98.9	100.3	99.4	99.7	99.5
成都	Chengdu	101.0	100.7	100.8	100.8	100.9	101.3	101.0	100.4	100.7	100.3	100.5	100.5
贵阳	Guiyang	100.3	99.6	100.2	100.8	99.8	99.8	99.7	99.9	100.0	99.6	99.2	99.8
昆明	Kunming	100.4	100.5	99.7	99.9	99.5	99.8	99.5	99.6	99.4	99.2	100.2	99.3
西安	Xi'an	100.0	101.0	100.4	100.2	100.3	100.3	100.6	100.1	99.5	99.7	99.7	100.1
兰州	Lanzhou	99.8	99.7	99.6	99.3	99.7	99.5	99.4	99.0	99.1	99.6	99.9	99.5
西宁	Xining	99.7	99.2	99.7	100.0	98.9	100.4	100.1	99.6	99.7	99.4	100.0	99.7
银川	Yinchuan	101.5	99.9	100.4	100.1	100.2	100.1	100.5	100.4	99.9	99.8	99.3	100.1
乌鲁木齐	Urumqi	100.2	100.7	101.0	100.6	100.7	99.8	99.8	99.9	99.7	99.8	100.0	99.7

4-3-1 续表　Continued

(以上月价格为100)　　(Last Month=100)

城　市	City	1月	2月	3月	4月	5月	6月	7月	8月	9月	10月	11月	12月
唐　山	Tangshan	100.7	100.0	100.0	100.1	100.2	99.3	100.2	99.4	99.6	99.8	99.3	99.4
秦皇岛	Qinhuangdao	99.5	99.8	99.2	99.7	100.2	99.0	99.4	99.5	99.3	99.3	99.7	99.5
包　头	Baotou	99.8	99.7	99.4	99.3	99.5	99.6	99.9	99.4	99.3	100.0	99.7	99.6
丹　东	Dandong	99.3	99.6	99.2	99.1	100.0	100.0	99.2	99.6	99.5	99.9	99.9	99.8
锦　州	Jinzhou	99.8	99.4	100.4	98.5	100.4	100.2	99.8	99.7	99.7	99.1	99.8	99.6
吉　林	Jilin	100.1	100.2	100.0	100.0	99.4	100.1	99.0	99.3	99.4	99.7	99.5	99.5
牡丹江	Mudanjiang	99.6	99.4	99.7	100.0	100.3	100.3	100.2	100.1	99.9	98.9	99.0	99.5
无　锡	Wuxi	100.3	100.5	100.2	99.9	99.8	100.2	99.6	100.4	99.6	99.2	99.7	100.4
徐　州	Xuzhou	100.8	99.9	99.8	99.5	100.2	100.5	100.1	99.6	99.9	99.5	99.5	99.7
扬　州	Yangzhou	99.5	99.6	99.7	99.0	99.3	99.7	100.8	99.7	99.5	99.6	99.8	100.6
温　州	Wenzhou	100.7	99.2	99.3	99.2	99.5	99.4	99.3	99.6	99.1	99.3	99.2	99.8
金　华	Jinhua	100.0	100.1	100.4	100.3	99.9	99.7	99.6	99.6	99.4	99.4	99.5	99.7
蚌　埠	Bengbu	100.0	100.1	100.2	98.8	99.6	100.2	99.5	99.9	99.8	99.9	99.4	99.9
安　庆	Anqing	99.7	99.4	99.4	99.5	99.5	99.6	99.0	99.6	99.5	100.1	99.9	99.7
泉　州	Quanzhou	100.1	100.4	99.6	99.8	99.3	99.4	99.5	99.0	99.3	99.4	100.5	100.7
九　江	Jiujiang	99.4	99.6	99.9	99.8	99.7	99.6	100.4	99.8	99.9	99.6	99.7	100.2
赣　州	Ganzhou	100.1	100.3	100.2	100.1	100.2	100.4	100.1	99.6	100.2	99.4	99.6	99.7
烟　台	Yantai	99.6	100.1	99.8	99.6	99.4	100.2	99.6	100.1	99.7	99.8	100.3	99.8
济　宁	Jining	99.5	99.4	99.6	100.2	100.1	99.6	99.7	99.2	99.9	99.4	98.9	99.7
洛　阳	Luoyang	99.7	99.6	99.5	99.3	99.3	99.7	100.1	99.7	99.6	99.3	99.6	99.5
平顶山	Pingdingshan	99.8	99.3	99.7	99.9	99.8	99.9	100.1	99.6	99.8	99.7	99.8	100.2
宜　昌	Yichang	99.8	99.6	99.9	99.8	100.1	98.5	99.6	99.8	99.3	99.1	99.8	99.8
襄　阳	Xiangyang	99.2	99.5	100.2	98.8	99.5	99.8	99.9	99.6	99.8	99.9	99.5	99.9
岳　阳	Yueyang	99.9	99.2	99.2	98.7	99.5	98.4	99.5	99.5	99.3	99.2	99.6	99.4
常　德	Changde	99.4	99.3	100.1	99.0	99.4	99.8	99.2	99.4	99.6	99.5	99.7	99.6
韶　关	Shaoguan	99.3	99.7	100.6	99.0	100.1	99.5	100.2	100.2	99.6	99.7	99.3	99.4
湛　江	Zhanjiang	99.2	100.4	99.1	98.8	98.7	99.3	99.4	98.8	99.1	99.4	99.5	99.5
惠　州	Huizhou	99.8	100.4	99.5	99.6	99.7	100.2	100.2	99.8	99.7	99.3	99.8	99.3
桂　林	Guilin	99.9	99.8	99.4	99.5	99.9	99.9	99.5	99.3	99.6	99.7	99.2	99.4
北　海	Beihai	99.8	97.9	99.5	98.4	99.2	99.0	98.7	98.6	99.4	99.3	99.6	99.6
三　亚	Sanya	100.7	99.8	99.9	99.6	99.8	99.6	100.3	100.0	99.7	99.9	100.2	99.8
泸　州	Luzhou	99.5	99.5	99.6	99.3	99.2	99.5	99.8	99.5	99.9	99.7	100.4	99.6
南　充	Nanchong	99.4	99.1	100.1	99.2	98.8	99.8	100.2	99.4	99.5	101.0	100.5	100.1
遵　义	Zunyi	99.4	100.3	100.4	99.8	99.5	100.5	99.7	99.7	100.2	99.4	100.3	99.5
大　理	Dali	99.5	99.4	99.6	99.3	99.7	99.0	99.2	99.9	100.4	99.5	100.1	99.7

4-3-2 2022年70个大中城市90㎡及以下新建商品住宅销售价格指数

Housing Price Indices of 90㎡ and below Newly Constructed Commercial Residential Buildings in 70 Large and Medium-Sized Cities 2022

(以上月价格为100) (Last Month=100)

城 市	City	1月	2月	3月	4月	5月	6月	7月	8月	9月	10月	11月	12月
北 京	Beijing	100.8	100.4	100.3	100.8	100.1	100.7	100.6	100.8	100.3	100.2	100.0	100.1
天 津	Tianjin	99.3	100.3	100.4	100.0	99.8	99.4	99.7	99.7	99.6	99.7	99.1	99.4
石家庄	Shijiazhuang	99.8	100.1	100.6	100.2	99.1	99.4	99.5	99.2	99.9	99.8	100.1	99.5
太 原	Taiyuan	99.7	99.0	99.8	99.7	99.8	100.6	99.6	99.0	99.3	99.9	99.0	99.6
呼和浩特	Hohhot	99.9	99.6	100.0	99.8	100.3	99.4	100.4	98.8	99.5	100.0	100.0	99.1
沈 阳	Shenyang	99.7	100.1	99.9	99.7	99.8	100.1	99.6	99.1	99.8	99.1	99.6	99.3
大 连	Dalian	99.9	100.2	99.6	100.3	99.8	99.8	100.0	99.6	99.7	98.5	99.4	99.4
长 春	Changchun	100.1	99.8	100.0	100.0	99.6	99.7	99.5	100.3	99.1	99.5	99.5	99.0
哈尔滨	Harbin	98.6	99.1	99.6	99.7	99.6	99.9	99.6	99.8	99.1	99.9	99.0	99.8
上 海	Shanghai	100.2	100.4	100.6	100.0	100.0	100.7	100.4	100.7	100.1	100.4	100.3	100.6
南 京	Nanjing	100.1	100.2	100.2	99.6	99.9	100.7	100.1	100.2	99.7	99.3	100.7	99.8
杭 州	Hangzhou	100.2	100.3	100.7	100.5	100.2	100.7	100.9	100.5	100.6	100.1	100.8	100.2
宁 波	Ningbo	101.0	100.6	100.2	99.8	99.6	100.4	99.7	100.5	100.1	100.6	100.2	100.0
合 肥	Hefei	100.1	98.7	99.8	100.4	100.1	100.4	100.6	100.6	100.9	100.1	99.7	100.2
福 州	Fuzhou	100.3	100.4	99.2	99.7	100.0	100.2	100.2	99.7	99.0	99.2	99.8	99.4
厦 门	Xiamen	99.8	99.4	99.9	99.1	99.9	100.7	99.3	99.6	99.9	98.6	99.8	99.9
南 昌	Nanchang	100.4	100.4	101.0	99.9	100.3	99.2	101.7	99.8	100.0	99.6	100.0	99.3
济 南	Jinan	100.4	100.5	100.5	99.4	101.5	100.0	100.0	100.5	100.0	100.6	99.6	99.7
青 岛	Qingdao	99.9	99.7	100.6	100.3	99.9	101.0	99.8	100.1	99.6	99.3	100.1	100.3
郑 州	Zhengzhou	100.0	99.9	99.7	98.9	99.6	99.6	100.8	99.7	99.8	99.1	99.7	99.6
武 汉	Wuhan	100.1	99.4	99.8	98.9	99.2	99.4	99.3	98.9	99.8	99.4	99.4	100.2
长 沙	Changsha	100.2	99.9	100.3	100.0	100.8	100.4	100.3	100.5	100.0	100.6	100.8	100.2
广 州	Guangzhou	100.6	100.6	99.7	100.1	100.2	100.4	100.4	99.8	99.3	99.7	99.8	99.6
深 圳	Shenzhen	100.4	100.8	100.4	100.4	101.2	100.3	99.8	99.5	99.1	99.2	99.1	99.7
南 宁	Nanning	100.4	99.7	100.0	100.1	100.2	100.5	98.5	98.7	99.6	99.0	99.5	99.6
海 口	Haikou	99.9	99.7	100.4	100.9	100.3	99.9	99.7	100.1	100.0	99.9	99.8	100.1
重 庆	Chongqing	100.7	100.8	100.6	99.2	99.7	100.8	100.3	98.9	100.1	99.3	99.5	99.7
成 都	Chengdu	101.1	100.4	100.6	100.0	100.5	100.7	101.5	100.3	100.9	101.3	100.2	100.9
贵 阳	Guiyang	100.2	99.3	100.1	100.0	99.5	99.9	100.0	99.8	100.0	100.2	99.5	99.1
昆 明	Kunming	100.0	100.4	99.9	99.5	99.2	99.9	99.9	99.9	99.5	99.6	100.3	99.3
西 安	Xi'an	100.0	101.0	100.5	100.0	100.1	100.1	100.6	100.1	99.7	99.9	99.8	100.1
兰 州	Lanzhou	99.9	99.9	99.7	99.0	99.9	99.3	99.2	99.4	98.6	99.8	100.0	99.9
西 宁	Xining	100.0	99.6	99.0	99.9	99.9	100.0	99.8	99.9	100.0	99.2	100.0	99.9
银 川	Yinchuan	101.6	99.9	100.6	99.8	99.6	100.6	100.3	100.2	99.8	100.0	100.0	100.2
乌鲁木齐	Urumqi	100.6	101.4	100.9	100.8	100.5	100.0	99.8	99.9	99.6	100.0	100.0	99.1

4-3-2 续表 Continued

(以上月价格为100) (Last Month=100)

城 市	City	1月	2月	3月	4月	5月	6月	7月	8月	9月	10月	11月	12月
唐 山	Tangshan	101.0	100.2	100.0	100.3	100.3	99.2	100.3	99.1	99.1	99.6	99.1	99.0
秦皇岛	Qinhuangdao	99.8	100.0	99.4	99.6	100.7	99.2	99.3	99.2	99.2	99.2	99.7	99.1
包 头	Baotou	99.5	99.6	99.6	99.3	99.3	100.0	100.1	99.2	99.0	100.0	99.2	100.0
丹 东	Dandong	98.9	99.5	99.4	98.8	100.0	100.0	98.8	100.0	99.8	99.8	99.9	100.0
锦 州	Jinzhou	99.9	99.1	100.2	99.0	100.4	100.4	99.5	99.9	99.6	98.6	99.9	99.9
吉 林	Jilin	100.1	100.3	100.0	100.0	99.5	100.1	98.6	99.4	100.0	99.9	99.4	99.7
牡丹江	Mudanjiang	99.3	99.7	99.8	100.0	100.7	100.0	100.0	99.8	99.8	98.8	99.6	99.8
无 锡	Wuxi	100.3	100.5	100.3	99.9	99.8	100.1	99.2	100.5	99.6	98.8	99.9	100.8
徐 州	Xuzhou	100.6	99.9	100.0	99.2	100.0	100.6	99.7	99.3	100.0	99.7	99.9	99.5
扬 州	Yangzhou	99.9	99.5	99.9	99.9	99.0	99.6	100.4	99.0	99.9	99.7	99.2	100.5
温 州	Wenzhou	101.1	99.7	98.8	99.6	99.5	99.4	99.4	99.5	99.1	99.6	99.0	99.7
金 华	Jinhua	100.0	100.0	100.4	100.1	99.9	99.8	100.0	99.7	99.5	99.6	99.4	99.6
蚌 埠	Bengbu	100.7	100.2	100.4	99.2	98.7	100.3	98.8	99.6	99.9	99.4	99.0	99.7
安 庆	Anqing	100.0	100.0	100.0	100.0	100.0	100.0	98.0	99.0	100.0	100.0	100.0	100.0
泉 州	Quanzhou	100.2	100.9	99.6	99.9	99.3	99.4	99.6	99.0	99.5	99.4	100.1	100.4
九 江	Jiujiang	99.1	99.5	100.3	100.0	99.6	99.4	100.4	100.0	99.4	99.7	99.7	100.2
赣 州	Ganzhou	99.7	100.3	99.9	100.1	100.2	100.0	100.8	99.9	100.1	99.9	99.9	99.4
烟 台	Yantai	99.2	100.0	100.0	99.8	99.0	100.4	99.1	100.0	99.8	99.9	100.0	100.2
济 宁	Jining	99.9	99.3	99.3	100.9	99.1	99.8	99.8	99.6	99.9	99.4	98.6	99.2
洛 阳	Luoyang	100.0	100.0	99.4	99.9	99.5	99.2	100.0	100.0	99.9	99.6	99.8	99.4
平顶山	Pingdingshan	98.9	99.8	99.4	100.0	98.7	100.3	100.4	99.6	100.1	100.0	100.0	99.9
宜 昌	Yichang	99.5	99.0	99.8	99.8	100.0	98.4	99.7	99.7	99.4	99.3	99.4	99.6
襄 阳	Xiangyang	99.6	99.7	100.3	98.7	99.6	99.9	99.6	98.6	99.9	99.7	99.9	99.5
岳 阳	Yueyang	99.8	99.0	99.3	98.7	99.2	98.8	99.1	99.5	99.4	99.6	99.4	99.3
常 德	Changde	98.5	98.8	100.3	98.5	99.8	99.4	98.5	99.9	100.0	99.4	100.0	99.8
韶 关	Shaoguan	98.9	99.7	100.1	99.0	100.3	99.8	100.4	100.4	100.2	99.9	98.7	99.4
湛 江	Zhanjiang	99.5	100.1	99.7	98.3	99.1	99.4	99.8	98.7	99.0	99.1	99.7	99.3
惠 州	Huizhou	99.6	100.0	99.1	99.9	99.5	100.1	100.1	99.9	99.4	99.2	99.8	99.5
桂 林	Guilin	99.5	100.1	99.4	99.3	99.7	99.7	99.7	99.6	99.3	99.6	99.1	99.4
北 海	Beihai	99.5	98.0	99.4	98.5	99.4	99.1	98.8	98.5	99.5	99.2	99.9	99.6
三 亚	Sanya	100.5	99.9	100.0	99.8	99.9	99.1	100.4	100.0	99.7	99.8	100.3	99.9
泸 州	Luzhou	99.0	99.7	100.0	98.9	99.3	99.5	99.8	100.0	99.8	99.7	100.2	99.2
南 充	Nanchong	99.4	99.3	99.9	99.5	99.0	99.6	100.6	99.6	99.8	100.6	100.9	99.8
遵 义	Zunyi	99.0	100.5	99.6	100.1	99.2	100.0	98.8	99.9	100.8	99.6	100.5	99.9
大 理	Dali	99.7	99.9	98.7	99.8	99.6	99.2	98.4	99.5	100.4	99.9	100.0	99.6

4-3-3 2022年70个大中城市90~144㎡新建商品住宅销售价格指数

Housing Price Indices of 90~144㎡ Newly Constructed Commercial Residential Buildings in 70 Large and Medium-Sized Cities 2022

(以上月价格为100) (Last Month=100)

城　市	City	1月	2月	3月	4月	5月	6月	7月	8月	9月	10月	11月	12月
北　京	Beijing	100.7	100.6	100.6	100.5	100.1	100.8	100.4	100.3	100.0	100.4	100.3	100.1
天　津	Tianjin	99.2	100.1	100.1	100.1	99.5	99.9	99.3	99.5	99.8	99.7	99.5	99.3
石家庄	Shijiazhuang	99.7	100.2	100.3	100.3	99.8	100.0	99.6	99.6	99.5	99.2	99.5	99.2
太　原	Taiyuan	99.9	99.9	99.8	99.2	99.5	99.9	99.6	99.6	99.6	99.7	99.3	99.1
呼和浩特	Hohhot	100.0	99.9	99.7	99.8	100.2	99.6	100.2	99.1	100.0	100.0	100.0	98.6
沈　阳	Shenyang	99.1	99.1	99.5	99.9	100.0	100.1	99.5	99.1	99.7	99.5	99.3	99.5
大　连	Dalian	99.7	99.4	99.5	99.7	100.0	99.5	99.8	99.9	99.3	98.9	99.4	99.5
长　春	Changchun	100.5	99.6	100.0	100.0	99.9	99.1	99.7	100.1	99.5	99.2	99.1	98.8
哈尔滨	Harbin	98.9	99.1	99.4	99.1	99.9	99.2	99.8	99.5	99.1	99.2	99.1	99.6
上　海	Shanghai	100.5	100.5	100.2	100.0	100.0	100.5	100.5	100.4	100.2	100.0	100.1	100.2
南　京	Nanjing	100.1	100.7	100.3	99.6	99.3	100.3	100.3	100.4	99.6	99.5	100.0	100.0
杭　州	Hangzhou	100.3	100.3	100.5	100.4	100.4	101.3	100.8	100.3	100.5	100.3	100.7	100.3
宁　波	Ningbo	100.3	100.8	100.1	99.7	99.8	100.0	99.8	100.4	100.2	100.4	100.0	100.2
合　肥	Hefei	99.8	99.6	99.7	99.7	100.1	100.5	100.6	100.2	100.5	100.6	100.4	99.9
福　州	Fuzhou	100.2	100.2	99.6	99.5	99.7	100.5	100.3	99.3	99.3	99.6	99.8	99.9
厦　门	Xiamen	99.5	99.6	99.9	99.5	99.6	100.5	99.7	99.4	99.9	99.5	99.9	100.0
南　昌	Nanchang	100.2	100.4	100.3	100.7	100.1	99.4	100.6	100.1	100.2	100.1	99.8	99.8
济　南	Jinan	100.2	100.1	100.3	99.9	100.3	100.2	100.3	100.0	100.3	100.1	99.9	99.8
青　岛	Qingdao	99.4	99.9	100.5	100.1	100.3	100.7	99.7	100.3	99.7	99.8	99.9	100.3
郑　州	Zhengzhou	99.8	99.8	99.2	99.9	99.9	99.8	100.1	99.8	99.6	99.8	99.6	99.3
武　汉	Wuhan	100.3	99.6	99.5	99.4	99.4	99.7	99.9	98.7	99.0	99.3	99.9	99.8
长　沙	Changsha	100.0	100.3	100.6	100.4	100.1	100.5	100.1	100.2	100.1	100.0	100.4	100.5
广　州	Guangzhou	100.4	100.5	100.0	100.0	100.4	100.3	100.3	99.7	99.9	99.8	99.4	99.8
深　圳	Shenzhen	100.6	100.3	100.9	99.7	100.4	100.3	99.7	99.7	99.7	99.3	99.7	99.6
南　宁	Nanning	100.5	99.6	99.9	100.2	100.2	100.0	99.3	99.4	99.3	99.1	99.5	99.9
海　口	Haikou	99.8	99.6	100.6	100.3	100.6	99.8	100.5	100.2	100.2	99.8	99.7	99.8
重　庆	Chongqing	100.9	100.5	100.5	99.7	99.8	100.3	100.4	99.0	100.3	99.5	99.9	99.6
成　都	Chengdu	101.0	100.9	100.6	101.3	100.6	101.2	101.2	100.1	100.9	100.4	100.4	100.2
贵　阳	Guiyang	100.0	99.7	100.3	100.8	99.9	99.7	99.6	100.0	100.0	99.6	99.1	99.8
昆　明	Kunming	100.6	100.4	99.7	100.0	99.5	99.7	99.8	99.5	99.7	98.9	100.3	99.3
西　安	Xi'an	100.0	100.9	100.3	100.3	100.3	100.2	100.5	100.1	99.5	99.6	99.8	100.0
兰　州	Lanzhou	99.8	99.7	99.6	99.3	99.7	99.5	99.5	99.0	99.2	99.5	99.9	99.4
西　宁	Xining	99.7	99.1	99.9	100.0	98.5	100.5	100.0	99.4	99.9	99.4	100.0	99.6
银　川	Yinchuan	101.5	99.8	100.3	100.4	100.6	100.1	100.6	100.3	99.9	99.7	99.2	100.1
乌鲁木齐	Urumqi	100.0	100.6	101.1	100.6	100.7	99.9	99.9	99.8	99.8	99.7	100.0	99.8

4-3-3 续表 Continued

(以上月价格为100) (Last Month=100)

城 市	City	1月	2月	3月	4月	5月	6月	7月	8月	9月	10月	11月	12月
唐 山	Tangshan	100.6	100.0	100.0	100.1	100.1	99.3	100.1	99.4	99.8	99.8	99.3	99.4
秦皇岛	Qinhuangdao	99.3	99.8	98.9	99.7	100.1	98.8	99.4	99.5	99.4	99.3	99.7	99.5
包 头	Baotou	99.9	99.4	99.3	99.4	99.5	99.6	100.0	99.4	99.5	100.0	99.8	99.4
丹 东	Dandong	99.4	99.5	98.9	99.0	100.0	100.0	99.1	99.8	99.5	99.9	99.8	99.6
锦 州	Jinzhou	99.8	99.5	100.5	98.3	100.4	100.1	99.9	99.5	99.8	99.2	99.8	99.5
吉 林	Jilin	100.0	100.3	100.0	100.0	99.2	100.1	99.2	99.3	99.0	99.7	99.6	99.4
牡丹江	Mudanjiang	99.7	99.2	99.6	100.0	100.1	100.4	100.3	100.2	99.9	98.9	98.8	99.4
无 锡	Wuxi	100.3	100.4	100.3	99.9	99.7	100.2	99.7	100.4	99.6	99.2	99.6	100.5
徐 州	Xuzhou	100.9	99.8	99.8	99.5	100.2	100.5	100.1	99.6	99.8	99.4	99.6	99.8
扬 州	Yangzhou	99.6	99.8	99.6	98.8	99.3	99.8	100.9	99.7	99.5	99.5	99.9	100.6
温 州	Wenzhou	100.7	99.1	99.3	99.2	99.5	99.5	99.2	99.6	99.2	99.2	99.2	99.8
金 华	Jinhua	100.0	100.3	100.5	100.3	100.0	99.7	99.5	99.7	99.2	99.5	99.5	99.7
蚌 埠	Bengbu	99.9	100.0	100.2	98.8	99.7	100.1	99.8	99.9	99.8	100.0	99.4	99.9
安 庆	Anqing	99.7	99.3	99.3	99.4	99.4	99.5	99.2	99.7	99.4	100.0	99.9	99.6
泉 州	Quanzhou	100.1	100.4	99.7	99.7	99.3	99.3	99.5	99.1	99.2	99.5	100.7	100.7
九 江	Jiujiang	99.5	99.6	99.9	99.7	99.8	99.5	100.2	99.8	99.9	99.5	99.7	100.1
赣 州	Ganzhou	100.2	100.1	100.3	100.1	100.1	100.6	100.0	99.8	100.3	99.2	99.6	99.7
烟 台	Yantai	99.7	100.1	99.6	99.6	99.5	100.2	99.8	100.1	99.9	99.9	100.2	99.8
济 宁	Jining	99.5	99.6	99.7	100.1	100.1	99.6	99.7	99.0	99.9	99.2	99.0	99.8
洛 阳	Luoyang	99.7	99.6	99.5	99.2	99.2	99.7	100.1	99.7	99.7	99.3	99.6	99.5
平顶山	Pingdingshan	99.9	99.1	99.8	100.0	100.0	99.9	100.0	99.6	99.8	99.6	99.7	100.2
宜 昌	Yichang	99.9	99.6	99.9	99.7	100.1	98.5	99.5	99.7	99.3	99.0	99.8	99.8
襄 阳	Xiangyang	99.2	99.6	100.2	98.8	99.5	99.8	99.9	99.8	99.9	99.9	99.3	99.9
岳 阳	Yueyang	99.9	99.3	99.2	98.9	99.7	98.3	99.8	99.6	99.0	99.0	99.5	99.6
常 德	Changde	99.4	99.5	100.1	99.1	99.4	99.9	99.3	99.4	99.7	99.4	99.6	99.5
韶 关	Shaoguan	99.5	99.6	100.6	99.0	100.0	99.4	100.1	100.2	99.4	99.7	99.4	99.3
湛 江	Zhanjiang	99.1	100.6	99.0	98.8	98.6	99.3	99.3	98.9	99.1	99.4	99.5	99.4
惠 州	Huizhou	99.8	100.4	99.6	99.6	99.7	100.1	100.2	99.7	99.8	99.4	99.8	99.3
桂 林	Guilin	99.9	99.8	99.5	99.6	99.9	100.0	99.6	99.2	99.7	99.7	99.2	99.4
北 海	Beihai	100.1	97.8	99.6	98.2	99.0	99.0	98.6	98.7	99.3	99.4	99.2	99.7
三 亚	Sanya	100.8	99.9	99.9	99.4	99.7	99.9	100.3	100.0	99.6	99.8	100.0	99.7
泸 州	Luzhou	99.6	99.6	99.5	99.5	99.3	99.6	99.7	99.3	100.0	99.7	100.4	99.7
南 充	Nanchong	99.3	98.9	100.3	99.3	98.7	99.9	100.0	99.3	99.2	101.3	100.2	100.1
遵 义	Zunyi	99.5	100.3	100.6	99.6	99.5	100.5	99.8	99.9	100.2	99.2	100.2	99.5
大 理	Dali	99.3	99.6	99.6	99.2	99.6	99.2	99.9	99.9	100.4	99.2	100.1	99.7

4-3-4 2022年70个大中城市144㎡以上新建商品住宅销售价格指数
Housing Price Indices Above 144㎡ Newly Constructed Commercial Residential Buildings in 70 Large and Medium-Sized Cities 2022

(以上月价格为100) (Last Month=100)

城市	City	1月	2月	3月	4月	5月	6月	7月	8月	9月	10月	11月	12月
北京	Beijing	101.3	100.8	100.3	100.7	100.8	100.9	100.4	100.2	100.3	100.5	100.1	100.3
天津	Tianjin	99.5	100.0	100.1	99.1	99.1	99.8	99.2	99.7	99.8	99.8	99.4	99.3
石家庄	Shijiazhuang	99.4	99.7	100.3	100.0	99.8	99.6	99.9	99.4	99.9	99.3	100.4	99.7
太原	Taiyuan	100.1	99.3	99.9	99.7	100.0	100.2	99.8	99.6	99.0	99.1	99.5	99.9
呼和浩特	Hohhot	99.9	99.7	100.1	98.9	99.8	99.6	100.3	98.8	100.5	100.0	100.0	98.4
沈阳	Shenyang	99.6	99.4	99.4	99.9	99.5	100.0	99.9	99.9	99.3	99.3	98.7	99.0
大连	Dalian	100.0	99.0	98.3	99.7	99.1	99.9	99.8	99.5	99.6	99.1	100.0	99.9
长春	Changchun	100.0	99.6	100.0	100.0	99.7	99.0	100.0	100.2	99.4	99.3	99.0	98.9
哈尔滨	Harbin	99.2	99.0	98.4	99.6	98.7	99.2	99.9	99.2	99.4	99.5	99.3	99.5
上海	Shanghai	100.8	100.5	100.2	100.0	100.0	100.4	100.4	100.9	100.3	100.6	100.4	100.6
南京	Nanjing	100.0	100.9	100.0	99.1	99.5	100.4	100.7	100.5	99.4	99.8	100.9	99.8
杭州	Hangzhou	100.4	100.6	101.0	101.2	100.4	100.5	100.5	100.7	100.2	100.4	100.5	100.4
宁波	Ningbo	100.3	100.5	100.1	99.8	99.7	100.2	99.9	100.0	100.2	100.2	100.2	100.2
合肥	Hefei	100.2	98.7	99.3	99.9	100.0	100.3	101.0	100.6	101.1	100.7	99.5	99.9
福州	Fuzhou	100.9	100.4	99.3	99.0	99.8	100.0	100.7	99.7	99.8	99.4	99.1	99.8
厦门	Xiamen	99.8	99.5	99.3	99.7	99.3	100.3	99.5	99.4	99.2	99.5	99.6	99.7
南昌	Nanchang	100.6	100.3	100.4	100.0	100.0	99.7	100.7	100.0	100.6	99.3	100.3	99.8
济南	Jinan	99.8	100.0	100.1	99.8	100.5	100.7	101.0	100.5	100.3	100.0	100.1	100.2
青岛	Qingdao	99.9	100.1	100.1	100.0	99.9	100.3	100.2	100.2	100.4	100.0	99.5	100.4
郑州	Zhengzhou	99.6	99.7	99.5	99.9	100.5	100.2	100.3	98.9	99.7	99.0	99.6	99.7
武汉	Wuhan	100.1	99.2	99.9	98.5	98.8	99.3	99.6	98.8	99.2	99.8	99.5	100.1
长沙	Changsha	100.2	100.0	100.1	100.2	100.2	100.2	100.0	100.2	99.9	100.7	100.7	100.6
广州	Guangzhou	101.0	100.7	99.5	100.4	101.4	100.0	100.5	100.1	99.4	99.4	99.6	99.3
深圳	Shenzhen	100.4	100.1	100.9	99.9	100.0	100.0	100.1	99.5	99.7	99.6	99.4	99.9
南宁	Nanning	100.3	99.7	99.5	100.0	100.1	100.4	98.2	99.5	99.9	98.9	99.1	100.0
海口	Haikou	100.3	100.0	100.1	100.4	100.2	100.0	100.1	100.1	100.0	100.0	99.8	99.7
重庆	Chongqing	100.9	100.6	100.3	99.4	100.0	100.6	100.2	98.7	100.4	99.4	99.4	99.3
成都	Chengdu	100.9	100.4	101.1	100.1	101.5	101.6	100.4	100.8	100.4	100.0	100.9	100.9
贵阳	Guiyang	101.2	99.7	99.7	100.9	99.5	99.9	99.8	99.4	100.0	99.3	99.5	99.9
昆明	Kunming	100.0	100.8	99.5	99.9	99.8	99.8	98.6	99.7	98.7	99.9	100.0	99.2
西安	Xi'an	100.0	101.1	100.7	100.1	100.2	100.6	100.8	100.2	99.4	99.8	99.2	100.3
兰州	Lanzhou	99.8	99.8	99.9	99.9	99.5	99.6	99.2	98.7	99.4	99.7	100.0	99.1
西宁	Xining	99.5	99.2	99.3	100.1	99.9	100.3	100.6	99.9	99.1	99.7	100.0	100.1
银川	Yinchuan	101.8	100.4	100.4	99.4	99.5	100.1	100.4	100.9	99.7	99.9	99.4	100.0
乌鲁木齐	Urumqi	100.9	100.5	100.7	100.4	100.8	99.5	99.3	100.2	99.3	100.0	100.0	99.6

4-3-4 续表 Continued

(以上月价格为100) (Last Month=100)

城 市	City	1月	2月	3月	4月	5月	6月	7月	8月	9月	10月	11月	12月
唐 山	Tangshan	100.9	99.8	100.0	100.0	100.2	99.4	100.2	99.8	99.0	100.0	99.4	99.6
秦皇岛	Qinhuangdao	99.5	99.3	99.9	99.6	100.0	99.1	99.1	99.7	99.3	99.4	99.6	99.9
包 头	Baotou	99.6	100.5	99.7	99.1	99.8	99.6	99.8	99.4	99.1	100.0	99.5	99.9
丹 东	Dandong	99.3	100.0	100.0	100.0	100.0	100.0	100.0	98.8	99.0	100.0	100.0	100.0
锦 州	Jinzhou	100.0	99.5	100.1	98.6	100.5	100.1	99.7	99.9	99.7	99.5	99.9	99.9
吉 林	Jilin	100.2	99.6	100.0	100.0	100.0	99.7	98.8	99.6	100.0	99.6	99.6	99.7
牡丹江	Mudanjiang	99.3	100.0	100.0	100.0	100.7	100.5	100.4	99.8	100.0	98.7	99.0	99.0
无 锡	Wuxi	100.6	100.8	100.2	99.7	99.8	100.2	99.8	100.3	99.9	99.3	99.6	100.1
徐 州	Xuzhou	100.2	100.0	99.9	99.2	100.6	100.6	100.3	99.8	99.9	99.6	99.3	99.0
扬 州	Yangzhou	98.9	99.1	100.1	99.7	99.6	99.0	100.4	99.9	99.3	99.8	99.6	100.5
温 州	Wenzhou	100.8	99.2	99.5	99.2	99.4	99.2	99.6	99.7	98.7	99.4	99.2	99.8
金 华	Jinhua	100.2	100.0	100.2	100.6	99.7	99.6	99.5	99.4	99.7	99.0	99.8	100.0
蚌 埠	Bengbu	100.0	100.5	100.3	98.6	99.7	100.1	99.0	99.7	99.9	99.8	99.6	99.8
安 庆	Anqing	99.4	99.6	99.4	99.8	99.5	99.7	98.8	99.9	99.5	100.4	100.0	100.0
泉 州	Quanzhou	100.2	100.0	99.4	99.8	99.4	99.8	99.4	99.0	99.7	99.0	100.0	100.9
九 江	Jiujiang	99.3	99.6	99.8	99.8	99.6	99.7	100.8	99.9	99.9	99.7	99.5	100.5
赣 州	Ganzhou	100.2	101.0	100.2	99.9	100.5	100.2	100.0	98.9	100.0	99.6	99.4	99.9
烟 台	Yantai	99.9	100.5	100.1	99.8	99.4	100.0	99.6	100.1	98.5	99.2	100.5	99.4
济 宁	Jining	99.5	99.1	99.7	100.2	100.3	99.7	99.5	99.5	99.8	99.7	98.8	99.7
洛 阳	Luoyang	99.8	99.7	99.6	99.7	99.4	100.3	100.5	99.3	99.0	99.3	99.7	99.6
平顶山	Pingdingshan	100.0	100.0	99.2	99.1	99.8	99.6	100.0	99.5	99.6	99.5	99.9	100.2
宜 昌	Yichang	99.4	100.0	99.9	99.8	100.1	98.4	100.0	99.9	99.3	99.2	99.9	99.9
襄 阳	Xiangyang	99.0	99.2	100.0	99.0	99.6	99.8	99.9	99.1	99.2	99.9	99.8	99.6
岳 阳	Yueyang	100.1	99.2	99.2	98.4	99.3	98.0	99.1	99.3	100.0	99.4	100.0	99.0
常 德	Changde	99.7	98.7	100.6	98.7	99.3	99.2	99.0	99.0	99.1	99.9	100.1	99.9
韶 关	Shaoguan	98.7	99.8	101.0	98.9	100.3	99.4	100.4	100.1	99.9	99.5	99.4	99.7
湛 江	Zhanjiang	99.4	100.1	99.2	99.2	99.2	99.3	99.3	98.2	99.5	99.6	99.3	99.9
惠 州	Huizhou	100.2	101.2	98.8	99.0	99.5	100.8	100.2	99.8	99.9	99.0	99.6	99.4
桂 林	Guilin	100.5	98.8	98.9	98.9	100.0	99.8	98.5	99.6	99.8	99.9	100.0	99.3
北 海	Beihai	99.8	98.0	99.1	98.1	98.4	98.4	99.1	98.4	99.3	99.6	100.0	99.5
三 亚	Sanya	100.9	99.4	99.5	99.7	100.0	99.3	100.2	100.0	99.9	100.3	100.7	99.5
泸 州	Luzhou	99.4	98.8	99.3	98.8	98.4	99.5	100.1	100.1	99.6	99.8	100.8	99.7
南 充	Nanchong	99.7	99.1	99.5	98.5	98.9	100.1	100.3	99.5	100.0	100.9	100.9	100.7
遵 义	Zunyi	99.4	100.2	100.4	100.2	99.6	100.9	99.8	99.2	100.0	99.9	100.3	99.0
大 理	Dali	99.5	99.0	99.9	99.1	99.9	98.7	98.5	99.9	100.5	99.7	100.1	99.9

4-3-5 2022年70个大中城市二手住宅销售价格指数
Housing Price Indices of Second-Hand Residential Buildings in 70 Large and Medium-Sized Cities 2022

(以上月价格为100) (Last Month=100)

城市	City	1月	2月	3月	4月	5月	6月	7月	8月	9月	10月	11月	12月
北京	Beijing	100.5	100.7	101.2	100.6	99.9	100.5	100.2	100.2	100.4	100.1	99.8	99.6
天津	Tianjin	99.3	100.2	99.7	99.5	99.1	99.6	99.2	99.3	99.1	99.4	99.6	99.3
石家庄	Shijiazhuang	99.5	99.7	99.6	99.8	100.1	99.5	100.1	99.6	99.8	99.5	99.3	99.9
太原	Taiyuan	99.7	99.5	99.3	98.4	100.6	100.5	99.7	99.6	99.5	99.4	99.7	99.3
呼和浩特	Hohhot	99.9	99.5	99.7	99.8	99.5	99.3	99.5	99.3	99.5	100.0	100.0	98.8
沈阳	Shenyang	99.3	99.0	99.3	99.6	99.9	99.7	99.4	99.2	99.6	99.5	99.2	99.2
大连	Dalian	99.5	99.8	99.5	99.0	99.5	100.2	99.8	99.7	99.3	99.3	99.4	99.7
长春	Changchun	99.4	99.4	100.0	100.0	98.4	99.2	99.4	99.7	99.7	99.5	99.5	99.2
哈尔滨	Harbin	99.3	99.0	99.2	98.9	99.1	99.0	99.6	99.1	99.4	99.2	99.2	99.4
上海	Shanghai	100.6	100.9	100.4	100.0	100.0	100.2	100.8	100.6	100.5	99.6	99.5	99.5
南京	Nanjing	99.4	99.2	99.9	99.4	99.1	99.6	100.2	100.7	100.1	99.4	99.7	99.5
杭州	Hangzhou	100.4	100.2	100.3	100.1	99.8	100.6	99.7	99.6	99.4	99.2	99.8	99.9
宁波	Ningbo	99.5	100.5	100.2	99.9	99.6	100.4	100.1	99.4	99.7	99.5	99.6	100.1
合肥	Hefei	99.6	99.7	99.8	99.2	99.5	100.6	100.7	100.2	100.2	99.9	99.6	99.7
福州	Fuzhou	99.5	99.6	99.7	100.3	100.2	99.8	99.9	99.7	99.7	99.4	99.5	99.7
厦门	Xiamen	100.2	99.9	100.1	100.2	100.5	100.3	99.5	99.3	99.5	99.6	99.7	99.5
南昌	Nanchang	100.0	99.9	100.2	99.5	99.3	99.7	100.5	100.1	99.8	99.9	99.6	99.6
济南	Jinan	99.7	99.8	99.9	99.2	99.6	99.9	99.8	99.6	99.9	99.7	99.5	99.8
青岛	Qingdao	99.8	99.9	100.2	99.3	99.8	100.5	99.7	99.6	99.5	99.4	99.3	99.5
郑州	Zhengzhou	99.8	99.6	99.8	99.5	99.7	99.3	99.5	99.2	99.6	99.5	99.2	99.4
武汉	Wuhan	99.7	99.3	99.4	99.6	99.5	99.3	99.9	99.4	99.2	99.5	99.3	99.6
长沙	Changsha	99.9	99.8	100.0	99.5	99.8	100.1	100.3	100.2	100.2	99.9	100.1	100.2
广州	Guangzhou	99.8	100.6	100.3	100.5	100.2	100.5	100.1	99.9	99.4	99.3	99.4	99.4
深圳	Shenzhen	99.5	99.8	99.7	100.5	100.1	99.0	99.5	99.5	99.6	99.8	99.7	99.5
南宁	Nanning	99.8	99.7	99.3	99.6	99.4	99.5	99.6	99.2	99.6	99.2	99.5	99.3
海口	Haikou	100.4	100.0	100.6	100.1	99.9	100.3	99.7	99.8	99.3	99.3	99.7	99.5
重庆	Chongqing	100.6	99.9	100.1	99.5	99.7	100.5	100.3	99.6	99.5	99.3	99.4	99.6
成都	Chengdu	100.8	100.6	100.6	100.7	100.9	102.0	101.3	100.6	100.3	100.4	100.3	100.2
贵阳	Guiyang	99.6	100.1	99.1	99.8	99.2	99.3	99.5	100.3	99.9	99.4	99.6	100.1
昆明	Kunming	100.8	99.6	100.4	100.6	100.2	100.1	99.3	100.4	100.3	99.4	100.5	100.3
西安	Xi'an	100.0	99.7	100.1	99.9	99.6	100.1	100.3	99.5	99.6	99.8	99.3	99.7
兰州	Lanzhou	99.6	99.5	99.8	99.8	98.8	99.6	99.4	99.7	99.6	99.5	100.0	99.5
西宁	Xining	99.4	99.3	100.2	100.3	99.8	99.4	99.9	100.1	99.7	99.2	99.7	99.8
银川	Yinchuan	99.5	99.7	99.8	99.5	99.6	99.9	99.7	99.8	99.6	99.8	99.5	99.9
乌鲁木齐	Urumqi	99.8	99.6	100.3	99.9	99.9	99.2	99.6	99.9	100.0	100.0	100.0	99.4

4-3-5 续表 Continued

(以上月价格为100) (Last Month=100)

城市	City	1月	2月	3月	4月	5月	6月	7月	8月	9月	10月	11月	12月
唐山	Tangshan	100.0	99.9	100.0	99.6	98.8	99.1	99.2	99.6	99.3	99.5	99.5	99.5
秦皇岛	Qinhuangdao	99.7	99.8	99.5	99.9	100.1	99.5	99.6	99.3	99.5	99.3	99.6	99.7
包头	Baotou	99.8	99.7	99.5	99.4	99.9	99.7	99.6	99.6	99.2	100.0	99.6	99.4
丹东	Dandong	99.2	99.1	99.4	99.6	100.0	100.0	99.2	99.3	99.1	99.4	99.5	99.0
锦州	Jinzhou	99.8	99.3	99.9	99.2	99.4	99.6	99.9	99.6	99.4	98.9	99.6	99.6
吉林	Jilin	99.5	99.4	100.0	100.0	98.2	98.9	99.1	99.1	99.3	99.0	99.2	99.3
牡丹江	Mudanjiang	98.7	98.5	97.9	100.0	98.7	99.5	99.3	99.3	98.9	99.1	98.8	99.0
无锡	Wuxi	100.3	99.8	100.5	99.8	100.8	100.5	100.1	100.2	99.7	99.5	99.7	99.4
徐州	Xuzhou	99.8	99.6	99.3	100.4	100.3	99.4	99.6	99.2	99.7	100.1	100.2	100.2
扬州	Yangzhou	99.7	99.4	100.4	98.8	99.7	99.9	100.5	99.9	99.6	99.9	99.7	99.7
温州	Wenzhou	100.0	99.7	99.5	99.5	99.4	99.3	99.6	99.4	99.8	99.5	99.3	99.9
金华	Jinhua	99.7	99.3	99.3	99.6	99.0	99.5	99.5	99.7	99.5	99.6	99.5	99.8
蚌埠	Bengbu	99.8	99.9	99.7	99.8	99.1	99.9	99.7	99.4	99.7	99.6	100.4	99.8
安庆	Anqing	99.3	99.5	99.2	99.7	99.4	99.2	99.6	99.5	99.4	99.5	99.1	99.6
泉州	Quanzhou	99.5	99.8	99.6	99.4	99.5	99.5	99.4	99.1	99.4	99.4	99.3	99.6
九江	Jiujiang	99.8	100.0	99.7	100.1	99.9	99.9	99.8	99.4	99.8	99.1	99.6	99.7
赣州	Ganzhou	99.5	99.7	100.2	100.3	100.3	100.2	99.6	99.7	99.7	99.9	99.8	99.9
烟台	Yantai	99.5	99.4	99.7	99.3	99.2	100.1	100.9	99.8	99.6	100.2	99.6	99.9
济宁	Jining	99.4	99.6	99.8	99.5	99.3	99.5	99.8	99.2	99.2	99.1	99.0	99.3
洛阳	Luoyang	99.4	99.2	99.6	99.1	99.2	99.3	99.6	99.4	99.4	99.2	99.3	99.3
平顶山	Pingdingshan	99.8	99.8	99.6	99.7	99.7	99.8	99.4	99.7	99.5	99.6	99.6	99.7
宜昌	Yichang	99.6	99.5	99.7	99.9	99.2	98.9	99.7	98.7	99.4	99.3	99.7	99.4
襄阳	Xiangyang	99.5	99.7	99.9	99.4	99.1	99.4	99.5	99.3	99.3	99.5	99.6	99.8
岳阳	Yueyang	100.0	99.7	100.1	100.2	99.0	98.9	99.5	100.1	99.2	99.4	99.6	99.5
常德	Changde	99.2	99.4	99.6	99.5	99.3	99.7	99.2	99.5	99.8	99.2	99.4	99.3
韶关	Shaoguan	99.6	99.4	99.8	99.3	100.2	99.7	99.5	99.8	99.5	99.7	99.5	99.6
湛江	Zhanjiang	99.1	99.9	99.6	99.8	98.8	99.9	99.7	99.0	99.2	99.5	99.1	99.6
惠州	Huizhou	100.4	100.6	99.7	99.7	99.6	99.6	100.2	99.8	99.7	99.6	99.8	99.7
桂林	Guilin	99.8	99.6	100.2	99.6	100.3	99.7	99.4	99.6	99.5	99.6	99.3	99.5
北海	Beihai	98.8	99.5	99.6	99.7	99.0	99.8	99.2	99.0	98.9	99.1	99.5	98.8
三亚	Sanya	99.6	100.0	100.2	100.0	99.7	99.9	99.8	100.0	99.9	99.4	99.7	99.8
泸州	Luzhou	99.3	99.9	99.5	99.8	99.8	99.6	100.3	99.9	100.2	99.3	99.1	100.1
南充	Nanchong	99.8	100.3	99.9	100.4	100.6	101.0	100.6	99.7	99.7	100.3	99.4	99.6
遵义	Zunyi	99.5	99.7	99.4	99.7	99.2	99.5	100.4	99.7	99.5	99.5	99.8	99.0
大理	Dali	99.9	99.3	99.5	99.1	99.4	100.4	99.6	100.3	99.9	99.7	99.2	99.5

4-3-6　2022年70个大中城市90㎡及以下二手住宅销售价格指数
Housing Price Indices of 90㎡ and below Second-Hand Residential Buildings in 70 Large and Medium-Sized Cities 2022

(以上月价格为100)　　(Last Month=100)

城　市	City	1月	2月	3月	4月	5月	6月	7月	8月	9月	10月	11月	12月
北　京	Beijing	100.3	100.8	101.2	100.6	99.6	100.5	100.3	100.2	100.4	100.0	99.5	99.7
天　津	Tianjin	99.4	100.4	99.5	99.8	99.1	99.9	99.1	99.1	99.0	99.7	99.8	99.4
石家庄	Shijiazhuang	99.3	99.6	99.9	99.7	100.3	99.3	100.2	99.9	99.7	99.4	99.2	99.9
太　原	Taiyuan	99.6	99.4	99.0	98.2	100.9	100.4	99.5	99.7	99.6	99.8	99.7	99.5
呼和浩特	Hohhot	99.6	99.3	99.9	99.9	99.4	99.1	99.4	99.2	99.2	100.0	100.0	99.2
沈　阳	Shenyang	99.2	99.0	99.9	99.9	99.9	99.6	99.0	98.9	99.5	99.5	99.0	99.4
大　连	Dalian	99.6	99.9	99.2	99.1	99.6	100.2	99.7	99.7	99.2	99.3	99.4	99.9
长　春	Changchun	99.7	99.7	100.0	100.0	98.9	98.6	99.1	99.7	99.6	99.7	99.4	99.1
哈尔滨	Harbin	99.4	99.2	99.3	99.0	98.8	98.8	99.5	99.0	99.4	99.2	99.3	99.4
上　海	Shanghai	100.6	100.6	100.6	100.0	100.0	100.1	100.9	100.3	100.5	99.4	99.6	99.7
南　京	Nanjing	99.0	99.6	99.9	99.9	99.6	99.9	100.2	100.6	100.1	99.4	99.7	99.6
杭　州	Hangzhou	100.6	100.3	100.3	100.1	99.7	100.4	99.9	99.7	99.6	99.1	99.7	99.9
宁　波	Ningbo	99.2	100.7	100.4	100.2	99.6	100.3	100.1	99.4	99.8	99.4	99.6	100.0
合　肥	Hefei	99.7	99.5	99.4	99.7	99.5	100.1	101.0	100.2	100.2	99.9	99.8	99.5
福　州	Fuzhou	99.4	99.8	99.9	100.5	100.1	99.9	99.8	99.7	99.9	99.2	99.4	99.9
厦　门	Xiamen	100.1	100.1	100.3	100.7	100.3	100.3	99.7	99.1	99.9	99.9	99.7	99.2
南　昌	Nanchang	100.4	99.9	100.4	99.4	98.8	99.4	100.8	100.2	99.6	100.2	99.8	99.5
济　南	Jinan	99.9	99.8	99.9	99.4	99.6	99.5	100.0	99.9	99.7	99.9	99.5	99.9
青　岛	Qingdao	99.8	99.9	100.1	99.3	99.9	100.4	99.9	99.6	99.6	99.4	99.0	99.7
郑　州	Zhengzhou	99.9	99.8	99.8	99.4	99.6	99.3	99.5	99.0	99.5	99.4	98.9	99.4
武　汉	Wuhan	99.6	99.5	99.7	99.8	99.9	99.4	100.1	99.0	98.8	99.2	98.9	99.5
长　沙	Changsha	100.3	99.8	99.6	99.6	99.9	99.9	100.5	100.0	100.6	99.5	100.0	100.2
广　州	Guangzhou	100.1	100.6	100.1	100.2	99.8	100.1	100.0	100.0	99.5	99.6	99.3	99.9
深　圳	Shenzhen	99.6	99.9	99.5	100.7	99.8	98.6	99.8	99.5	99.8	100.0	99.5	99.8
南　宁	Nanning	99.7	100.0	99.3	99.8	99.0	99.3	99.8	98.9	99.8	99.1	99.8	99.4
海　口	Haikou	100.6	100.3	100.6	100.1	100.1	100.1	99.4	99.5	99.2	99.3	99.3	99.9
重　庆	Chongqing	100.6	99.8	99.8	99.6	99.7	100.6	100.3	99.4	99.5	99.4	99.4	99.5
成　都	Chengdu	100.8	100.5	100.9	100.8	100.7	102.2	101.1	100.6	100.4	100.3	100.0	100.2
贵　阳	Guiyang	99.6	100.2	98.6	99.7	99.4	99.6	99.7	100.3	100.2	98.9	99.3	100.2
昆　明	Kunming	100.8	99.7	100.6	100.3	100.1	100.2	98.9	100.4	100.1	99.3	100.5	100.1
西　安	Xi'an	100.0	99.9	100.2	99.4	99.9	100.2	100.6	99.3	99.7	99.8	99.1	99.7
兰　州	Lanzhou	99.5	99.6	99.9	99.9	98.3	99.9	99.3	99.7	99.4	99.3	100.0	99.4
西　宁	Xining	99.6	99.4	100.1	100.5	99.8	99.7	99.8	100.5	99.5	99.4	99.3	99.6
银　川	Yinchuan	99.3	99.2	100.1	98.9	99.4	100.3	99.7	99.9	99.5	100.0	99.5	100.0
乌鲁木齐	Urumqi	99.8	99.5	100.3	100.1	100.0	98.8	100.0	99.9	100.0	100.0	100.0	99.4

4-3-6 续表 Continued

(以上月价格为100) (Last Month=100)

城　市	City	1月	2月	3月	4月	5月	6月	7月	8月	9月	10月	11月	12月
唐　山	Tangshan	100.0	100.0	100.0	99.5	98.6	99.0	99.1	99.7	99.1	99.5	99.6	99.4
秦皇岛	Qinhuangdao	99.6	99.8	99.3	99.9	100.0	99.4	99.7	99.0	99.8	99.3	99.8	100.1
包　头	Baotou	99.8	99.8	99.7	99.7	99.7	99.8	100.0	99.8	99.2	100.0	99.7	99.0
丹　东	Dandong	99.1	99.3	99.2	99.7	100.0	100.0	99.2	99.5	99.0	99.5	99.6	98.7
锦　州	Jinzhou	99.6	99.6	99.8	99.1	99.1	99.8	99.7	99.8	99.2	98.8	99.5	99.6
吉　林	Jilin	99.9	99.9	100.0	100.0	97.7	98.8	99.1	99.1	99.1	99.1	99.2	99.3
牡丹江	Mudanjiang	98.9	98.4	98.0	100.0	98.7	99.9	99.2	99.1	98.9	99.0	98.8	98.8
无　锡	Wuxi	100.1	99.6	100.1	99.6	100.9	100.6	100.0	100.3	99.7	99.7	99.5	99.8
徐　州	Xuzhou	100.3	99.5	99.4	100.3	100.0	99.5	99.4	99.1	99.5	100.1	100.3	100.0
扬　州	Yangzhou	100.0	99.0	100.0	98.7	99.6	99.9	100.6	99.9	99.5	99.7	99.6	99.3
温　州	Wenzhou	100.1	99.7	99.6	99.9	99.4	99.3	99.8	99.3	99.8	99.2	99.2	99.9
金　华	Jinhua	99.5	99.2	99.0	99.4	98.7	99.4	99.6	99.9	99.6	99.5	99.2	99.9
蚌　埠	Bengbu	99.6	99.9	99.7	99.7	99.5	100.0	99.8	99.1	99.7	99.4	100.0	99.9
安　庆	Anqing	99.1	99.1	99.6	99.9	99.7	99.4	99.4	99.5	99.5	99.8	99.2	99.5
泉　州	Quanzhou	99.8	100.1	99.8	99.4	99.6	99.6	99.6	98.6	99.7	99.3	99.1	99.4
九　江	Jiujiang	100.4	99.9	99.7	99.9	100.1	100.0	99.8	99.4	99.8	99.0	99.6	99.9
赣　州	Ganzhou	99.1	100.0	100.5	100.7	100.0	100.3	99.4	99.2	99.5	100.1	100.0	100.0
烟　台	Yantai	99.8	99.4	99.8	99.4	99.6	100.2	101.2	100.0	99.3	100.3	99.4	99.8
济　宁	Jining	100.2	99.4	99.3	99.4	99.4	99.7	100.0	99.5	99.4	98.6	99.1	99.8
洛　阳	Luoyang	99.2	99.5	99.0	99.2	99.2	99.2	99.9	99.1	99.6	99.0	99.1	99.3
平顶山	Pingdingshan	99.7	99.5	99.7	99.8	99.7	99.9	99.3	99.6	99.4	99.7	99.9	99.5
宜　昌	Yichang	99.9	99.5	100.0	99.8	99.5	98.9	99.6	98.5	99.2	99.3	99.9	99.6
襄　阳	Xiangyang	99.5	99.8	99.9	99.1	99.1	99.9	99.7	99.7	99.5	99.4	99.7	99.8
岳　阳	Yueyang	100.0	99.8	100.1	100.1	98.9	98.6	99.6	100.2	98.5	99.7	99.3	99.6
常　德	Changde	99.2	99.3	99.6	99.2	99.9	99.6	98.9	99.6	99.7	99.4	99.3	99.4
韶　关	Shaoguan	99.9	99.3	99.7	99.8	100.1	99.4	99.2	99.6	99.6	99.4	99.6	99.7
湛　江	Zhanjiang	99.1	99.8	99.6	99.9	98.9	99.9	99.6	98.8	99.3	99.4	99.0	99.9
惠　州	Huizhou	100.6	100.8	99.5	99.6	99.1	99.8	100.1	99.9	99.5	99.6	99.7	99.7
桂　林	Guilin	99.8	99.4	100.3	99.5	100.5	99.2	99.0	99.3	99.5	99.7	99.6	99.6
北　海	Beihai	98.6	99.4	99.7	99.7	99.1	100.0	99.3	99.2	99.0	99.1	99.6	98.6
三　亚	Sanya	99.5	99.8	100.0	100.1	99.5	100.2	99.8	100.0	99.8	99.6	99.7	100.1
泸　州	Luzhou	98.2	99.8	99.9	99.8	99.6	99.5	100.2	100.1	100.0	99.7	99.0	100.2
南　充	Nanchong	99.4	100.3	99.8	100.4	100.7	101.2	100.1	99.9	99.7	100.4	99.9	99.6
遵　义	Zunyi	99.6	99.8	99.3	99.8	99.0	99.0	100.4	99.9	99.8	99.4	100.1	98.5
大　理	Dali	99.9	99.5	99.3	99.2	99.7	100.6	99.8	100.1	99.6	99.9	99.1	99.5

4-3-7 2022年70个大中城市90~144㎡二手住宅销售价格指数
Housing Price Indices of 90~144㎡ Second-Hand Residential Buildings in 70 Large and Medium-Sized Cities 2022

(以上月价格为100) (Last Month=100)

城市	City	1月	2月	3月	4月	5月	6月	7月	8月	9月	10月	11月	12月
北京	Beijing	100.4	100.8	101.3	100.5	100.1	100.5	100.2	100.3	100.5	100.1	99.9	99.3
天津	Tianjin	99.1	100.0	99.9	99.1	99.1	99.4	99.5	99.7	99.0	99.1	99.3	99.3
石家庄	Shijiazhuang	99.4	99.7	99.4	99.9	100.0	99.7	100.0	99.4	99.9	99.6	99.5	100.0
太原	Taiyuan	99.8	99.5	99.5	98.6	100.3	100.7	99.9	99.5	99.6	99.1	99.7	99.1
呼和浩特	Hohhot	100.1	99.9	99.5	99.7	99.6	99.6	99.8	99.2	99.9	100.0	100.0	98.5
沈阳	Shenyang	99.3	98.8	98.8	99.3	100.0	99.9	99.8	99.4	99.7	99.7	99.7	98.8
大连	Dalian	99.4	99.7	99.9	99.2	99.7	100.1	100.0	99.6	99.2	99.2	99.6	99.4
长春	Changchun	99.0	99.0	100.0	100.0	97.6	99.9	99.9	99.8	99.9	99.5	99.6	99.2
哈尔滨	Harbin	99.1	98.7	99.3	98.7	99.3	99.5	99.5	99.4	99.5	99.3	99.1	99.4
上海	Shanghai	100.7	101.2	100.1	100.0	100.0	100.5	100.6	100.7	100.5	99.8	99.3	99.5
南京	Nanjing	99.7	99.1	99.8	99.0	98.8	99.1	100.1	100.7	100.0	99.5	99.6	99.6
杭州	Hangzhou	100.3	100.2	100.4	100.2	99.7	101.0	99.4	99.4	99.4	99.3	99.8	99.8
宁波	Ningbo	99.9	100.3	100.1	99.6	99.5	100.4	100.2	99.5	99.6	99.5	99.4	100.1
合肥	Hefei	99.4	99.8	100.0	98.9	99.4	100.9	100.5	100.3	100.2	99.9	99.7	99.8
福州	Fuzhou	99.7	99.1	99.3	100.0	100.3	99.7	99.9	99.5	99.8	99.5	99.7	99.7
厦门	Xiamen	100.6	99.6	100.0	100.2	100.5	100.6	99.5	99.5	99.2	99.5	99.6	99.5
南昌	Nanchang	99.8	100.0	100.2	99.7	99.5	99.9	100.4	100.1	99.8	99.8	99.6	99.6
济南	Jinan	99.8	99.7	100.0	99.0	99.9	100.1	99.9	99.4	99.8	99.8	99.4	99.5
青岛	Qingdao	99.9	99.9	100.4	99.4	99.7	100.5	99.4	99.4	99.7	99.6	99.4	99.3
郑州	Zhengzhou	99.6	99.3	99.9	99.8	100.0	99.5	99.7	99.5	99.8	99.7	99.3	99.2
武汉	Wuhan	99.8	98.9	99.3	99.4	99.0	99.1	99.8	99.6	99.6	99.8	99.6	99.8
长沙	Changsha	99.9	99.7	100.3	99.3	99.7	100.3	100.1	100.3	100.0	100.3	99.7	100.1
广州	Guangzhou	99.6	100.8	100.5	100.8	100.4	100.6	100.2	99.8	99.3	99.2	99.7	99.1
深圳	Shenzhen	99.5	99.9	99.5	100.3	100.4	99.6	99.3	99.6	99.5	99.3	100.0	99.1
南宁	Nanning	99.9	99.5	99.5	99.5	99.8	99.5	99.7	99.3	99.4	99.4	99.2	99.3
海口	Haikou	100.4	99.7	100.7	100.3	99.9	100.5	99.9	99.9	99.3	99.2	100.0	99.2
重庆	Chongqing	100.6	100.2	100.4	99.7	99.9	100.1	100.4	99.7	99.3	99.2	99.5	99.5
成都	Chengdu	100.8	100.8	100.4	100.3	101.2	102.1	101.2	100.9	100.1	100.6	100.6	100.2
贵阳	Guiyang	99.7	100.3	99.6	99.8	99.4	99.2	99.5	100.5	99.6	99.4	99.7	100.2
昆明	Kunming	100.9	99.4	100.3	100.4	100.2	100.1	99.5	100.3	100.4	99.3	100.8	100.5
西安	Xi'an	100.0	99.7	100.1	100.3	99.5	100.0	100.1	99.5	99.5	99.7	99.6	99.6
兰州	Lanzhou	99.6	99.4	99.8	99.9	99.5	99.1	99.3	99.6	99.9	99.9	100.0	99.5
西宁	Xining	99.2	99.0	100.3	100.2	99.7	99.1	99.9	100.0	99.9	99.0	99.8	99.9
银川	Yinchuan	99.7	100.0	99.7	99.9	99.7	99.7	99.8	99.7	99.8	99.7	99.4	99.8
乌鲁木齐	Urumqi	99.9	99.7	100.2	99.8	99.7	99.6	99.3	99.9	100.0	100.0	100.0	99.6

4-3-7 续表 Continued

(以上月价格为100) (Last Month=100)

城市	City	1月	2月	3月	4月	5月	6月	7月	8月	9月	10月	11月	12月
唐山	Tangshan	100.0	99.8	100.0	99.6	98.9	99.1	99.3	99.5	99.6	99.7	99.4	99.6
秦皇岛	Qinhuangdao	99.7	99.9	99.8	100.0	100.3	99.6	99.6	99.6	99.1	99.1	99.3	99.4
包头	Baotou	99.7	99.6	99.4	99.0	100.0	99.5	99.2	99.5	99.2	100.0	99.6	99.8
丹东	Dandong	99.4	98.7	99.5	99.5	100.0	100.0	99.2	99.0	99.0	99.4	99.2	99.2
锦州	Jinzhou	100.0	98.9	99.9	99.3	99.8	99.3	100.0	99.4	99.7	99.1	99.6	99.7
吉林	Jilin	99.1	98.8	100.0	100.0	98.5	99.0	99.2	99.2	99.6	99.0	99.0	99.3
牡丹江	Mudanjiang	98.3	98.9	97.8	100.0	98.5	98.6	99.2	99.9	98.8	99.1	98.7	99.1
无锡	Wuxi	100.5	99.9	101.0	99.9	100.7	100.3	100.2	100.1	99.8	99.4	99.9	99.1
徐州	Xuzhou	99.5	99.5	99.3	100.5	100.5	99.3	99.6	99.2	99.9	100.0	100.1	100.3
扬州	Yangzhou	99.4	99.8	100.7	98.7	99.9	100.0	100.5	100.0	99.7	100.0	99.7	99.9
温州	Wenzhou	100.0	99.8	99.6	99.4	99.3	99.1	99.5	99.8	99.7	99.7	99.3	99.8
金华	Jinhua	99.8	99.6	99.3	99.7	99.1	99.6	99.4	99.4	99.5	99.6	99.7	99.7
蚌埠	Bengbu	100.0	99.8	99.8	99.9	99.0	99.9	99.6	99.6	99.6	99.7	100.8	99.7
安庆	Anqing	99.4	99.7	98.9	99.6	99.3	99.1	99.7	99.4	99.3	99.4	99.1	99.7
泉州	Quanzhou	99.3	99.8	99.6	99.3	99.5	99.5	99.4	99.2	99.2	99.6	99.1	99.6
九江	Jiujiang	99.5	100.1	99.8	100.2	99.9	99.9	99.8	99.5	99.8	99.1	99.7	99.6
赣州	Ganzhou	99.7	99.7	99.9	100.0	100.4	100.0	99.9	99.9	100.0	99.9	99.7	99.9
烟台	Yantai	99.2	99.3	99.4	99.1	98.8	100.1	100.8	99.6	99.8	100.2	99.8	100.1
济宁	Jining	99.0	99.7	100.0	99.6	99.2	99.4	99.8	98.8	99.1	99.2	98.9	99.1
洛阳	Luoyang	99.4	99.2	100.2	99.0	99.1	99.4	99.4	99.7	99.3	99.2	99.2	99.4
平顶山	Pingdingshan	99.9	99.8	99.6	99.5	99.9	99.6	99.4	99.9	99.4	99.5	99.4	99.7
宜昌	Yichang	99.4	99.4	99.5	99.9	99.1	98.6	99.8	98.6	99.4	99.4	99.6	99.3
襄阳	Xiangyang	99.4	99.7	100.0	99.5	99.1	99.4	99.4	99.1	99.2	99.7	99.7	99.9
岳阳	Yueyang	100.0	99.6	100.1	100.2	99.0	99.2	99.6	100.0	99.4	99.2	99.6	99.5
常德	Changde	99.2	99.5	99.8	99.9	99.2	99.9	99.4	99.4	100.0	99.1	99.5	99.0
韶关	Shaoguan	99.5	99.5	99.8	99.0	100.2	99.8	99.5	99.9	99.4	99.7	99.2	99.6
湛江	Zhanjiang	99.0	99.9	99.8	99.7	98.7	100.0	99.9	99.2	99.1	99.8	99.3	99.4
惠州	Huizhou	100.5	100.6	99.7	99.9	99.9	99.3	100.3	99.7	99.9	99.5	99.9	99.9
桂林	Guilin	100.0	99.8	100.1	99.7	100.0	100.0	99.5	99.9	99.6	99.7	99.1	99.2
北海	Beihai	99.2	99.5	99.5	99.8	99.1	99.6	99.1	98.8	99.0	99.3	99.2	99.2
三亚	Sanya	99.7	100.1	100.1	99.9	99.8	99.7	99.9	100.0	100.0	99.2	99.5	99.7
泸州	Luzhou	99.9	100.0	99.2	99.8	99.9	99.6	100.5	99.8	100.3	99.0	99.1	100.1
南充	Nanchong	100.1	100.3	100.0	100.5	100.5	101.0	100.8	99.6	99.7	100.1	99.2	99.6
遵义	Zunyi	99.4	99.8	99.4	99.7	99.4	99.9	100.4	99.6	99.3	99.6	99.7	99.1
大理	Dali	100.1	99.3	99.9	99.2	99.7	100.2	99.3	100.2	100.1	99.6	99.4	99.2

4-3-8 2022年70个大中城市144㎡以上二手住宅销售价格指数
Housing Price Indices of Above 144㎡ Second-Hand Residential Buildings in 70 Large and Medium-Sized Cities 2022

(以上月价格为100) (Last Month=100)

城 市	City	1月	2月	3月	4月	5月	6月	7月	8月	9月	10月	11月	12月
北 京	Beijing	101.1	100.5	101.0	100.7	100.2	100.8	100.1	99.9	100.4	100.8	100.4	99.8
天 津	Tianjin	99.9	100.1	99.5	99.9	99.0	99.3	99.1	99.1	99.6	99.1	99.6	99.1
石家庄	Shijiazhuang	100.1	99.6	99.3	100.0	100.1	99.7	100.1	99.5	99.8	99.2	99.0	99.4
太 原	Taiyuan	99.8	99.5	99.8	98.3	100.5	100.5	99.7	99.8	99.2	99.0	99.6	99.3
呼和浩特	Hohhot	100.1	99.4	99.7	99.7	99.8	99.1	99.0	99.8	99.7	100.0	100.0	98.6
沈 阳	Shenyang	99.6	99.7	98.4	99.3	99.7	99.2	100.0	99.8	99.6	99.2	99.2	99.1
大 连	Dalian	99.2	99.4	100.0	98.3	98.5	100.4	99.9	100.0	99.9	99.8	99.3	99.7
长 春	Changchun	99.1	99.5	100.0	100.0	98.8	99.8	99.6	99.3	99.8	98.7	99.6	99.6
哈尔滨	Harbin	99.5	99.2	99.1	99.1	99.4	98.9	99.9	98.9	99.2	99.2	99.2	99.2
上 海	Shanghai	100.5	100.9	100.4	100.0	100.0	100.1	100.6	101.0	100.7	99.7	99.7	99.4
南 京	Nanjing	99.8	98.7	99.9	99.3	98.5	99.8	100.0	101.1	101.0	99.2	99.9	99.2
杭 州	Hangzhou	100.0	100.0	100.2	100.1	100.1	100.6	99.5	99.7	99.1	99.5	100.0	100.0
宁 波	Ningbo	99.1	100.4	100.1	100.0	99.9	100.7	100.0	99.4	99.7	99.3	99.8	100.1
合 肥	Hefei	99.9	100.7	100.0	98.6	99.6	100.5	100.3	100.3	99.8	99.8	98.8	99.7
福 州	Fuzhou	99.2	100.4	99.9	100.2	100.0	99.9	99.9	99.8	99.2	99.8	98.9	99.3
厦 门	Xiamen	100.0	100.0	100.2	99.8	100.8	100.0	99.4	99.3	99.4	99.2	99.7	99.8
南 昌	Nanchang	99.9	99.6	100.1	99.1	99.7	99.7	100.4	100.2	99.8	99.8	99.2	99.9
济 南	Jinan	99.2	100.1	99.4	99.4	98.8	99.9	99.2	99.8	100.6	99.0	100.0	100.3
青 岛	Qingdao	99.8	100.0	100.2	99.0	99.6	100.9	99.6	100.0	99.0	99.0	99.9	99.3
郑 州	Zhengzhou	99.9	99.5	99.9	99.2	99.5	99.2	99.0	99.0	99.3	99.4	99.5	99.7
武 汉	Wuhan	99.5	99.9	99.2	99.7	100.0	99.7	99.5	99.9	99.0	99.3	99.5	99.3
长 沙	Changsha	99.5	99.9	99.7	99.8	99.7	99.8	100.3	100.2	100.1	99.7	100.6	100.3
广 州	Guangzhou	99.5	100.5	100.4	100.4	100.6	101.5	100.0	100.0	99.3	99.1	99.2	99.0
深 圳	Shenzhen	99.6	99.1	100.4	100.5	100.5	99.6	99.0	99.4	99.4	99.8	99.8	99.3
南 宁	Nanning	99.7	99.5	99.1	99.6	99.2	99.7	98.7	99.5	99.7	99.2	99.7	99.3
海 口	Haikou	100.3	100.0	100.6	99.7	99.3	100.2	99.9	99.7	99.4	99.7	99.6	99.7
重 庆	Chongqing	100.5	99.6	100.3	98.8	99.0	101.0	100.0	99.9	99.9	99.0	99.2	99.9
成 都	Chengdu	100.9	100.3	100.2	101.2	100.5	101.3	102.1	100.1	100.1	100.5	100.6	100.1
贵 阳	Guiyang	99.6	99.2	98.6	99.9	98.6	99.2	99.0	100.0	100.2	99.9	99.9	100.1
昆 明	Kunming	100.8	100.0	100.0	101.3	100.0	99.8	99.5	100.4	100.3	99.8	100.1	100.3
西 安	Xi'an	100.0	99.0	100.0	99.9	99.5	100.2	100.2	99.9	99.7	99.8	98.8	99.9
兰 州	Lanzhou	99.6	99.7	99.5	99.4	98.7	100.3	100.0	100.0	99.3	99.0	100.0	99.5
西 宁	Xining	99.8	99.7	100.1	100.1	100.3	99.9	99.7	99.6	99.7	99.5	100.0	99.8
银 川	Yinchuan	99.5	99.4	99.8	99.1	99.4	100.2	99.4	100.3	99.1	99.9	99.9	99.9
乌鲁木齐	Urumqi	99.8	99.5	100.4	100.0	100.0	98.7	99.7	100.0	100.0	100.0	100.0	99.0

4-3-8 续表 Continued

(以上月价格为100) (Last Month=100)

城市	City	1月	2月	3月	4月	5月	6月	7月	8月	9月	10月	11月	12月
唐山	Tangshan	99.9	99.9	100.0	99.8	99.4	99.8	99.7	99.2	99.2	99.1	99.4	99.6
秦皇岛	Qinhuangdao	100.0	99.9	99.6	99.7	100.1	99.6	99.5	99.5	99.5	100.0	99.6	99.4
包头	Baotou	99.7	99.9	99.5	99.8	99.7	99.9	99.5	99.2	99.3	100.0	99.0	99.6
丹东	Dandong	98.9	99.3	99.8	99.9	100.0	100.0	99.5	99.3	99.7	99.0	99.3	99.2
锦州	Jinzhou	100.0	99.9	100.0	99.5	99.9	99.9	100.0	99.4	98.8	98.8	99.8	99.4
吉林	Jilin	99.5	99.6	100.0	100.0	99.1	99.1	99.0	98.7	99.3	98.6	99.4	99.5
牡丹江	Mudanjiang	99.1	97.6	97.4	100.0	100.0	100.0	100.0	98.6	97.9	100.0	99.1	100.0
无锡	Wuxi	100.3	100.4	100.3	99.6	100.7	100.6	100.4	100.1	99.5	99.5	99.7	99.6
徐州	Xuzhou	99.9	100.3	99.0	100.1	100.1	99.6	99.6	99.5	99.0	100.3	100.0	100.1
扬州	Yangzhou	99.8	99.7	100.7	99.3	99.6	99.8	100.4	99.4	99.3	100.2	99.9	99.9
温州	Wenzhou	100.0	99.7	99.4	99.4	99.5	99.6	99.6	99.1	99.9	99.7	99.3	99.8
金华	Jinhua	99.7	99.1	99.8	99.5	99.6	99.8	99.4	99.8	99.2	99.6	99.7	99.7
蚌埠	Bengbu	99.0	100.5	100.0	99.8	99.0	99.8	99.8	99.8	99.5	99.6	100.1	99.8
安庆	Anqing	99.5	99.7	99.0	99.8	99.4	99.3	99.6	99.8	99.2	99.4	98.6	99.7
泉州	Quanzhou	99.6	99.5	99.4	99.6	99.4	99.6	99.2	99.4	99.5	99.1	99.8	99.6
九江	Jiujiang	99.7	100.1	99.5	99.6	99.8	99.8	99.7	99.6	99.9	99.3	99.2	99.8
赣州	Ganzhou	99.3	99.2	100.6	100.9	100.2	100.6	99.1	100.0	99.2	99.8	100.0	99.8
烟台	Yantai	99.4	99.5	100.0	99.1	99.1	99.6	100.3	99.8	99.9	99.6	99.6	99.8
济宁	Jining	99.4	99.6	100.2	99.6	99.4	99.3	99.4	99.8	99.4	99.5	98.9	99.3
洛阳	Luoyang	99.5	98.4	99.4	99.5	99.6	99.3	99.4	99.2	99.5	99.7	100.0	99.2
平顶山	Pingdingshan	99.7	100.1	99.4	99.9	99.4	99.9	100.0	98.8	99.7	99.5	99.4	99.8
宜昌	Yichang	99.8	99.4	99.9	99.8	98.9	99.9	99.3	99.2	99.9	99.1	99.9	99.5
襄阳	Xiangyang	99.6	99.8	99.3	99.7	98.8	98.5	99.4	99.5	99.6	99.4	99.2	99.9
岳阳	Yueyang	100.2	99.9	100.0	100.6	99.3	98.2	99.2	100.0	99.4	99.7	99.8	99.4
常德	Changde	99.3	99.4	99.4	99.1	99.0	99.5	99.1	99.5	99.5	99.3	99.3	99.8
韶关	Shaoguan	99.7	99.2	99.9	99.5	100.1	99.7	99.7	99.7	99.6	99.9	99.9	99.7
湛江	Zhanjiang	99.4	99.8	99.4	99.8	99.0	99.8	99.4	98.8	99.4	99.3	98.8	99.7
惠州	Huizhou	100.0	100.4	100.0	99.5	99.6	99.7	100.1	99.8	99.8	99.8	99.6	99.4
桂林	Guilin	99.3	99.6	100.1	99.7	100.8	99.6	99.6	99.3	99.1	99.2	99.6	99.9
北海	Beihai	98.9	99.8	99.5	99.3	98.7	99.6	99.1	99.1	98.6	98.9	99.5	98.7
三亚	Sanya	99.6	100.2	100.5	99.8	99.9	99.9	99.8	100.0	100.0	99.5	99.8	99.7
泸州	Luzhou	99.5	99.6	99.9	100.1	99.5	99.9	99.8	100.1	100.2	99.6	99.3	100.0
南充	Nanchong	99.5	100.4	99.3	100.2	101.0	100.9	101.1	99.6	99.5	100.7	99.2	99.7
遵义	Zunyi	99.9	99.2	99.3	99.6	98.6	98.7	100.5	100.1	99.8	99.1	99.9	99.3
大理	Dali	99.6	99.0	99.1	98.7	98.7	100.3	99.9	100.8	100.1	99.5	99.2	99.9

附　　录
Appendix

主要统计指标解释

一、工业生产者价格

（一）调查内容

工业生产者出厂价格统计调查涵盖 41 个工业行业大类，207 个工业行业中类，666 个工业行业小类，1310 个基本分类的 20000 多种工业产品的价格；工业生产者购进价格统计调查涵盖 850 多个基本分类的 10000 多种工业产品的价格。

（二）调查方法

工业生产者价格调查采取重点调查与典型调查相结合的调查方法。年主营业务收入 2000 万元以上的企业采用重点调查方法；年主营业务收入 2000 万元以下的企业采用典型调查方法。工业生产者价格调查涉及全国 4 万余家工业企业。

（三）指标解释

工业生产者价格指数　包括工业生产者出厂价格指数（Producer Price Index for Industrial Products，简称 PPI）和工业生产者购进价格指数。

工业生产者出厂价格指数　反映工业企业产品第一次出售时的出厂价格的变化趋势和变动幅度。

工业生产者购进价格指数　反映工业企业作为中间投入产品的购进价格的变化趋势和变动幅度。

二、流通领域重要生产资料市场价格

（一）监测内容

流通领域重要生产资料市场价格监测内容包括 9 大类 50 种产品的价格，涵盖全国 31 个省（区、市）300 多个交易市场的近 2000 家批发商、代理商、经销商等经营企业。

（二）监测方法

价格监测方法包括信息员现场采价，电话、即时通讯工具和电子邮件询价等。

（三）指标解释

流通领域重要生产资料市场价格，是指重要生产资料经营企业的批发和销售价格。与出厂价格不同，生产资料市场价格既包含出厂价格，也包含有经营企业的流通费用、利润和税费等。出厂价格与市场价格互相影响，存在时滞，两者的变动趋势在某一时间段内有可能会出现不完全一致的情况。

三、居民消费价格

（一）调查内容

居民消费价格统计调查涵盖城乡居民生活消费的食品烟酒、衣着、居住、生活用品及服务、交通通信、教育文化娱乐、医疗保健、其他用品及服务八个大类，共 268 个基本分类的商品与服务价格。

（二）调查方法

采用抽样调查方法抽选确定调查网点，通过手持数据采集器，采用定人、定点、定时的方法直接调查，选中的调查对象应协助做好数据填报工作。在保证价格准确的前提下，经国家统计局审定，各地可通过相关政府部门发布的通知、公告等文件，以及部分企业、单位公开发布的收费信息资料和被调查单位的电子数据进行采价，也可从互联网采集特定商品和服务价格。数据来源于全国 31 个省（区、市）约 500 个市县，近 10 万家价格调查点，包括商场（店）、超市、农贸市场、服务网点和互联网电商等。

（三）指标解释

居民消费价格指数（Consumer Price Index，简称 CPI）旨在反映一定时期内居民所购买并用于日常生活的商品及服务项目的价格水平变动趋势和变动程度。

1. 食品烟酒　指居民为摄取身体所需要的营养和满足某种嗜好而购买消费的食品、茶及饮料、烟酒及在外餐饮等。

2. 衣着　指与居民穿着有关的支出，包括服装、服装材料、鞋类、其他衣类及配件、衣类加工服务、鞋类配件及加工服务的支出。

3. 居住　指与居住有关的支出，包括租赁房房租、住房保养维修及管理、水电燃料等。

4. 生活用品及服务　指家庭及个人用于各类生活用品及家庭服务的支出。包括家具及室内装饰品、家用器具、家用纺织品、家庭日用杂品、个人护理用品和家庭服务。

5. 交通通信　指用于交通和通信工具及相关的各种服务费、维修费等支出。

6. 教育文化娱乐　指用于教育和文化娱乐方面的支出。

7. 医疗保健　指用于医疗和保健的药品、用品和服务的总费用。包括药品及医疗器具、医疗服务等。

8. 其他用品及服务　指无法直接计入上述各类支出的其他用品与服务支出。

四、商品零售价格

商品的零售价格是商品在流通过程中最后一个环节的价格，是工业、商业、餐饮业和其他零售企业向城乡居民、机关团体出售生活消费品和办公用品的价格。

五、商品住宅销售价格

（一）调查范围

住宅销售价格调查范围为 70 个大中城市的市辖区，不包括县。

（二）调查方法

70 个大中城市的新建商品住宅销售价格调查为全面调查，基础数据直接采用当地房地产主管部门的网签备案数据。二手住宅销售价格调查为非全面调查，采用重点调查和典型调查相结合的方法，按照房地产经纪机构或房屋居住服务平台等相关企业上报、房地产主管部门提供与调查员实地采价相结合的方式收集基础数据。

（三）价格指数的计算方法详见《房地产价格统计报表制度》。

（四）指标解释

新建商品住宅　指新建的专供居住用的商品住房，主要包括 90 平方米及以下、90-144 平方米、144 平方米以上三个基本分类。不包括新建的公寓和国家政策性住房；不包括住宅楼中作为人防用、不住人的地下室、车库等，也不包括托儿所、病房、疗养院、旅馆等具有专门用途的房屋。

二手住宅　指进入房屋市场进行交易，第二次及以上进行产权登记的住宅，包括二手商品住宅、允许上市交易的已售公房等。主要包括 90 平方米及以下、90-144 平方米、144 平方米以上三个基本分类。

90 平方米及以下住宅　指住宅中套型建筑面积不大于 90 平方米的住宅。套型建筑面积由套内使用面积和分摊的共有建筑面积组成，报表时以销售合同中实际测绘的建筑面积为准，若销售合同为套内使用面积则需折算成建筑面积。

90-144 平方米住宅　指套型建筑面积大于 90 平方米，不超过 144 平方米的住宅。

144 平方米以上住宅　指套型建筑面积在 144 平方米以上的住宅。

新建商品住宅销售价格　指新建商品住宅实际销售（交易）价，包括住宅销售前的装修费用，无论其价格高低都视为房地产销售（交易）价格的组成部分。

二手住宅销售价格　指二手住宅实际交易价格。该指标取自《存量房屋买卖合同》。若合同中含有相关税费，则应将其扣除。